Regras do jogo

Interação lúdica | *Volume 3*

Blucher

Regras do jogo
Fundamentos do design de jogos

Interação lúdica | ***Volume 3***

Katie Salen e Eric Zimmerman

design do livro e fotografia | Katie Salen

Título original
Rules of play: game design fundamentals

Regras do jogo: fundamentos do design de jogos
Volume 3: Interação lúdica

2ª reimpressão - 2020

Tradução:
Edson Furmankiewicz

Revisão técnica:
Alan Richard da Luz

Blucher

Rua Pedroso Alvarenga, 1245, 4º andar
04531-934 - São Paulo - SP - Brasil
Tel.: 55 11 3078-5366
contato@blucher.com.br
www.blucher.com.br

Segundo o Novo Acordo Ortográfico, conforme 5. ed. do *Vocabulário Ortográfico da Língua Portuguesa*, Academia Brasileira de Letras, março de 2009.

FICHA CATALOGRÁFICA

Salen, Katie

Regras do jogo: fundamentos do design de jogos: interação lúdica: volume 3 / Katie Salen e Eric Zimmerman; [tradução Edson Furmankiewicz]. - São Paulo: Blucher, 2012.

Título original: Rules of play: game design fundamentals.

Bibliografia.
ISBN 978-85-212-0628-6

1. Jogos por computador - Design 2. Jogos por computador - Programação I. Zimmerman, Eric. II. Título.

12-00626 CDD-794.81526

Índices para catálogo sistemático:
1. Jogos por computador: Design 794.81526

Àqueles para os quais o jogo é feito. Mr. Triggs, Tom Ockerse, H.F., e ao meu pai; Enid, Gil, Laura e Zach em agradecimento e amor.

Obrigado aos muitos indivíduos que cederam o seu tempo, conhecimento, apoio, amizade e ideias; aos designers e desenvolvedores de jogos que criaram o incrível corpo de trabalho que analisamos no decorrer de nosso estudo, incluindo Reiner Knizia, James Ernest, Kira Synder, Frank Lantz e Richard Garfield, que contribuíram fornecendo trabalho original para este volume; aos nossos destemidos leitores John Sharp, Frank Lantz, Henk van Assen, Ranjit Bhatnagar, Nancy Nowacek, Mark Owens, Peter Lee e Julian Kücklich; aos nossos próprios professores e alunos que ajudaram a inspirar clareza e criatividade; a Doug Sery e aos demais colaboradores do MIT Press e, principalmente, a nossas famílias e amigos, que esperaram pacientemente pela nossa presença no mundo real. Não poderíamos ter feito isso sem vocês.

Conteúdo

Volume 3: INTERAÇÃO LÚDICA

Volume 1: PRINCIPAIS CONCEITOS

Volume 2: REGRAS

Volume 4: CULTURA

APRESENTAÇÃO

Frank Lantz

Por centenas de anos, o campo do design de jogos tem se deixado levar pelo radar da cultura, produzindo obras de arte atemporais e magistrais desperdícios de tempo sem chamar muita atenção para si — sem, de fato, comportar-se como um verdadeiro "campo". De repente, impulsionado pelo *big bang* da tecnologia da computação, o design de jogos se tornou um grande negócio e fonte de algumas questões polêmicas sobre o futuro da arte e do entretenimento.

Ao abordar essas questões, a obra que você está segurando levanta algumas questões próprias. Aparentemente *Regras do jogo*, em seus quatro volumes, é calmo e razoável, dispondo cuidadosamente um amplo quadro teórico para a compreensão do campo do design de jogos. Mas, por trás dessa aparente calma, a obra realmente assume uma posição controversa em uma permanente e radical discussão sobre o que são os jogos e em que poderiam se tornar.

De fato, a partir de determinados ângulos, estes livros parecem ter a ardente impaciência de um manifesto. Qual é a natureza dessa impaciência? De certo modo é a frustração dos trabalhadores que são convidados a construir uma catedral usando apenas uma escova de dentes e um grampeador. Os jogos são bastante complexos, tanto em sua estrutura interna como nos diversos tipos de experiências de jogador que eles criam. Mas não existe nenhum conjunto integrado de ferramentas conceituais para refletir sobre os jogos. Até recentemente, se você fosse um designer de jogos interessado nos aspectos teóricos de seu campo, seria forçado a juntar uma série de perspectivas da sociologia, antropologia, psicologia e matemática, cada uma com sua visão tacanha, como o cego apalpando o elefante, e nenhuma considerando os jogos como um domínio criativo.

Mais recentemente, dentro do próprio campo surgiu uma Babel de metodologias concorrentes. A maioria tem um enfoque prático sobre as questões práticas do processo criativo do design de jogos; outras tentaram fundamentar suas ideias em um sistema teórico geral. Mas a impaciência que dá a estes livros seu tom de urgência subjacente é mais do que uma resposta ao nível subdesenvolvido do discurso nesse campo. Por que, afinal, o design de jogos precisa de uma referência teórica? Há algo mais do que *insight*, conhecimento e compreensão em jogo aqui.

Lembre-se de que os autores desta obra não são apenas acadêmicos examinando os jogos de fora; eles próprios são ativos praticantes. Como muitas pessoas que trabalham nesse campo, eles são movidos pelo sentimento de que, apesar do ritmo alucinante do recente progresso técnico e comercial, os jogos permaneceram criativamente atrofiados. Por um lado, há um enorme senso de capacidade, a possibilidade muito discutida de que os jogos poderiam substituir os filmes como forma de definir a cultura popular para o novo século. Por outro lado, existe a realidade das infinitas prateleiras de lojas de jogos com fantasias de poder adolescentes, personagens de cartoon estúpidos e simulações de esporte sem imaginação.

Para se ter uma ideia da noção do potencial que alimenta essa impaciência, considere os vastos tipos de experiência que os jogos podem produzir — redes complexas de desejo e prazer, ansiedade e alívio, curiosidade e conhecimento. Os jogos podem inspirar a mais alta forma de cognição cerebral e envolver a resposta física mais primitiva, muitas vezes simultaneamente. Os jogos podem ser puras abstrações formais ou empregar as mais ricas técnicas de representação possíveis. Os jogos são capazes de abordar os temas mais profundos da existência humana de uma maneira diferente de qualquer outra forma de comunicação — aberta, processual e colaborativa, pois podem ser infinitamente detalhados, apresentados com sofisticação e, não obstante, sempre sensíveis às escolhas e ações do jogador.

Mas onde estão os jogos que exploram essas diversas possibilidades? Em vez do rico espectro de prazeres que os jogos são capazes de fornecer, parece que estamos condenados a sofrer o constrangimento de conviver com variações de prazeres muito familiares, como correr e saltar, esconde-esconde e pega-pega, caça ao ovo de Páscoa, e polícia e ladrão. E o que aconteceu com a explosão de experimentação formal durante os primeiros dias dos jogos de computador? Por um tempo parecia que quase todo título era uma nova tentativa de responder à pergunta "O que se pode fazer com um computador?" Compare isso com a safra atual de jogos de computador, a maioria dos quais parece tentar responder à pergunta "O que você pode fazer enquanto controla um avatar circulando por um espaço tridimensional simulado?"

Isso então é o que está em jogo: uma enorme discrepância entre as possibilidades radicais contidas no meio e a realidade conservadora do desenvolvimento de jogos na grande indústria. E essa é razão por que *Regras do jogo* é mais do que uma análise conceitual do que os jogos fazem; é também um exame do que eles *podem* fazer e, por extensão, o que *deveriam* fazer.

Uma das implicações da abordagem de *Regras do jogo* do seu objeto de conhecimento é que a maneira correta de entender os jogos se dá a partir de uma perspectiva estética, da mesma forma que abordamos áreas como arquitetura, literatura ou cinema. Isso não deve ser confundido com o domínio da estética visual, que é simplesmente um aspecto do conteúdo criativo de um jogo. Como o cinema, que usa histórias dramáticas, composição visual, design de som e o complexo processo organizacional dinâmico de edição para a criação de uma única obra, o campo do design de jogos tem sua própria estética única.

Conforme estabelecido nas páginas dos quatro volumes, o domínio real do design de jogos é a estética de sistemas interativos. Mesmo antes de os computadores existirem, criar jogos significava criar sistemas dinâmicos para os jogadores habitarem. Todo jogo — do Pedra, Papel e Tesoura (ou joquempô) ao The Sims e além — é um espaço das possibilidades que os jogadores exploram. A definição desse espaço é o trabalho colaborativo do processo de design de jogos.

Regras do jogo talvez seja a primeira tentativa séria de estabelecer uma abordagem estética do design de sistemas interativos. No começo do século 21, os sistemas interativos nos cercam não apenas como a realidade material de nossas vidas, mas também como um modelo conceitual chave para a compreensão do mundo e nosso lugar nele, exatamente como os sistemas mecânicos foram para os vitorianos. Essa é uma razão pela qual a importância do projeto deste livro não deve ser subestimada.

Há uma perspectiva de oposição razoável ao que eu tenho imputado aos autores de *Regras do jogo*. É algo assim: toda essa conversa sobre estética cheira a pretensão e autoexaltação. Jogos são recreação, seu objetivo é nos divertir, e não devemos esperar que eles atinjam níveis profundos de expressão criativa ou forcem incansavelmente os limites criativos. Eles são simplesmente lazer.

Não há muito que se possa dizer contra esse argumento, exceto destacar que a cultura pop tem uma maneira surpreendente de se mover entre o trivial e o profundo. O inofensivo desperdício de tempo para uma pessoa pode ser uma tentativa de transcendência para outra — os jogos são certamente um dos melhores exemplos de como o entretenimento está longe de ser simples. Em todo caso, o próprio argumento dá forma ao tema deste debate. Se muitas pessoas acreditam que os jogos são para ser diversão estúpida, então é isso que eles se tornarão. Se um número suficiente de pessoas acredita que os jogos são capazes de grandes coisas, então eles inevitavelmente vão evoluir e se desenvolver.

Sabemos que os jogos estão ficando muito maiores, muito rápidos. Mas é cedo demais para dizer exatamente a direção que sua evolução irá tomar. Nessa fase, todo o campo tem a energia imprevisível de algo enorme, equilibrada sobre uma linha fina, ainda vulnerável aos efeitos até mesmo de uma leve pressão. Sob o pretexto de examinar esse curioso objeto, os autores de *Regras do jogo* lhe dão um impulso vigoroso.

Naturalmente, se você está segurando este livro, também está ajudando.

PREFÁCIO

As pessoas adoram o Pong.

Elas adoram mesmo. Mas por quê?

De verdade. O que há para adorar? Não há muito no jogo: um par de raquetes que são duas barras brancas, movem-se em ambos os lados de uma tela preta, e uma bola quica entre elas; se você errar a bola, seu adversário ganha um ponto. O primeiro jogador a fazer quinze pontos ganha. Grande coisa. Mas apesar de sua simplicidade quase primitiva, o Pong cria uma interação significativa (*meaningful play*).

Em anos de videogame, o Pong é da idade da pedra. Originalmente criado por Ralph Baer para o sistema de videogame doméstico Magnavox Odyssey, em 1972 o Pong foi projetado em uma máquina arcade e em um console doméstico por Nolan Bushnell, criador do Atari. Não é exagero dizer que o Pong tornou-se uma sensação da noite para o dia. O primeiro protótipo foi lançado para o público em um bar chamado Andy Capp's, em Sunnyvale, Califórnia, perto da sede da Atari. Segundo historiadores de jogos de computador, a primeira noite em que o brilhante monitor e o gabinete de TV foram instalados em um canto do bar, os clientes ficaram intrigados, mas confusos. As únicas instruções que apareciam eram: *Avoid missing ball for high score (Evite perder a bola para obter uma alta pontuação).* Alguém familiarizado com as máquinas de pinball movidas a moedinhas de 25 centavos acabava introduzindo uma moeda e assistia a bola pular de um lado para outro enquanto os pontos eram contados. Depois de algumas tentativas, um dos jogadores finalmente batia com a raquete na bola e esta pulava com um convincente som de "pong". Isso era o suficiente para informar os jogadores o que fazer, e eles começavam a jogar. Até o final do primeiro jogo, ambos os jogadores já tinham aprendido a rebater a bola. No final da primeira noite, todos no bar já haviam tentado uma partida ou duas. Na manhã seguinte, formava-se uma fila fora do bar Andy Capp's: as pessoas mal podiam esperar para jogar o Pong.[1]

Ainda hoje, o Pong ainda está vivo e vai bem, obrigado. Você pode jogar Pong via emuladores e anúncios de banners da internet. Divertidas homenagens, como Battle Pong e Text Pong, prosperam na web. O Pong se destaca em mercados de segunda-mão de jogos clássicos e em convenções de fãs. Alguns anos atrás, a editora de jogos Infogrames lançou uma versão turbinada do Pong em 3D. Mais importante que isso é que ainda é divertido jogar o original. Quando o Super Pong Games IV no gameLab era ligado à TV, ele nunca deixava de reunir uma multidão.

Tudo isso nos remete à pergunta: Por quê? Por que as pessoas gostam tanto do Pong?

Embora esta não seja uma obra sobre Pong, ou jogos de computador e vídeo, é uma obra sobre design de jogos. É crucial para designers de jogos entender por que as pessoas jogam e por que alguns jogos são tão adorados. Por que as pessoas jogam Pong? Podemos pensar em muitas razões:

Pong | Atari

Ele é simples de jogar. As instruções on-line e o botão de interface intuitiva tornam o Pong acessível e fácil de entender. Não há recursos ocultos para destravar nem é preciso aprender movimentos especiais.

Cada partida é única. Como a bola pode viajar para qualquer lugar da tela, o Pong é um jogo ilimitado, com infinitas possibilidades. O Pong recompensa o jogador dedicado: é fácil de aprender, mas difícil de dominar.

É uma representação elegante. Acima de tudo, o Pong é uma representação de outro jogo: o tênis de mesa. A natureza abstrata do Pong, em que o seu avatar é reduzido a uma única linha branca, cria uma relação de imediata satisfação física e sensorial com o jogo.

É social. Requer dois jogadores. Brincando com o jogo, você interage com outro ser humano. O círculo social do Pong também se estende para além de dois jogadores: é um esporte de espectadores.

É divertido. Por mais simples que possa parecer, é realmente divertido interagir com o Pong. O prazer de jogar vem de diversos aspectos do jogo, desde o prazer da competição e vencer até a gratificante manipulação tátil do botão de controle.

Ele é legal. Como artefato cultural, o Pong é o jogo que melhor representa a atração pelos gráficos de baixa resolução dos clássicos jogos arcade. Ele evoca a nostalgia das tardes passadas na sala de estar com os amigos, reunidos em torno da TV jogando videogame, comendo pipoca e bebendo refrigerante.

As pessoas adoram Pong por todas essas razões e muitas mais. Os aspectos interativos, representacionais, sociais e culturais do Pong contribuem simultaneamente para a experiência do jogo. Os jogos são tão complexos quanto qualquer outra forma de artefato cultural; apreciá-los plenamente significa compreendê-los a partir de múltiplas perspectivas.

O Pong e os jogos de sua época fizeram algo revolucionário. Eles inverteram completamente a ideia da interatividade de uma única via da televisão, transformando espectadores em jogadores, permitindo que eles não só assistam a uma imagem, mas também *joguem* com ela. Essa comunicação eletrônica bidirecional envolvia jogadores em horas de significativa interação, alcançada pelo desenho de uma bola branca rebatendo de um lado a outro em uma tela preta simples. Embora o Pong fosse o produto de inovação técnica e de uma visão econômica única, ele também foi um ato de *design de jogos*.

Como designers de jogos, consideramos todas as implicações desse ato revolucionário? Será que realmente compreendemos o meio em que trabalhamos ou o campo do design a que pertencemos? Podemos articular o que de fato gera uma "interação significativa" em qualquer jogo, seja um videogame, um jogo de tabuleiro, palavras cruzadas ou uma competição atlética?

A verdade? Não ainda. Compare o design de jogos com outras formas de design, como a arquitetura ou o design gráfico. Por causa do seu status como disciplina emergente, o design de jogos ainda não se cristalizou como campo de investigação. Não tem uma seção própria na biblioteca ou livraria. Não é possível (com algumas exceções) graduar-se nesse campo. A cultura em geral ainda não considera os jogos como um empreendimento nobre, ou até mesmo particularmente útil. Os jogos são um dos mais antigos artefatos culturais para interatividade humana, mas por uma perspectiva do design, ainda não sabemos realmente o que são os jogos.

Nossa esperança é que esta obra informe e inspire as pessoas interessadas em desenhar jogos. Sua finalidade é ajudar designers de jogos a criar seus próprios jogos, seus próprios conceitos, suas próprias metodologias e estratégias de design. As ideias e exemplos que oferecemos representam um modo de olhar de perto os jogos, com espaço para mais no futuro. O Pong é apenas o começo.

É por isso que fomos obrigados a escrever esta obra: não definir, de uma vez por todas, o que é design de jogos, mas fornecer instrumentos importantes para entender jogos. Não para reivindicar e colonizar o terreno inexplorado do design de jogos, mas para investigar algumas das suas características para que outros designers de jogos possam embarcar em suas próprias expedições. Desejamos que esta obra seja um catalisador, um facilitador, um pontapé inicial. Considere esses conceitos e explore-os, rápida e significativamente, com o mesmo tipo de alegria que os jogadores do primeiro Pong devem ter sentido.

Estamos todos juntos nessa. Você está pronto para jogar?

Katie Salen e Eric Zimmerman, Nova York, maio de 2003

Notas

1. Scott Cohen, *Zap: The Rise and Fall of Atari* (New York: McGraw-Hill, 1984), p. 17.

PREFÁCIO À EDIÇÃO BRASILEIRA

Traz imensa felicidade para mim, designer gráfico e estudioso do design de jogos e dos videogames, fazer parte deste projeto: a tradução de uma das obras fundamentais em *game theory* e design de jogos. Zimmerman e Salen conseguem reunir as grandes questões do tema e falam em uma linguagem que tem alcance em larga escala. Construir um trabalho de peso como este, em um campo de estudo que sequer é uma unanimidade entre estudiosos (falo do design de jogos) requer fôlego e inteligência, paixão e ciência.

Os autores partem de uma abordagem clássica da teoria dos jogos, explicando a importância do jogo significativo, partindo para sua estrutura formal e pelo significado do que é o jogar, colocando então o jogo como objeto cultural, influenciando e sendo influenciado pela sociedade. Este caminho demonstra a importância dos jogos (sempre, desde que o homem é homem) e traz uma metodologia cristalina para o entendimento do fenômeno "jogar".

A abordagem em toda a obra pela busca do "jogo significativo" vai ao encontro de uma das vocações fundamentais do próprio design: a criação de significados. A experiência determinada pelo jogar nunca é projetada diretamente num jogo, em que somente atuamos no design de suas regras e estrutura visual e semântica. Entender profundamente o jogo e o jogar é definitivo para conseguirmos proporcionar a experiência da maneira mais significativa para o jogador, da maneira que planejamos.

Isto é o que torna esta obra fundamental. Ela discute os fundamentos do design de jogos de maneira lúcida, abrangente e ao mesmo tempo com profundidade, em uma metodologia que permite sua leitura por foco de interesse, como disciplinas que constroem um todo que é o design de jogos. Creio que esta abordagem única decorre do fato de os autores serem também eles designers de jogos, conseguindo desta maneira ajustar o foco da discussão conforme a conveniência, ora como designers, ora como estudiosos, conseguindo assim uma linguagem que coloca luz sobre os temas que compõem e definem o design de jogos.

Ao separar as questões nucleares do design de jogos de suas plataformas, os autores criam uma obra que serve como guia básico para desenvolvedores de jogos nos mais diversos meios, analógicos e digitais. O jogar é o mesmo, seja no seu console doméstico, seja no divertido jogo de tabuleiro. As experiências que o jogo traz é que devem ser levadas em conta, e essa experiência é interativa, o que a diferencia das mídias tradicionais.

Essa busca pela experiência do jogo significativo independe dessas plataformas; ao trazer a discussão dessa maneira, os autores contribuem para o entendimento do que é o próprio design, em seus conceitos mais básicos. Zimmerman e Salen criam assim uma rica discussão, questionando o que é um jogo, o que é design e o que é design de jogos em toda sua independência de plataformas ou mídias, mostrando que criar um jogo vai muito além de aprender uma ferramenta digital ou a manipular gráficos em 3D.

Da mesma maneira, e brilhantemente, eles não se esquecem dessas novas tecnologias e conseguem trazer e discutir as novas mídias no contexto das teorias clássicas dos jogos, colocando Huizinga cara a cara com os MMORPGs, dessa maneira, demonstrando como os conceitos básicos podem ser aplicados a essas novas tecnologias.

Outro motivo que torna essa obra fundamental: aqui se discutem os fundamentos do design de jogos. Dividida em quarto grandes unidades: principais conceitos, regras, jogar e cultura, a obra consegue assim abordar o design de jogos de maneira clara e oferece tanto ao estúdio do design quanto ao desenvolvedor uma metodologia para entender e construir trabalhos em design de jogos que sejam coerentes tanto com os preceitos do design quanto da teoria dos jogos.

Muitos jogos digitais nos dias de hoje fracassam justamente por conta de seus desenvolvedores não conhecerem esses fundamentos. Conhecê-los garante não somente a compreensão e aplicação para jogos tradicionais, mas permite enxergar além e inovar, pois, ao entendermos os preceitos básicos do design e separando a questão *jogar* da questão *plataforma*, conseguimos usar a tecnologia para proporcionar as experiências planejadas, buscando a tecnologia certa para expressar o conceito e não o contrário.

Outra questão importante que justifica este projeto é a atual posição do Brasil no mundo dos desenvolvedores. Temos vários estúdios brasileiros que trabalham comissionados a grandes *publishers* internacionais, temos estúdios de fora que começam a enxergar o potencial do Brasil nessa área e instalam bases aqui e ainda o sucesso das agências que resolveram investir em desenvolvimento de *advert games*, em que encontramos maturidade e um grande campo de trabalho.

Cursos em design de jogos, nos mais diversos formatos, aparecem e se cristalizam, e a criação de uma bibliografia em português se faz necessária e desejável. Cursos que trazem agora o design de jogos tanto como mote para o ensino de ferramentas técnicas, e também os que buscam o ensino de design de jogos em toda sua potencialidade. Tanto para o estudante do curso mais técnico quanto para o mais acadêmico, creio que esta obra tenha a mesma importância.

Espero que esta obra seja tão importante para sua formação quanto foi para a minha, e a de milhares de designers de jogos e estudiosos do assunto. Que seja não uma semente, mas um catalisador tanto para o surgimento de novos designers de jogos quanto de publicações nesta área. Boa leitura!

Alan Richard da Luz

Volume 3: **Interação lúdica**

[A interação lúdica/play] é uma atividade de estruturação, a partir da qual vem a compreensão. A interação lúdica é, ao mesmo tempo, o local onde questionamos nossas estruturas de compreensão e o local onde as desenvolvemos.

— ***James S. Hans,*** *The Play of the World*

Como as regras funcionam?

Em última análise, o design de jogos é o design da interação lúdica. As regras de um jogo são importantes porque facilitam a experiência dos jogadores. Nesse esquema primário, vamos expandir consideravelmente nossa compreensão dos jogos, investigando temas como prazer, narrativa e interação social. À medida que nos movemos do esquema primário das REGRAS para o esquema da INTERAÇÃO LÚDICA, afrouxamos nosso foco estreito sobre as regras como um sistema formal a fim de analisar as maneiras como as regras se tornam uma experiência significativa para os participantes de um jogo.

DEFININDO INTERAÇÃO LÚDICA

22

- jogabilidade
- atividades lúdicas
- ser lúdico
- interação lúdica livre
- interação lúdica transformadora

Qualquer definição séria de interação lúdica (play) é assombrada pela possibilidade de que qualquer argumento irônico poderia invalidá-la.

— ***Brian Sutton-Smith**, The Ambiguity of Play*

playground | | Parappa the Rapper

Uma introdução à interação lúdica

O design do jogo significativo, sob qualquer forma que o jogo possa assumir, exige uma compreensão de como as regras se ramificam no jogo. A interação lúdica de um jogo só ocorre quando os jogadores experimentam as regras do jogo em ação. Antes de um jogo começar, os muitos componentes formais do jogo-sistema ficam em espera: um estádio de futebol vazio; peças de xadrez aguardando em suas posições de partida; um programa de jogo instalado no disco rígido. Apenas quando os jogadores entram no jogo é que o sistema ganha vida totalmente. Atletas e fãs enchem o estádio; peças de xadrez iniciam seu elegante desfile, um arquivo de jogo salvo é carregado e o jogo toma toda a tela. Relações adormecidas são despertadas entre os elementos do jogo à medida que os jogadores ocupam, exploram e manipulam o espaço da possível interação lúdica.

De um ponto de vista formal, as regras de um jogo, de fato, constituem a "essência" interna do jogo. Mas há um perigo em limitar a consideração de um jogo apenas ao seu sistema formal. A complexidade das regras tem um fascínio intrínseco, a sedução hipnótica da matemática elegante e a lógica incorporada. Mas é crucial que os designers de jogos reconheçam que a criação das regras, mesmo aquelas que são elegantes e inovadoras, nunca seja um fim em si. As regras são apenas o meio para a criação do jogo. Se, durante o processo do design do jogo, você ficar tentado a aperfeiçoar um elegante conjunto de regras de uma forma que não afeta a experiência do jogador, isso é um sinal de que você perdeu o foco. A experiência de jogo representa o coração e a alma do ofício do designer de jogo e é o foco de todos os capítulos reunidos no âmbito do Esquema Primário da **INTERAÇÃO LÚDICA.**

Depois deste capítulo introdutório, vem uma série de esquemas, cada um enquadrando os jogos de uma perspectiva diferente. Em INTERAÇÃO LÚDICA, vamos explorar os jogos como sistemas de experiência e prazer, como sistemas de interação lúdica narrativa e de significado, e como sistemas de interação lúdica social de simulação. Estamos conscientes da variedade quase infinita das maneiras de enquadrar os jogos como experiência e não temos nenhuma pretensão de que o nosso conjunto de esquemas de **INTERAÇÃO LÚDICA** ofereça uma lista completa. Existem esquemas experimentais que oferecem formas válidas de jogos inteligentes que não incluímos. Não vemos, por exemplo, a interação lúdica como uma experiência de aprendizagem ou como um sistema cinemático de movimento. Os esquemas incluídos oferecem um ponto de partida para uma análise contínua do design de jogos e da interação lúdica, uma análise que está apenas começando.

O que é interação lúdica?

Como o psicólogo J. Barnard Gilmore observa em *Child's Play*, "todo mundo sabe o que é uma brincadeira ou interação lúdica, mesmo que todos possam não concordar sobre o que seja brincar ou interagir ludicamente".[1] O estudo psicológico e antropológico dos jogos e brincadeiras resultou em uma série de definições, desde uma formulação de interação lúdica como "atividades que, não conscientemente, são realizadas sem nenhum outro objetivo além de si mesmas"[2] até uma conceitualização de que "a interação lúdica se refere às atividades que são acompanhadas por um estado comparativo de prazer, euforia, poder e sentimento de autoiniciativa". Embora essas definições possam dizer algo sobre a interação lúdica, queremos construir uma definição do conceito mais centrada no design, uma que nos ajudará a criar uma experiência de interação lúdica significativa em nossos jogos.

Comecemos vendo como o termo *play* é utilizado no idioma inglês corrente. Tal como acontece com "game", a palavra "play" é usada de muitas maneiras diferentes:

- o ato de criar música, como, por exemplo, "*playing* the radio" (tocar o rádio) ou "*playing* a musical instrument" (tocar um instrumento musical);
- fingir: *playing* at being angry (fingir estar irritado), *playing* the fool (bancar o bobo);
- ativar um processo: "putting something into *play*" (colocar alguma coisa em ação);
- tomar uma ação arriscada: "*playing* fast and loose" (portar-se com imprudência);
- o curso dos eventos ou destino: "letting things *play* out" (deixar as coisas rolarem), "*playing* into the hand of fate" (entregar a Deus);
- protelar: "*playing* for time" (ganhar tempo);

- ser brincalhão ou não ser sério: "just *playing* around" *playing* tricks (fazer pegadinhas);
- apostar: *playing* the horses (apostar nos cavalos);
- um efeito sutil: "a smile *playing* on the lips" (um sorriso insinuado pelos lábios), "the *play* of light on the wall" (um jogo de luzes na parede);
- a folga entre engrenagens ou rodas dentadas: "the *play* of a car's steering wheel" (o jogo de direção de um carro);
- enganar ou ludibriar alguém: "*playing* someone for all they're worth" (fingir ser alguém para tirar proveito), "playing on someone's feelings" (jogar com os sentimentos de alguém), "*playing* up to someone" (*bajular* alguém);
- ser habilidoso, esperto ou jovialmente alegre: "dressing in a *playful* style" (vestir-se com um estilo alegre e jovial), "engaging in *wordplay*" (fazer jogos de palavras) e, claro,
- "*playing* with toys" (brincar com brinquedos) ou "*playing* a *game*" (jogar um jogo).

Considerando que "interagimos ludicamente" com jogos, tais como Metal Gear Solid, Squash e UNO, parece haver muitas outras atividades que também se enquadram na categoria de interação lúdica e interagir ludicamente. Qual é a conexão entre os termos *play* e *game* ("interação lúdica" e "jogo")? Quando definimos a palavra *jogo* no Capítulo 7 do volume 1, apresentamos duas possíveis relações entre jogos e interação lúdica:

> ***Os jogos são um subconjunto da interação lúdica.*** Os jogos constituem uma parte formalizada de tudo que podemos considerar como sendo interação lúdica. Brincar de pega-pega ou brincar de médico são atividades lúdicas que ficam fora da nossa definição de jogos (uma disputa de poderes com um resultado quantificável etc.). Mas, embora nem toda interação lúdica se encaixe na categoria de jogos, as coisas que definimos como jogos se encaixam em uma categoria maior de atividades lúdicas.
>
> ***A interação lúdica é um elemento dos jogos.*** Além das regras e da cultura, a interação lúdica é um componente essencial dos jogos, uma faceta do fenômeno maior dos jogos e um esquema primário para sua compreensão.

Nenhuma dessas duas relações é mais correta que a outra. A primeira é uma distinção *descritiva* que coloca o fenômeno dos jogos dentro de um conjunto maior de atividades lúdicas do mundo real. A segunda é uma distinção *conceitual* que enquadra a interação lúdica como uma faceta importante dos jogos. Porém, os usos comuns de "*play*" na língua inglesa apontam para outros entendimentos do conceito, que estão completamente fora desses dois enquadramentos de "jogo" e "interação lúdica". Por exemplo, "making a *playful* gesture" (fazer um gesto engraçado) e "the *play* of the waves on the beach" (o movimento divertido das ondas na praia) são casos de significados que não parecem ter nenhuma relação com jogos. Ou têm? Examinando todas as maneiras como a interação lúdica se manifesta, podemos agrupá-los em três categorias de "interação lúdica":

> **Jogabilidade**
> Essa forma de interação lúdica é uma categoria estreita de atividade que se aplica somente ao que já definem como "jogos". A jogabilidade (*game play*) é a interação formalizada que ocorre quando os jogadores seguem as regras de um jogo e experimentam seu sistema através do jogo.
>
> **Atividades lúdicas**
> A palavra lúdico significa "*referente a, ou que tem o caráter de jogos*" e, como o título do livro de Huizinga *Homo Ludens*, é derivada de *ludus*, a palavra latina para jogar. Atividades lúdicas são atividades de jogo que incluem não apenas os jogos, mas todos os comportamentos não relacionados a jogos que consideramos também como "interação lúdica": um gatinho brincando com um novelo de lã, dois estudantes universitários jogando *frisbee*, crianças brincando em um trepa-trepa.
>
> **Ser lúdico**
> A terceira categoria de jogo é a mais ampla e mais inclusiva. Refere-se não só a atividades lúdicas típicas, mas também à ideia de estar em um estado de espírito engraçado, onde o espírito da interação lúdica é injetado em alguma outra ação. Por exemplo, estamos sendo brincalhões (*playful*) com as palavras quando criamos apelidos para os amigos ou inventamos rimas para provocá-los. Poderíamos vestir-nos de uma forma engraçada ou fazer uma crítica de um irmão em tom jocoso. Em cada caso, o espírito lúdico infunde ações ordinárias.

Cada uma das três categorias de jogo é sucessivamente mais aberta e inclusiva. Como categoria, as atividades lúdicas (*ludic activities*) incluem a jogabilidade (*game play*), e a categoria 'ser lúdico' (*being playful*) inclui as duas anteriores. A jogabilidade é na realidade apenas um tipo especial de atividade lúdica formalizada. Da mesma forma, as atividades lúdicas são maneiras formalizadas, literais de ser lúdico.

Uma definição geral de atividade lúdica

Embora essas três categorias coloquem muitas expressões de atividade lúdica em foco, ainda não temos uma definição geral para nos auxiliar na concepção das experiências da atividade lúdica significativa. Há, na verdade, uma maneira de definir *play*/interação lúdica que faz justiça a todas as três categorias:

A atividade lúdica é o movimento livre dentro de uma estrutura mais rígida.

À primeira vista, essa definição pode parecer um pouco simples e abstrata para um tema tão rico e complexo, como a interação lúdica. Mas é uma forma extremamente útil de pensar sobre o design da interação lúdica. De onde vem a definição? Pense sobre o uso da palavra "*play*" no sentido de "*free play*" ("jogo" ou "folga") de uma engrenagem ou da caixa de direção de um carro. A "folga" é a quantidade de movimento que o volante pode mover-se por conta própria dentro do sistema, a quantidade que o volante pode girar antes que ele comece a virar os pneus do carro. A ação em si só existe por causa das estruturas mais utilitárias do sistema de direção: o eixo de transmissão, eixos, rodas e assim por diante. As "regras" criadas por esses elementos tornam possível o livre movimento da "folga" ou "jogo" (*play*). O "jogo" (*play*) surge das relações que orientam o funcionamento do sistema, ocorrendo nos espaços intersticiais entre seus componentes. O "jogo" (*play*) é uma expressão do sistema, uma expressão que aproveita o espaço de possibilidades criado a partir da estrutura do sistema.

Como uma maneira formal de conceituar a interação lúdica, essa definição se aplica a todas as três categorias de interação lúdica:

Jogabilidade. A jogabilidade, tal como em escadas e escorregadores, ocorre somente quando os jogadores colocam as regras rígidas do jogo em movimento. Mas a jogabilidade em si é um tipo de dança que ocorre em algum ponto entre os dados, peças, tabuleiro e as próprias regras, dentro e entre as estruturas mais rígidas e formais do jogo.

Atividade lúdica. Pense na brincadeira de fazer uma bola rebater contra uma parede. Essa atividade lúdica tem uma estrutura menos formal do que um jogo, mas a definição de jogo ainda se aplica. Ao experimentar a interação lúdica com a bola, o jogador está interagindo ludicamente com estruturas, como a gravidade, a identidade material da bola, o espaço arquitetônico e sua própria habilidade física em arremessar a bola e pegá-la de volta. *Brincar* (*play*) com a bola é interagir ludicamente (*play*) com todas essas estruturas, testando seus limites e fronteiras, encontrando maneiras de se mover ao redor e dentro deles.

Ser lúdico. Mesmo nesta categoria ampla de interação lúdica, a definição é relevante. Usar gíria lúdica, engraçada, por exemplo, é encontrar a livre circulação de palavras e frases nas estruturas de regras mais rígidas da gramática. Ser lúdico enquanto caminha pela rua significa brincar com as estruturas sociais, anatômicas e urbanas mais rígidas que determinam o comportamento adequado ao caminhar.

Em todo caso, o jogo existe *por causa* de estruturas mais rígidas, mas também existe, de alguma forma, em *oposição* a elas. A gíria só é gíria porque se afasta da norma gramatical. É oposta aos usos da linguagem mais sérios e conservadores "oficiais", e ganha sua identidade através de sua diferença em relação a eles. Da mesma forma, arremessar uma bola contra uma parede está em desacordo com usos mais utilitários da arquitetura. Ao mesmo tempo, a ação está de acordo com certas regras oferecidas pela estrutura formal do edifício, levando a um tipo particular de interação. A jogabilidade, como exploramos em detalhes, só é possível por causa das regras. Mas, paradoxalmente, a jogabilidade é, de muitas maneiras, o oposto das regras. Em todas as suas muitas manifestações, a interação lúdica se opõe e a interação lúdica resiste. Mas, isso é feito *ludicamente* (*playfully*), utilizando as estruturas existentes para inventar novas formas de expressão.

Interação lúdica transformadora

Quando a interação lúdica ocorre, ela pode transbordar e dominar a estrutura mais rígida na qual está ocorrendo, gerando resultados emergentes e imprevisíveis. Às vezes, na verdade, a força da interação lúdica é tão poderosa que pode mudar a própria estrutura. Como o filósofo James S. Hans observa, "O papel da interação lúdica não é trabalhar confortavelmente dentro de suas próprias estruturas, mas sim constantemente desenvolver suas estruturas por meio da interação lúdica".[3] Um termo de gíria jocoso pode tornar-se uma expressão idiomática, por exemplo, e pode vir a ser adotado no dicionário, tornando-se parte das estruturas culturais maiores que inicialmente resistiram. Chamamos essa forma importante de jogar de *interação lúdica transformadora*.

A interação lúdica transformadora é um caso especial de jogo que ocorre quando o movimento livre da interação lúdica altera a estrutura mais rígida na qual toma forma. A interação lúdica não apenas ocupa e opõe-se aos interstícios do sistema, mas realmente transforma o espaço inteiro. Uma modificação do jogo ciberfeminista que cria versões transexuais de Lara Croft é um exemplo de interação lúdica transformadora, bem como a utilização do mecanismo do jogo Quake como uma ferramenta de criação de filmes.

Apesar de todas as instâncias da interação lúdica envolverem o movimento livre em uma estrutura mais rígida, nem toda interação lúdica é transformadora. Muitas vezes, a possibilidade de considerarmos ou não a interação lúdica como transformadora depende da maneira como enquadramos a experiência do jogo. Tomemos o exemplo familiar do xadrez. Alguns aspectos do jogo de xadrez são, em geral, não transformadores. Como a maioria dos jogos, as regras formais do xadrez não mudam como resultado de um jogo de xadrez. Se o jogo de xadrez é considerado puramente como um exercício de lógica estratégica do xadrez, então o sistema (as regras) permanece o mesmo cada vez que o jogo é disputado. Porém, assim que os jogadores humanos entram na equação, a interação lúdica transformadora pode ocorrer em vários níveis. As habilidades de raciocínio de um jogador podem ser transformadas como resultado de jogar xadrez durante um longo período de tempo. As relações sociais com outros jogadores (ou não jogadores) podem sofrer uma transformação. O jogo de xadrez pode até transformar a maneira como um jogador percebe os objetos no espaço. (Basta perguntar a qualquer viciado em Tetris!)

A interação lúdica transformadora pode ocorrer em todas as três categorias da interação lúdica:

Jogabilidade. No basquete profissional, à medida que os jogadores encontram novas maneiras de jogar o jogo, as regras são adaptadas para manter o jogo desafiador e divertido. Há muitos exemplos de jogos, desde o Fluxx até o 1000 Blank White Cards (Jogo das Mil Cartas Brancas), nos quais inventar e transformar as regras faz parte do design do jogo.

Atividade lúdica. Nos jogos informais e imaginários das crianças, tais como Casinha ou Polícia e Ladrão, as regras e os comportamentos possíveis são muitas vezes improvisados, transformando o jogo entre as sessões.

Ser lúdico. Nos campos e nas atividades situados fora do que normalmente pensamos como interações lúdicas e jogos, ser lúdico pode ter um efeito transformador. No design de moda, existe uma relação automática entre as formas marginais do vestir e o *establishment* da moda. Um estilo subcultural de vestir pode desafiar as noções de gosto e etiqueta (pense no Punk), ajudando a definir novas formas de expressão dentro do exato contexto ao qual se opõe.

Nas demais seções deste capítulo, vamos explorar os três tipos de jogo em detalhes, atentando para descobrir como cada categoria se cruza com nossa definição geral de interação lúdica, interação lúdica transformadora e design de jogos.

Ser lúdico

Se examinarmos como a palavra "play" é usada e nos concentrarmos em seus chamados significados transferidos, encontraremos the play of light *(o jogo de luzes),* the play of the waves *(o movimento das ondas),* the play of the components in a bearing case *(a folga dos componentes em uma caixa de rolamentos),* the inner play of limbs (a coordenação dos membros do corpo*),* the play of forces (jogo de forças), the play of gnats *(a dança dos mosquitos), até* a play on words *(jogo de palavras)... Isso está de acordo com o significado original da palavra "spiel" como "dança", que ainda é encontrado em muitas formas de palavra.*

— ***Brian Sutton-Smith**, The Ambiguity of Play*

Começamos com a maior das três categorias: simplesmente ser lúdico. A citação anterior de Sutton-Smith aponta para alguns dos muitos contextos fora de jogos, brinquedos e comportamento lúdico aos quais podemos aplicar a nossa definição geral de "interação lúdica". Como a "folga" ("free play") de uma engrenagem, os exemplos de jogo identificados por Sutton-Smith são todos momentos em que um sistema está em movimento, em uma espécie de dança. (*"Spiel"*, a palavra alemã para o jogo, originalmente significava *dança,* como Sutton-Smith ressalta.)

Tome o exemplo de Sutton-Smith de um "play on words" ("jogo de palavras"). Existem muitos tipos de jogos de palavras, desde as rimas sem sentido do Dr. Seuss, até as complexidades rítmicas do *rap* de estilo livre e a ambiguidade semântica de um enigma infantil. Em todo caso, o jogo de palavras incorpora o movimento livre em uma estrutura mais rígida. Se você perdoar o humor barato, considere a seguinte piada, que só tem sentido em inglês:

> P: *Why is six afraid of seven?* (Por que o seis tem medo do sete?)
>
> R: *Because seven ate nine.* (Por que o sete comeu o nove.)

A "brincadeira" ("play") dessa piada em particular está no fato de que "ate" e "eight" são *homófonos* (palavras com o mesmo som, mas grafia e significados diferentes). Dizer "seven eight nine" (sete oito nove) é apenas uma contagem, enquanto "seven ate nine" (o sete comeu o nove) se torna uma causa genuína de preocupação para nossos números personificados. O que está acontecendo nesse exemplo de jogo? Nos conjuntos mais rígidos e fixos dos significados linguísticos, a piada conseguiu um espaço de interação lúdica, um movimento no qual os personagens inesperados ganham vida e expressam duplos sentidos normalmente reprimidos na comunicação mais utilitária. A piada "joga" com nossas expectativas da linguagem. Mas, sem o contexto mais amplo de uso da linguagem convencional no qual a piada toma forma, ela perderia seu humor e sentido de brincadeira, ou interação lúdica. O jogo existe *por causa* e *em oposição às* estruturas que lhe dão vida.

Mesmo se usarmos alguns dos exemplos mais abstratos de Sutton-Smith, tais como o *play of light* (jogo de luz), nossa definição de jogo ainda se aplicará. Imagine a luz refletida do seu relógio de pulso, fazendo um ponto brilhante na parede: dizemos que a luz está *brincando* na parede. A partir de dentro das estruturas da física da luz, da percepção e da arquitetura emerge a circunstância incomum de uma partícula de luz flutuante na parede. A luz chama atenção alegremente para si mesma, mudando a relação entre seu relógio de pulso e o espaço arquitetônico. Seu instinto é brincar com a luz, mesmo por apenas um momento, para experimentar esse novo conjunto de relações entre os movimentos de seu corpo e a superfície da parede. O jogo de luz, e a interação lúdica que você estabelece com ele, só é possível por meio dos conjuntos comuns de relações experimentais que este exemplo de interação lúdica transforma.

Estes exemplos de "ser lúdico" também são transformadores? Possivelmente. Talvez o jogo de luz transforme seu comportamento: talvez você crie o hábito de ficar na mesma sala, na mesma hora no dia seguinte para aproveitar as possibilidades da brincadeira. Ou talvez contar a piada "seven ate nine" no jantar leve a uma noite inteira de piadas de matemática que, de outro modo, não teriam ocorrido. Cada exemplo de jogo traz consigo as sementes da interação lúdica transformadora.

Como esse entendimento geral de ser lúdico é relevante para o design de jogos? Ao criar um jogo, você deve maximizar a interação lúdica significativa para seus participantes a cada momento possível. Muitas vezes, isso significa pensar sobre como você pode injetar o devido espírito lúdico em um comportamento bem comum. You Don't Know Jack, por exemplo, pegava a rotina normal de inserir o nome dos jogadores, carregar os dados do *game* e traçar suas regras, e a transformava em uma série divertida de eventos que sempre agradava até os mais experientes jogadores. Você poderia criar um jogo inteiro a partir de uma experiência que normalmente é comum ou entediante? Que tal um jogo concebido para ser jogado enquanto espera na fila? Ou assiste as notícias? Ou dirige um carro? Depois de entender que a interação lúdica é latente em qualquer atividade humana, você pode encontrar inspiração para comportamentos e contextos lúdicos em qualquer lugar.

Atividades lúdicas

A segunda categoria de interação lúdica, *atividades lúdicas* (*ludic activities*), aproxima-nos da interação lúdica dos jogos (*play of games*). Os jogos representam um tipo de atividade lúdica, uma variedade de interação lúdica particularmente formalizada. Mas existem muitas versões menos formais de interação lúdica também, desde dois cães perseguindo um ao outro em um parque até uma criança brincando de esconde-esconde com o pai. O que geralmente distingue os jogos de outras formas de interação lúdica é o fato de que eles têm um objetivo e um resultado quantificável. Em termos gerais, as formas não jogo das atividades lúdicas não têm isso.

Ainda que as atividades lúdicas constituam um tipo de fenômeno mais restrito de interação lúdica do que simplesmente o "ser lúdico", há uma gama relativamente ampla de atividades incluídas nessa categoria. Como essas atividades podem ser organizadas e entendidas sob a rubrica maior de interação lúdica? O antropólogo Roger Caillois propõe um modelo útil para organizar as várias formas de interação lúdica. Em seu livro *Man, Play, and Games*, ele fornece uma estrutura poderosa para a classificação das atividades lúdicas. O modelo de Caillois é uma das tentativas teoricamente mais ambiciosas de organizar as muitas formas de interação lúdica.

O modelo de Caillois começa com quatro "categorias fundamentais" da interação lúdica:[4]

- ***Agôn.*** Jogo competitivo, como no xadrez, esportes e outras competições.
- ***Alea.*** Jogo baseado na sorte, com base em jogos de probabilidade.
- ***Mimicry.*** Jogo de representar um papel e faz-de-conta, incluindo teatro e outros exercícios da imaginação.
- ***Ilinx.*** Brincar com a sensação física de vertigem, como quando uma criança rodopia até cair.

Aqui estão alguns pensamentos de Caillois sobre cada categoria fundamental:

> *Agôn.* Um grupo inteiro de jogos pareceria competitivo, ou seja, como um combate no qual a igualdade de oportunidades é criada artificialmente para que os adversários tenham que se confrontar sob condições ideais, suscetíveis de dar um valor preciso e incontestável ao triunfo do vencedor.[5]
>
> *Alea.* Este é o nome latino para o jogo de dados. Peguei-o emprestado para designar, em contraste a ***agôn,*** todos os jogos que são baseados em uma decisão independente do jogador, um resultado sobre o qual ele não tem controle e no qual vencer é o resultado do destino, em vez de triunfar sobre um adversário. Mais propriamente, o destino é o único artesão da vitória e onde existe rivalidade, significando que o vencedor foi mais favorecido pela sorte do que o perdedor.[6]
>
> *Mimicry.* O jogo pode consistir não só em impor ações ou submeter-se ao destino de outrem em um ambiente imaginário, mas em se tornar um personagem ilusório de si mesmo e comportar-se de tal modo. Assim, uma pessoa é confrontada com uma série diversificada de manifestações, e o elemento comum é que o sujeito acredita ou faz os outros acreditarem que ele é alguém diferente de si mesmo. Ele esquece, disfarça ou temporariamente projeta sua personalidade a fim de simular outra.[7]
>
> *Ilinx.* O último tipo de jogo inclui os que se baseiam na busca da vertigem e consistem em uma tentativa de destruir momentaneamente a estabilidade da percepção e infligir uma espécie de pânico voluptuoso sobre uma mente lúcida de outra forma... Toda criança sabe muito bem que rodopiar rápido provoca um estado de vertigem que dificulta a estabilidade corporal e a clareza da percepção.[8]

As categorias de Caillois cobrem uma ampla variedade de atividades lúdicas. Algumas delas, como as competições (*agôn*) e os jogos de azar (*alea*), assemelham-se a muitos dos jogos que já analisamos. Outras atividades que ele menciona, como o faz-de-conta da simulação (*mimicry*) e a brincadeira da vertigem (*ilinx*), por exemplo, pular carniça e dançar valsa, estão claramente fora dos limites dos jogos. Embora muitos jogos incluam elementos de simulação e vertigem, essas categorias vão além de uma descrição dos jogos — mas elas realmente estabelecem um modelo para a compreensão de muitos tipos de atividades lúdicas.

Caillois não limita seu sistema de classificação a essas quatro categorias. Ele enriquece sua taxonomia adicionando o par de conceitos *Paida*, que representa o jogo ousado, livre, improvisado, e *ludus*, que representa o jogo ligado às regras, regulamentado e formalizado. Caillois escreve: "Tal poder primário de improvisação e alegria, que eu chamo de *paida*, está associado ao gosto pela dificuldade gratuita que proponho chamar de *ludus* a fim de abranger os vários jogos aos quais, sem exagero, uma qualidade civilizada pode ser atribuída".[9] Caillois cruza as quatro categorias fundamentais da interação lúdica com os conceitos de *paida* e *ludus*, resultando em uma grade na qual ele diagrama uma grande variedade de atividades lúdicas. Um jogo de azar vinculado a regras, tal como a roleta, fica na seção *alea/ludus* do seu modelo. Um jogo não estruturado de faz de conta, tal como vestir uma máscara, ficaria na categoria do *mimicry/paida*.

Aparte terminológico: "Play" e "games" em francês

Man, Play, and Games foi escrito em francês, a língua nativa de Caillois. Muitas línguas não têm palavras distintas para "game" e "play". Em francês, por exemplo, jogo é "jeu" e jogar é "jouer", a forma verbal da mesma palavra. O título original de seu livro é *Les Jeux et les Hommes*; a tradução em inglês do título como *Man, Play, and Games* faz um trabalho admirável em exprimir a grande variedade de formas de jogo que Caillois investiga.

É importante observar a diferença entre os títulos em francês e inglês do livro de Caillois porque, embora a tradução em inglês geralmente use "game" (jogo) para descrever o que Caillois está estudando, para nossos propósitos, ele está, de fato, estudando "play" (a interação lúdica). Alguns dos fenômenos listados por Caillois são jogos e esportes legítimos. Outros, como teatro e festivais públicos, não se encaixam em nossa definição estrita de jogo. Mas todos são atividades lúdicas.

	Paida	**Ludus**
Agôn (competição)	Atletismo não regulamentado (corrida e luta livre)	Boxe, bilhar, esgrima, jogo de dama, futebol, xadrez
Alea (chance ou sorte)	Parlendas e apostas	Brincadeiras infantis, roleta, loterias
Mimicry (simulação)	Iniciações, máscaras e disfarces infantis	Teatro, espetáculos em geral
Ilinx (vertigem)	Brincar de roda, ciranda, rodopiar, montar a cavalo, brincar de valsa	Esqui, alpinismo/montanhismo, corda bamba (circo)

Exemplos retirados de Man, Play, and Games

Como o modelo de Caillois se encaixa em nossa definição de interação lúdica? Uma observação das quatro categorias fundamentais da interação lúdica mostra que cada uma incorpora o movimento livre dentro de uma estrutura mais rígida:

- *Agôn* (competição) e *alea* (chance ou sorte) são categorias que geralmente contêm jogos. Como resultado, a interação lúdica surge do movimento dos jogadores através das estruturas de regras rígidas do jogo. Em um jogo competitivo, os jogadores fazem seu melhor para ganhar jogando dentro dos limites de comportamento estabelecidos pelo sistema de regras. Em um jogo de chance, os jogadores definem o jogo em movimento por meio de sua participação, esperando que o sistema se reproduza de maneira fortuita.
- A liberdade da interação lúdica da *simulação* (*mimicry*) é a experiência da representação. Se você mexer o dedo indicador e disser "Olá", fingindo que o dedo é uma pequena pessoa que pode falar, está brincando com as categorias de representação fixas do dedo e da pessoa, encontrando o movimento livre nesses sistemas de signos geralmente mais rígidos por meio da interação lúdica imaginativa.
- A experiência da vertigem (*ilinx*) surge como uma interação lúdica dentro das estruturas físicas e sensuais. A criança que rodopia abandona geralmente o comportamento obediente para descobrir uma nova sensação na interação entre o movimento corporal e a entrada perceptiva.

Além disso, as categorias de *ludus* e *paida* abordam diretamente uma compreensão estrutural dos jogos, uma continuidade das relações entre a estrutura e a interação lúdica. Quando os limites da interação lúdica aproximam-se da extremidade *ludus* do espectro, por exemplo, as regras se tornam mais rigorosas e mais influentes. Localizado no outro extremo do espectro, a interação lúdica baseada em *paida* evita as rígidas estruturas formais em troca de uma interação lúdica mais livre. Em ambos os casos, Caillois define a interação lúdica com base em sua identidade estrutural.

Há uma boa quantidade de correspondência entre o modelo de Caillois e o nosso. Mas os dois modelos não oferecem formas idênticas de conceituar a interação lúdica. Por exemplo, a nossa distinção entre a jogabilidade, atividades lúdicas e ser lúdico não é relevante para a organização das atividades lúdicas de Caillois. Embora possamos enquadrar suas categorias sob a rubrica de nossa definição de "movimento livre", ele nunca constrói explicitamente a interação lúdica dessa forma.

Caillois é um estudioso dos jogos tremendamente importante. Seu sistema de classificação das formas de interação lúdica é um dos mais inclusivos e robustos que encontramos. Além disso, o modelo de Caillois pode ser muito útil para entender o tipo de experiência lúdica que seu jogo está fornecendo e o que ele não está fornecendo. Embora Caillois tenda a colocar um jogo inteiro ou atividade lúdica em uma única seção de sua grade, a maioria dos jogos tem elementos de várias de suas categorias. Talvez seu jogo de estratégia pesadamente competitivo (*agôn*) pudesse ser permeado com um pouco mais de chance, sorte ou aleatoriedade (*alea*). Ou, talvez, você pudesse enriquecer seu RPG baseado na simulação (*mimicry*) considerando os tipos de sensações de vertigem (*ilinx*) que seus jogadores poderiam experimentar em momentos-chave mais dramáticos. Qualquer modelo que ajude a enquadrar os seus problemas de design de uma nova maneira pode ser uma valiosa ferramenta de design de jogos.

Delimitação do nosso projeto

Embora o número de textos sobre o design de jogos seja um pouco limitado, nas últimas décadas tem havido uma enorme quantidade de estudos sobre a natureza e a função da interação lúdica. Os estudos vêm de uma grande variedade de campos: especialistas no comportamento animal estudando as vantagens adaptativas do jogo, psicólogos do desenvolvimento estudando as habilidades cognitivas e sociais que as crianças aprendem por meio de interações lúdicas, e sociólogos estudando como o jogo se encaixa nas necessidades sociais maiores.

Em geral, esses estudos do jogo focalizam a identificação da função ou do objetivo da interação lúdica. A suposição implícita é que o jogo serve a um propósito maior para a psique individual, unidade social, sala de aula, espécies e assim por diante. Em *Child's Play*, Frank A. Beach cataloga algumas das funções que são normalmente associadas ao jogo em muitos domínios:

- uma liberação da energia excedente;
- uma expressão da exuberância geral ou da alegria de viver;
- expressão do desejo sexual, agressividade ou ansiedade;
- "prática" juvenil para as habilidades da vida adulta;
- contexto necessário para a exploração e a experimentação
- um meio de socialização;
- ferramenta de autoexpressão e diversão.[12]

Estudar a função e a finalidade do jogo é um trabalho importante e fascinante, mas não vamos abordá-lo neste livro. Os esquemas que apresentamos para entender o jogo e os outros aspectos dos jogos focam nos desafios da criação do jogo significativo, em vez de investigar a *finalidade* social e psicológica dos jogos. Há uma enorme quantidade de literatura disponível sobre a função da interação lúdica e incluímos muitas dessas referências em nossa bibliografia, pois ela deve ser uma parte do modo como os designers de jogos compreendem os jogos.

Jogabilidade

A terceira e última categoria da interação lúdica é jogabilidade (*game play*). Assim como as atividades lúdicas constituem um subconjunto especial da categoria maior do ser lúdico, a jogabilidade é um subconjunto especial da categoria das atividades lúdicas. A jogabilidade ocorre apenas dentro dos jogos. É a experiência de um jogo colocado em movimento por meio da participação dos jogadores. As outras duas categorias de interação lúdica, ser lúdico e atividades lúdicas, contêm um vasto e diversificado conjunto de formas de jogabilidade. Mas, embora a jogabilidade seja a menor categoria dos três, a interação lúdica dos jogos também assume uma variedade de formas: a interação lúdica estratégica e competitiva de Settlers of Catan; a interação lúdica social performática de Charadas, a interação lúdica física e esportiva do críquete; a interação lúdica narrativa exuberante de Final Fantasy X — são todos exemplos de jogabilidade.

A jogabilidade incorpora claramente a ideia de jogar como um movimento livre dentro de uma estrutura mais rígida. O tipo particular de um jogo é um resultado direto das regras do jogo. As regras de Charadas, escritas como texto no papel, não poderiam ser mais diferentes da atividade exuberante e livre do jogo em si. Mas essas regras fornecem a estrutura rígida na qual o jogo reside, as regras que guiam e modelam a experiência da jogabilidade. Como o próprio Caillois afirma, em um jogo, o jogador está "livre dentro dos limites estabelecidos pelas regras."[10]

Como jogar envolve a participação humana, é um lugar infinitamente rico e complexo para o estudo. Mesmo dentro de um único jogo, existem inúmeras maneiras de delinear sua interação lúdica. No trecho a seguir, extraído de *The Study of Games*, Norman Reider inicia um profundo estudo do xadrez, tocando em muitas de suas características:

> O fascínio e a extensão do vício do jogo; os fatores psicológicos envolvidos no seu desenvolvimento histórico; seu valor terapêutico e social; suas complicações legais; sua relação com o amor e a agressão; o problema do gênio no xadrez; o problema de caráter de seus jogadores e seu estilo de jogo; e as funções do ego que se manifestam no jogo, especialmente as distinções entre os significados psicológicos do jogo, suas peças e regras, e a psicologia dos jogadores.[11]

A maioria ou todas as "facetas" que Reider lista são formas de compreensão do funcionamento da ação em um jogo. A psicologia do jogo, a expressão do amor e da agressão, o modo como o jogo facilita os estilos individuais de jogo fazem parte da experiência da interação lúdica do xadrez. Compreender as qualidades experimentais do jogo, engendradas por regras e ativadas por meio da jogabilidade, é o foco preciso do restante deste Esquema Primário. Você está pronto para jogar?

Notas

1. J. Barnard Gilmore, "Play: A Special Behavior". In *Child's Play*, editado por R.E. Herron e Brian Sutton-Smith (Nova York: John Wiley & Sons, 1971), p. 311.
2. Ibid.
3. James S. Hans, *The Play of the World* (Boston: University of Massachusetts Press, 1981), p. 5.
4. Roger Caillois, *Man, Play, and Games* (Londres: Thames and Hudson, 1962), p. 12.
5. Ibid. p. 14.
6. Ibid. p. 17.
7. Ibid. p. 19.
8. Ibid. p. 23.
9. Ibid. p. 27.
10. Ibid. p. 8.
11. Norman Reider, "Chess, Oedipus, and the Mater Dolorosa". In *The Study of Games*, editado por Elliott Avedon e Brian Sutton-Smith (Nova York: John Wiley & Sons, 1971), p. 440.
12. Frank A. Beach, "Current Concepts of Play in Animals". In *Child's Play*, editado por R.E. Herron e Brian Sutton-Smith (Nova York: John Wiley & Sons, 1971), p. 311.p. 204-208.

Resumo

- A ação de um jogo é o aspecto **experimental** de um jogo. A ação em um jogo ocorre quando as regras do jogo são colocadas em movimento e experimentadas pelos jogadores.
- A relação entre jogos e interação lúdica pode ser estruturada de duas maneiras:
  - **Os jogos são um subconjunto da interação lúdica**. Os jogos constituem uma parte formalizada de todas as atividades consideradas como sendo jogar.
  - **A interação lúdica é um elemento dos jogos**. A interação lúdica é uma maneira de enquadrar o fenômeno complexo dos jogos.
- Todos os diferentes fenômenos do comportamento da interação lúdica podem ser organizados em três categorias:

  Jogabilidade. A interação formalizada, focalizada que ocorre quando os jogadores seguem as regras de um jogo para interagir ludicamente.

  Atividades lúdicas. Comportamentos não jogos em que os participantes estão "interagindo ludicamente", tais como dois animais brincando de lutar ou um grupo de crianças jogando bola em um círculo. A jogabilidade é um subconjunto das atividades lúdicas.

  Ser lúdico. O estado de estar em um estado de espírito lúdico, como, por exemplo, quando um espírito lúdico é injetado em alguma outra ação. Essa categoria inclui tanto a jogabilidade como as atividades lúdicas.
- Uma definição geral de interação lúdica (*play*): **brincar é o movimento livre dentro de uma estrutura mais rígida**. A interação lúdica surge *por causa de* e *em oposição a* estruturas mais rígidas.
- **Interação lúdica transformadora** é um tipo especial de interação lúdica que ocorre quando o livre movimento da interação lúdica altera a estrutura mais rígida na qual ele assume uma forma. A interação lúdica realmente transforma a estrutura rígida de alguma maneira. Nem toda interação lúdica é transformadora, mas todas as formas de interação lúdica têm o potencial de transformação.
- O antropólogo Roger Caillois classifica a interação lúdica de acordo com quatro "categorias fundamentais":
  - **agôn**: interação lúdica competitiva;
  - **alea**: interação lúdica baseada na chance, sorte ou aleatoriedade;
  - **mimicry**: simulação ou interação lúdica do faz de conta;
  - **ilinx**: vertigem ou interação lúdica fisicamente baseada.

Cada uma dessas categorias pode ser colocada em um eixo que vai de **ludus**, ou jogo ligado a regras, até **paida**, ou interação lúdica de forma livre. Muitos jogos possuem várias dessas características de interação lúdica ao mesmo tempo.

024
5
1

23 JOGOS COMO EXPERIÊNCIA LÚDICA

Breakout | Atari | | controle do Playstation da Sony

interatividade
entrada/saída/processos internos
mecânica básica
repetição
design de segunda ordem
variações da mecânica básica

Subo com o primeiro saque, sem problema, empurrando minha cabeça até o pico da sua ascensão, a bola baterá no tijolo. Mas ela não bate. Então, quero que ela atinja a barricada, que avance e volte, de forma que, se eu avançar e recuar, não haverá aqueles espaços em branco enquanto espero a bola chegar aonde eu quero ou perto de onde quero. Ele tem um ritmo preenchido com tempo vazio, enquanto o meu é compacto, completo e denso...

Estou subindo com a jogada então, o volume ficou alto agora, enchendo a sala com blipes e eu estou colocando os ombros e a cabeça em ação, cantando uma música com esta sequência de dez segundos... É uma melodia de dezesseis notas criadas pelos blipes quando a bola atinge a raquete, os tijolos e a parede lateral. Blipe, o serviço... blupe, o retorno... blapeblipe... um rebote rápido a partir do tijolo na parede lateral para baixo... blupe, o próximo retorno depois da batida, e depois para cima, para baixo, e então na lateral para baixo e para cima. Deixe-se levar pela melodia que toca, leve a mão suavemente de um ponto ao outro, passeie com a bola por todos os cinco lugares.

— **David Sudnow**, *Pilgrim in the Microworld*

Introdução à experiência

Interagir com um jogo é *experienciar* o jogo: ver, tocar, ouvir, cheirar e provar o jogo; mover o corpo durante o jogo, sentir emoções sobre o resultado do jogo em andamento, comunicar-se com outros jogadores, alterar os padrões normais de pensamento. Ao contrário das formas matemáticas claras das regras, a interação lúdica experiencial de um jogo é difusa, obscura e confusa. Mas, é nesse âmbito que os jogadores realmente participam de um jogo, entrando na interação lúdica significativa. Em ***Jogos como Interação Lúdica de Experiência,*** baseamo-nos em uma definição abstrata do *jogo como o movimento livre em uma estrutura mais rígida* para ver concretamente as maneiras como os jogos constroem experiências para os jogadores. A fim de fazer isso, nosso foco se estreita. No capítulo anterior, definimos a interação lúdica não apenas nos jogos, mas no sentido mais amplo da palavra. À medida que avançamos, vamos limitar o âmbito de nossa investigação à interação lúdica que ocorre nos jogos.

O que significa experienciar o jogo? A passagem que abre este capítulo é de *Pilgrim in the Microworld*, um livro que descreve, com detalhes adoráveis, o vício de um jogador pelo videogame Breakout. Breakout foi um dos primeiros videogames, lançados como um jogo arcade em 1976 pela Atari, em seguida publicado para o sistema de videogame doméstico Atari 2600 poucos anos depois. Neste jogo do tipo Pong, o jogador move uma raquete para frente e para trás na parte inferior da tela, quicando a bola em fileiras de tijolos posicionados na parte superior da tela. Cada vez que a bola atinge um tijolo, este desaparece; o objetivo do jogo é mover-se através do máximo de telas possível, derrubando todos os tijolos na tela.

Em seu extraordinário livro, o autor David Sudnow evoca vivamente a experiência de jogar Breakout. Seu relato muito pessoal descreve a complexa experiência de jogar com uma nuança e discernimento raramente encontrados na literatura sobre jogos. Em suas observações, Sudnow descobre um turbilhão de elementos experienciais: o movimento cinemático de seu corpo ao jogar, suas emoções em múltiplas camadas de esperança e ansiedade, seu sentido alterado de tempo; os ritmos visuais e sonoros do jogo; os movimentos diminutos controlando sua mão na raquete; e até mesmo uma espécie de identificação perceptual com a própria bola.

Na confusão sensorial do jogo, o sistema formal do jogo só se revela através de seus efeitos experienciais. O código programado, o controle da raquete, o hardware do console, a tela da TV e os alto-falantes tornam-se elementos de um sistema maior que inclui o próprio jogador. O espaço de possibilidades para Sudnow é um espaço visceral do potencial experiencial, um espaço em que ele explora, por meio da interação lúdica, sua capacidade de estar, de alguma forma, entre a entrada, a saída e a lógica do jogo.

A experiência do jogo é apenas isso: uma experiência. A palavra "experiência" normalmente se refere a:

1. A apreensão de um objeto, pensamento ou emoção por meio dos sentidos ou da mente.
2. A participação ativa em eventos ou atividades, levando ao conhecimento ou uma habilidade.
3. Um evento ou série de eventos participados ou vividos.[1]

Em outras palavras, a experiência é a *participação.* Cada jogo cria seu próprio tipo de experiência, desde as intervenções teatrais de RPG com pessoas reais, até o espetáculo internacional dos Jogos Olímpicos e as grandes comunidades virtuais de Phantasy Star Online. Não há um tipo único, adequado de experiência que todos os jogos devem testar e oferecer. Mas existem princípios de interação lúdica significativa que podemos aplicar aos jogos em uma variedade de contextos de design. Neste capítulo e no esquema de INTERAÇÃO LÚDICA que segue, investigamos o design da experiência como um princípio fundamental do design de jogos.

Qualidades da experiência

A experiência de jogo tem tantas formas diferentes que criar um catálogo único levando em conta todas elas seria uma tarefa impossível. Mas isso não significa que os sistemas de categorização do jogo não possam ser uma ferramenta útil para resolver os problemas de design. O modelo de classificação desenvolvido por Roger Caillois, descrito no capítulo anterior, fornece uma tipologia para a variedade de experiências encontradas nos jogos. Em *Toys as Culture,*[2] Brian Sutton-Smith apresenta outro modelo, que lista os processos psicológicos pelos quais os jogos são experimentados. Apesar de Sutton-Smith estar vendo especificamente videogames, seu modelo é relevante para outros tipos de jogos também. Seus cinco elementos da experiência do jogo são:

- *Varredura visual.* Percepção visual, especialmente a varredura da tela inteira de uma só vez.
- *Diferenciações auditivas.* Ouvir os eventos do jogo e os sinais.
- *Respostas motoras.* Ações físicas que um jogador realiza com os controles do jogo.
- *Concentração.* Intenso foco no jogo.
- *Padrões de percepção da aprendizagem.* Vir a conhecer a estrutura do jogo em si.

Sutton-Smith oferece uma lista relativamente sucinta dos elementos que constituem a experiência de jogo em um jogo digital. Varredura visual e diferenciação auditiva representam as atividades sensoriais do jogador, as respostas motoras representam as ações físicas do jogador e os outros dois elementos (concentração e padrões de percepção da aprendizagem) representam os mecanismos cognitivos internos para o jogador que ligam essas entradas e saídas. Como essas categorias se aplicam à experiência de um jogo específico? Se recordarmos as observações de Sudnow para o Breakout mais uma vez, poderemos encontrar exemplos de todas as cinco categorias de experiência de Sutton-Smith:

> **Concentração e diferenciações auditivas.** *"Estou subindo com a jogada então, o volume ficou alto agora, enchendo a sala com blipes e eu estou colocando os ombros e a cabeça em ação, cantando uma música com esta sequência de dez segundos."* Sudnow está profundamente envolvido no jogo, a ponto de sentir que faz parte do sistema do jogo. Ele move seu corpo em sincronia com a ação na tela, zunindo junto com as imagens e os blipes, concentrando todo movimento e energia no controle da bola.
>
> **Varredura visual e respostas motoras.** *"Deixe-se levar pela melodia que toca, leve a mão suavemente de um ponto ao outro, passeie com a bola por todos os cinco lugares".* Sudnow percebe a tela como um campo de espaço no qual ele orienta a bola. Quando seus olhos varrem a tela, ele toma uma ação por meio do controle de jogo, movendo a raquete para uma posição estratégica. Sudnow integra psicologicamente o movimento horizontal da raquete virtual na tela com o movimento físico de girar o botão de controle do jogo.
>
> **Padrões de percepção da aprendizagem**: *"No início, parecia que meus olhos diziam aos meus dedos para onde ir. Mas com o tempo, aprendi que os movimentos suaves das mãos girando estavam ajudando a mover rapidamente olhos e dedos, em uma parceria bidirecional".* A coordenação que Sudnow consegue entre percepção e ação é uma qualidade do jogo profundamente envolvente. Seus olhos trabalham em conjunto com as mãos para controlar a ação na tela. A experiência resultante da interação lúdica oferece uma transição suave entre a entrada e a saída, entre a ação e o resultado da escolha do jogador.

Apesar de as cinco categorias de Sutton-Smith fazerem um bom trabalho de descrever a experiência dos primeiros jogos de console com um jogador, certamente não estão incluídas em todos os jogos. Um jogo pode ser inventado, por exemplo, envolvendo a entrada sensorial baseada no olfato. Há também uma série de jogos que envolvem a comunicação social entre jogadores, que o modelo de Sutton-Smith não leva em conta.

Mas podemos abstrair elementos do pensamento de Sutton-Smith que são mais amplamente aplicáveis. Seu modelo, no essencial, postula relações entre as entradas, as saídas e os mecanismos internos do jogador. Esse modelo de três partes é uma estrutura geral útil para a compreensão de como os jogadores experienciam um jogo. A maneira como um jogador percebe o jogo e toma uma ação nele sempre será específica de um projeto em particular. Mas esses detalhes estão contidos em um sistema maior de experiência que sempre inclui algum tipo de estímulo sensorial, saída/*output* do jogador e cognição interna do jogador.

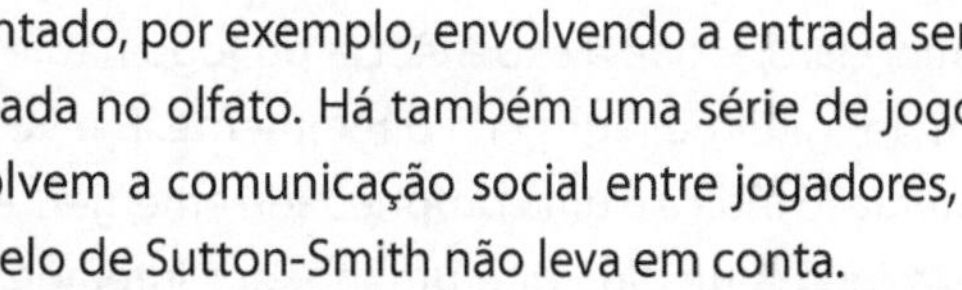

Todos os três componentes do modelo podem ser considerados isoladamente, mas eles só geram uma interação lúdica significativa como parte de um sistema projetado. Que tipo de experiência de jogo você quer criar? Um jogo de dança baseado em ritmo, tal como o Bust-a-Groove, localiza a experiência do jogador dentro de um conjunto bem ajustado de estímulos visuais, auditivos e físicos destinados a envolver de corpo inteiro os jogadores em ritmos baseados em batidas estruturadas. Um jogo de palavras como o Scrabble força os jogadores a pensar estratégica e linguisticamente, varrendo o tabuleiro para obter aberturas, reorganizando as letras na cabeça e na mão, tornando tátil a linguagem por meio da manipulação de blocos de madeira lisos. Um atirador arcade, como, por exemplo, o House of the Dead, enfatiza a capacidade de analisar rapidamente e isolar os elementos na tela, respondendo aos eventos do jogo com as respostas motoras rápidas e repetitivas. Identificar as qualidades do jogo que você quer que seus jogadores experimentem é uma forma útil de enquadrar qualquer problema de design do jogo.

Projetando experiências interativas

O desafio, claro, é que a experiência do jogo não é algo que um designer de jogos cria diretamente. Em vez disso, a interação lúdica é uma propriedade emergente que surge do jogo à medida que um jogador interage com o sistema. O designer de jogos cria um conjunto de regras, que os jogadores habitam, exploram e manipulam. É através da habitação, exploração e manipulação da estrutura formal do jogo que os jogadores experienciam o jogo. Dissemos isto nos capítulos anteriores, mas é muito importante repetir aqui no contexto da experiência. O designer de jogos apenas projeta *indiretamente* a experiência do jogador, criando *diretamente* as regras.

Assim, como os designers de jogos modelam a experiência do jogador? Já cobrimos o básico. No capítulo sobre *Interatividade,* falamos em detalhes como as sequências de unidades de ação > resultado em um jogo contribuem para um sistema maior da interação lúdica significativa, especialmente quando o resultado é perceptível e integrado no jogo inteiro. Se destacarmos as dimensões experienciais desses mecanismos baseados em escolha, poderemos enquadrar os jogos como sistemas cujo significado emerge da experiência dos jogadores quando eles fazem escolhas em um jogo. Cada componente de uma escolha — desde os elementos de representação exibindo ações e resultados relacionados, até os elementos sistêmicos determinando a lógica interna do resultado de uma escolha — é relevante experiencialmente.

Criar uma ótima experiência de jogo para os jogadores — a criação de experiências *significativas* para os jogadores — exige a compreensão de como o sistema formal de um jogo transforma-se em uma experiência. Fazer isso significa considerar as microdimensões e as macrodimensões, desde as pequenas interações momento a momento que confrontam um jogador, até a forma como essas interações básicas se combinam para formar uma trajetória maior da experiência. Por meio da INTERAÇÃO LÚDICA, cobrimos as várias dimensões dos microcomponentes e dos macrocomponentes do jogo projetado. O restante deste capítulo verá de perto as microinterações fundamentais de um jogo, conhecidas como a mecânica básica.

Mecânica básica

Cada jogo tem uma *mecânica básica.* Uma mecânica básica é a atividade de jogo essencial que os jogadores sempre desempenham em um jogo. Às vezes, a mecânica básica do jogo é uma única ação. Em uma corrida, por exemplo, a mecânica básica é correr. Em um jogo de trivia, a mecânica básica é responder a perguntas. Em Donkey Kong, a mecânica básica é usar um joystick e um botão para manobrar um personagem na tela. Mas, em muitos jogos, a mecânica básica é uma atividade composta desempenhada por um conjunto de ações. Em um jogo de tiros em primeira pessoa como o Quake, a mecânica básica é o conjunto de ações inter-relacionadas de movimento, alvos, tiros e gerenciamento de recursos como saúde, munição e blindagem. A mecânica básica do beisebol é composta por uma coleção de habilidades para rebater, correr, pegar e lançar. Em um jogo de estratégia em tempo real como o Starcraft, a mecânica básica combina o gerenciamento de recursos com a estratégia do jogo de guerra e as habilidades rápidas de comando do mouse e do teclado.

A mecânica básica de um jogo contém os blocos de construção experienciais da interatividade do jogador. Ela representa a atividade essencial dos jogadores momento a momento, algo que é repetido várias vezes durante um jogo. Durante um jogo, a mecânica básica cria padrões de comportamento que se manifestam como experiência para os jogadores. A mecânica básica é a parte essencial da atividade do jogo, o mecanismo por meio do qual os jogadores fazem escolhas significativas e chegam a uma experiência de interação lúdica significativa. Por isso, é muito importante ser capaz de identificar a mecânica básica no início do processo de design, mesmo que ela mude conforme o jogo se desenvolve. Detalhar a mecânica básica do jogo permite que os designers gerem um perfil resumido da interatividade do jogo. Muitas vezes, quando um jogo simplesmente não é divertido de jogar, a culpa é da mecânica básica.

A noção de uma mecânica básica é um conceito de design fundamental do jogo e frequentemente admitida como certa no processo de design. Conceitos para os jogos, especialmente os jogos digitais, muitas vezes, começam com uma ideia para uma história ou personagem, que ocorrerá em um gênero comercial estabelecido. Essa é uma maneira válida de iniciar um processo de design. Mas, focando nos elementos da narrativa de um jogo de "alto nível", os designers de jogos podem falhar nas questões igualmente fundamentais que dizem respeito à mecânica básica e à experiência da interação lúdica. Os designers de jogos não criam apenas o conteúdo para os jogadores, também criam *atividades* para os jogadores, os padrões de ações cumpridos pelos jogadores no decorrer do jogo.

Mecânica básica em contexto

Criar a atividade do jogo significa criar o sistema que inclui a saída (*output*) sensorial do jogo para o jogador e a capacidade do jogador de fazer a entrada (*input*), bem como orientar os processos cognitivos e psicológicos internos pelos quais um jogador toma decisões. A mecânica básica não está limitada a apenas um componente desse processo experiencial, mas existe como uma atividade que permeia todos os três. Eis vários exemplos de jogos, cada um utilizando uma mecânica básica extremamente diferente.

Pega-pega

No pega-pega, um jogador é "pegador". Esse jogador persegue todos os outros jogadores dentro de uma área delimitada; quando outro jogador é tocado pelo "pegador", ele se torna "pegador". A mecânica básica do pega-pega é incrivelmente simples: perseguir e ser perseguido. Como pega-pega é um jogo físico, o componente experiencial é muito rico. Como entrada (*input*), o jogador sente todo o campo do jogo, a posição dos outros jogadores (especialmente o jogador que é "pegador"), bem como seu próprio estado de exaustão. A saída (*output*) envolve todo o corpo de um jogador e, geralmente, envolve correr, esquivar-se e outras manobras evasivas.

As regras simples não deixam margem para ambiguidades. Se não for "pegador", você evitará ser tocado a todo custo. Se for "pegador", seu objetivo será perder esse papel dando-o a outra pessoa. Perseguir e correr. Correr e perseguir. E, então, o toque ocasional. A repetição da mecânica básica cumprida no decorrer de um jogo se baseia em padrões mais amplos da experiência quando os jogadores correm no campo, evitando o jogador que é "pegador", trocando os papéis da caça e do caçador, quando acontece um toque ou captura. Como um sistema de jogo experimentado, a simplicidade fabulosa do pega-pega é parte de seu apelo.

Tênis verbal

O tênis verbal é um jogo incomum no qual dois jogadores têm uma conversa, revezando-se para fazer enunciados. As únicas regras são que cada enunciado deve estar na forma de uma pergunta e não pode repetir outro que já foi feito. Se um jogador empacar e não puder dar uma resposta coerente para a pergunta anterior, ele perde. Um jogo pode começar como no exemplo a seguir:

JOGADOR 1: Você está se sentindo bem hoje?

JOGADOR 2: Não pareço bem?

JOGADOR 1: Se eu soubesse, por que teria perguntado?

JOGADOR 2: Por que você se importa com como eu estou me sentindo?

JOGADOR 1: É indelicado perguntar?

cruza toda a tela em direção aos tijolos restantes. Mais do que apenas um simples sistema de interação, as regras do jogo criam vários níveis de experiência de jogo, separando em camadas o pensamento estratégico e a aquisição gradual de habilidades sobre os componentes físicos e perceptivos da mecânica básica.

Toda essa complexidade experiencial em um jogo tão simples! Mas a ação do jogador, a atividade essencial, a mecânica básica permanecem notavelmente simples: girar o botão com os dedos. A partir dessa interatividade básica floresce uma estrutura inteira de interação lúdica. É precisamente como a interação lúdica significativa surge no nível da experiência: através da ação do jogador, da entrada/input e da saída/output. No final, o sistema do jogo se torna mais do que a soma de suas partes.

Variações sobre uma mecânica básica

Trabalhar com uma mecânica básica existente é um problema comum de projeto do jogo. Talvez haja uma mecânica básica que você queira emprestar. Ou talvez uma empresa esteja financiando um projeto de jogo digital que precise parecer um gênero de jogo existente. Ou talvez você já tenha projetado uma mecânica básica original, mas não sabe como estendê-la para uma experiência de jogo completa. Nesta seção, veremos exemplos de como modificar e remixar uma mecânica básica para criar experiências de jogo novas, usando o Breakout como base. A versão do jogo que Sudnow descreve é o Breakout para o Atari 2600. Embora ele só jogue a versão "básica" do jogo, o cartucho Atari original inclui muitas variações de jogo.

A inclusão das variações de jogo era uma estratégia de design comum nos primeiros jogos do console para plataformas como o Atari 2600. Normalmente, os designers estendiam a interação básica do jogo, criando inúmeras variações para ele. Por essa razão, os jogos Atari são excelentes exemplos de designs de jogos que pegam uma mecânica básica e estendem muitas variantes. As versões alternativas podem ser inteligentes e envolventes ou injustificáveis e impossíveis de jogar. Mas há muito a aprender com as tentativas bem-sucedidas ou não ao criar variações da mecânica básica. No cartucho original Breakout do Atari 2600, há doze variações de jogo diferentes. Listamos a mecânica de cada uma abaixo:

Jogo cronometrado

O Breakout no Atari 2600 é um jogo finito. O objetivo é limpar os tijolos de uma tela, o que leva a uma segunda tela de tijolos. Se essa tela for limpa, o jogo termina. Como os jogadores marcam pontos para cada tijolo eliminado, a pontuação no final de um jogo terminado é sempre a mesma (864 pontos). Um problema com esse design de jogo é que um jogador experiente será capaz de limpar ambas as telas e acabará por perder o interesse no jogo. Ainda que a mecânica básica possa ser atraente o suficiente para incentivar a repetição do jogo, é mais provável que o jogador sinta como se o jogo tivesse sido "resolvido". O espaço de possibilidades do jogo se tornará muito familiar e é improvável que ofereça quaisquer desafios mais surpreendentes.

Para resolver esse problema em potencial, o cartucho inclui uma versão "cronometrada" do jogo. Além de pontuar, o jogo controla quanto tempo um jogador esteve jogando. O objetivo de um jogo cronometrado é não só atingir o número máximo de pontos, mas fazê-lo o mais rapidamente possível, acrescentando uma ferramenta quantificável de avaliação do desempenho para a mesma jogabilidade essencial. O resultado é que o Breakout cronometrado torna-se um jogo mais atraente para os jogadores avançados, que podem ter chegado ao limite máximo de pontuação. A variação do jogo permite aos jogadores continuar a explorar as estratégias para reduzir seu tempo total.

É importante notar que o cronômetro poderia ter sido incluído no jogo básico também. O cronômetro não muda estruturalmente a interação real — ele simplesmente exibe um novo tipo de dado. Mas o cronômetro muda a experiência do jogo, colocando os jogadores psicologicamente sob mais pressão à medida que o tempo passa. O Breakout pode ser um jogo muito difícil para os novatos e foi uma decisão de design inteligente tirar o elemento cronômetro do jogo básico. Dessa forma, os novatos se sentem um pouco mais confortáveis enquanto aprendem a interação básica do jogo. Por outro lado, os jogadores experientes sentem como se tivessem se "diplomado" em um novo nível, quando eles adotam a versão cronometrada do jogo.

Breakthru

Outra variante da mecânica básica do Breakout é a versão "Breakthru". Nesse jogo, a interação básica do jogador com a raquete permanece a mesma, mas o comportamento dos elementos no jogo muda. Quando a bola bate num tijolo, ela elimina o tijolo — mas, em vez de rebater, ela mantém o curso até atingir uma parede. Isso significa que uma bola vai viajar pela parede de tijolos coloridos, deixando um rastro de lugares de tijolos vazios enquanto avança através deles.

Qual é a razão para essa variação de design? Na versão normal do Breakout, parecer ser uma satisfação eliminar os tijolos, uma satisfação que se estende ao longo do jogo. Um por um, tijolo por tijolo, você destrói a parede. Breakthru acelera essa satisfação, permitindo não só estragar a parede, mas cortar seções inteiras em um único gesto. Embora torne o jogo muito mais fácil, essa variação acrescenta um novo grau de prazer experiencial ao jogo. É significativo que os designers tenham optado pela gratificação mais tardia da versão básica como sendo a estrutura padrão do jogo.

Direção, captura e tijolos invisíveis

O Breakout do Atari 2600 inclui outras variações também. Em algumas, o jogador pode usar a raquete para afetar a bola enquanto ela está no ar, mudando seu caminho para a esquerda ou para a direita. Em outras, o jogador usa um botão no controle para "pegar" a bola, fazendo-a grudar na raquete, até achar que deve arremessá-la. Em uma terceira variação, os tijolos são invisíveis até que sejam atingidos, neste ponto todos os tijolos acendem.

Cada uma dessas versões do Breakout tem um forte impacto na interação lúdica do jogo. A direção e a captura dão ao jogador uma forma adicional de controlar a bola, aumentando ligeiramente a complexidade da interação e, ao mesmo tempo, diminuindo o nível de dificuldade geral do jogo. As variações do tijolo invisível tornam o jogo muito mais difícil, especialmente quando restam apenas alguns tijolos e os jogadores devem utilizar sua memória para apontar para eles.

Todas essas variações (cronômetro, Breakthru, direção, captura e tijolos invisíveis) oferecem não apenas variantes individuais, como também podem ser misturadas e combinadas para fornecer muitas versões do Breakout. Cada um dos doze jogos no cartucho é o Breakout básico, cronometrado ou Breakthru; cada um desses três tipos gerais manifesta-se quatro vezes: sem modificações adicionais, bolas dirigíveis, bolas capturáveis ou tijolos invisíveis. Esse sistema oferece um total de doze jogos Breakout diferentes, onze variantes da versão básica, cada uma modificando a mecânica básica do jogo. Obviamente, um efeito da inclusão de variações é expandir muito o espaço total do jogo; cada versão do jogo oferece novas possibilidades estratégicas e experienciais. O jogo Breakout ocorre em dois níveis: não só os jogadores exploram a estrutura de uma variação individual, mas também exploram o conjunto maior de variantes como um todo.

Por exemplo, talvez você goste da satisfação da versão Breakthru do jogo, mas ache-a fácil demais. Você pode equilibrar a dificuldade jogando Breakthru com tijolos invisíveis. Se você for um jogador estratégico que gosta da pressão do relógio, as versões cronometradas do jogo com bolas dirigíveis ou capturáveis poderiam funcionar bem para você. Fornecer variações para os jogadores permite que eles projetem suas próprias experiências de forma limitada. Embora não seja a solução ideal para cada jogo, certamente é parte do apelo de muitos cartuchos do Atari 2600. No caso de Breakout, as variações oferecem uma ótima lição de como alterar uma mecânica básica a fim de ampliar o espaço de possibilidades.

Além do jogo original arcade Breakout e o do Atari 2600 versão Breakout, existem muitas outras versões do jogo que emprestam a mesma mecânica básica. Por exemplo, a sequência do jogo, Super Breakout para o Atari 2600, aprimora o jogo de várias maneiras. Em Super Breakout, os jogos não estão mais limitados a duas paredes de tijolos, mas podem continuar indefinidamente. Super Breakout também adiciona novas variantes do jogo, tais como mais de uma bola em jogo de uma só vez, mais de uma raquete na tela ao mesmo tempo, os tijolos que se movem lentamente para baixo em direção ao jogador e a "versão infantil" especial, na qual a bola se move mais lentamente. O número de variações que podem ser projetadas para a mecânica básica de Breakout é quase infinito.

Para um último olhar sobre Breakout, voltamos para Alleyway, um jogo publicado em 1989 para o Nintendo Game Boy. A essência do jogo é a mesma da versão Atari 2600: o jogador usa o controle direcional no Game Boy para mover uma raquete para frente e para trás na parte inferior da tela, rebatendo a bola contra uma parede de tijolos para fazê-los desaparecer. O Alleyway oferece sua própria variação do jogo, embora ainda fiel à mecânica básica do Breakout.

Breaking Out, a quebra da barreira

O momento em Breakout em que a bola realmente "quebra as barreiras", isto é, quando um jogador abre um caminho estreito que permite à bola quicar atrás da barreira de tijolos na parte superior da tela, é um dos clímaces experienciais do jogo. Quando a quebra da barreira acontece, a bola entra em um frenesi de eliminação de tijolos, em que o jogador relaxa e assiste ao sistema fazer o trabalho. No jogo Atari 2600, a quebra da barreira é difícil de conseguir, o que significa que apenas os jogadores avançados conseguem experimentar sua emoção. Às vezes, quando um jogador atinge o topo da tela, só existem tijolos espalhados, de modo que o rebatimento rápido nunca ocorre.

O Alleyway aborda esse desafio de design por meio de níveis que incentivam a ocorrência de quebras de barreira. Por exemplo, o primeiro nível do jogo apresenta a clássica parede de tijolos, mas com colunas de tijolos retiradas dos lados esquerdo e direito da parede de tijolos. Em vez de uma parede fechada que se estende horizontalmente ao longo da tela, a parede de tijolos tem laterais abertas. Uma bola bem colocada pode incidir em ângulo nessa lacuna, viajar até o topo da tela e conseguir a quebra da barreira. Esta organização de tijolos torna muito mais provável que a quebra da barreira ocorra no início do jogo.

Além disso, quando ocorre a quebra da barreira, o design de áudio do jogo destaca o evento para o jogador. Como no Breakout original, quando a bola atinge uma parede ou um tijolo, há um efeito sonoro de colisão. Em Alleyway, a borda superior da tela faz um som estridente de campainha muito diferente quando a bola incide nela. Isso significa que, quando a bola quebra a barreira, a rápida ida e volta produz um apropriado "ding! ding! ding!" de comemoração.

A primeira variação no design — a remoção dos lados do padrão de tijolos do nível inicial do jogo — muda a lógica estrutural do jogo a fim de tornar mais provável a experiência gratificante da quebra da barreira. O *feedback* do áudio ajuda a enfatizar esse evento quando ele ocorre.

Interação lúdica repetitiva

Uma crítica comum aos primeiros jogos digitais, tais como o Breakout, é que eles são muito repetitivos. Embora a mecânica básica do jogo seja bastante satisfatória por si própria, cada nível é essencialmente idêntico. Pode haver muitas variações do jogo básico em Breakout e Super Breakout, mas, depois que um jogador selecionou uma versão para brincar, cada conjunto de tijolos será o mesmo entre as telas.

A solução do Alleyway para esse problema de design foi criar muitas variações de nível, para que, cada vez que um jogador limpar um nível e receber uma nova parede de tijolos, a organização (e, às vezes, o comportamento) dos tijolos seja diferente. Alleyway certamente não é o primeiro título a criar níveis únicos para um jogo do tipo Breakout, mas a progressão dos níveis é particularmente bem concebida.

Alguns níveis no Alleyway apresentam tijolos que voam continuamente na tela da direita para a esquerda. Outros têm tijolos que descem lentamente pela tela em direção à raquete do jogador. Nos níveis de bônus cronometrados, as paredes são substituídas por retratos de personagens da Nintendo feitos de tijolos que o jogador deve eliminar, no estilo Breakthru: a bola passa diretamente pelos tijolos e só volta quando bate numa parede.

Os níveis no Alleyway seguem um padrão de repetição. Para cada organização estrutural de tijolos (tal como a parede lateral aberta do primeiro nível), o jogador lida com uma versão "padrão" do jogo, em seguida, uma versão com movimento horizontal de tijolos, depois com movimento vertical, antes de atingir um nível de bônus. O nível seguinte introduz uma nova disposição estrutural e o jogador percorre um conjunto de variações novamente, seguido de outro nível de bônus. Esse padrão de níveis cria uma experiência de jogo maravilhosamente heterogênea, proporcionando familiaridade (as variações fazem um ciclo de forma consistente) e novidade (a cada quatro níveis, uma nova estrutura aparece). A mecânica básica envolvente e repetida do Breakout é reforçada por meio de um sistema de níveis que acrescenta um elemento de descoberta à experiência global.

Alleyway

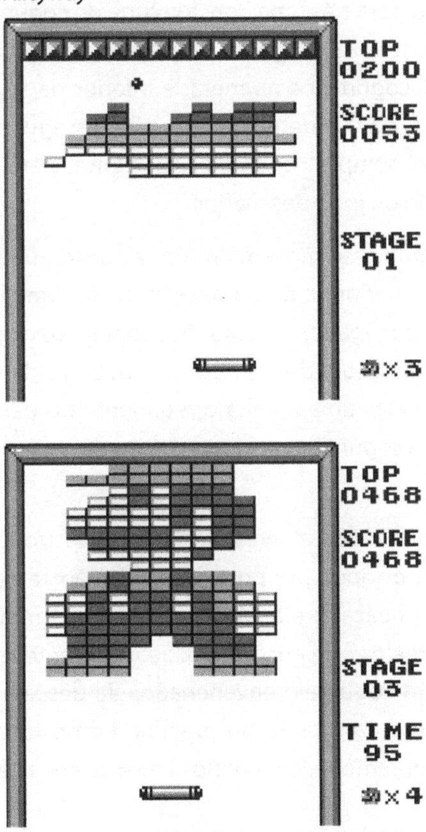

Os ajustes na mecânica básica, seja em um jogo digital ou não, podem ser sutis ou visíveis. Eles podem criar variações significativas em um jogo existente ou um jogo totalmente novo. O segredo para pegar uma mecânica básica e modificá-la em um jogo baseia-se em um processo iterativo. Quando você experimenta as variações, pergunte a si mesmo o que é bem-sucedido ou malsucedido na mecânica básica existente. Então, experimente o melhor palpite para ver se os ajustes na mecânica básica resultam ou não em uma interação lúdica mais significativa.

Juntando tudo

Este capítulo apresentou algumas estruturas gerais de pensamento sobre a experiência de jogar: como as regras tornam-se interação lúdica, a mecânica básica, entradas e saídas (*inputs* e outputs) do jogo, e mecanismos internos do jogador. Nos esquemas de **INTERAÇÃO LÚDICA** que seguem, adotamos abordagens mais específicas para entender como um jogador ocupa o espaço de um jogo durante a interação lúdica. Mas, antes de prosseguir, gostaríamos de reunir nossas ideias sobre a experiência lúdica do jogo em uma visão detalhada e final de um jogo digital em particular: Centipede.

No primeiro arcade Centipede, a entrada (*input*) do jogador ocorre com um dispositivo trackball e um único botão para disparar. O jogador usa o trackball para mover um personagem inseto na tela, disparando tiros para cima em vários objetos. A entrada do jogador no Centipede é muito simples: mover e disparar. A saída (*output*), na forma de uma tela de vídeo e alto-falantes, é típica de um jogo arcade. A mecânica básica resultante é bastante genérica: atirar nos inimigos para fazer pontos e evitar que os inimigos fiquem vivos. Apesar dos elementos aparentemente simples que compõem a mecânica básica, o design do jogo Centipede envolve o jogador em uma série de níveis. A análise seguinte do Centipede depende muito das observações feitas pelo designer de jogos Richard Rouse III, em seu livro *Game Design: Theory and Practice.*[4] Ele dedica um capítulo inteiro a Centipede, fornecendo uma leitura rigorosamente detalhada do design do jogo.

Como um jogador entra em ação no Centipede? Existem algumas restrições maravilhosas projetadas no jogo. O trackball em si foi uma novidade quando Centipede foi lançado pela primeira vez e, ainda hoje, a grande bola promete um movimento tátil fluido. Ironicamente, no entanto, o jogador não pode mover o personagem para qualquer lugar: o movimento é restrito aos 20 por cento inferiores da tela. Ao limitar o personagem dessa maneira, o jogo mantém um foco estrutural estreito. Como nos jogos, tais como Space Invaders e Breakout (outros jogos onde o jogador se move na parte inferior da tela), os objetos do jogo ocupam o resto do espaço acima do jogador. Em Centipede, esse espaço contém obstáculos inertes, tais como os tijolos de Breakout, bem como inimigos descendo como os alienígenas do Space Invaders. Mesmo que o movimento seja limitado, o fato de que o jogador pode manobrar um pouco na dimensão vertical aumenta as oportunidades estratégicas e dá ao jogador uma sensação maior de liberdade do que nos jogos que limitam o movimento a uma única dimensão espacial. Mas a liberdade de movimento é suficiente: se o jogador tivesse acesso a toda a tela, os inimigos e os obstáculos (que estão focalizados em descer em direção à faixa estreita de ação livre do jogador) não funcionariam com sucesso.

O mecanismo de disparo do Centipede também impõe restrições importantes na ação do jogador. O jogador pode segurar o botão de disparo para ter um fluxo contínuo de tiros, mas apenas um tiro pode aparecer na tela por vez. Como os objetos podem estar muito próximos do jogador ou muito longe, tiros cronometrados tornam-se um foco da jogabilidade. Às vezes, um fluxo de tiros rápidos, de curto alcance, é necessário. Mas um tiro que chega até o topo da tela pode desperdiçar uma quantidade irritante de tempo, pois o jogador espera impacientemente ganhar a capacidade de disparar novamente. O resultado dessa decisão de design simples (apenas um tiro na tela por vez) força os jogadores a gerenciar seus tiros como um recurso, enriquecendo muito o processo de tomada de decisão do jogador.

O que distingue o jogo bem concebido Centipede de um jogo de tiros 2D mais genérico é o que Rouse chama de "interconectividade" (*interconnectedness*) dos elementos que aparecem no jogo. Existem cinco elementos básicos do jogo, além da unidade do jogador:

- Os *cogumelos* são objetos imóveis que atravancam a tela. São necessários quatro tiros do jogador para destruir um cogumelo, com cada tiro tirando um quarto do cogumelo.
- As *centopeias* (*centipedes*) são criaturas com vários segmentos que descem do topo da tela e se movem, descendo em direção ao jogador. Quando uma centopeia atinge um cogumelo, ela desce uma linha em direção ao jogador, o que significa que, quanto mais cogumelos houver na tela, mais rapidamente a centopeia descerá. Se um segmento da centopeia for atingido, ele se transformará em um cogumelo, criando um *loop* de jogabilidade, no qual o jogador está constantemente tentando limpar os cogumelos da tela a fim de retardar a descida da centopeia, mas também está criando mais cogumelos disparando nelas. Quando um jogador atira em um segmento de uma centopeia, que não é a cabeça ou a cauda, ela se divide em duas criaturas, tornando-se uma ameaça múltipla.
- As *pulgas* descem em linha reta do topo da tela, deixando para trás uma densa coluna de cogumelos em seu rastro. As pulgas só aparecem quando o número de cogumelos na metade inferior da tela estiver abaixo de um determinado valor, assegurando que haverá sempre cogumelos suficientes para criar um campo de jogo desafiador.
- As *aranhas* se movem em um zigue-zague perto da parte inferior da tela, ameaçando diretamente a unidade do jogador. Mas aranhas comem os cogumelos, por isso, o jogador sempre tem que decidir se é melhor matar uma aranha diretamente ou deixá-la comer os cogumelos enquanto arrisca uma colisão com ela.
- Os *escorpiões* atravessam a tela horizontalmente acima do jogador; portanto, eles não representam uma ameaça direta. Mas eles envenenam quaisquer cogumelos que encontram. Se uma centopeia bater em um cogumelo envenenado, ela descerá imediatamente na direção ao jogador. Como resultado, é melhor remover cogumelos envenenados da tela.

Cada um dos cinco elementos desempenha um papel no sistema bem projetado do jogo. A experiência do jogo, um composto de todas as decisões tomadas pelo jogador, surge a partir das possibilidades mapeadas por esse sistema. Por exemplo, é melhor manter o número total de cogumelos baixo porque quanto mais cogumelos estiverem na tela, mais rapidamente uma centopeia descerá e mais cogumelos um escorpião provavelmente vai envenenar. Os cogumelos na parte superior da tela são particularmente difíceis de alcançar porque são bloqueados pelos cogumelos inferiores e a limitação do ritmo de fogo do jogador torna difícil livrar a tela rapidamente dos cogumelos que estão longe. É mais fácil limpar cogumelos da parte inferior da tela, mas se o jogador limpar demais, uma pulga descerá, derrubando cogumelos ao longo de todo o caminho descendente pela tela, incluindo o topo, onde é difícil eliminá-los. O jogador deve eliminar cuidadosamente os cogumelos do campo de jogo, mantendo apenas o suficiente para impedir a pulga de aparecer.

Como Rouse escreve, "(...) cada uma das criaturas do jogo tem uma relação especial e única com os cogumelos. É a interação dessas relações que cria o desafio para o jogador".[5] Ele cita vários exemplos dessa interação:

> Se o jogador matar a centopeia muito perto do topo da tela, ela deixará um amontoado de cogumelos que são difíceis de destruir a essa distância e fará com que as centopeias futuras alcancem a parte inferior da tela em uma velocidade maior. Mas, se o jogador esperar até a centopeia estar na parte inferior da tela, é mais provável que ela consiga matar o jogador. Com os cogumelos quase funcionando como peças de um quebra-cabeça, o Centipede se torna algo híbrido entre um jogo arcade de atirar e um de jogo de quebra-cabeça em tempo real.[6]

Ao olhar o sistema do Centipede, é impressionante ver como um simples conjunto de regras gera um jogo complexo. Mais do que apenas um sistema formal complexo, tais regras se ramificam em uma *experiência* particular, um conjunto de relações que dão significado às ações do jogador. Atirar neste cogumelo ou naquele? Matar a centopeia no topo da tela ou na parte inferior? Deixar a aranha comer os cogumelos ou não? Além disso, o Centipede é um jogo de *ação*: toda essa rica tomada de decisões acontece em um espaço muito pequeno de tempo, resultando na mistura de experiência do atirador em ação e do quebra-cabeça estratégico que Rouse descreve.

E há mais. Em sua explicação do jogo, Rouse continua a descrever não apenas as relações básicas entre os elementos do jogo, mas também como eles criam o que ele chama de "tensão crescente" ao longo do tempo. O design de Centopeia orquestra cuidadosamente a experiência da interação lúdica, criando tensão entre os vários níveis do jogo de uma vez. Por exemplo, há uma sensação imediata de tensão criada por meio da maneira como a pulga e a centopeia respondem ao serem atingidas:

- Na primeira vez em que a pulga toma um tiro, sua descida é acelerada, e a pulga só é destruída por um segundo tiro.
- Atingir um segmento central da centopeia cria duas centopeias.

Em ambos os casos, o resultado de um tiro ajuda o jogador aproximando um inimigo da destruição, mas também acrescenta perigos adicionais ao jogo. Como a centopeia desce para a parte inferior da tela, a ansiedade se acumula lentamente. Se a centopeia alcançar a parte inferior, cabeças extras da centopeia aparecerão, tornando as coisas perigosamente amontoadas. Mas, assim que o nível estiver completo, o jogador ganhará uma breve pausa antes de começar o próximo nível, um alívio que só acentua a tensão crescente que se seguirá imediatamente.

A tensão também aumenta no jogo inteiro. Conforme o jogo avança, cada vez mais cogumelos amontoam o espaço de jogo, até que a parte superior da tela se torna bastante densa com eles. Claro, isso deixa o jogo mais difícil de várias maneiras. Além disso, as criaturas tornam-se mais desafiadoras à medida que o jogo progride: a centopeia se move mais rapidamente e, enfim, começa um nível já dividido em várias partes independentes; a aranha se desloca mais rapidamente em um padrão mais estreito, ficando mais difícil de matar. O Centipede cria ritmos sobrepostos de pressão e alívio, frustração e realização, quer em um momento específico do jogo, em um nível individual ou no jogo como um todo. *Isto é interação lúdica: a experiência das regras colocadas em ação.* Os jogadores *experienciam* esse sistema: como pixels que piscam em uma tela, como sons eletrônicos agudos de um alto-falante, como dedos suados no trackball e nos botões, com um planejamento estratégico ultrarrápido. O jogo culmina em um turbilhão de percepções e emoções, pensamentos e reflexos, dentro da mente e por todo o corpo do jogador.

Muito frequentemente, os designers de jogos se esquecem de que estão criando, acima de tudo, uma experiência de interação lúdica. Não basta contar uma história. Não basta criar imagens bonitas ou usar tecnologias deslumbrantes. Um designer de jogos cria um sistema interativo, um conjunto de escolhas, uma *atividade*. Quando você estiver criando um jogo, faça a si mesmo perguntas fundamentais: o que o jogador *realmente* está fazendo a cada momento no jogo? Como esses momentos se conectam em uma trajetória maior de experiência? Como a experiência do jogo se torna significativa? Qual é, acima de tudo, a interação lúdica do jogo? Embora não existam respostas fáceis para essas perguntas, focar na interação lúdica da mecânica básica de um jogo é um bom ponto de partida para a projetar experiências poderosas ao jogador.

Leitura complementar

"***Formal Abstract Design Tools***", de Doug Church *(ver página 62 do volume 1.)*

Les jeux et les hommes, de Roger Caillois *(ver página 82 do volume 1.)*

Recomendados:
I. Définition du jeu
II. Classification des jeux

Pilgrim in the Microworld, de David Sudnow *(ver página 83 do volume 1.)*

Recomendados:
Memory
Interface
Cathexis
Eyeball
Coin

Notas

1. *American Heritage Dictionary* (Boston: Houghton Mifflin, 2000).
2. Brian Sutton-Smith, *Toys as Culture* (Nova York: Gardner Press, 1986), p. 69-72.
3. David Sudnow, *Pilgrim in the Microworld* (Nova York: Warner Books, 1983), p. 37.
4. Richard Rouse III, *Game Design: Theory and Practice* (Plano, TX: Word-ware Publishing, 2001), p. 68.
5. Ibid. p. 68.
6. Ibid. p. 68.

Jogos como experiência lúdica

Resumo

- A interação lúdica é experimentada por meio da **participação.** Quando um jogador interage com um jogo, o sistema formal se manifesta por meio de efeitos experienciais.
- O modelo de Sutton-Smith para o processo psicológico pelo qual os videogames são experimentados:
  - **Concentração**
  - **Varredura visual**
  - **Diferenciações auditivas**
  - **Respostas motoras**
  - **Padrões de percepção da aprendizagem**
- Esse modelo pode ser resumido em três componentes que constituem o sistema de experiência de qualquer jogo:
  - a **entrada** (input) pela qual um jogador toma uma ação
  - a **saída** (output) do sistema para o jogador
  - os **processos internos** pelos quais um jogador toma decisões
- O design de jogos é um problema de design de **segunda ordem**. Um designer de jogos apenas projeta *indiretamente* a experiência do jogador, criando *diretamente* a concepção das regras. A criação de experiências significativas corresponde a entender os modos como o sistema formal de um jogo transforma-se em uma experiência.
- A **mecânica básica** de um jogo é a atividade essencial momento a momento que os jogadores cumprem. Uma mecânica básica é repetida várias vezes no decorrer de um jogo para criar padrões maiores de experiência.
- Uma mecânica básica pode ser uma atividade simples, como, por exemplo, fazer uma corrida. Uma mecânica básica também pode ser uma atividade complexa, tal como a tática militar, gerenciamento de recursos e habilidades com o mouse e o teclado de um jogo de estratégia em tempo real (*real-time strategy*, RTS).
- Os designers de jogos muitas vezes não consideram o design de um jogo no nível da mecânica básica, confiando na interatividade convencional para determinar a principal atividade do jogador.
- Uma mecânica básica pode ser estendida e ampliada por meio do design de variações. O Breakout é um bom exemplo de uma mecânica básica simples que é intrinsecamente bem-sucedida, mas que foi modificada com sucesso em muitas variações.

ONE PLAYER
START

24

JOGOS COMO EXPERIÊNCIA DO PRAZER

Asteroids | Atari | | Tetris | vários

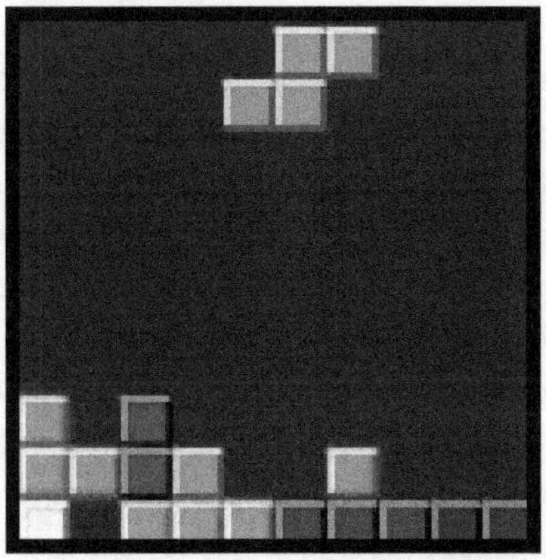

autotélico
extrínseco *versus* intrínseco
dupla sedução
tipologias do prazer
fluxo
igual, mas diferente
entrainment
objetivos de curto e longo prazos
condicionamento
agendas de reforço

Não é que você tenha de se "importar" em ser bom, mas tem que ficar atento. Você tem que ser mantido no estado certo, assim chegará a alguns lugares um pouco melhores o tempo todo, de modo que um objetivo sempre permaneça vivo simplesmente à frente, fora do alcance, e você continua querendo alcançá-lo sem precisar gastar uma fortuna.

— ***David Sudnow***, *Pilgrim in the Microworld*

Introdução à experiência do prazer

Os fliperamas (arcades) são lugares de lazer programados para serem lucrativos, mundos de diversão alimentados por um fluxo infinito de moedas, fichas e cartões magnéticos de plástico. Os jogadores entram, jogam e, se os designers do jogo fizeram bem seu trabalho, eles permanecem jogando um pouco mais. O arco de recompensas e punições criado cuidadosamente que atrai os jogadores aos jogos e os mantém jogando conecta o prazer à lucratividade.

Tais jogos intrincados de prazer e diversão não são exclusivos do arcade. O prazer é, talvez, a experiência mais intrínseca dos jogos. Desde a emoção visceral de um jogo mata-mata online até o som de satisfação de uma pedra de Go no tabuleiro de madeira, os jogos proporcionam uma abundante variedade de prazeres. Muitas vezes tomamos como certo que os jogos são divertidos de jogar, dão prazer, incorporam uma experiência agradável. Os jogadores obtém muitos tipos de satisfação de jogar, desde as aventuras imaginárias de um RPG narrativo até a camaradagem social de uma equipe de esportes. Mas qual é o prazer subjacente ao apelo dos jogos, o prazer no centro da jogabilidade, o prazer que proporciona a tentação de começar a jogar e continuar jogando? O que une o prazer ao design da interação lúdica significativa?

A palavra "prazer" evoca associações com atividades de lazer ou de autoindulgência. Sexo, drogas e comida sofisticada vêm à mente, como também cochilos fora de hora, amizades profundas ou dançar uma música preferida. O prazer é comumente entendido como um sentimento fundamental que é difícil de definir, mas que as pessoas desejam experimentar.[1] Palavras como alegria, diversão, gratificação, satisfação ou felicidade descrevem os tipos de sentimentos que o prazer evoca. Quando falamos de prazer nos jogos, estamos nos referindo aos sentimentos fundamentais derivados da intensa concentração de um jogo da memória, a alegria do gol da vitória, as manobras sócio-sexuais cobradas do Twister, os padrões hipnoticamente gratificantes do Tetris. O prazer pode incluir qualquer sensação física, emocional, psicológica ou ideológica. Naturalmente, os opostos do prazer (dor, desespero, frustração) são igualmente importantes para a compreensão da experiência do prazer em um jogo.

Em ***Jogos como Experiência do Prazer***, o espaço de possibilidades de um jogo é definido como mais do que uma entidade matemática. É um espaço no qual as emoções de um jogador e sentimento de desejo passam pela manipulação e pela coerção, provocação e sedução, frustração e recompensa. Como escultor do espaço do prazer possível, o designer de jogos enfrenta um verdadeiro conjunto de problemas desafiador. Gerenciar o prazer dos jogadores de um jogo significa traduzir a complexidade formal das regras em uma experiência envolvente de jogo. Embora a matemática emergente dos conjuntos de regras formais possa ser complexa, os quebra-cabeças emaranhados do prazer e do desejo são certamente dilemas enigmáticos de uma ordem superior.

Obediência às regras

Imagine uma criança muito animada na linha de partida de uma corrida, pronta para correr na pista, aguardando ansiosa o sinal de partida. Em vez de ceder ao seu desejo intenso de saltar da linha de partida, ela aguarda o sinal de que a corrida começou. O que essa acontecendo aqui? Por que nosso jogador ansiosamente se segura quando realmente deseja correr?

O psicólogo do desenvolvimento L. S Vygotsky observa que "O jogo cria continuamente demandas sobre a criança para agir contra um impulso imediato, ou seja, atuar na linha de maior resistência".[2] Certamente, a criança no nosso exemplo quer começar a correr, mas as regras do jogo a obrigam a esperar. Ao mesmo tempo, o

---

Nota de rodapé para uma nota de rodapé

Em *Definindo interação lúdica* observamos que não investigaríamos o propósito ou a função da interação lúdica neste livro. Em vez disso, focamos a maneira como a interação lúdica cria experiências significativas para os jogadores, quando considerado a partir de uma perspectiva do design de jogos. Da mesma forma, no estudo da experiência do prazer, não vamos sugerir uma causa ou um mecanismo, nem discutir uma teoria unificada do prazer. Há uma enorme quantidade de pesquisa sobre as qualidades filosóficas, psicanalíticas, cognitivas e culturais do prazer, algumas referidas neste capítulo.

corredor sabe que as regras são artificiais, descrevendo os sistemas que estão, de alguma forma, fora da vida ordinária. Então, por que seguir as regras? Vygotsky argumenta que os jogadores aceitam as regras do jogo não para restringir o prazer, mas maximizá-lo. "Observar as regras da estrutura do jogo promete muito mais prazer com o jogo do que a satisfação de um impulso imediato."[3] Através de mecanismos de restrição e retenção dos impulsos imediatos, os jogos transformam a experiência da restrição pelo jogador em um prazer abundante.

A noção de que o prazer é um efeito de se submeter às regras de um jogo, que o prazer adiado e limitado é o prazer maior, oferece um modelo poderoso para a compreensão de todos os tipos de prazer. Pense em exemplos de sua própria experiência: esperar para comer uma sobremesa particularmente atraente até terminar o prato principal ou não pular para o final de uma história de suspense para deslindar o mistério de um assassinato. A gratificação adiada do orgasmo é maior quando ele é inicialmente resistido, assim como é o desejo de abrir um bom vinho antes de ter a idade adequada.

A submissão à restrição não é certamente a única maneira de entender o prazer, mas é um bom ponto de partida para uma análise sobre a experiência do prazer nos jogos. Considere, por exemplo, como a noção de restrição cruza-se com diversos conceitos fundamentais de design de jogo:

- ***Regras e interação lúdica.*** A ideia de que os jogadores subordinam seus comportamentos às restrições das regras para experimentar a interação lúdica — e seus prazeres — é um aspecto fundamental dos jogos. As restrições das regras facilitam a interação lúdica e com isso geram prazer para os jogadores.
- ***Interação lúdica livre.*** O sentimento de prazer de um jogador é explicitamente derivado de ser uma parte do sistema de um jogo, de "estar no jogo" dentro das estruturas mais rígidas de um jogo. em *Man, Play, and Games,* Caillois faz uma ligação explícita entre a livre ação de um jogador nos limites definidos pelas normas e a gratificação do jogador: "Essa latitude do jogador, essa margem atribuída à sua ação é essencial para o jogo e explica em parte o prazer que ele provoca".[4] O jogo livre depende das estruturas rígidas que lhe dão origem, mas também resiste a elas.
- ***A atitude lúdica.*** Entrar em um jogo significa obedecer às restrições artificiais, que tornam as ações do jogo aparentemente ineficientes. Os corredores não só esperam pelo tiro de partida, mas, como Bernard Suits indica em *Grasshopper* (Gafanhoto), eles também correm em uma pista circular, em vez de cortar caminho pelo meio do campo para alcançar a linha de chegada em primeiro lugar. Os jogos são constituídos por esse tipo de restrição, que simultaneamente retém e libera o prazer. A disposição dos jogadores de entrar nesses sistemas artificiais, a fim de experimentar o prazer resultante, é o cerne da atitude lúdica.
- ***Comportamento estilizado.*** Embora o jogo seja uma atividade livre e de improviso, as regras de um jogo estilizam as ações e os comportamentos dos jogadores de formas muito particulares. Pense no movimento padrão dos jogadores envolvidos em uma partida de pingue-pongue ou os movimentos bem restritos do jogo Chefinho Mandou. Há algo muito prazeroso na forma como os jogos estilizam a ação por meio de uma orquestração ritualística e coletiva de movimento e ação. As crianças sentem prazer não apenas com a tensão dramática do início de uma corrida, mas também com a experiência coletiva de correr juntos em formação, movendo os braços como pistões no ar e batendo os calcanhares como molas no chão em direção à linha de chegada.

As regras originam a estrutura dramática do prazer, a ligação entre restrição e prazer unindo de perto as qualidades formais e experienciais de um jogo. Mas os jogadores simplesmente não tropeçam num jogo. Diferentemente das outras formas de atividades lúdicas (como brincar com um brinquedo), um jogo exige que os jogadores conheçam as regras antes de a brincadeira começar. O que seduz alguém a começar a jogar? O que faz os jogadores permanecerem em um jogo depois que ele começa?

Interação lúdica autotélica

O círculo mágico de um jogo é, por definição, removido de alguma forma do que Huizinga chama de "vida ordinária". As vitórias e as perdas, os triunfos e os fracassos que um jogador experimenta em um jogo estão, em um sentido muito real, contidos dentro do círculo mágico. Como DeKoven coloca, um jogo fornece "um objetivo comum, cuja realização não tem influência sobre nada que esteja fora do jogo".[5] Sabemos, claro, que há muitas maneiras de ganhar ou perder jogos que podem influenciar os jogadores: afetando seu estilo de vida, sua autoestima, seus relacionamentos com amigos e até mesmo a quantidade de dinheiro que eles têm no bolso quando o jogo acaba. Existem maneiras *extrínsecas*, certamente, que importam ao ganhar um jogo. Ao mesmo tempo, todo jogo declara implicitamente a premissa de que o valor do jogo é *intrínseco*, que o jogo é autossuficiente, que a ficção do círculo mágico será confirmada, que ganhar ou perder o jogo é separado da experiência cotidiana vivida.

Se uma pessoa considerar a natureza independente do círculo mágico, o jeito como os jogos criam seus próprios significados e fornecem seus próprios objetivos, ficará evidente que os jogos são fortemente *autotélicos*. Emprestamos o termo do psicólogo Mihaly Csikszentmihalyi, que em seu livro *Flow* explica que "O termo 'autotélico' deriva de duas palavras gregas, *auto* significando próprio e *telos* significando objetivo. Trata-se de uma atividade independente, que não é feita com a expectativa de algum benefício futuro, mas simplesmente porque o próprio fazer é a recompensa".[6] Quando uma experiência é autotélica, é a participação na atividade que conta. Os jogos são, em maior ou menor grau, buscados por sua própria causa, por sua própria estimulação intrínseca. Embora haja sempre alguns motivos extrínsecos para o jogo, sempre haverá motivações intrínsecas também. Ao jogar um jogo, parte do incentivo é simplesmente jogar — e, muitas vezes, é o principal motivador.

Como eles têm um componente autotélico muito forte, os jogos são em grande parte não utilitários. A maioria das formas de design serve a uma função externa ou utilitária. A arquitetura hospeda e abriga nossas famílias, governo e indústrias. A tipografia permite a comunicação visual. O design automotivo promove a mobilidade por meio do design de automóveis. O design de jogos, por outro lado, simplesmente permite que um jogo seja jogado. Note que, ao dizer que o design de jogos existe em oposição a outras formas de design, *não* estamos sugerindo que os jogos não servem a funções externas ou outras formas de design também não servem a finalidades não utilitárias. Nossa intenção é que os jogos apresentem suas próprias necessidades ou objetivos intrínsecos, tais como as condições abstratas de vitória, que lhes conferem um status claramente artificial e não utilitário.

Compare um programa médico de banco de dados online com um jogo online para múltiplos jogadores. Um funcionário do hospital procurando o registro de um determinado paciente chega à experiência do software com um objetivo extrínseco claro em mente, como, por exemplo, descobrir quais medicamentos o paciente precisa tomar naquele dia. O banco de dados não contém seu próprio conjunto de objetivos; ele dá suporte aos objetivos do usuário. O programa do banco de dados é utilizado como uma ferramenta, como um meio para um fim e não como um fim em si mesmo. Quando o funcionário encontra o registro que está procurando e extrai as informações do medicamento, o banco de dados cumpriu com êxito um objetivo que foi trazido para o sistema a partir de um contexto externo. Em um jogo online com diversos jogadores, por outro lado, não há um objetivo claro e utilitário que o jogo atende. Por que o jogador está explorando o mundo do jogo, personalizando seu personagem, matando monstros e acumulando um tesouro? Porque ele está jogando o jogo. O jogo não é uma ferramenta usada para atender uma necessidade externa, utilitária. O jogador não está jogando o jogo para alimentar seus gatos ou ajustar o motor de seu carro. A interação explícita do jogo não é um meio para um fim, como no caso do programa médico do banco de dados; em vez disso, a interação lúdica do jogo representa um fim em si. Jogamos, em certa medida, pela interação lúdica em si.

Considere a maneira como a experiência de jogar como um fim, em vez de um meio, afetou o desenvolvimento da tecnologia dos jogos digitais. Uma das razões pelas quais os jogos têm sido tão inovadores — desafiando os limites do poder de processamento do computador, criando interfaces de *hardware* imersivas, sendo os pioneiros nos desenvolvimentos gráficos e de áudio espacial — é porque eles devem fornecer suas próprias motivações e prazeres. O funcionário médico sofrerá com uma interface desajeitada e um pobre design visual a fim de localizar o registro desejado. Um jogador do jogo, por outro lado, é um usuário muito mais instável: por que jogar um jogo que não é divertido? O computador e a indústria de videogames são continuamente estimulados por um público faminto por jogos cada vez mais espetaculares e interação cada vez mais significativa. As pessoas jogam jogos porque querem; os designers de jogos devem criar experiências que alimentem e atendam essa sensação de desejo.

Entre. Jogue. Fique.

Por que ir tão longe em relação à natureza não utilitária dos jogos? Para ter um propósito maior sobre o desafio de trazer os jogadores para um jogo e mantê-los no jogo. Como os jogos são fundamentados sobre as necessidades *intrínsecas* ao jogo, é necessário que os designers de jogos levem o jogador a cruzar o limite do círculo mágico e também mantenham-no lá até que os objetivos do jogo tenham sido atendidos.

Começar um jogo significa entrar no círculo mágico. Os jogadores cruzam essa fronteira para adotar os comportamentos artificiais e os rituais de um jogo. Durante o jogo, o círculo mágico persiste até o jogo terminar. Então, o círculo mágico se dissolve e os jogadores retornam ao mundo ordinário. Essas duas ações, cruzar o círculo mágico, assim como manter sua existência, representam dois dos principais desafios de projetar uma interação lúdica significativa. As duas ações requerem uma dupla sedução cuidadosamente orquestrada. Primeiro, os jogadores são seduzidos a entrar no círculo mágico de um jogo. Em segundo lugar, os jogadores são seduzidos a continuar jogando.

Ambos os eventos são difíceis de projetar. A primeira sedução, trazer os jogadores para o círculo mágico, exige que os jogadores atravessem um limiar que vai tirá-los de suas vidas ordinárias e levá-los para o mundo do jogo. A dificuldade em fazer isso acontecer vem da qualidade formal do jogo. É muito mais fácil entrar e sair das atividades lúdicas que não são jogos. Você está comendo amendoins e sentindo-se lúdico? Jogue um para cima e veja se você pode pegá-lo no ar com a boca. E os blocos de construção em sua mesa? Empilhe-os, derrube-os ou simplesmente deixe-os como estão. No ***Círculo Mágico*** vimos a maneira como uma criança pode brincar com uma boneca, a facilidade com que a ela pode entrar e sair da brincadeira e o quão permeáveis são fronteiras entre brincar e não brincar. Nos jogos, porém, a transição entre não jogar o jogo e começar a jogar o jogo é mais claramente definida. Os jogos normalmente exigem uma preparação formal: encontrar jogadores, ler as regras, abrir um arquivo de jogo salvo, embaralhar as cartas, preparar o tabuleiro e assim por diante. Os jogadores têm de aprender o sistema, entrar "oficialmente" no jogo e começar a jogar. Este é um verdadeiro obstáculo para os jogadores do seu jogo: eles devem atender ao conjunto inicial de tarefas que se encontram na beira do círculo mágico; devem executar corretamente os rituais de entrada.

O que isso significa para os designers do jogo? Os designers criam não só o jogo em si, mas também as formas como os jogadores entram no sistema do jogo. Esse evento envolve considerar não apenas os elementos formais do jogo, mas também a maneira como o jogo se comunica com os contextos externos. Como e quando um jogador entra em um jogo? Onde começa a sedução inicial? Ela começa a primeira vez que um jogador vê um comercial ou lê uma crítica de um jogo que o estimula ou desestimula a fazer uma compra? A sedução surge da pressão dos colegas e valores dos sociais (*Barbie Fashion Designer é para meninas! Quake é legal! Todo mundo está jogando P.O.X.!*)? Ela começa com a instalação de um jogo baixado, a primeira leitura das regras de um jogo ou a tela do menu de um título de console? Começa no momento em que um novato atira em seu primeiro monstro?

Claramente, não há um fator exclusivo ao qual o ato de sedução pode ser atribuído e nenhum momento isolado quando o jogador decide começar a jogar. Projetar a sedução de um jogo significa compreender todos os fatores formais, sociais e culturais que contribuem para a experiência do jogador. É importante, por exemplo, compreender como o marketing, promoção e distribuição funcionam na indústria dos jogos. É importante sondar o que outros desenvolvedores de jogos estão criando e como isto pode afetar o jogo que você está projetando. É importante entender como a cultura em geral percebe e considera os jogos e como os novos públicos poderiam ser seduzidos pelos seus jogos. Não há respostas simples para a pergunta sobre se um jogador decidirá ou não começar a jogar seu jogo. Este é mais um desafio que os designers de jogos encaram.

Por outro lado, quando os jogadores começam a jogar seu jogo, eles saem do mundo ordinário e entram no círculo mágico do design do jogo. Como veremos, manter os jogadores em um jogo, compreender e esculpir sua experiência de prazer oferece pelo menos um desafio tão grande quanto fazê-los jogar em primeiro lugar.

Tipologias do prazer

Em geral, é difícil falar sobre o prazer. É especialmente difícil encontrar as palavras que descrevem os prazeres que experimentamos nos jogos.

> Os jogos evocam emoções de luta, de competição. O tipo de coisa que você sente muitas vezes não tem nomes comuns no nosso linguajar cotidiano habitual, mas são emoções importantes que sentimos, experimentamos e desfrutamos, e que, de algumas maneiras misteriosas, achamos que ampliam nosso espírito. E a ansiedade que você sente quando seu peito incha de repente quando percebe que será um mestre? E o sentimento de autoestima que se desenvolve à medida que você concentra todo seu ser e as várias partes de seu corpo na tarefa de superar os obstáculos? E o desânimo que você sente, o desespero quando você falha totalmente? E a exaltação e a sensação de triunfo que você sente quando realmente tem sucesso? E, às vezes, um pouco de medo com a expectativa do que pode encontrar naquele caminho lá fora. E há outro nome para essas emoções que os desenvolvedores de jogos chamam de diversão.[7]

O designer de jogos Hal Barwood organiza todas as emoções variadas que um jogo pode produzir sob o título de "*diversão*". Esse termo faz algum sentido. Os jogos bons são divertidos. Jogos divertidos são o que os jogadores querem. Um jogo divertido é uma experiência prazerosa, sendo por isso que as pessoas jogam. Mas nem todo mundo vê o valor dessa palavra. O designer de jogos Marc LeBlanc simplesmente odeia o termo "diversão". Em várias de suas palestras na Game Developers Conference, ele recomendou uma moratória sobre a palavra. "Diversão", segundo LeBlanc, é apenas um termo substituto para um fenômeno mais complexo que ninguém realmente entende.

Talvez LeBlanc esteja certo. Talvez estejamos caindo em uma armadilha parecida com nosso uso da palavra "prazer". É possível desfazer o conceito mais geral de diversão e criar uma estrutura para classificar o prazer? LeBlanc fez algumas reflexões nessas linhas e criou sua própria tipologia, proposta como um antídoto para o conceito singular de "diversão". Em sua tipologia, LeBlanc lista oito categorias que descrevem os tipos de prazer experiencial que os jogadores obtêm dos jogos.

1. Sensação. *Jogo como prazer dos sentidos.*
2. Fantasia. *Jogo como faz-de-conta.*
3. Narrativa. *Jogo como drama.*
4. Desafio. *Jogo como corrida de obstáculos.*
5. Companheirismo. *Jogo como estrutura social.*
6. Descoberta. *Jogo como um território desconhecido.*
7. Expressão. *Jogo como autodescoberta.*
8. Submissão. *Jogo como masoquismo.*[8]

A maioria dessas categorias é autoexplicativa. Note, no entanto, que "masoquismo" não se refere ao prazer sexual, mas sim ao prazer mais geral de submissão a um sistema. Parte do prazer hipnótico de Bejeweled ou Paciência, por exemplo, vem do ato ritualizado de se comportar de uma maneira baseada em regras e estilizada. É isto que LeBlanc quer dizer com sua categoria Submissão.

O modelo de LeBlanc destina-se não só a ajudar os designers de jogos a compreender a variedade de formas que a "diversão" pode tomar, mas também fornece uma linguagem comum para a comercialização dos jogos digitais. Ele propôs, por exemplo, que, classificando cada uma dessas categorias em uma escala de zero a dez, e colocando essas informações no verso do pacote de um produto, o consumidor pode rapidamente ter uma ideia dos tipos de prazer que o jogo oferece. Um jogo de tiro em primeira pessoa (FPS), por exemplo, pode ter uma classificação alta em Sensação, Fantasia e Desafio, mas uma classificação baixa em Expressão, Narrativa e Companheirismo. O desafio, claro, é que muitas das categorias parecem sobrepor-se. Há uma linha muita difusa, por exemplo, entre Fantasia e Narrativa. Outras ambiguidades também persistem. Categorias como Descoberta e Expressão poderiam ser facilmente aplicadas a outras categorias: uma estrutura social não pode ser um território desconhecido? A autodescoberta não ocorre em um desafio? Além disso, ainda que esses problemas teóricos pudessem ser resolvidos, classificar "oficialmente" o prazer de um jogo dessa forma seria uma tarefa altamente subjetiva. Apesar de todas essas críticas, no entanto, as oito categorias de LeBlanc identificam muitos dos componentes do prazer induzido pelo jogo e são úteis como uma maneira de entender a variedade de prazeres que os jogos proporcionam.

Uma abordagem diferente vem do psicólogo Michael J. Apter, em seu ensaio "A Structural-Phenomenology of Play". Ao focar a excitação cognitiva que o jogo fornece, Apter compila a lista a seguir, complementada com nossa breve paráfrase em itálico:

1. Exposição para despertar o estímulo. *Sensação intensa e avassaladora.*
2. Ficção e narrativa. *Excitação emocional a partir da identificação com o personagem.*
3. Desafio. *Dificuldades e frustrações decorrentes da competição.*
4. Exploração. *Sair dos lugares populares para um novo território.*
5. Negativismo. *Quebra deliberada e provocadora de regras.*
6. Sinergia cognitiva. *Jogo imaginativo.*
7. Enfrentar o perigo. *Risco dentro da "estrutura protetora" do jogo.*[9]

Apter admite em seu ensaio que essas categorias oferecem apenas uma lista parcial dos estímulos cognitivos e que existe uma considerável sobreposição entre as categorias. Apesar dessas delimitações, o modelo de Apter fornece outra estrutura na qual considerar o prazer nos jogos, uma que enfatiza a cognição. Algumas de suas categorias, tais como Desafio e Exploração, parecem semelhantes às de LeBlanc. Outras, tais como o Negativismo e Enfrentar o Perigo, identificam claramente abordagens alternativas.

A terceira tipologia do prazer vem da classificação de jogos pelo antropólogo Roger Caillois. Em ***Definindo interação lúdica*** apresentamos as quatro "categorias fundamentais" desse autor, que objetivavam descrever os fenômenos do jogo:

1. *Agôn. Competição e luta competitiva*
2. *Alea. Submissão à sorte da aleatoriedade*
3. *Mimicry. Jogos RPG e faz-de-conta*
4. *Ilinx. Vertigem e sensação física*

De certa forma, as categorias compactas de Caillois oferecem uma separação sucinta dos modelos que LeBlanc e Apter propõem. Em agôn, alea, mimicry e ilinx, há uma fusão de componentes experienciais e cognitivos que criam uma estrutura útil e crítica.

Há muitas outras tipologias que poderíamos considerar também. No último capítulo, vimos as cinco categorias de Brian Sutton-Smith que descrevem os processos psicológicos dos jogadores de videogame: concentração, varredura visual, diferenciação auditiva, respostas motoras e padrões perceptivos da aprendizagem. Esses também podem ser considerados uma lista dos meios pelos quais os jogos geram e apoiam o prazer. Não há necessidade de escolher uma tipologia única para representar o prazer nos jogos. Você deve sentir-se livre para misturar e combinar os diferentes modelos de experiência e prazer, dependendo das necessidades de seu projeto. Essas tipologias são menos úteis para teorizar sobre o prazer ou para classificar os jogos, mas podem ser muito úteis como uma forma de organizar as observações sobre os tipos de prazer que um determinado jogo oferece. Um modelo não é necessariamente melhor que os outros; cada um oferece uma maneira diferente de pensar sobre o prazer e suas muitas motivações.

Por exemplo, vamos utilizar uma das quatro tipologias — as quatro categorias de Caillois — vendo o jogo de mata-mata Unreal. Elas se encaixam aos prazeres de jogar Unreal? Certamente, o jogo contém muita luta competitiva, agonística. A simulação (*mimicry*) desempenha um papel importante também, no sentido de que cada jogador é representado para os outros por meio de um avatar personalizado em um espaço fictício virtual. O Unreal e jogos de seu tipo são bem conhecidos por representarem o movimento físico através do espaço tridimensional em tempo real, criando frequentemente uma vertigem na forma de enjoo. Há provavelmente até elementos de aleatoriedade em Unreal também, como os jogadores específicos que se envolvem em um jogo de mata-mata online ou o layout e a distribuição dos itens em um nível.

Podemos igualmente aplicar as categorias de LeBlanc e Apter. Um jogo Unreal fornece todos os prazeres que eles listam também, desde o Companheirismo que surge de uma competição muito disputada, até o Negativismo criativo das *cheats*, *hacks* e *mods*. [N. T.: *Cheats*: trapaças como códigos secretos e outras; *hacks*: modificações ilegais do programa do jogo; *mods*: módulos novos de um jogo criados por fãs ou terceiros]. O prazer é sempre extremamente complexo: onde descobrimos uma forma de prazer em um jogo, quase sempre descobriremos outras. Em geral, a maioria dos jogos proporciona muitos ou todos os prazeres listados em qualquer tipologia da experiência de jogo. Mas, ao mesmo tempo, há sempre um equilíbrio de fatores, uma proporção especial de ingredientes que se somam para criar um sabor único na experiência de um jogo individual. Quais prazeres significativos seu jogo está fornecendo ou deixando de fornecer? Esta é a utilidade de uma tipologia da "diversão": oferecer um vocabulário para traçar o jogo complexo do prazer.

Fluxo do jogo

Listar categorias é uma abordagem para descrever o prazer em um jogo. Existem outras abordagens? É possível ver o prazer do jogo de uma forma mais abstrata para sintetizar os diversos prazeres do jogo em um único conceito? Pense novamente sobre a experiência de jogar um jogo. Um aspecto do prazer do jogo está na intensidade com a qual ele é experimentado, a sensação quase esmagadora do jogo. Quer o prazer resida em uma resposta cognitiva, em um efeito emocional ou em uma reação física, a experiência do jogo, e especialmente a interação lúdica nos jogos, pode ser surpreendentemente profunda. Como a escritora J. C. Herz escreve sobre jogos arcade clássicos: "Apenas a emoção, o apelo ao instinto de sobrevivência no videogame — você está utilizando o instinto humano mais poderoso. Sobrevivência. Lutar ou fugir. Isso é tão intenso que, em alguns aspectos, torna-se intenso demais. As pessoas realmente viviam os jogos. Sonhavam os jogos".

Todos os jogadores experimentaram esse sentimento em um momento ou outro, mesmo que apenas por um período curto. Esse nível de envolvimento com um jogo sugere que o jogador transcendeu um estado psicológico normal para chegar a uma relação mais profunda com o jogo. O psicólogo e teórico Mihaly Csikszentmihalyi é mais conhecido por sua pesquisa sobre o que ele chama *estado de fluxo* — um estado particular de espírito no qual um participante atinge um elevado grau de concentração e diversão. Seu livro *Flow* (Fluxo): *The Psychology of Optimal Experience* oferece uma ótima introdução geral às suas ideias. *Flow* está repleto de relatos engraçados de indivíduos que atingiram um estado de fluxo, documentados ao longo dos anos da pesquisa de Csikszentmihalyi.

O fenômeno do fluxo tem muitas formas. Algumas pessoas relataram a Csikszentmihalyi que chegaram ao fluxo através dos rigores de aperfeiçoar um conjunto de tarefas do trabalho ou através da solução de problemas de imersão em uma pesquisa da faculdade de direito. Outros dizem que alcançaram o fluxo durante o esforço solitário de escalada ou por meio da vocação exigente da cirurgia. O que é exatamente o *fluxo?* Csikszentmihalyi sugere que o fluxo é algo que todos nós já experimentamos. É um sentimento de estar no controle de nossas ações, dominar nosso próprio destino. Apesar de raro, quando atingimos um estado de fluxo ficamos profundamente felizes. Csikszentmihalyi se refere a esse fenômeno como uma *experiência ótima.*[10]

> É o que sente o marinheiro quando sob um vento castigante consegue controlar a embarcação em um curso estreito, fazendo-a investir contra as ondas como um cavalo domado — velas, casco, vento e mar criando uma harmonia que vibra em suas veias. É o que um pintor sente quando a interação das cores na tela começa a criar uma tensão magnética, e uma coisa nova, viva, toma forma diante do criador admirado.[11]

O fluxo é, mais do que qualquer outra coisa, um estado emocional e psicológico de felicidade concentrada e engajada, quando uma pessoa sente uma sensação de conquista e realização, e uma maior percepção de si mesma. Qual poderia ser a relevância do fluxo para o design de jogos? Sob muitos aspectos, o prazer aumentado e o engajamento do estado de fluxo é exatamente o que os designers de jogos procuram estabelecer para seus jogadores. Na verdade, muitos exemplos de Csikszentmihalyi vêm de jogos, tais como jogadores profissionais de xadrez, que foram um foco inicial de suas pesquisas. A ligação entre design do jogo e experiência do fluxo claramente aparece na descrição de Csikszentmihalyi dos componentes do fluxo, as condições que tornam possível o fluxo. Ele lista oito componentes:

> Em primeiro lugar, a experiência geralmente ocorre quando deparamos com as tarefas que temos a chance de concluir. Em segundo lugar, temos de ser capazes de nos concentrar no que estamos fazendo. Terceiro e quarto, a concentração é normalmente possível porque a tarefa empreendida tem objetivos claros e fornece um *feedback* imediato. Quinto, atua com um envolvimento profundo, mas sem esforço, que remove da consciência as preocupações e as frustrações da vida cotidiana. Sexto, as experiências agradáveis permitem que as pessoas tenham uma sensação de controle sobre suas ações. Sétimo, a preocupação com o eu desaparece, mas, paradoxalmente, o sentimento do eu surge mais forte depois da experiência de fluxo acabar. Por fim, o sentimento da duração do tempo é alterado; as horas passam como minutos e os minutos podem estender-se como horas.[12]

Deve ser imediatamente impressionante como cada um desses oito componentes corresponde a um aspecto dos jogos. Podemos ver cada um em detalhes, usando a própria linguagem de Csikszentmihalyi.[13]

A atividade desafiadora que requer habilidades. Csikszentmihalyi enfatiza o fato de que a atividade de fluxo não é experimentada passivamente, mas exige um envolvimento ativo e direcionado. "A maioria esmagadora das experiências ideais é relatada como ocorrendo dentro das sequências de atividades que são dirigidas por objetivos e delimitadas por regras." Isso parece muito com a descrição de um jogo.

A fusão da ação e da consciência. Uma característica distintiva do estado de fluxo é que uma pessoa fica tão absorvida na atividade que ela se torna "espontânea, quase automática, pois deixa de ter consciência de si como algo separado das ações que está realizando." Esse componente da experiência de fluxo é algo que pode acontecer nos jogos também. A descrição de David Sudnow de seu envolvimento com o Breakout descreve claramente esse estado de espírito.

Objetivos claros e feedback. Esses dois componentes evocam a natureza orientada a objetivos dos jogos e a sequência de ação-resultado discernível necessária para fazer escolhas significativas. A interação lúdica significativa parece estar intimamente relacionada ao fluxo.

Concentração na tarefa em questão. Um efeito comum do fluxo é "um completo foco da atenção na tarefa em questão, não deixando espaço na mente para informações irrelevantes". Como um jogo que se afasta da "vida normal", as atividades de fluxo moldam seus próprios espaços experienciais para os participantes.

O paradoxo do controle. Em uma experiência ótima, o participante é capaz de exercer controle sem estar completamente no controle da situação. Se não há chance de falha, a atividade não é difícil o suficiente. "Só quando um resultado duvidoso está em jogo e alguém que seja capaz de influenciar esse resultado, uma pessoa pode realmente saber se está no controle." Quando os jogadores lutam contra o sistema de conflito artificial, eles tentam expressar seu controle por meio de ações. Mas o resultado de um jogo é sempre incerto.

A perda da autoconsciência. No fluxo, o sentimento do participante de si mesmo torna-se subserviente ao aspecto maior da experiência. "Quando uma pessoa investe toda sua energia psíquica em uma interação (...) ela, na verdade, torna-se parte de um sistema de ação maior do que o eu individual era antes. Esse sistema obtém sua forma nas regras da atividade; a sua energia vem da atenção da pessoa." O fato de Csikszentmihalyi enfatizar a qualidade sistêmica da conexão de um participante com a atividade de fluxo é uma reminiscência da natureza dos jogos baseada em sistemas. Quando consideramos um jogo como um sistema experiencial, o jogador é um componente desse sistema — uma formulação repetida por Csikszentmihalyi.

A transformação do tempo. A sensação do tempo pelo participante pode estender ou encolher o tempo. Às vezes, essa sensação vem diretamente da atividade em si: "A maioria das atividades de fluxo não depende do tempo do relógio, como o beisebol, elas têm seu próprio ritmo, suas próprias sequências de acontecimentos que marcam a transição de um estado para outro, sem levar em conta intervalos iguais de duração". Os jogos não mudam apenas a nossa percepção do tempo, mas também oferecem liberdade de sua tirania; perder a noção do tempo contribui para a alegria que sentimos durante um estado de completo envolvimento.

Em cada um dos oito componentes da atividade de fluxo que Csikszentmihalyi menciona, existem semelhanças claras com os jogos. Isso não significa que o fluxo se aplica apenas aos jogos ou que todo jogo produz um estado de fluxo para seus jogadores. O que isso significa é que os jogos são um dos melhores tipos de atividade para produzir o fluxo. As regras, objetivos, *feedback*, resultado incerto e outras qualidades dos jogos tornam-nos um terreno fértil para o florescimento de uma experiência de fluxo. Acreditamos que há uma ligação intrínseca entre jogo e fluxo. Embora a máxima "experiência ótima" do fluxo, que Csikszentmihalyi descreve, raramente seja alcançada, todas as formas de jogo, de alguma forma, participam da experiência de fluxo. As condições do fluxo são estabelecidas quando os jogadores encontram os interstícios de uma estrutura rígida, interagindo com as regras, a fim de brincar com elas e transformá-las. O fluxo é uma modode entender o prazer que leva os jogadores a um jogo e os mantém nele.

Embora ele não os organize dessa forma, as oito categorias de Csikszentmihalyi podem ser divididas em dois grupos. Quatro dos oito componentes do fluxo descrevem os *efeitos* do estado de fluxo:

- a fusão da ação e da consciência;
- concentração;
- a perda da autoconsciência;
- a transformação do tempo.

Todos esses efeitos ocorrem na experiência do jogador quando o fluxo começa. Esses quatro aspectos do fluxo podem diagnosticar se um jogador alcançou o estado de fluxo. Se você não tem certeza se seu jogo está realmente produzindo o fluxo, desça na lista. Se algumas ou todas as quatro experiências listadas estão faltando, você pode precisar ajustar seu design. Mas que tipo de ajustes são necessários? É aí que os outros quatro componentes entram em jogo. Em vez de ser efeitos do fluxo, eles representam os *pré-requisitos* do fluxo:

- uma atividade desafiadora;
- objetivos claros;
- *feedback* claro;
- o paradoxo de ter controle em uma situação incerta.

Esses quatro elementos de pré-requisito do fluxo são características da atividade de fluxo em si. Dentro delas, está a chave para projetar o fluxo nos jogos. Seu jogo contém os pré-requisitos do fluxo? Existe um desafio suficiente para criar uma incerteza real? Os jogadores entendem claramente os objetivos? Quando eles se movem no sistema, suas ações fornecem um *feedback* claro e um sentimento de controle? Se seu jogo fornece todos esses mecanismos, você está a ponto de criar as condições necessárias para o fluxo.

Se seu objetivo é criar um estado de fluxo para seus jogadores, podemos resumir o nosso conselho bem simplesmente: *projetar uma interação lúdica significativa.* Os quatro pré-requisitos de fluxo carregam uma semelhança impressionante com os componentes principais da interação lúdica significativa. O "*feedback* claro" é outra maneira de afirmar a necessidade de escolhas *compreensíveis* e resultados em uma experiência interativa. Os objetivos, desafio e incerteza de um jogo fornecem um contexto maior no qual as escolhas são *integradas* e tornam-se significativas. Isso não quer dizer que a interação lúdica significativa seja a mesma coisa que fluxo. Fluxo é um estado de espírito e interação lúdica significativa é uma abordagem para o design de jogos. Mas, quando se trata de jogos, os dois estão intimamente ligados. Se você quiser criar fluxo em um jogo, a interação lúdica significativa deverá estar presente. Se quiser projetar uma interação lúdica significativa, o fluxo poderá ser uma ferramenta de diagnóstico útil no processo de criar seu jogo.

Por que os designers de jogos desejam criar um estado de fluxo para seus jogadores? Estar no fluxo representa um envolvimento rico e significativo com a atividade em questão. Em geral, como designer de jogos, você está criando sistemas de jogo para uma exploração profunda. Devemos ficar felizes quando os jogadores de nossos jogos investem muito esforço e atenção para alcançar um estado de fluxo. Lembre-se de que o fluxo não se refere apenas a um tipo de experiência. O fluxo que os cirurgiões sentem é radicalmente diferente da sensação e da emoção do fluxo de um combate LARP. O que une todas as formas de fluxo, no entanto, é a felicidade ideal que os participantes experimentam. Como objetivo experiencial para criar jogos, o espalhar alegria, o foco e uma sensação de bem-estar certamente são uma busca que vale a pena.

Esculpindo o desejo

Se um problema com o conceito de fluxo é que ele não é tão específico do jogo como gostaríamos, o que significaria ter um olhar mais centrado no jogo para o prazer? Pensar nos jogos como sistemas de prazer implica que o designer de jogos é um artesão do desejo, moldando o prazer dos jogadores de um jogo. O sistema projetado do jogo, colocado em movimento com a participação dos jogadores, torna-se não apenas uma experiência de interação lúdica, mas também uma experiência de prazer sensual, emocional e psicológica.

Atingir tal experiência exige que um designer de jogos não só preste atenção aos sentimentos imediatos do prazer que um jogo pode produzir, mas também à maneira como o prazer de um jogador evolui e muda ao longo de um único jogo ou em muitos jogos.

> Qualquer pessoa pode sentar-se para jogar Quake e começar a atirar nas coisas. Quando ela adquirir mais experiência, perceberá que, se ficar em um lugar, será morta, assim ela aprende a se mover enquanto atira. Depois, aprende o *circle-strafe* (tática de circular o inimigo andando lateralmente). Depois, disparar enquanto corre para trás. Então, descobre quais armas são melhores para perto ou longe.
>
> Depois, ele aprende a saltar alto. Enquanto avança, ele aprende as características de cada arma. Ele aprende a "conduzir" seu oponente. Qualquer um pode pegar o Quake e começar a se divertir em minutos, porém quanto mais tempo a pessoa dedica a dominar o jogo, mais divertido este se torna.[15]

Uma ressalva necessária: os limites do fluxo

Por mais útil que possa ser, o conceito de fluxo não é uma chave mestra para desvendar todo mistério em torno da ação e do prazer nos jogos. Considere alguns dos desafios na aplicação do fluxo no design de jogos:

> *Fluxo não é exclusivo para os jogos.* Como demonstram muitos exemplos de Csikszentmihalyi vindos da arte, do trabalho, do lazer e outras atividades não relacionadas com jogos, o fluxo pode ocorrer em vários tipos de atividades. Por que isso é um problema? Se um dos nossos objetivos como designers de jogos é compreender e isolar os únicos tipos de prazer que só os jogos podem oferecer, então o estado de fluxo não ajuda muito.
>
> *O fluxo é mais sobre o jogador do que o jogo.* De acordo com Csikszentmihalyi, o fluxo depende da atitude do participante individual tanto quanto da própria atividade. Os mestres de xadrez podem atingir o fluxo, mas a maioria dos jogadores de xadrez, não. Não há garantias de que o jogo projetado será colocado em uso por jogadores que estão prontos ou são capazes de experimentar o fluxo. A psique individual de um jogador está fora de controle de um designer de jogos.
>
> *O fluxo não é um fenômeno universal.* É fácil se empolgar e supor que o estado de fluxo é a melhor experiência que cada design de jogos deve tentar e induzir. Este simplesmente não é o caso. Como Sutton-Smith aponta em uma crítica ao trabalho de Csikszentmihalyi, "Dizer que o fluxo é universal pode ser o mesmo que dizer que todo sexo é igual em todo lugar, e que o "fluxo" é para o jogo o que o orgasmo é para o sexo. Mas quem seria inocente o bastante em relação a todos os diferentes contextos e atos que tornam o sexo significativo para dizer algo assim?"

Embora o fluxo seja uma ferramenta conceitual útil para a criação de prazer nos jogos, é apenas uma das muitas ferramentas possíveis. O fluxo oferece uma investigação rigorosa em um tipo de envolvimento significativo, mesmo que não represente um estado universal da mente e que não seja completamente original para os jogos.

O Quake é fácil de aprender, mas difícil de dominar. Como o designer de jogos Bob Bates indica, ele oferece aos jogadores uma experiência de jogo prazerosa, a curto e longo prazos. Como a mecânica básica é relativamente simples — andar e atirar — os jogadores ganham acesso imediato aos prazeres que o jogo proporciona. Como jogar bem o jogo requer habilidades sutis, que só podem desenvolver-se através do jogo repetitivo, o envolvimento de longo prazo com o jogo traz seu próprio tipo de recompensa prazerosa.

Como o prazer surge e evolui ao longo do tempo em um jogo? Todos os possíveis estados e experiências de um jogo estão contidos na construção teórica chamada de "espaço de possibilidades". Um jogador começa sua jornada através do espaço de possibilidades sempre no mesmo lugar: o início do jogo. Mas o caminho experiencial que um jogador segue através do espaço varia a cada vez que o jogo é jogado. Cada ação do jogo será única, mesmo que as regras do jogo, a sua estrutura formal, permaneçam fixas. Essa qualidade dos jogos, de que um jogo oferece a *mesma* estrutura consistente sempre, mas uma experiência e resultado *diferentes* cada vez que é jogado, é um poderoso motor que sustenta e incentiva o jogo. Referimo-nos a esse conceito com o termo abreviado "*igual, mas diferente*".

A experiência de jogo "igual, mas diferente" ocorre dentro de um jogo individual, bem como em mais de um jogo. No jogo Breakout, o jogador se envolve com a mecânica básica cada vez mais, explorando suas permutações muitas vezes dentro do contexto móvel do jogo. Acertar a bola repetidamente. Você pode obter acertando essa rebatida combinada uma segunda vez a partir do lado? Ou diminuir a velocidade das coisas acertando o quadrado no meio da raquete? Você pode controlar o fluxo do voleio? Em um jogo, dada a mesma ação repetitiva do jogo, parte do prazer que o sustenta é a habilidade do jogador em se envolver repetidamente com o mesmo tipo de interatividade — mas com resultados diferentes.

A mecânica básica de um jogo fornece seu próprio prazer inerente, tomando a forma de um clique sensual em uma partida de Tiddley-Winks ou do drama aleatorizado de cada rodada do jogo de cartas War. Se a mecânica básica de um jogo for bem projetada, os jogadores poderão nem se preocupar com a vitória. Eles podem desfrutar do tênis apenas por causa de um bom voleio ou de charadas por causa do desafio da mímica hábil e da adivinhação inteligente. Mas, para manter o prazer ao longo do tempo, a ação repetida da mecânica básica deve incorporar o conceito do "igual, mas diferente". É preciso continuar a oferecer novas variações e experiências, mesmo que sejam tão sutis quanto a construção gradual da habilidade para Tiddley-Winks ou a versão determinista do War.

Num nível mais amplo, o mesmo fenômeno ocorre quando um jogador joga um jogo mais de uma vez. Neste caso, não é a mecânica básica que é repetida, mas toda a estrutura formal do jogo. As regras continuam as mesmas, mas o jogo é diferente. Isso não acontece sempre, mas se o jogo for bastante significativo, se o prazer for rico e fluido, então, um jogador desejará jogar um jogo de novo. Com um jogo repetido, a estrutura é cada vez mais familiar e o jogador continua a jogar a partir das permutações possíveis da experiência do jogo. Dentro e entre os jogos, os jogadores descobrem a familiaridade reconfortante de uma estrutura fixa e o desafio e o perigo de um resultado incerto. Esse mesmo mecanismo do igual, mas diferente, contribui para um mecanismo extremamente potente do desejo. É a cobiça do igual, mas diferente que traz de volta, novamente, apenas mais uma rodada do jogo.

Além disso, o jogo transformador ajuda nesse processo. Em ***Definindo interação lúdica*** estabelecemos o jogo transformador como o caso especial de jogo, quando o movimento livre do jogo altera a estrutura mais rígida na qual ele toma forma. Quando a estrutura do jogo é alterada, as possibilidades do valor do jogo aumentam. Mesmo em um simples jogo de apostas, o jogo transformador pode assegurar que novas experiências continuem a surgir, pois um jogador encontra novos padrões de apostas, novos lugares onde apostar, novos padrões de vida nos quais a atividade de apostar se encaixa, novos círculos de amigos para apoiar a atividade. Ainda assim, o jogo continua a ser familiar, mesmo quando muda. O filósofo James S. Hans expressa muito bem essa noção de experiência "igual, mas diferente" do jogo:

> Nesse aspecto, toda ação compartilha uma coisa com os jogos: uma estrutura familiar que permite brincar com o desconhecido. Essa estrutura familiar não é universal; é possível no contexto particular do jogo. Tampouco essa estrutura familiar é sempre a mesma. Na verdade, ela muda sempre que é jogada, quando o novo jogo introduz elementos diferentes na atividade que se torna parte da estrutura de qualquer futuro jogo (...). A estrutura do familiar, então, permite a introdução do diferente; jogar em certo sentido não é mais do que a contaminação do familiar pela diferença.[16]

Embora Hans esteja falando sobre todos os tipos de jogo, cada jogo, segundo nossa definição, compartilha essa qualidade. Ele torna explícita a ideia de que o jogo é transformador, que, através da repetição, o jogo em si muda. Hans chama esse jogo de desejo de "contaminação do familiar pela diferença" — talvez o coração do que torna os jogos prazerosos. No círculo mágico, as regras favorecem as ações com significados. Mas o movimento livre, que é jogar, transforma esses significados, ao mesmo tempo que são experimentados, colocando o prazer "em jogo" a cada momento do jogo.

Padrões do prazer

Os padrões de prazer que surgem dentro e entre os jogos oferecem tipos especiais de divertimentos. O designer de jogos Brian Moriarty usa a palavra *entrainment* para se referir a esse tipo de prazer rítmico. *Entrainment* vem da palavra francesa "entrainer" e tem dois significados: *carregar* e *capturar.* A palavra tem sido comumente aplicada a vários fenômenos físicos e naturais, desde os ritmos do sono no período de 24 horas até a sonoridade de uma tempestade. De acordo com o pensador holístico Dr. Stephan Rechtschaffen, "O *entrainment* rítmico é um dos grandes princípios de organização do mundo, tão inevitáveis quanto a gravidade. Ele explica como funciona um ritmo com outro, e como entidades separadas, desde as moléculas até as estrelas, entrarão no ritmo tão automaticamente quanto os batimentos do pulso ou uma borboleta batendo as asas."[17]

Como usado por Moriarty, *entrainment* é o processo de entrar em uma atividade padronizada, como, por exemplo, quando os fãs de beisebol criam espontaneamente uma "onda" no estádio em um espetáculo de coautoria com milhares de participantes. Pode-se também aplicar o conceito aos ritmos do jogo evocados quando se pratica um jogo. Em 1998, Moriarty deu uma palestra na conferência Game Developers sobre o *entrainment* e o design de jogo:

> Ritmos e padrões existem em todos os jogos, se você prestar atenção. Preste atenção a alguém divertindo-se em um jogo algum dia. Não é o jogo em si, para que você se engane, mas o jogador e o espaço ao redor dele. Assista aos ritmos que surgem, e como o jogador e o jogo interagem. Ficará claro que um jogo é realmente um mecanismo de *entrainment*. O trabalho do criador do jogo, portanto, é reforçar os padrões e diminuir a dissonância".[18]

A noção de *entrainment* combina padrão, interatividade e qualidade do "igual, mas diferente" dos jogos em um conceito de design rico e poderoso. Se o *entrainment* é uma forma de prazer, é um prazer ao mesmo tempo estrutural e experiencial, matematicamente regular e divertidamente flexível. O *entrainment* não é um fenômeno completamente exclusivo dos jogos, mas chega muito perto de identificar o prazer estrutural curioso que todas as experiências do jogo parecem conter: os padrões de meditação do Tetris; a cadência das rodadas e as conversas do bilhar; o padrão rítmico dos tiros do Space Invaders; o fluxo pulsante das cartas, as batidas na mesa e as fichas do vinte e um. Cada um dessas experiências de jogo — toda experiência de jogo — pode ser enquadrada como um exemplo de *entrainment*.

Entrainment é a experiência do "igual, mas diferente". Enquanto os jogadores exploram os possíveis prazeres do jogo, ocorre o progresso no espaço através dos padrões de repetição, um ritmo conduzindo o coração de uma experiência de jogo. Às vezes, o *entrainment* literalmente assume uma forma: o blipe recorrente de uma explosão a laser, ou o batimento incessante dos passos de um corredor de maratona. Mas, basicamente, o *entrainment* se manifesta de uma forma mais abrangente, ocupando não apenas as sensações de percepção, mas também os modos de pensar e sentir. A dupla definição da palavra *entrainment*, *carregar* e *capturar*, é totalmente precisa. Os padrões de um jogo inicialmente nos chamam, movendo-nos para frente, incentivando-nos a jogar. Mas, de alguma forma, em algum momento, alguma coisa muda. Encontramo-nos não apenas jogando um jogo, mas sendo acionados pelo jogo também. O prazer é uma força poderosa e pode levar junto aqueles que estão presos em seu rastro.

O papel do objetivo

Como essa transição aconteceu? Como um jogo pode nos arrastar para dentro dele e nos tornar seus reféns? Alguns dos mecanismos mais poderosos de prazer que o jogo contém são derivados de suas partes constituintes. A diferença entre os jogos e outras formas de brincadeira é na maioria das vezes o fato de que um jogo tem um objetivo e um resultado quantificável. Quando se trata de entender o prazer de um jogo, o *objetivo* desempenha um papel absolutamente crucial.

O objetivo do jogo é muitas vezes o maior elemento único que conduz o prazer de um jogador. O objetivo é a razão ostensiva para jogar, mas o objetivo nunca é alcançado facilmente; em vez disso, é o obscuro objeto do desejo, a cenoura fora de alcance, empurrando os jogadores para frente através dos prazeres variados do jogo. O objetivo ajuda os jogadores a percorrer o espaço de possibilidades, um espaço estendido entre o estado inicial do jogo e seu resultado como uma toalha esvoaçante presa ao solo. O objetivo atua para orientar os jogadores ao longo do eixo definido pelo início e pelo fim, deixando que eles saibam se estão avançando ou ficando para trás. Em escadas e escorregadores, a posição do jogador no tabuleiro comunica claramente a proximidade da vitória alcançada. No jogo de damas chinesas, o acúmulo de peças no ponto de chegada de um jogador serve como um marcador competitivo em direção à vitória. Em um jogo de mata-mata online, classificar os jogadores pela contagem de granadas mostra quais jogadores estão mais próximos da vitória.

Um componente central do prazer nos jogos está na criação e na manutenção do relacionamento de um jogador com o objetivo. O designer do jogo, criando as regras do jogo, indiretamente planeja essa relação. Você quer criar um jogo fechado com um final dramático? Então, planeje um loop de *feedback* negativo que puna o jogador líder e feche a lacuna com jogadores na retaguarda. Ou talvez você queira usar as informações ocultas, para que o resultado fique em dúvida até o fim. No quebra-cabeça Mastermind, cada rodada aproxima o jogador do final da trilha, onde a falha aguarda após um determinado número de vezes. Cada rodada também oferece ao jogador um *feedback* e um vislumbre de esperança, representado pelos pinos pretos e brancos, quando ele tenta decifrar a solução correta. Entre o movimento inevitável e incontrolável a cada rodada e os avanços e retrocessos em direção à solução, o jogo se desenrola como uma viagem de desejo do jogador. O resultado é o jogo verdadeiramente convincente do Mastermind, no qual a estrutura física traça o progresso do jogador através do jogo.

O clássico jogo arcade Missile Command oferece outro exemplo da forma como os jogos planejam experiências dramáticas para os jogadores. Como J. C. Herz escreve em *Joystick Nation: How Videogames Won Our Hearts and Ate Our Quarters:*

> A coisa mais intensa no Missile Command, porém, era o momento estranho e louco perto do fim, quando choviam mísseis balísticos intercontinentais e você sabia que estava prestes a perder, isso era totalmente eufórico. Como sabia que ia morrer, em segundos tudo ficaria preto. Você vai morrer em três segundos. Você vai morrer neste instante. Você está morrendo. Você está morto. Então, você começa a assistir a todas as belas explosões. E depois do fogo de artifício, você começa a pressionar o botão reiniciar e está vivo novamente, até a próxima colisão com sua própria mortalidade.[19]

No jogo, o objetivo tem uma importância enorme, mas o objetivo em si como uma construção formal não é a questão principal: o objetivo é importante somente à medida que serve para moldar a experiência de um jogador. O objetivo é artificial, uma condição inventada que os jogadores aceitam como sua meta final. Ao estabelecer a natureza desse objetivo e a maneira como os jogadores superam a adversidade para trabalhar nele, o designer de jogos tem uma tremenda influência sobre a elaboração do caráter da experiência do jogo.

Objetivos dentro dos objetivos

O objetivo não é a única fonte de prazer em um jogo. Além da emoção que a busca da vitória (ou a agonia da derrota!) pode proporcionar, os jogos oferecem muitos prazeres que são paralelos, ou mesmo tangenciais, à vitória. Tão importante quanto a condição de vitória final, o objetivo no nível macro, são os pequenos momentos de interação lúdica dirigida, as microinterações que movem um jogador em um jogo. Esses pequenos momentos do jogo surgem quando o jogador se envolve várias vezes com a mecânica básica, a experiência do igual, mas diferente que apoia o interesse e o desejo do jogador.

Se o nível macro do prazer de um jogo é a busca do objetivo pelo jogador e no nível micro é o envolvimento do jogador com a mecânica básica, então o que une esses dois níveis de interação lúdica? A resposta são os *objetivos de curto prazo.* Um jogo não fornece apenas um único objetivo de longo prazo. Ao longo do caminho, o jogador luta na direção dos objetivos de curto prazo, cada um com um tipo de prazer que é menos imediato do que a gratificação instantânea da mecânica básica, porém mais rapidamente obtido do que o resultado final adiado do jogo. Mesmo em um jogo simples, como o jogo da velha, existem objetivos de curto prazo que ajudam os jogadores a medir seu progresso através do sistema. Colocar um "O" na mesma linha de outro "O" para formar dois em fila é um objetivo de curto prazo que deve ser alcançado antes que se possa fazer três em fila (e, portanto, a vitória). Esse objetivo de curto prazo pode parecer bem simples e, para os jogadores adultos, normalmente é. Mas, para as crianças que lutam para compreender as complexidades estratégicas do jogo, a compreensão dos objetivos de curto prazo e a forma como esses objetivos ligam a mecânica básica de fazer uma marca ao objetivo de longo prazo de fazer três em fila é crucial para a diversão do jogo.

Os tipos de objetivos a curto prazo que um jogador pode alcançar dependem da natureza do jogo e da maneira como os objetivos são suspensos entre a mecânica básica e a vitória. Em um jogo de guerra como Tanktics, o objetivo de curto prazo poderia ser superar as fileiras do inimigo para enfraquecer sua posição defensiva no campo de batalha. Em SiSSYFiGHT 2000, pode ser fazer uma aliança social com outra garota para mudar a ira dos jogadores para um jogador em particular. No jogo digital Dope Wars, um objetivo de curto prazo poderia ser economizar dinheiro suficiente para ir da venda de maconha para a venda de heroína.

Um jogo pode fornecer explicitamente objetivos de curto prazo, como as medalhas que um jogador de Pokémon ganha periodicamente porderrotar os melhores instrutores em determinadas academias. Mas também é muito comum que os jogadores gerem objetivos de curto prazo para si mesmos, em resposta à sua situação atual. Um jogador de Pokémon pode estar preocupado em ganhar todas as medalhas no jogo, mas talvez ele invente um objetivo diferente de curto prazo, como a captura de cada espécie de Pokémon ou levar seu Pidgeotto até o nível 50.

Incentivar os jogadores a conceber e atingir objetivos oferece a eles um sentido de controle no jogo, como Doug Church aponta em seu ensaio "Formal Abstract Design Tools":

> Há muitas maneiras de encorajar os jogadores a estabelecer seus próprios objetivos e agir sobre eles. O segredo é os jogadores saberem o que esperar do mundo e, portanto, sentirem-se no controle da situação. Os objetivos e o controle podem ser fornecidos e criados em múltiplas escalas, desde objetivos rápidos e de baixo nível, como "passar pela ponte à sua frente", até objetivos de longo prazo e de nível mais alto, como "pegar todas as moedas vermelhas no mundo". Muitas vezes, os jogadores trabalham em vários objetivos, em diferentes níveis e diferentes escalas de tempo. Esse processo de acúmulo de objetivos, compreender o mundo, criando um plano e atuando sobre ele, é um poderoso meio para deixar o jogador investido e envolvido.[20]

A maneira como os jogadores se comprometem com objetivos quando eles jogam é um processo complexo. Como Church menciona, em qualquer momento durante um jogo, um jogador pode trabalhar em vários objetivos aninhados e inter-relacionados. Quando os jogadores constroem e trabalham com objetivos de curto e longo prazos, eles estão traçando ativamente um caminho através do espaço de possibilidades de um jogo.

Na paisagem de um jogo definido pelo espaço de possibilidades, os objetivos de curto prazo são faróis de navegação que ajudam a orientar os jogadores através de duas funções experienciais relacionadas. Primeiro, os jogadores usam objetivos de curto prazo para fazer planos. Os objetivos de curto prazo permitem que os jogadores planejem com antecedência, sondando as ações futuras, gerando hipóteses sobre como deveriam jogar o jogo. *(Eu estou jogando Risk. O que acontece se eu focar em conquistar a América do Sul na próxima vez?)* Em segundo lugar, os objetivos de curto prazo são fontes de satisfação para os jogadores. Uma coisa é assumir um objetivo de curto prazo, mas outra coisa é realmente atingi-lo. *(Consegui! Agora, terei reforços de bônus para controlar todo um continente.)* Os objetivos de curto prazo geram prazer através de ambas as funções: elaboração de planos, bem como atingi-los.

Os objetivos de curto prazo são necessários porque, sem eles, um jogador pode ficar perdido na paisagem de um jogo. Seus jogadores estão confusos sobre o que fazer a seguir? Talvez você precise ajustar o design para incentivar a criação de objetivos de curto prazo. Um RPG online aberto e massivamente multiplayer como o Ultima Online tem um espaço assustadoramente vasto de possibilidades, mas também oferece inúmeras oportunidades para objetivos de curto prazo. Os jogadores estão tentando encontrar seu caminho para uma guilda? Ou procurando comprar uma bela armadura? Ou apenas explorar uma determinada parte do mundo? A estrutura do jogo incentiva cada um desses objetivos a curto prazo e o fato de que os jogadores podem criar suas próprias experiências dessa forma é parte da razão pela qual o UO proporciona prazer tão intenso aos seus dedicados jogadores.

O prazer que um jogador experimenta em um jogo surge de muitos fatores simultâneos: desde a mecânica básica de momento a momento até as realizações de curto prazo da interação lúdica e o desfecho final do jogo. Cada um desses fatores inter-relacionados gera prazer da sua própria maneira. A mecânica básica pode fornecer um *entrainment* sensual, os objetivos de curto prazo, a satisfação do domínio gradual da habilidade e o prazer de ganhar os espólios e ostentá-los. Mas o que une esses níveis de prazer é a interação lúdica significativa. Sem a interação lúdica significativa, um jogador nunca será capaz de tomar ações com resultados previsíveis, de escolher *isso* em vez *daquilo* com uma noção do que essa decisão implica. Sem a habilidade dos jogadores para progredir, ter uma sensação de conquista e realização, saber quando eles estão aproximando-se ou afastando-se da vitória, sua experiência lúdica estará condenada ao fracasso. O jogo de prazer pode parecer livre e espontâneo, a coisa mais distante de um cuidadoso processo de design consciente, mas criar um jogo que pode nutrir um profundo prazer — que pode realmente animar e encantar os jogadores, que pode levar a novas formas de prazer e significado — é sempre uma questão de design de jogo sensível e detalhado.

Prazer condicionado

A interação lúdica significativa é a chave para projetar prazer nos jogos, mas é só fazendo escolhas que a interação lúdica significativa surge. Se você se lembrar de ***Interatividade***, uma escolha é composta por dois componentes principais: a *ação* que o jogador toma e o *resultado* dessa ação. Nossa exploração da mecânica básica focou na metade da ação na equação: a atividade real que o jogador realiza. Assim, e a outra metade — o resultado? Uma forma de enquadrar esse aspecto do momento da escolha é que sempre, que um jogador realiza uma ação, ele acaba sendo recompensado ou punido pelo jogo como consequência.

Os psicólogos estudaram a conexão entre escolha, ação, recompensa e punição em vários contextos. Uma abordagem útil, conhecida como *teoria comportamental*, enfatiza o comportamento observável, especialmente a maneira como a interação com um ambiente molda o comportamento. Ivan Pavlov e John B. Watson foram os primeiros defensores da teoria comportamental e desenvolveram uma série de experimentos para estudar o comportamento aprendido. Em um experimento famoso, um sino tocava quando cães recebiam uma refeição. Com o tempo, o cão passou a associar o toque de sinos com alimentos e salivava ao som do sino. Os cães haviam sido "condicionados" a dar a sua resposta natural à comida (que era a salivar), mesmo quando o alimento não estava presente. Pavlov e Watson acreditavam que os mesmos princípios poderiam ser aplicados ao comportamento humano. Esse tipo de condicionamento, no qual respostas reflexas inatas são associadas a um novo estímulo, ficou conhecido como *condicionamento clássico*.[21]

O psicólogo B. F. Skinner aprimorou as ideias de Watson e Pavlov, rejeitando a sua ênfase exclusiva sobre os reflexos e o condicionamento natural. Em vez disso, Skinner atribuiu um papel mais ativo ao tema da aprendizagem. De acordo com a teoria do *comportamento operante* de Skinner, as pessoas aprendem a se comportar da maneira como fazem porque certo tipo de comportamento foi recompensado no passado. Se um rato de laboratório aprende que pressionar uma alavanca resulta em uma bolinha de comida aparecendo, ele vai desenvolver uma forte tendência para pressionar essa alavanca ao longo do tempo.

A teoria comportamental distingue *os reforços positivos* (uma recompensa positiva, tal como um rato obtendo alimento), os *reforços negativos* (a remoção de algo desagradável, como, por exemplo, silenciar um barulho muito alto) e as *punições* (a adição de algo desagradável, tal como um choque elétrico repentino). Cada tipo de reforço pode ser eficaz em um contexto específico, normalmente quando o evento de reforço ou punição se segue imediatamente ao comportamento que se pretende condicionar. Os reforços funcionam muitas vezes porque seus efeitos de dor e prazer estão ligados a respostas biológicas inatas. Mas as punições e os reforços que operam nos níveis social e cultural também podem ter fortes efeitos nas pessoas. Por exemplo, um aceno concordante e um sorriso de um professor podem servir como um reforço positivo poderoso. Em jogos, esse tipo de reforço não biológico como resultado de uma opção de jogo é comum. Por exemplo, o reforço positivo em um jogo pode envolver dar um bônus de pontos a um jogador ou uma vida extra; um reforço negativo pode ser eliminar uma doença debilitante de um personagem do jogo; uma punição poderia ser um ataque ao personagem de um jogador.

Os jogos são sistemas de significados. É dentro de suas fronteiras artificiais que as recompensas e as punições são interpretadas como positivas ou negativas e ganham força para moldar o comportamento do jogador. O condicionamento operante lembra que os designers de jogos devem prestar atenção à maneira como um jogo estimula ou desestimula certos comportamentos. Na criação de recompensas e punições, os designers de jogos modelam as ações que os jogadores provavelmente terão no futuro. Esse é um conceito importante do design de jogos, especialmente nos jogos digitais, onde o programa automatiza grande parte da atividade lúdica.

Recompensas e agendas de reforço

O condicionamento operante não afeta apenas o tipo de escolhas que os jogadores fazem no decorrer de um jogo, mas também a sua motivação geral para continuar jogando. Mais do que apenas moldar comportamentos bons e maus, as recompensas e as punições moldam o senso de prazer de um jogador e a experiência de jogo global. Os designers de jogos Neal e Jana Hallford apontam esse desafio de design:

> É surpreendente como muitos desenvolvedores esquecem que não são as vitórias e os tesouros — nem os obstáculos — que deixam as pessoas interessadas em jogar em primeiro lugar. Se você parar de dar a cenoura que irá manter os jogadores animados, ou pior ainda, se você começar a puni-los por sua curiosidade, só afastará muitas pessoas que querem desfrutar de seu jogo.[22]

Manter os jogadores absortos durante o jogo é a segunda das duas seduções do design de jogos. Hallford e Hallford estão absolutamente certos de que os jogadores precisam ser recompensados, que eles precisam realizar tarefas e sentir satisfação quando jogam. Embora as punições sejam importantes, em termos globais, uma experiência de jogo deve ser prazerosa. Caso contrário, ninguém terá nenhum divertimento.

Que tipos de recompensas os jogos podem oferecer aos jogadores? Existem tantos tipos de recompensa quantas formas de jogar. Hallford e Hallford listam quatro tipos gerais. Embora essas categorias tenham sido escritas sobre RPG para computadores, eles sugerem os tipos de recompensas que os outros tipos de jogos podem conter.

- *Recompensas da glória.* As recompensas da glória são todas as coisas que você dará ao jogador que não têm absolutamente nenhum impacto na jogabilidade em si, mas serão coisas que acabarão sendo tomadas da experiência. Isso inclui ganhar o jogo percorrendo todo o caminho até o fim, completar um objetivo particularmente difícil, ou derrotar complôs de monstros.
- *Recompensas na forma de sustentos.* As recompensas dessa natureza são dadas para que o jogador possa manter o *status quo* de seu avatar e manter todas as coisas que ganhou no jogo até então. Isso pode incluir pacotes de saúde que curam feridas, poções mágicas que aumentam as habilidades mágicas de um jogador, armadura de alta tecnologia que protege um jogador contra uma radiação eletromagnética, robôs que removem pragas ou doenças, ou até mesmo caixas de armazenamento ou animais de carga que permitem ao avatar de um jogador carregar mais recursos junto com ele.
- *Recompensas na forma de acesso.* As recompensas na forma de acesso têm três características fundamentais: permitem que um jogador acesse novos locais ou recursos que antes eram inacessíveis, geralmente são usadas apenas uma vez e não têm nenhum outro valor para o jogador depois que foram utilizadas. Chaves, aberturas de fechaduras e senhas são exemplos típicos desse tipo de recompensa.
- *Recompensas na forma de facilidades.* As recompensas na forma de facilidades permitem ao avatar de um jogador fazer coisas que antes não conseguia fazer ou melhorar as

habilidades que ele já possui. Quando bem usadas, devem aumentar o número de estratégias e as opções que o jogador terá para jogar o jogo. Um bom exemplo de uma recompensa de facilidade pode ser uma esfera mágica que permite a um avatar passar por uma parede de pedra ou um ***upgrade*** do software cibernético que lhe permite desligar as metralhadoras inimigas a distância.[23]

Punições, reforço negativo e reforço positivo são ferramentas importantes do design de jogos. Não apenas ensinam aos jogadores quais ações tomar e não tomar em um jogo, mas também criar estruturas maiores de prazer. Essas estruturas asseguram que os jogadores serão devidamente recompensados ao passarem um tempo participando da experiência projetada para eles. Mas usar o reforço com sucesso em um jogo significa mais do que saber quais tipos de prazer oferecer. É igualmente importante saber como integrar recompensas e punições nas estruturas experienciais de um jogo. Quantas vezes o reforço ocorre? Qual é a força da recompensa ou punição? Os fatores de reforço mudam com o tempo ou continuam os mesmos?

A teoria comportamental tem dedicado muito estudo às *agendas de reforço*, ou *programas de reforço*. A agenda de reforço refere-se à quantidade de reforços dada a um indivíduo ao longo do tempo. Esses padrões de reforço, junto com uma rede integrada de recompensas e punições, ajudam a moldar a estrutura de qualquer experiência de jogo. Existem dois tipos básicos de reforço: *fixo* e *variável*.

O *reforço fixo* significa que as recompensas ou as punições ocorrem a uma taxa constante e contínua. Uma *taxa fixa* significa que o resultado ocorre um determinado número de vezes em que o comportamento é realizado, tal como um jogador ganhar uma medalha a cada cinco ondas de alienígenas derrotados. Um *intervalo fixo* refere-se a uma quantidade regular de tempo entre os reforços, como quando um aumento de energia (*power-up*) aparece em um jogo a cada 30 segundos, contanto que um jogador permaneça vivo.

Com o *reforço variável,* as recompensas e as punições têm intervalos irregulares. A *proporção variável* significa que o resultado acontece após um número de intervalos irregulares, tal como os pagamentos da máquina caça-níqueis que ocorrem em uma taxa aleatória. Com um *intervalo variável,* a recompensa ou a punição ocorre em intervalos de tempo aleatórios, como nos jogos de crianças mecânicos como Don't Wake Daddy, no qual papai acordará (com consequências negativas) após um período de tempo aleatório.

As agendas fixas são melhores ao modelar o comportamento, caso o sujeito esteja sendo punido: mandar a criança para o quarto toda vez que ela tem um comportamento indesejado é muito mais eficaz do que mandá-la para seu quarto apenas algumas vezes. Por outro lado, para muitos tipos de reforço, principalmente os positivos, as agendas variáveis são mais eficazes. Ao jogar, os jogadores normalmente são recompensados em proporções variáveis. A ação repetida dos jogadores é uma forte evidência do poder do reforço variável.

Um designer de jogos conhecido por integrar ideias de condicionamento operante e esquemas de reforço em seu trabalho é Gabe Newell, designer-chefe no jogo de computador Half-Life. Durante uma mesa-redonda em uma conferência do MIT sobre o jogo, Newell analisou a forma como o design do jogo Half-Life integra os seguintes conceitos:

> As recompensas no Half-Life são começar a ver novos monstros, a trama avançar, ganhar uma nova e divertida arma, começar a ver uma coisa muito legal (...). Você quer ter certeza de que durante todo o curso do jogo eles estarão recebendo recompensas (...). Você quer ver do ponto de vista de um cronograma de reforço e dizer 'OK', isso faz sentido. Quero dizer que havia pontos no jogo antes de o lançarmos, em que existiam longas tréguas e basicamente tudo o que você fazia era algo que já tinha feito antes, o que em nossa opinião não representa uma recompensa. Então, dissemos que colocaríamos coisas mais divertidas aqui ou eliminaríamos esse ponto do jogo.[24]

Newell indica uma série de pontos importantes. Ele começa listando algumas das principais recompensas que o Half-Life oferece para os jogadores, incluindo o que Hallford e Hallford chamam de recompensas de facilidade (armas novas e divertidas), *acesso* (encontrar novos monstros e reviravoltas na história da experiência) e *glória* ("chegar a ver algo realmente legal"). Ele também

Um estudo de caso hipotético

Um jogo chamado Unlocker

Vamos inventar um jogo fictício chamado Unlocker para ilustrar vários pontos sobre o condicionamento clássico. Unlocker é um jogo simples de computador 2D em que o jogador controla um avatar visto de cima. Movendo-se por uma série de salas, o jogador deve evitar as armadilhas, recolher as armas, lutar contra os inimigos e recolher as chaves que abrem portas para novas salas e níveis. Embora um combate possa ocorrer, não é o foco pretendido do jogo. O objetivo do Unlocker é destrancar o máximo de portas possível e ganhar mais pontos antes de morrer.

Até esse jogo relativamente simples contém muitos tipos de objetos e eventos: portas abertas e trancadas, chaves escondidas, inimigos móveis, combate, movimento, manipulação de um inventário e assim por diante. Uma vez que muitos jogadores não lerão as instruções (e assim como muitos esquecerão logo após a leitura), como você pode ensinar aos jogadores o que devem fazer no jogo? As recompensas e as punições são uma forma de moldar seu comportamento.

A trajetória geral do jogo é abrir as portas e ir para novas salas e novos níveis de jogo. Então, você quer que seus jogadores abram as portas. Imagine a primeira vez em que um jogador encontra uma chave e a usa em uma porta trancada. Uma animação mágica é executada e o jogador vê a porta abrir no espaço do jogo. O problema é que não há nada no jogo que permita a um jogador saber que abrir a porta é uma ação valiosa que aproxima o jogador de um resultado positivo. A solução? Recompensar o jogador! Dê bônus de pontos ao jogador por destrancar uma porta e adicione um som de uma caixa registradora para enfatizar o evento. Faça uma estrela de ouro aparecer na interface quando um jogador abre uma porta — talvez cinco estrelas de ouro deem uma vida extra. Ou abra uma mensagem na tela que felicite o jogador e mostre um mapa para a próxima porta trancada. Cada uma dessas possíveis soluções representa uma maneira diferente de recompensar o jogador para a ação de destrancar uma porta. Todas elas combinam as recompensas internas baseadas no sistema (pontos, vidas extras, informações sobre a localização da porta) com as recompensas externas audiovisuais (efeitos de som, as estrelas de ouro, texto de felicitações). Se puder criar a devida recompensa para seu jogador, você criará um desejo de conseguir esse evento de recompensa satisfatória novamente, e as ações do jogador continuarão.

continua na 71

enfatiza o fato de que são as recompensas que sustentam os jogadores no decorrer de um jogo. Quando sua equipe de design sentiu que os jogadores não estavam recebendo consistentemente recompensas materiais, eles aumentaram as recompensas naquela seção ou simplesmente as removeram por completo do jogo.

Half-Life utiliza os princípios do condicionamento operante de outras maneiras também. Muito do sucesso de Half-Life tem sido atribuído à forma como ele molda a experiência do jogador, criando uma tensão do tipo suspense enquanto leva o jogador lentamente aos seus espaços perigosos e misteriosos. Por exemplo, os momentos intensamente combativos no jogo são intercalados com trechos tranquilos. Ao contrário de uma típica estrutura do "inimigo à espreita atrás de cada porta", o Half-Life cria incerteza sobre quando e onde os monstros mutantes do jogo aparecerão. Em alguns níveis do jogo, a maioria das portas *não se* abre para um oponente, mas sim para o espaço vazio. Nesses níveis, o Half-Life usa punições com proporção variável. Às vezes, o jogador será atacado quando abrir uma porta ou vira uma esquina, mas geralmente não é. O resultado experiencial dessa estratégia de design é que, em Half-Life, ameaças de morte parecem espreitar em cada sombra escura e além de todas as portas fechadas. Implantar inimigos com moderação, criar um padrão esparso de encontros inesperados e terríveis resulta em uma experiência mais poderosa por meio da utilização de menos elementos do jogo.

Surge a pergunta: se as recompensas e o prazer são as chaves para manter os jogadores envolvidos em um jogo, por que não as punições que induzem a tensão, tais como os ataques de monstro variáveis que afastam os jogadores? Como as emoções negativas aparentemente podem criar um jogo sedutoramente positivo? Poderíamos responder fazendo referência a prazeres semelhantes em outras mídias: as assustadoras histórias de fantasma ou os emocionantes *thrillers* do cinema de ficção científica. Mas há um princípio mais profundo em ação. Interagir com um jogo é experimentar seu prazer. Ao mesmo tempo, sabemos com a atitude lúdica que parte de interagir com um jogo é assumir desafios artificiais, ineficiências adotadas por nenhuma razão lógica exceto a que tornam o jogo possível. É certamente um desafio colocar uma bola de golfe em um buraco minúsculo a muitos metros de distância na grama, mas isso dificilmente impede que os jogadores joguem, assim como a ansiedade de Half-Life não faz com que os jogadores saiam do programa. Pelo contrário: o desafio e a frustração são essenciais para o prazer do jogo. Sem eles, não haveria o conflito de jogo para lutar e o prazer não surgiria do processo de superar a adversidade.

A recompensa e a punição são dois lados de uma moeda, ambos necessários para elaborar a estrutura da experiência significativa para os jogadores. Encontrar esse equilíbrio fugaz entre as experiências positiva e negativa — entre ansiedade e prazer — é um dos desafios mais profundos do design de jogos. Na seção seguinte, vamos nos envolver diretamente com essas questões importantes.

Tédio e ansiedade: a questão do fluxo de novo

Os conceitos que vêm da psicologia comportamental — condicionamento operante, agendas de reforço, reforços positivo e negativo — descrevem como as recompensas e as punições individuais podem afetar os comportamentos presente e futuro de um jogador. O desafio de colocar esses conceitos em uso é que o contexto real de um jogo é sempre mais complexo do que qualquer instância individual do condicionamento comportamental.

Em qualquer momento em um jogo, um jogador é jogado em várias direções ao mesmo tempo, experimentando uma mistura complexa de prazeres. Pense sobre os prazeres em camadas do Half-Life: o terror do desconhecido à espreita, o prazer vertiginoso de mudança em um espaço 3D, a satisfação do domínio gradual das competências, a exploração estratégica das possibilidades de combate, a glória de terminar o jogo vitorioso. Alguns desses prazeres frustram o jogador; outros oferecem banquetes de prazer sensual. Mas outros encontram seu significado principal nos contextos fora do jogo. A fim de trazer a diversidade do prazer para um entendimento da experiência do jogo, voltamos mais uma vez ao trabalho do psicólogo Mihaly Csikszentmihalyi. Em seu livro *Flow,* Csikszentmihalyi fornece uma heurística geral para compreender como um participante é puxado para dentro e para fora do estado de fluxo. Embora saibamos que o fluxo não é idêntico à interação lúdica significativa (ou mesmo a interação lúdica em geral), o modelo é extre-

Unlocker

O mesmo acontece com os reforços negativos e as punições. Dando um *feedback* desagradável, você pode ensinar o leitor sobre o que *não* fazer em seu jogo. Vamos dizer que sua intenção é que o jogo Unlocker é mais sobre como encontrar as chaves e destrancar as portas do que sobre combater os inimigos. Neste caso, você pode precisar encontrar maneiras de punir os jogadores que vão contra a natureza do jogo. Se o combate for muito gratificante, em termos de estrutura (tal como ganhar pontos) e experiência (tal como os efeitos legais de combater), seus jogadores continuarão a lutar porque o jogo encoraja-os intrinsecamente a fazê-lo.

Quais são as soluções para esse dilema? Você poderia tornar os inimigos mais difíceis, mas isso pode simplesmente incentivar os jogadores a enfrentar o desafio. Há melhores "castigos" que podem afastar seus jogadores do combate. Por exemplo, talvez os jogadores não ganhem pontos matando inimigos, só ao encontrar objetos e destrancar as portas. Ou, talvez, quando morrem como resultado do combate, são enviados de volta a um nível anterior. Ou, quando morrem, perdem pontos e recursos do jogo. Obviamente, você não quer punir demais o jogador por lutar ou morrer, mas quer empurrá-lo na direção que você projetou para ele. Claro, se você continuar a observar os testadores do seu jogo Unlocker entrando demais em combate e não abrindo portas o suficiente, isso pode estar dizendo outra coisa. Talvez, alguma coisa na mecânica básica do jogo torna o combate mais atraente do que as atividades para caçar e destrancar que você pretendia como o foco do jogo. Talvez você devesse transformar o Unlocker em um jogo de combate. Por outro lado, você pode sempre remover inteiramente o componente de combate. É seu design. Você decide.

mamente útil para conceituar a experiência do prazer nos jogos.

Csikszentmihalyi aborda especificamente o grau de *desafio* que uma atividade de fluxo potencial oferece. A atividade oferece tarefas que atendem as habilidades do participante? O que acontece quando uma atividade é muito difícil ou não é difícil o suficiente? Quais são as condições sob as quais alguém pode envolver-se com a atividade e entrar num estado de fluxo? Para responder a essas perguntas, Csikszentmihalyi traça a experiência de uma pessoa em dois eixos. Um eixo representa o grau de desafio que uma atividade oferece. O outro eixo representa as habilidades que um participante possui.

Ambos os fatores podem variar desde um valor baixo até um alto, e, quando um jogador se move para diferentes posições no gráfico, ele está navegando através de diferentes experiências da atividade. A estreita faixa diagonal representa um potencial estado do fluxo, aqueles momentos em que as habilidades de um jogador atendem igualmente aos desafios da atividade. De um lado da faixa está o estado de ansiedade, onde os testes da atividade ultrapassam as habilidades do participante. No outro lado está o tédio, o estado no qual as habilidades do jogador superam o desafio que a atividade pode proporcionar.

Csikszentmihalyi utiliza o exemplo de alguém aprendendo a jogar tênis. Quando um jogador de tênis começa seu estudo, está na posição 1 no gráfico, possuindo habilidades baixas, mas também enfrenta desafios adequados às suas habilidades, o que significa que ele pode ter algumas experiências iniciais de fluxo. À medida que prossegue, no entanto, é provável que ele fique fora do fluxo. Se suas habilidades de tênis ultrapassarem o desafio de suas aulas, o resultado será uma experiência que não o envolve totalmente e ele se encontrará na posição 2 (tédio). Por outro lado, se o sentimento de desafio que ele sente com o tênis for esmagador, o resultado será uma experiência negativa e intimidadora, a posição 3 (ansiedade). Só encontrando um novo equilíbrio entre habilidade e desafio o jogador de tênis poderá chegar à posição 4 e recuperar o estado de fluxo.

O modelo de Csikszentmihalyi tem uma grande relevância para o design do jogo. Quantas vezes você já jogou um jogo e teve uma experiência negativa, seja porque era difícil demais de aprender ou jogar, seja por-

Aparte terminológico: a teoria comportamental e a cibernética

Se toda essa conversa sobre reforço positivo e negativo lhe soa familiar, é porque deveria mesmo soar assim. A cibernética usa uma linguagem similar ao falar sobre *feedback loops*, ou ciclos de retroalimentação, que encontramos pela primeira vez em *Games as Cybernetic Systems*. Embora haja uma ligação entre a teoria comportamental e a cibernética, há também a possibilidade de confusão linguística.

A teoria comportamental e a cibernética abordam a maneira como as ações repetidas e os resultados afetam o estado de um sistema. Se um termostato continua dizendo que um aquecedor sopra ar quente em um cômodo, esse sistema cibernético de *feedback* positivo continuará a progredir em direção a temperaturas mais altas. Se um cão é sempre recompensado com alimento para fazer truques, ele continuará fazendo truques para conseguir mais alimento.

Mas existem também diferenças no tipo de fenômeno estudado por cada um. A cibernética está preocupada com o desvio de um estado estável: o *feedback* negativo faz o sistema voltar à estabilidade e o positivo faz o sistema se afastar da estabilidade. A teoria comportamental se preocupa com o comportamento de aprendizagem inteligente, que faz associações entre ações e resultados específicos. Embora compartilhem alguma afinidade estrutural, essas duas formas de pensar não são idênticas.

Existem também diferenças na maneira como cada um usa os termos "positivo" e "negativo". O termo "positivo" tem conotações de felicidade na teoria comportamental, como quando um professor recompensa os alunos com elogios. Da mesma forma, o "negativo" tem conotações desagradáveis, até implicando punição. Mas, na cibernética, os termos positivo e negativo são matemáticos, e qualquer um pode resultar em uma experiência emocional positiva ou negativa para um jogador. Se, em um jogo de corrida de carros, o carro em último lugar recebe um impulso automático, isso é um exemplo de sistema de *feedback* negativo (tendência a um estado estável, onde todos os carros são iguais). O impulso provavelmente terá um impacto emocional positivo sobre o jogador perdedor. O "reforço positivo" e o "reforço negativo" não são termos universais e significam coisas muito diferentes dependendo de você estar referindo-se à cibernética ou à psicologia. Tenha cuidado com a maneira como você os utiliza!

que não foi bastante difícil para seu nível de habilidade? Lembre-se de que, para os jogos, os conceitos de habilidade e desafio devem ser interpretados amplamente. Habilidade não significa apenas a coordenação entre olhos e mãos ou a capacidade atlética. Aumentar a habilidade pode assumir a forma de um maior conhecimento das regras de um sistema de jogo, o mapeamento mais detalhado do mundo do jogo narrativo, ou aumentar a confiança de apostar quantias cada vez maiores de dinheiro em uma mesa de jogo.

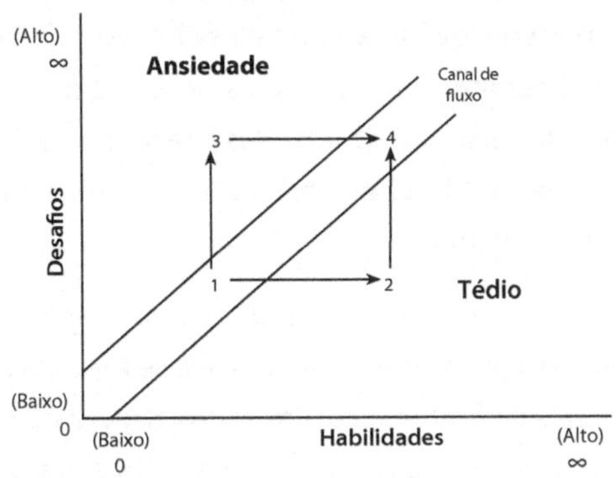

Uma das ideias úteis tiradas da abordagem de Csikszentmihalyi é que seu modelo não aborda apenas um momento isolado em um jogo, mas as trilhas que um jogador experimenta ao longo do tempo, ao longo de muitos jogos. Os melhores jogos conseguem dimensionar seu desafio para o jogador. Idealmente, os jogos são simples de aprender, mas difíceis de dominar, oferecendo um grau adequado de desafio para os jogadores iniciantes e avançados. As duas "armadilhas" nas quais os jogos mal projetados podem cair — o tédio e a ansiedade — são formas *extremamente* úteis de pensar sobre a experiência de jogo de seus jogadores. Você pode fornecer o desafio adequado em cada fase do jogo, para todos os níveis de jogadores? Durante o teste, mantenha um olho afiado nos jogadores que têm tédio e ansiedade, e note quando esses momentos ocorrem. Qual era o contexto? Quais tipos de decisões e resultados foram acontecendo durante esses momentos? Qual tipo de estratégias do jogador levou ao tédio ou à ansiedade?

Podemos também enquadrar o tédio e a ansiedade em termos de interação lúdica significativa. Os dois estados representam momentos de escolha mal projetados. Se um jogador está sentindo tédio, por exemplo, ele não está explorando de modo significativo o espaço de possibilidades de um jogo.

Talvez o resultado de uma decisão não esteja bem associado à ação e, portanto, os eventos no jogo parecem arbitrários. O tédio é o "espaço morto" em um jogo, os momentos em que o tenso espaço das possibilidades enfraquece, quando o jogador não está sendo confrontado com um rico conjunto de opções em um padrão de *entrainment* da experiência. Jogar um jogo é uma dança entre um jogador e o sistema do jogo. Quando um jogo é chato, o parceiro de dança do jogador se sente como uma massa inerte que tem de ser arrastada na pista de dança. Isso não parece muito divertido.

O tédio pode vir de muitas fontes diferentes em um jogo. Na passagem de Gabe Newell, ele lembrou a descoberta decepcionante da "longa calmaria, onde basicamente tudo o que você estava fazendo eram coisas que já tinha feito antes". Mesmo que o jogador estivesse realmente muito ocupado, a falta de novos tipos de recompensa não estava criando motivação suficiente para ele. Mas recompensas demais podem criar tédio também. Os jogadores muitas vezes buscam o poder, o que Hallford e Hallford chamariam de vantagens da facilidade e sustento. Mas poder demais deixa os jogadores sentindo-se tediosamente onipotentes e extremamente enfastiados, apesar de suas habilidades fantásticas.

A ansiedade opera de maneira paralela. A tensão dramática, como observado em Half-Life, pode ser uma ferramenta experiencial maravilhosa para o design. Mas há uma linha muito tênue entre o desafio significativo e a ansiedade realmente desagradável. Imagine se a tensão em Half-Life nunca desse uma trégua, se o jogador nunca recebesse recompensas para equilibrar as punições variáveis, se o jogador nunca conseguisse ter um senso real de realização. A experiência do jogo pareceria uma série de ataques gratuitos, sem nenhuma justificativa ou fim em vista.

Quando a ação de um jogo se torna sinônimo de ansiedade, a experiência é surpreendentemente semelhante ao tédio. Não importa qual escolha um jogador faz, parece que os resultados negativos serão sempre a consequência e, portanto, as opções no jogo parecerão arbitrárias. O espaço de possibilidades torna-se sufocante e inerte. Para usar a metáfora da dança mais uma vez, quando a experiência do jogo torna-se sinônimo de ansiedade, o sistema do jogo assume a dança completamente, como um robô dominador, e o jogador fica preso em uma série de ações sobre as quais não tem controle. Mais uma vez, a interação lúdica significativa não ocorre.

A ansiedade, por vezes, resulta porque, na tentativa de criar um jogo desafiador, os designers de jogos criam jogos que são muito desafiadores, principalmente para os jogadores novatos. Lembra-se da igualdade de condições de concorrência em ***Jogos como sistemas de conflito***? É importante que os jogadores tenham um senso de justiça ao jogar, que eles ganhem ou percam por causa da aplicação de suas próprias habilidades em um sistema de jogo justo. É por isso que muitos jogos têm regras limitadoras ou categorias de jogadores, para que os jogadores com iguais habilidades possam competir entre si. Com os jogos digitais com um jogador, pode ser mais desafiador antecipar e equilibrar desafio e ansiedade. Em ***Jogos como sistemas cibernéticos***, vimos uma abordagem importante do gerenciamento do desafio chamada Ajuste Dinâmico de Dificuldade, usado em jogos, como Crash Bandicoot e Jak & Daxter.

O modelo de Csikszentmihalyi de tédio e ansiedade aplica-se aos jogos de muitas maneiras. Ele pode ajudar-nos a entender como um jogador navega no terreno da habilidade e do desafio dentro de um único jogo, por exemplo, ou compreender a forma como as habilidades do jogo são lentamente construídas ao longo do tempo. O modelo de Csikszentmihalyi também pode servir como uma ferramenta no processo de design de jogos. Um processo de design interativo permite que os designers de jogos localizem momentos de tédio e ansiedade em seu jogo e remodelem a experiência de jogo para minimizar os momentos de interação lúdica menos significativa.

Ansiedade e tédio em alto mar

Em um maravilhoso ensaio publicado em Gama sutra.com, Jesse Schell e Joe Shochet da Disney Imagineering escrevem sobre o processo de criar Pirates of the Caribbean-Battle for the Buccaneer Gold (Piratas do Caribe), uma atração de parque de diversões em que um grupo de jogadores fica em um navio pirata sobre uma plataforma em movimento cercado por projeções de vídeo. Durante o jogo, um jogador conduz o navio enquanto os outros jogadores operam vários canhões, atirando em monstros, fortes e navios inimigos. Piratas do Caribe é projetado como uma experiência condensada de cinco minutos e era essencial que os jogadores se sentissem devidamente desafiados a cada momento do jogo.

Em sua análise do design, Schell e Shochet detalham uma série de problemas de design que tiveram de ser superados a fim de maximizar o prazer do jogador. Por exemplo, durante o teste, eles identificaram com sendo um problema o fato de que o jogador que conduz o navio poderia levá-lo ao que eles chamam de "lugares maçantes", resultando em uma experiência menos atraente para todos os jogadores. Nas citações selecionadas abaixo, Schell e Shochet descrevem algumas soluções para esse problema:

> *Salsichas arquitetônicas.* "Salsicha" é uma expressão inventada pelo próprio Walt Disney. Refere-se à técnica utilizada em sets de filmagem para guiar cães segurando parte de uma salsicha (...). No caso de Piratas, [há] três "salsichas" principais, uma para cada ilha: um vulcão, uma fortaleza enorme e uma nuvem de fumaça saindo de uma cidade em chamas. Independentemente da direção para a qual o navio está virado, pelo menos, uma dessas "salsichas" estará visível. Como a ação mais legal ocorre nas ilhas, [queríamos] orientar os capitães a ir para lá.
>
> *Navios guia.* Uma vez que o objetivo de curto prazo do jogo é incendiar outros navios piratas, os capitães se esforçam para chegar perto desses navios de modo que seus atiradores possam ter uma boa linha de visão e dar um tiro certeiro. Muitos navios no mundo de Piratas estão "em seu caminho" para as ilhas acima mencionadas. Muitos capitães, ao simplesmente tentarem se aproximar desses navios, descobrem que chegaram a uma das ilhas sem sequer ter estabelecido o objetivo de chegar lá.
>
> *Ataques surpresa.* E se o capitão ignorar os navios guia? Mesmo que ele se dirija para uma das "salsichas", pode se passar até um minuto durante o qual os atiradores têm pouco a atirar. Por esta razão, [nós] criamos navios especiais de "ataque surpresa" que "magicamente" aparecem por trás do navio dos jogadores e, rapidamente, emparelham-se, quando não há outros barcos no alcance.

> *A tromba d'água.* Esse foi um apelido para um campo de força como "última trincheira" que circunda a área do jogo. Se um capitão tentar navegar para fora da área principal do jogo na direção do mar aberto, ele atingirá o campo de força e o navio será "magicamente" direcionado para onde está a ação. Os poucos convidados que veem isso nem sequer percebem que algo estranho aconteceu. Eles estão simplesmente satisfeitos por terem seu barco indo para algum lugar legal.[25]

Schell e Shochet estão pensando em termos muito experienciais, utilizando técnicas inteligentes para guiar sutilmente a ação do jogador em direções significativas. Na época de seu lançamento, Piratas foi uma produção de alta tecnologia, apresentando gráficos 3D em tempo real, fisicamente envolvendo interfaces de disparo de canhão e uma grande plataforma de movimento para simular um navio pirata balançando sobre as ondas. Muitas vezes, nestes casos, um desejo de simular "devidamente" um espaço 3D coerente ou produzir "corretamente" um comportamento lógico para os personagens controlados por computador ofusca o design da experiência de jogo real. Mas Schell e Shochet não hesitaram em fazer os navios piratas "magicamente" aparecerem para orientar o jogador ou abandonar a física "realista" a fim de fazer o navio do jogador virar instantaneamente para facilitar a navegação. Como eles dizem: "Ao optar por nos preocupar menos com a realidade e mais com o que era divertido, criamos uma experiência que (...) é mais fácil de adaptar, mais rápida de aprender e é um melhor show". No design do jogo, a experiência do jogador deve sempre vencer o chamado "realismo".

Tédio e ansiedade, como palavras-chave do design de jogos, são maravilhosos porque se relacionam diretamente com a experiência do jogador. Ao modelar e esculpir o prazer de seus jogadores, você os guia entre o Cila e Caríbdis da ansiedade e do tédio. Essa tarefa é mais difícil porque, como sabemos, a experiência do jogo só pode ser concebida indiretamente. Como você cria um conjunto de regras que maximiza a experiência de prazer do seu público?

Prazer significativo

Podemos identificar os elementos da experiência de prazer por meio de conceitos como repetição e *entrainment*, objetivos de curto e longo prazos, recompensas e punições, e ansiedade e tédio. Em última análise, porém, um jogador experimenta um sentimento mais generalizado de prazer e gratificação; um sentimento total de envolvimento que surge diretamente da interação lúdica, a experiência inteira que é mais do que a soma das partes. O prazer é emergente. Construir as regras de um jogo, o sistema formal que gera esse prazer, é o desafio do design de jogos. Como de costume, a chave para a compreensão é a interação lúdica significativa.

O núcleo da interação lúdica significativa reside na relação entre ação e resultado. Quando um jogador usa a mecânica básica para agir, os resultados se acumulam. Esses resultados adquirem várias formas: *feedback* sensorial, realização estratégica, gratificação emocional, relações sociais e assim por diante. Quando um jogador avança no jogo, é fundamental que o jogo forneça-lhe uma interação lúdica significativa em cada momento. Por exemplo, quando um jogador atinge um objetivo de curto prazo, o movimento em direção, através e além desse objetivo deve ser claro. O jogo deve comunicar onde está o objetivo, como ele pode ser alcançado, se o jogador está fazendo progresso em direção a ele, exatamente quando foi alcançado e concluído, e seu impacto no jogo futuro. Não há espaço nessa experiência para a incerteza e a ambiguidade, mas certo tipo de clareza deve permear todas as ações em um jogo. Mesmo nos domínios inexatos e confusos do prazer e do desejo, cada escolha de jogo deve ser compreensível e integrada.

Quando as ações do jogo são compreensíveis, os eventos de um jogo e os resultados das escolhas sempre são evidentes. Os resultados compressíveis conduzem a experiência da interação lúdica significativa e facilitam o prazer. Em DOOM, por exemplo, os monstros com os quais os jogadores lutam quase não existem por si próprios. Até o jogador entrar em uma sala cheia de monstros, eles estarão "à toa", caminhando no local, esperando o jogador entrar para poderem ganhar vida e atacar. Apesar de alguns jogadores considerarem esse aspecto do DOOM comicamente empobrecedor, na verdade, é o segredo para o sucesso do jogo. Como os monstros têm pouca ou nenhuma vida "fora da câmara," toda sua atividade importante acontece "na cara" do jogador quando ele os encontra na batalha. Os eventos do jogo, que resultam em recompensas e punições para o jogador, são sempre comunicados de forma clara porque quase sempre ocorrem na presença de um jogador.

A necessidade de os eventos serem integrados na estrutura maior da experiência do jogo é talvez mais importante do que o discernimento em sustentar o prazer do jogador. Contanto que um jogador entenda as implicações do sistema de recompensas e punições do jogo, ele poderá usar esse conhecimento para estabelecer novos objetivos de curto prazo. Isso permite que o jogador mantenha um sentido global do progresso em direção a um objetivo de longo prazo, tal como vencer. No popular jogo online NeoPets, um jogador é recompensado constantemente por tomar ações no jogo, explorar o mundo do jogo, cuidar de seus animais de estimação, jogar jogos simples e interagir com outros jogadores. Cada uma dessas atividades simples recompensa o jogador com uma pequena quantidade de pontos. Esses pontos são, então, usados para facilitar as novas aquisições, que, por sua vez, tornam novas atividades possíveis. O fluxo constante das recompensas forma um ciclo estreito de desejo, um sistema convincente de prazer onde os objetivos de curto e longo prazos estão constantemente se formando no horizonte da ação do jogador.

Quando os eventos do jogo não são compreensíveis ou integrados, o tédio e a ansiedade — os inimigos do fluxo prazeroso — podem surgir. O programa do jogo sabe que um jogador acabou de tomar uma ação? Por que todos esses eventos importantes acontecem fora da tela? Importa qual peça um jogador acabou de mover? Por que o jogo é tão difícil? Projetar uma interação lúdica significativa se resume a tratar os jogadores com grande cuidado e preocupação em todos os momentos do jogo. Muitas vezes, por exemplo, um jogo digital simplesmente não parece certo. A interface é desajeitada, o jogador não está certo sobre o que fazer quando o jogo começa ou o primeiro nível é difícil demais. Jogos digitais de mercado são normalmente projetados para 30 a 40 horas de jogo. Esse tipo de comprometimento exige uma quantidade enorme de confiança. Se os primeiros cinco minutos forem desagradáveis, por que um jogador desejaria continuar?

Há uma razão pela qual Myst foi superior a todos os clones de jogo multimídia em CD-ROM que se seguiram ou por que o Super Mario 64 é ainda melhor do que os muitos jogos de console baseados em personagens irônicos em 3D que são lançados a cada ano. Myst e Super Mario 64, apesar de muito diferentes das experiências que fornecem, têm uma coisa em comum: ambos tratam o jogador com uma tremenda atenção. A partir do momento em que o jogo começa, o jogador tem um sentido claro e objetivo. Quando os jogadores exploram seus mundos expansivos, ambos os jogos proporcionam um aumento satisfatório no desafio, nunca deixando o jogador se sentir perdido ou confuso. Há uma clareza na maneira como esses jogos constroem o prazer do jogador.

Criar esse grau de prazer é extremamente desafiador. O prazer é difícil de projetar porque é um conceito aberto, multifacetado e extremamente complexo. Mas também é por isso que é uma via fértil para a exploração pelos designers de jogos. Há muitos prazeres de jogo para você criar: prazeres que vão fundo nos corações dos seus jogadores; prazeres que transformam seus jogadores e as maneiras como eles entendem o mundo; prazeres que estendem a própria mídia dos jogos. O processo de descobrir e inventar esses prazeres é uma forma única de felicidade: a alegria sem limites do design de jogos.

Contra o "vício"

A grande condenação do jogo [de xadrez] veio daqueles que foram atormentados por ele. Ninguém manifestou de forma tão convincente sua triste e resignada abnegação quanto um sacerdote que, em 1680, escreveu uma carta, dando dez razões pelas quais ele se recusou a jogar o xadrez. Entre elas está uma das mais belas linhas da literatura inglesa: "It hath not done with me when I have done with it." ("Ele não me abandona depois que eu o abandono.") Na verdade, essa frase poderia ser o lema de todos os vícios.

— ***Norman Reider,*** *"Chess Oedipus, and the Mater Dolorosa"*

O jogo de prazer nos jogos é extremamente complexo, mas fizemos o melhor para traçar alguns de seus contornos. Antes de terminar este capítulo, há uma questão

Neopets

adicional que temos de abordar: vício. Vício e jogo viciante podem significar muitas coisas. Mas, em geral, entre os designers de jogos, o vício é considerado um traço positivo, a marca de um jogo atraente. Em termos comerciais, muitos jogadores viciados significam que um jogo tem uma maior chance de ser um sucesso comercial.

A interação lúdica significativa pode tornar-se viciante. Se um jogador gostou de jogar um jogo, ele provavelmente vai querer jogá-lo de novo Se você criar um espaço de possibilidades que recompensa os jogadores pela exploração, então é provável que você terá jogadores que desejam ver mais permutações na maneira como as regras funcionam. A qualidade do "igual, mas diferente" intrínseca a todos os jogos é o cerne da habilidade de um jogo ao absorver os jogadores e trazê-los de volta para o círculo mágico sempre. O "vício", neste sentido, é apenas um atalho para uma experiência de jogo que pode apoiar essa profundidade da interação lúdica significativa.

Como designer de jogos, é lisonjeiro descobrir que os jogadores estão viciados em seu jogo. Pode ser que eles usem regularmente seu jogo para relaxar e descontrair. Talvez, eles descubram seu jogo como uma ótima maneira de interagir com os amigos. Ou, talvez, escrevam uma ficção em torno do enredo de seu jogo e participem da cultura de fãs que seu jogo gerou. Todas essas formas do chamado "vício" são a marca dos jogadores dedicados, de pessoas significativamente envolvidas experimentando o prazer proporcionado por um jogo.

Ao mesmo tempo, há uma conotação negativa na palavra "vício" também. Falando em termos médicos, o vício é uma doença real, seja o vício de substâncias como álcool ou drogas, de comportamentos negativos como *bullying* ou pequenos furtos, sejam comportamentos que são geralmente considerados positivos, como exercícios físicos ou leitura. Basta dizer que o uso do termo "addiction" ("vício"), quando usado por profissionais da indústria do jogo, não descreve um comportamento medicamente patológico. Em vez disso, refere-se ao jogo engajado e repetido, aos jogadores que gostam de um jogo e, portanto, jogam-no mais de uma vez.

Devido às conotações negativas do termo, a ação repetitiva dos jogos é, às vezes, ingenuamente comparada a um transtorno médico genuíno. Mas, a palavra "vício" é inadequada, como o estudioso de jogos Brian Sutton-Smith aponta:

> A concentração persistente sobre a qual estamos falando é, por vezes, confundida com vício. Mas sua qualidade compulsiva é a mesma experiência daqueles que se apaixonaram ou são tomadas por algum hobby ou esporte (...). Não é um vício onde o que ocorre é uma rendição a forças externas sobre as quais não se tem controle. Temos de distinguir essas distrações compulsivas do vício. Os videogames são do primeiro tipo. Nossa proposta é, então, que os videogames, como todas as outras formas de interação lúdica emocionante, levam a uma presença compulsiva e persistente nos próprios jogos. Nesse sentido, eles são como todos os jogos e toda interação lúdica que "seguram"

> as crianças quando elas deveriam ir jantar ou sair do parque para ir à escola.[26]

A ação é intrinsecamente envolvente. Mas isso não significa que seja negativamente viciante. É verdade que algumas formas de jogo podem tornar-se patológicas. As pessoas podem tornar-se jogadores compulsivos ou podem passar tantas horas em um MUD online que acabam por negligenciar os aspectos de sua vida fora do jogo. Esses raros casos, muitas vezes amplamente divulgados na mídia, são exceções que confirmam a regra. A esmagadora maioria dos fenômenos do jogo não é destrutivamente viciante. Isto é verdadeiro até para as formas de jogar mais comumente associadas ao vício patológico, tais como os jogos de azar. Em *The Ambiguity of Play,* Sutton-Smith apresenta uma extensa pesquisa sobre o jogo com a conclusão de que "a maioria dos jogadores joga moderadamente e com resultados positivos para a vida familiar e prazer".[27] A existência de transtornos relacionados ao jogo patológico não significa que todo jogo seja ruim para você. Distúrbios e vícios alimentares são abundantes. Mas isso não significa que você deva evitar o prazer de comer.

Jogar é encontrar a livre circulação dentro de uma estrutura mais rígida. Quando uma atividade do jogo torna-se patologicamente viciante, esse movimento é censurado: o livre movimento é restringido, o sentido de livre escolha se dissipa e a interação lúdica significativa se degrada. Neste sentido experiencial, quando um jogador se torna clinicamente viciado em alguma forma de jogo, o jogo como o definimos não existe mais. Em outras palavras, jogo viciante, no sentido negativo utilizado pela comunidade médica, não é realmente um jogo.

Estudo de caso: o Jogo do L

Uma exceção a toda regra

Um jogo que desafia algumas das nossas ideias sobre interação lúdica significativa e prazer é o L Game, ou Jogo do L, projetado por Edward de Bono, um escritor e pesquisador que foca o pensamento lateral e a resolução criativa de problemas. [N. T.: Solução de problemas por meio de uma abordagem indireta e criativa.] As regras são resumidas a seguir.[28]

Como jogar o Jogo do L

- *Peças.* O tabuleiro é formado por 16 casas. Cada jogador (apenas dois podem jogar) tem uma peça L que ele deve mover quando é sua vez. Há também duas peças neutras que qualquer jogador pode mover.

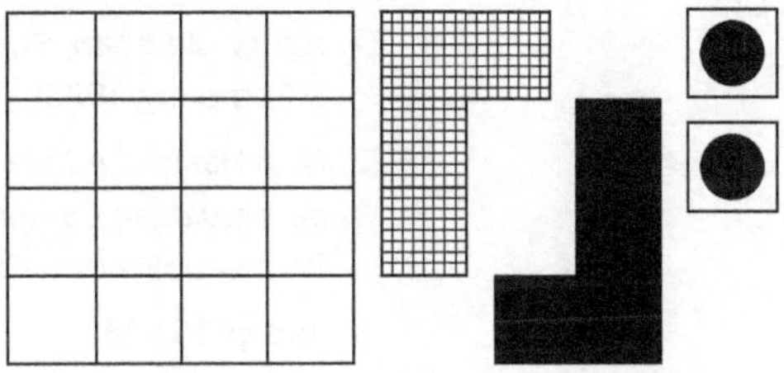

- *Objetivo.* O objetivo do jogo é manobrar o outro jogador para uma posição no tabuleiro onde ele não pode mover seu L.
- *Posição inicial.* Partindo da posição inicial, o primeiro jogador (e cada jogador em cada movimento a seguir) deve mover a peça L primeiro. Quando em movimento, um jogador pode deslizar, virar ou pegar e colocar a peça L em qualquer posição aberta diferente da que ocupava antes do movimento. Depois de mover a peça, um jogador poderá mover uma (e apenas uma) das peças da casa neutra para qualquer casa aberta no tabuleiro. Não é necessário que a peça neutra seja movida, é uma opção do jogador! Um jogador ganha o jogo quando o adversário não puder mover sua peça L.

Leitura complementar

Designing Interactive Theme Park Rides: Lessons From Disney's Battle for the Buccaneer Gold, de Jesse Schell e Joe Shochet *(ver página 83 do volume 1)*

Flux: The Psychology of Optimal Experience, de Mihaly Csikszentmihalyi

Um dos grandes prazeres dos jogos é a sensação de estar em estado de fluxo de profunda e completa absorção com a atividade em questão. Csikszentmihalyi estuda as qualidades e as condições que permitam o fluxo, que tem muitas ligações com as qualidades e as condições da jogabilidade.

Recomendados:

Capítulo 3: Enjoyment and the Quality of Life
Capítulo 4: The Conditions of Flow
Capítulo 7: Work as Flow

Notas

1. Wordnet, Princeton University.
2. L. S. Vygotsky, "Play and its Role in the Mental Development of the Child". In *Play — Its role in Development and Evolution,* editado por J.S. Bruner, A. Jolly, e K. Sylva (Nova York: Penguin, 1976), p. 548.
3. Ibid. p. 548.
4. Roger Caillois, *Man, Play, and Games* (Londres: Thames and Hudson, 1962), p. 8.
5. Bernard DeKoven, *The Well-Played Game* (Nova York: Doubleday, 1978).
6. Mihaly Csikszentmihalyi, *Flow: The Psychology of Optimal Experience* (Nova York: HarperCollins Publishers, 1991), p. 67.
7. Hal Barwood, "Computer and Video Games Come of Age. A National Conference to Explore the Current State of an Entertainment Medium". 10-11 de fevereiro de 2000. Comparative Media Studies Department, MIT. Transcrições. Henry Jenkins.
8. Marc LeBlanc, Game Developers Conference, 2000.
9. Michael J. Apter, "A Structural-Phenomenology of Play". In *Adult Play: A Reversal Theory Approach*, editado por J. H. Kerr e Michael J. Apter (Amsterdam: Swets & Zeitlinger, 1991), p. 18-20.
10. J. C. Herz, *Joystick Nation: How Videogames Ate Our Quarters, Won Our Hearts, and Rewired Our Minds* (Nova York: Little, Brown & Company, 1997), p. 79.
11. Csikszentmihalyi, *Flow,* p. 3.
12. Ibid. p. 49.
13. Ibid. p.49-67.
13. Brian Sutton-Smith, *The Ambiguity of Play* (Boston: Harvard University Press, 2001), p. 185.
15. Bob Bates, *Game Design: The Art and Business of Creating Games* (Roseville, CA: Prima Publishing, 2001), p. 37.
16. James S. Hans, *The Play of the World* (Boston: University of Massachusetts Press, 1981), p. 28.
17. Dr. Stephan Rechtschaffen, The Omega Institute. <www.omega-institute.com>.
18. <http://www.xyzzynews.com/xyzzy.16f.shtml >.
19. Herz, *Joystick Nation,* p. 64.
20. Doug Church", Formal Abstract Design Tools". <www.gamasutra.com>, 16 de julho de 1999.
21. Henry Gleitman, *Psychology,* 2. ed. (Nova York: W.W. Norton & Company, 1986).
22. Neal Hallford e Jana Hallford, *Swords and Circuitry: A Designer's Guide to Computer Role Playing Games* (Roseville, CA: Prima Publishing, 2001).
23. Ibid. p. 157-160.
24. Gabe Newell, "Computer and Video Games Come of Age. A National Conference to Explore the Current State of an Entertainment Medium". 10-11 de fevereiro de 2000. Comparative Media Studies Department, MIT. Transcrições. Henry Jenkins.
25. Jesse Schell e Joe Shochet", Designing Interactive Theme Park Rides: Lessons From Disney's Battle for the Buccaneer Gold". <www.gamasutra.com/features/20010706/schell_01.htm >.
26. Brian Sutton-Smith, *Toys as Culture* (Nova York: Gardner Press, 1986), p. 69-70.
27. Sutton-Smith, *The Ambiguity of Play,* p. 67.
28. <http://www.edwdebono.com/debono/lgame.htm>.

O Jogo do L

É difícil ter uma noção do Jogo do L sem realmente jogar, mas o jogo consiste essencialmente nos jogadores tentando posicionar suas peças de modo a impedir que os seus adversários façam um movimento legal. Os dois jogadores acabam misturando as peças no pequeno mas lotado tabuleiro, rodada após rodada, até que um deles consegue um movimento vencedor.

O desafio do Jogo do L é que ele não fornece um *feedback* claro para os jogadores à medida que progridem em direção ao objetivo. No jogo de damas, até mesmo um novato pode ter uma ideia do progresso do jogo: se a branca perdeu a maioria de suas peças e as peças da preta ainda estão no tabuleiro, então, a preta está progredindo claramente em direção à vitória. Mas no Jogo do L, como as peças nunca são removidas e não avançam passo a passo em direção a uma condição de vitória, é muito difícil dizer qual jogador que está ganhando ou perdendo terreno. Jogar o Jogo do L pode parecer mais com enfrentar um enigma arbitrário e frustrante do que jogar um jogo.

Jeff Fedderson, um aluno em uma aula ministrada por Eric Zimmerman e Frank Lantz, analisou o jogo. Ele achou a estratégia do jogo tão obscura que escreveu um programa para jogar o Jogo do L automaticamente. Ele experimentou estratégias para seus jogadores digitais e identificou vários padrões: por exemplo, os programas que tentaram ocupar as quatro casas centrais do tabuleiro e evitaram colocar o lado maior do L na borda do tabuleiro foram muito melhores ao disputar o jogo.

Mas, mesmo munidos desses objetivos estratégicos de muito curto prazo, o Jogo do L continua teimosamente resistente em fornecer um *feedback* significativo sobre o progresso em direção ao objetivo final. Mas essa característica estranha do Jogo do L é realmente o que o torna tão distinto e atraente como uma experiência de jogo. Apesar do fato de que o Jogo do L parece violar algumas de nossas ideias mais básicas sobre a interação lúdica significativa, ele ainda proporciona prazer. Às vezes, quando as regras do design são quebradas de uma forma muito original, modos completamente novos do jogo podem ser inventados.

Jogos como experiência do prazer

Resumo

- O **prazer** é intrínseco aos jogos de muitas maneiras. O ato de jogar um jogo, submetendo-se a um conjunto de regras, é uma forma de prazer. A restrição que limita o comportamento do jogo aumenta a sensação de prazer do jogador.
- Jogos proporcionam prazeres **autotélicos**, experiências que são buscadas por sua própria causa. Embora seja certo que os jogos proporcionam prazeres **extrínsecos** que afetam a vida de um jogador fora do jogo, todos os jogos também fornecem prazeres **intrínsecos** e autotélicos que só são significativos dentro dos significados artificiais que o jogo cria.
- Os jogos devem proporcionar uma **dupla sedução** para os jogadores. Em primeiro lugar, os jogadores devem ser seduzidos a entrar no círculo mágico. Em segundo lugar, os jogadores devem ser continuamente seduzidos a permanecer no círculo do jogo.
- Há muitas tipologias estabelecidas que tratam as formas de prazer fornecidas pelos jogos. As tipologias de prazer do jogo são geralmente menos úteis para teorizar o prazer e mais úteis para organizar as observações sobre a experiência de jogo.
- O psicólogo Mihaly Csikszentmihalyi descreve a experiência ótima como **fluxo**. Fluxo é o prazer arrebatador que ocorre quando alguém está envolvido em uma atividade e sente-se no controle de suas ações. Embora o fluxo não seja exclusivo dos jogos, é uma maneira útil de pensar sobre a criação do prazer do jogo.
- Csikszentmihalyi cita oito características do fluxo, cada uma tendo uma forte ligação com os jogos. Quatro das oito características descrevem os **efeitos** do fluxo:
  - a fusão da ação e da consciência
  - concentração
  - a perda da autoconsciência
  - a transformação do tempo
- As outras quatro características descrevem os **pré-requisitos** do tipo de atividade que irá resultar no fluxo:
  - uma atividade desafiadora
  - objetivos claros
  - *feedback* claro
  - o paradoxo de ter controle em uma situação incerta
- Os jogos possuem uma qualidade que chamamos de **igual, mas diferente**. Toda vez que se joga um jogo, a estrutura formal continua a mesma, mas a forma como as regras funcionam é diferen-

te. Essa qualidade dos jogos faz com que seja agradável para os jogadores explorar o espaço de possibilidades. Como a interação lúdica é muitas vezes transformadora, a exploração contínua de um jogo pode mudar a estrutura do jogo em si, levando a uma sequência potencialmente infinita de prazeres "iguais, mas diferentes".

- *Entrainment* significa *carregar* e *capturar*. *Entrainment* é o processo de cair nos padrões rítmicos do prazer que os jogos podem oferecer.
- O **objetivo** do jogo é um componente fundamental ao modelar a experiência do prazer. O objetivo é o objeto de desejo oferecido para motivar os jogadores a continuar jogando.
- Suspensos entre a mecânica básica momento a momento e o objetivo final estão os objetivos de curto prazo. **Os objetivos de curto prazo** ajudam os jogadores a fazer planos em um jogo, bem como proporcionam momentos de satisfação quando eles os alcançam.
- **Teoria comportamental** é um ramo da Psicologia que estuda o comportamento observável. **Condicionamento** é a aquisição de comportamentos aprendidos através de recompensas e punições. As recompensas e punições podem ser usadas para ensinar aos jogadores a se comportar em um jogo de momento a momento, bem como para criar uma experiência que premia os jogadores por sua participação ao longo do tempo.
- **Agendas de reforço** ou **programas de reforço** referem-se à quantidade de recompensas e punições que os jogadores recebem ao longo do tempo. As agendas podem ser **fixas** ou **variáveis** em relação a um **intervalo** de tempo ou à proporção entre ação e resultado. Geralmente, o reforço variável molda o comportamento mais poderosamente que o reforço fixo.
- O **desafio** é uma forma importante de moldar o prazer do jogador. Se o desafio de um jogo é muito elevado para as habilidades de um jogador, o resultado é a **ansiedade**. Se não houver um desafio suficiente, o resultado é o **tédio**. Idealmente, os jogos fornecem um desafio equilibrado em todos os momentos.
- Um designer de jogos só pode projetar indiretamente a experiência prazerosa de um jogo por meio da criação das regras de um jogo. Para fornecer uma interação lúdica e prazer significativos, as ações que um jogador toma devem ser **compreensíveis** e **integradas.**
- A palavra **vício** tem significados diferentes na comunidade médica e na comunidade de jogos. Para os designers de jogos, o vício é uma qualidade positiva que significa a interação significativa dos jogadores com um jogo. Quando surge um comportamento patologicamente viciante de um jogo, a interação lúdica não é mais possível.

25

JOGOS COMO INTERAÇÃO LÚDICA DE SIGNIFICADOS

representação
sistemas de significação
espaços representacionais
significado emergente
estrutura cognitiva
metacomunicação

É vital que determinemos como os jogos fazem sentido.

— ***Warren Spector**, RE:PLAY*

Myst | Cyan Productions | | **American McGee's Alice** | Rogue Entertainment

Introdução à interação lúdica de significados

A ação do jogo ocorre em um universo de *representação*, repleta de descrições de objetos, interações e as ideias a partir das quais um jogador cria significados. Em pedra-papel-tesoura, um punho significa "pedra", uma mão estendida significa "papel" e dois dedos em forma de V significam "tesoura". No jogo Máfia, o gesto de mão de um assassino que aponta para outro jogador representa "matar!", e o ato de manter os olhos fechados "à noite" marca um jogador como um "aldeão". Em um jogo de tiros em primeira pessoa, o cano da arma que surge da parte inferior da tela não representa apenas "uma arma grande", mas também indica "você", o jogador.

Disputar um jogo é a contar e interagir com as representações que o jogo gera. Essa interseção entre a representação, significado e ação levanta uma série de perguntas importantes sobre o design de jogos. Como um jogador experiencia a representação de um jogo? Qual é a relação entre uma representação do jogo e o "mundo real?" Quais modos de representação os jogos podem oferecer? Essas perguntas são o foco deste esquema: ***Jogos como interação lúdica de significados.***

Tocamos pela primeira vez na maneira como os jogos funcionam como sistemas de representação em ***Design***, onde introduzimos uma série de conceitos básicos de semiótica. Neste capítulo, explicaremos mais essas ideias para obter uma compreensão mais detalhada sobre a maneira como os jogos *representam*. Os conceitos que apresentamos aqui podem parecer um pouco abstratos e esse esquema é certamente um dos mais teóricos neste livro. Mas as ideias iniciadas aqui se concretizam nos esquemas mais pragmáticos a seguir, ***Jogos como interação lúdica narrativa*** e ***Jogos como interação lúdica de simulação.***

Dois tipos de representação

Qual é exatamente a relação entre jogos e representação? Há duas maneiras de pensar sobre isso:

> Primeiro, *os jogos podem representar.*
> Em segundo lugar, os *jogos são representações.*

Os jogos podem representar criando representações: de personagens, histórias, definições, ideias e comportamentos. As representações do jogo ganham significado no universo do jogo, quando são experimentadas através do jogo. Os jogos representam criando complexos sistemas internos de significado, de modo que em um RPG como GURPS, por exemplo, uma espada é representada de maneira diferente de uma adaga. A diferença na representação não é apenas conseguida visualmente. Uma espada certamente será diferente de uma adaga (que é mais longa, por exemplo), mas seu papel global no jogo (como é usada, quem a usa, quais ações ela permite) também contribui para sua representação.

Por outro lado, os *jogos em si são representações*. Mortal Kombat é uma representação do combate corpo a corpo, Go é uma representação de um conflito territorial e Pong é uma representação do tênis de mesa. *Os jogos são representações* quando os consideramos como totalidades representacionais.

Esses dois modos de conectar jogos e representação estão intimamente relacionados. As formas de representação interna para um jogo trabalham em conjunto para criar uma representação composta que emana mais geralmente do sistema de jogo. Sim City contém milhares de representações individuais com as quais o jogador interage no decorrer do jogo (engarrafamentos, rede elétrica da cidade, planilhas orçamentárias e assim por diante). Essas representações têm um significado no jogo, mas também contribuem para o significado do jogo como um objeto representacional por si só. As muitas representações internas de Sim City se somam para criar uma representação única: o jogo retrata o processo de planejamento urbano.

Sistemas de significação

Deve ser autoevidente que os jogos contêm representações. Pense nos milhares de objetos representados em um jogo, tais como Animal Crossing ou Grand Theft Auto III. Mas, os jogos não são as únicas formas culturais que contêm muitas representações internas. O texto de um livro de histórias também é composto por milhares e milhares de representações: o texto não representa apenas um único objeto, mas é composto de uma densa cadeia de significantes (ou sinais), denotando complexas redes de personagens, objetos, descrições e eventos. As palavras que compõem o texto de *O Pequeno Príncipe* agem como um sistema de representação para representar os diversos personagens e eventos da história. Da mesma forma, os jogos são sistemas que dão origem a representações de personagens e eventos — representações pelo menos tão complexas quanto as criadas por meio da escrita em um livro.

Os jogos podem representar: essa é uma ideia simples. Mas, como os jogos são sistemas dinâmicos e complexos, a maneira exata como as representações operam em um jogo para gerar significado é bastante complexa. Até mesmo o conjunto mais básico de sinais do jogo está sempre ligado a sistemas maiores de significado. Por exemplo, considere um dos elementos mais simples do Virtua Fighter 4 para o Playstation 2: a barra de saúde. No modo "versus" de dois jogadores do VF4, os dois jogadores selecionam um personagem e engajam-se em combates corpo a corpo. Ambos os personagens começam o jogo com 100 por cento de saúde, representada por uma barra verde cheia. Quando um personagem é alvejado, sua saúde é reduzida; quando a saúde de um personagem chega a zero, ele perde a partida. Ambas as barras de saúde são visíveis para os dois jogadores; cada uma comunica ao jogador o status de sua própria saúde, bem como a saúde de seu oponente. Essa informação pode sugerir ações para o jogador tomar, tais como mudar de uma estratégia ofensiva para uma defensiva, caso a saúde do jogador esteja muito baixa. Assim, a "barra de saúde" é um sinal complexo, que representa várias coisas ao mesmo tempo:

- O nível atual de saúde do próprio personagem de um jogador.
- Uma medição apontando quem está ganhando o jogo (quem tem mais saúde).
- A exibição de quanto falta para o jogo terminar.
- Uma exibição de quanto tempo falta para um ou ambos os personagens morrerem.
- A habilidade relativa dos dois jogadores.
- A eficácia da estratégia de jogo atual de um jogador.

Este exemplo ilustra que mesmo uma estatística simples de jogo pode ter vários significados inter-relacionados. A barra de saúde é parte de uma complexa rede de sinais, razão pela qual avaliar o significado da barra de saúde requer uma compreensão do sistema maior. Por exemplo, a saúde do seu personagem está em 30 por cento. Você está prestes a morrer? Possivelmente, se o adversário estiver com plena saúde. Mas talvez a saúde do seu oponente esteja abaixo de 5 por cento. Nesses dois cenários, você iria assumir estratégias de jogo muito diferentes, talvez voltando para uma postura defensiva ou, inversamente, pressionando o ataque para uma morte rápida. O significado de qualquer sinal pode ser entendido em relação a um conjunto maior de sinais, que juntos formam o tecido densamente tramado da significação em um jogo.

Devemos ressaltar que, em Virtua Fighter 4, há outras maneiras de ganhar o jogo, além de reduzir a saúde do seu oponente a zero. Por exemplo, em algumas arenas, você pode ganhar golpeando seu adversário para fora do ringue. Cada luta tem também um limite de tempo pré-estabelecido — quando o limite é atingido, o jogador com mais saúde vence, mesmo que a saúde do personagem de um jogador não tenha sido reduzida a zero. Essas condições de vitória alternativas acrescentam ainda *mais* significado ao sinal da barra de saúde. Se sua saúde estiver muito baixo, talvez você deva mudar seu estilo de luta para tentar empurrar seu adversário para fora do ringue. Ou se você estiver à frente em saúde e o temporizador estiver quase no fim, poderá querer ficar longe de seu oponente, evitando o contato até o final da partida programada.

O significado da barra de saúde afeta as ações que os jogadores tomam, ações que, em si, podem afetar o significado da barra de saúde, mais uma vez levando a novas ações e resultados. Dessa forma, o significado no jogo configura complexos *loops* de representação, gerando representações que afetam e são afetados pela interação do jogador. Para este exemplo, usamos o estado único de uma barra de saúde, mas poderíamos ter visto qualquer aspecto do jogo. Quando todos os elementos representados no VF4 são considerados de uma só vez, desde as posturas e as manobras dos personagens até as distâncias e os espaços entre eles, o sistema total de significado torna-se incrivelmente complexo.

Sistema e contexto

A barra de saúde no Virtua Fighter 4 é um signo individual. Os signos individuais são uma parte essencial do modo como o significado surge de um jogo — mas o significado requer mais do que signos. O significado requer um *sistema formal* para gerar relações entre os signos, bem como um *contexto* para a interpretação. O sistema formal de um jogo, naturalmente, são as suas regras. As regras descrevem as ações e os eventos, cujo significado é o mesmo de um jogo para outro. O xeque-mate, por exemplo, sempre significa o fim de um jogo de xadrez. Este é um significado conferido pelo sistema imutável e formal do jogo. Mas, para o sistema formal de um jogo ser significativo, o jogo tem que ser jogado — em última análise, o significado do sistema formal surge de um contexto lúdico. O contexto afeta a interpretação e pode aumentar, distorcer ou até mesmo alterar radicalmente o significado conferido pelo sistema. O *xeque-mate* pode não significar apenas o fim do jogo. Também pode significar que o dinheiro muda de mãos, caso haja uma aposta no jogo, ou que reputações são ganhas e perdidas. Poderá até não significar a vitória final, se os jogadores estiverem jogando em um torneio do tipo "melhor de três".

Lembre-se de que o foco desse esquema é como os jogos podem representar, como eles criam significado para os jogadores através da representação e como esses significados podem, por sua vez, ser manipulados. Jogar um jogo é ir para o círculo mágico, ir do domínio da vida cotidiana para um lugar especial de significado. Nesse espaço especial, a experiência do jogador é orientada por um sistema de representação que tem suas próprias regras para o "que as coisas significam". O contexto do jogo afeta a forma como os jogadores entendem e agem sobre as representações que o jogo cria. O sistema e o contexto, portanto, trabalham lado a lado para apoiar a interpretação do jogador. (Note que estamos usando o termo *sistema* para designar a *estrutura* que organiza as relações entre os elementos, uma ideia introduzida em *Design).*

O "X" no jogo da velha, por exemplo, significa algo completamente diferente de um "X" no jogo Scrabble. A diferença de significados é conferida principalmente pelo sistema, que tem regras para o que um "X" quer dizer. No jogo da velha, um X representa uma propriedade de um quadrado, um movimento estratégico para a vitória. Mas, como no xadrez e no xeque-mate, o contexto do "X" é também crucial para determinar seu significado. Imagine uma carta de amor divertida que usa um tabuleiro do jogo da velha para escrever "XXX". Em vez de interpretar os três Xs como apenas um movimento vitorioso em um jogo, os sinais também seriam lidos como símbolos de beijos. O contexto do "X" mudou seu significado de um movimento do jogo para uma declaração de "ganhar" afeição. O autor da carta de amor brincou com o significado do sinal "X" mudando o contexto no qual o sinal é interpretado.

Representações emergentes

No "X" do jogo da velha e na ação do xeque-mate, vemos que os jogos criam um significado através da interação do sistema e do contexto — mas essa operação não é exclusiva dos jogos. Sistema e contexto constituem uma abordagem geral semiológica para entender como funciona a representação. Por exemplo, considere a linguagem falada ou escrita. A linguagem é estruturada pela gramática, o sistema formal que dá significado aos seus elementos individuais. Mas o significado de qualquer expressão da linguagem também é contextual. A frase "Não temos uma vaca" significa duas coisas diferentes quando falada por um fazendeiro ou por Bart Simpson. A interpretação da frase depende das estruturas gramaticais e do contexto do locutor.

O significado é emergente. Quando usamos a linguagem, como quando jogamos um jogo, estamos jogando dentro dos limites que as regras permitem. Falar a frase é jogar com as palavras — mas, apenas da forma como as regras da linguagem permitem. Um paradoxo do significado é que apesar das regras simples que formam cada expressão, o número total de declarações em potencial é quase infinito. A linguagem e os jogos representam complexos sistemas emergentes, nos quais os possíveis resultados superam muito a complexidade formal do sistema de regras, uma ideia que exploramos em *Jogos como Sistemas Emergentes*. Como Jeremy Campbell mostra em *Grammatical Man*: *Information*, *Entropy*, *Language, and Life*, "Um pequeno número de regras aplicadas repetidamente a um conjunto limitado de objetos leva a variedade, novidade e surpresa. É possível descrever todas as regras, mas não necessariamente todos os produtos das regras — não o conjunto de todos os números inteiros, nem todas as possíveis frases em um idioma".[1]

A representação nos jogos surge da relação entre uma estrutura de regras rígida e subjacente e a livre interação lúdica de significados que ocorre quando os jogadores habitam o sistema. Os designers de jogos devem prestar muita atenção à interação lúdica de significados em um jogo, à elaboração de casos individuais de interação do jogador dentro de um campo maior de representação. Como um designer de jogos cria um sistema de regras, ele também está criando um vasto espaço de possibilidades representacionais, um espaço que se torna significativo por meio da interação do jogador.

O contexto do significado

Para ver essas ideias abstratas em ação, vamos voltar a uma experiência de raciocínio em *Swords and Circuitry* (Espadas e Circuitos): *A Designer's Guide to Computer Role-Playing Games,* de Neal e Jana Hallford. Para ilustrar como os jogadores aprendem o que algo "significa" por meio da interação, Hallford e Hallford descrevem um jogador explorando um mundo em um jogo de aventura. O jogador depara com um botão colocado em uma parede inexpressiva. O jogador curioso aperta o botão para ver o que acontece — e uma porta secreta abre na parede. Apertar o botão dá ao jogador acesso a uma nova parte do mundo do jogo.

Hallford e Hallford notam que fornecendo ao jogador esse cenário — botão, porta aberta — o designer de jogos deu ao jogador uma "regra" sobre como funciona o mundo do jogo. A ação de *pressionar o botão* resulta no evento *abrir porta secreta*. Munido dessa regra, o jogador deve ser capaz de usar esse conhecimento ao longo do jogo para tomar decisões informadas sobre como e quando apertar os botões. O significado de pressionar um botão é *integrado* e *discernível*, dois requisitos da interação lúdica significativa. A interação é discernível porque o jogador vê claramente a porta secreta aberta como resultado da ação de pressionar o botão. A interação também parece ser integrada porque o jogador descobriu uma regra universal sobre como utilizar os botões no jogo.

Hallford e Hallford, em seguida, pedem-nos para imaginar o jogador em outro local em algum lugar mais tarde no jogo. O jogador vê ainda outro botão parcialmente oculto na borda de uma parede. Se o significado da ação > resultado do botão fosse integrado, o jogador deveria esperar que a ação de apertar o botão abriria uma porta secreta. Mas quando ele aperta o botão, para sua surpresa, uma bola de fogo nociva e mortal sai da parede. O que acabou de acontecer? Por que o botão liberou uma bola de fogo letal, em vez de abrir uma porta secreta? Aqui é onde a análise de Hallford e Hallford liga-se diretamente ao conceito de interação lúdica e representação. Eles escrevem:

> Se o designer não forneceu algum tipo de pista sobre o que diferencia esse botão da variedade que abre a porta, ele acabou de violar uma regra que já foi estabelecida pelo jogo. O valor da escolha foi tirado do jogador porque ele não tem nenhuma forma de saber se apertar o botão abre uma porta ou se causará uma quantidade de danos catastrófica. Embora isso certamente adicione um aumento do grau de tensão ao pressionar qualquer um dos botões no jogo, na realidade não é nada mais do que uma forma de punir arbitrariamente o jogador por ser curioso. Pior ainda, o valor das coisas que o leitor aprendeu agora é inútil, tornando o vencedor do jogo mais uma questão de sorte do que de habilidade adquirida.

Quando o significado de uma ação não é claro ou é ambíguo, a interação lúdica significativa em um jogo se quebra. Como a interação lúdica significativa nessa situação pode ser restabelecida? Hallford e Hallford sugerem uma forma de remediar a situação acrescentando um pequeno detalhe visual que dê ao jogador uma ideia das consequências de pressionar um determinado tipo de botão. Os botões azuis abrem as portas secretas. Os botões vermelhos soltam bolas de fogo mortais.[2]

Este exemplo demonstra como os significados do jogo podem ser projetados para criar uma interação lúdica significativa. Codificar com cores os botões para indicar uma consequência estabelece um sistema de significado. Os jogadores são, ao longo do tempo, capazes de determinar quais botões são "bons" e "maus", e podem fazer escolhas informadas sobre suas ações no mundo. Esse sistema implica o jogador diretamente, no sentido de que o *significado* de um botão só é estabelecido por meio da interação do jogador. Como Hallford e Hallford observam, essa estratégia de design "também terá o bônus de que os jogadores prestarão um pouco mais de atenção ao seu ambiente para ver se não há nada de novo à sua volta que possa levar a novos tipos de experiências".[3] Em resumo, as regras e o contexto de interação ajudam a estabelecer "o que as coisas significam". Fazem isso por meio da criação de um conjunto muito específico de condições dentro das quais um determinado objeto ou ação torna-se significativo no decorrer do jogo.

Entender os sinais depende, em parte, do movimento entre as informações conhecidas e desconhecidas. Os jogadores no jogo de aventura hipotético de Hallford e Hallford, por exemplo, podem encontrar um sinal para o qual eles não têm significado (botão vermelho) no contexto dos sinais obtidos (botão azul). Os significados familiares geraram novos significados devido às relações formais entre os signos conhecidos e desconhecidos. O que é importante notar aqui é que os jogadores obtêm informações sobre o mundo do jogo *interagindo* com ele, *interpretando*-o, *jogando* com os sinais para ver o que eles podem fazer ou o que eles poderiam significar. Você encontra um botão que é vermelho *e* azul. O que você pode imaginar que acontecerá se pressioná-lo? Você vai correr o risco para descobrir? Criar contexto como um mecanismo para entender é um conceito fundamental para os designers de jogos. É por isso que a nossa definição de design de jogos refere-se à concepção de um contexto, em vez de um artefato. O design de jogos é o design de um contexto interativo a partir do qual o significado pode surgir.

Descendo pela toca do coelho

Neste esquema, enquadramos os jogos como interação lúdica de significados, que é também uma forma de enquadrar o jogo como o processo de entender o espaço representacional de um jogo. O que significa para um jogo estar em um espaço representacional? Os jogadores interagem com um jogo a fim de entendê-lo. As regras guiam essa interação, estabelecendo relações entre os sinais que indicam para um jogador o que as coisas significam. O significado surge quando um jogador interpreta ativamente o sistema estabelecido pelas regras.

Para ilustrar esse processo complexo de produção de significado, podemos fazer um desvio pelo País das Maravilhas. Na história de Lewis Carroll, *Alice no País das Maravilhas*, há uma rica interação de significados, de sentido e não sentido, que pode lançar luz sobre a forma como os jogos geram representações. Na história, Alice está perdida num reino fantástico de criaturas curiosas, tropeçando e caindo de página para página, por meio de um jogo absurdo para outro. Quer quando aprisionada nos jogos de linguagem elíptica do Gato Risonho, quer quando jogando errado uma partida de croquet na corte da rainha, Alice se vê constantemente lutando para entender as regras do jogo. Tome o seguinte trecho em que Alice é desafiada para uma corrida:

> Primeiro ele delimitou a pista de corridas como um tipo de círculo (a forma exata não importa, ele dissera) e então todo o destacamento foi distribuído pela pista, aqui e ali. Não houve o tradicional "Um, dois, três e já!", mas todos começavam a correr quando queriam e paravam quando queriam, daí não era fácil saber quando a corrida terminava. Mas quando eles já estavam correndo há mais ou menos meia-hora, e já estavam quase exaustos, o Dodô repentinamente gritou: "A corrida acabou". Então, todos se aglomeraram em torno dele, ofegando e perguntando: "Mas quem ganhou?"[4]

O País das Maravilhas tem seu próprio conjunto de regras para determinar não só o que as coisas significam, mas também para determinar como elas se tornam *significativas*. A descida de Alice pela toca do coelho pode ser vista metaforicamente como uma entrada para o círculo mágico que é o País das Maravilhas, um reino de significados artificiais, marcado no tempo e no espaço a partir do mundo real. As regras do mundo real não predominam com precisão no País das Maravilhas, apesar de o País das Maravilhas ser em si, sob certos aspectos, uma paródia do mundo real, um curioso espelho da realidade que distorce humoristicamente nossas ideias sobre a lógica da representação.

Cada jogo individual que Alice encontra no País das Maravilhas é um microcosmo desse esquema geral. A competição absurdamente humorística que Carroll descreve ainda é reconhecida como uma corrida. Tem uma pista, corredores, uma contagem de partida e um momento claro quando a corrida termina. Ao mesmo tempo, é uma corrida sem paralelo no mundo real. A forma da pista não importa, os corredores podem abandonar o jogo a qualquer momento e, mesmo quando a corrida termina, ninguém tem certeza sobre quem ganhou. Por mais absurda que a corrida possa parecer, é o seu próprio espaço representacional, um espaço no qual os jogadores lutam para entender. "Mas quem ganhou?", eles perguntam, buscando todos os jogadores para saber o resultado do jogo.

Estabelecemos que os signos ganham valor a partir do sistema do qual eles fazem parte. A estrutura e o contexto do sistema organizam não só o que esses signos significam, mas também como são usados. O espaço de interação lúdica definido pelas bordas do círculo mágico funciona como um espaço de possibilidades representacionais. Esse espaço de interação lúdica dá vida a uma realidade separada, um mundo próprio onde os seus habitantes podem realizar ações que são permitidas nesse mundo, mas que não fariam sentido em nenhum outro lugar. É apenas no contexto muito estranho do País das Maravilhas que essa competição poderia ser chamada de corrida, e um vencedor poderia ser completamente desconhecido e ansiosamente antecipado.

A complexidade de usar esse exemplo, claro, é que o jogo não é um jogo real, mas sim uma representação fictícia de um jogo dentro da história de Carroll. Mas é exatamente por isso que o incluímos. A corrida do País das Maravilhas ilustra o processo de construção do significado em dois níveis. Primeiro, ele tem seu próprio mecanismo curioso interno, as suas próprias "regras" constituindo a corrida para seus participantes. Em segundo lugar, a corrida também cria um significado para os leitores da história em virtude de sua relação com o contexto mais amplo do mundo real. Sabemos que Carroll está descrevendo uma corrida porque temos uma noção de como é uma corrida normal. É o nosso entendimento de senso comum do mundo real que nos permite apreciar o absurdo lúdico de Carroll. Dessa forma, o significado da corrida do País das Maravilhas ilustra a interação correlacionada do sistema e do contexto, o jogo entre os significados internos e externos que tornam a representação possível.

Na corte da rainha

O País das Maravilhas torna explícitas as ideias sobre a artificialidade da interação lúdica de significados. A viagem de Alice pela toca do coelho a levou a outro contexto, onde as regras do absurdo (em vez do senso comum), organizavam seu jogo. Sua vida *fora* do País das Maravilhas tinha seu próprio conjunto de regras e significados. A adaptação à vida *dentro* do País das Maravilhas significou a transição em um contexto radicalmente diferente com suas próprias regras e procedimentos para a representação. É muito parecido com entrar no círculo mágico de um jogo. Quando jogamos um jogo, estamos fazendo mais do que apenas embaralhar os sinais provenientes do domínio do mundo real; estamos mudando para um domínio de significação inteiramente diferente. No jogo do significado, o movimento ocorre entre os signos e os contextos. O círculo mágico é, portanto, uma espécie de País das Maravilhas. Vejamos outro jogo que Alice joga durante a sua visita:

> Alice pensou que nunca tinha visto um campo de croquet tão curioso em toda sua vida; o campo era todo irregular, cheio de elevações e depressões; as bolas eram ouriços vivos, os tacos eram flamingos e os soldados tinham que se dobrar até ficar apoiados em suas mãos e pés para fazer os arcos. A principal dificuldade que Alice encontrou no início foi lidar com seu flamingo: ela conseguiu fazer com que seu corpo se escondesse, bem confortavelmente, debaixo do braço, com as pernas penduradas para baixo, mas em geral, quando ela tinha seu pescoço bem esticado e estava para bater no ouriço com sua cabeça, ele se torcia e olhava para cima em seu rosto, com uma expressão tão confusa que ela não conseguia evitar uma gargalhada: e quando ela colocou sua cabeça para baixo, e ia começar de novo, era muito irritante descobrir que o ouriço tinha se desenrolado e estava rastejando para longe: além de tudo isso, havia geralmente uma elevação ou depressão no caminho para onde quer que ela quisesse atirar o ouriço e, como os soldados dobrados estavam sempre levantando e andando para outras partes do piso, Alice logo chegou à conclusão de que esse era um jogo muito difícil.[5]

Alice chama o jogo de "muito difícil mesmo." Mas o que é notável é *quais* coisas Alice acha desafiadoras. Considere que a sua principal dificuldade não estava em imaginar que um flamingo vivo poderia ser usado como um taco de croquet, nem ouriços como bolas. Esses, ela aceitou facilmente como adequados na lógica de representação do País das Maravilhas. Sua dificuldade era simplesmente tentar jogar o jogo — bater em um ouriço com a cabeça de um flamingo. Não estava em reconhecer esse estranho sistema de signos como "croquet".

Nesse ponto na história, Alice havia aceitado amplamente as regras absurdas do País das Maravilhas como sendo as suas próprias. Ela entrou no círculo mágico do País das Maravilhas e adaptou suas ações de acordo. Embora as andanças constantes das peças dinâmicas do jogo em todo o croquet tornem o jogo extremamente desafiador de jogar, o seu comportamento de modo algum comprometeu o status de Alice como jogadora cujas ações tinham sentido dentro do espaço do jogo. Ao aceitar as regras geradas pelo círculo mágico, Alice atua em um campo de representação. Como no exemplo da corrida, o significado do jogo de croquet ocorre em dois níveis. Em primeiro lugar, apesar das dificuldades ergonômicas, o jogo de croquet era um jogo consistente internamente. Nunca foi o caso, por exemplo, que um ouriço tenha sido usado como um taco para atingir um flamingo rolante. O jogo tinha suas próprias regras, regras que Alice tentou desesperadamente seguir ao jogar. Em segundo lugar, o significado geral do jogo *para o leitor* depende do seu conhecimento sobre a ação normal do croquet. Esse contexto mais amplo permite ao leitor entender uma representação absurda do jogo.

Pobre Alice. Embora o jogo de croquet possa falhar em fornecer uma interação lúdica significativa, ele nos fornece muitas ideias sobre as maquinações do jogo e seus significados. A incapacidade de Alice em jogar o jogo de qualquer maneira lógica era, de fato, um dos motivos do "design" de Carroll. Carroll era um mestre na interação lúdica de significados. Sua utilização das estruturas do jogo, seja o jogo de cartas, o xadrez ou o croquet, demonstra os mecanismos do sentido, revelando como os campos de representação indicados pelos jogos estão maduros para a interpretação lúdica.

Estruturando o jogo

É hora de sair da toca do coelho. Próxima parada: um conceito que é fundamental para a compreensão do jogo e da significação, a *estrutura cognitiva*, que vem do campo da psicologia. Mais geralmente, uma estrutura cognitiva é uma forma de organizar o modo como olhamos para o mundo. As estruturas cognitivas criam contextos para a interpretação e afetam a maneira como significamos as coisas. Na história de Alice, por exemplo, há várias estruturas em ação. A estrutura cognitiva "conto de fadas" nos encoraja a ver as aventuras de Alice como fantásticas e instrutivas. Carroll emprega as estruturas cognitivas do "jogo" e da "interação lúdica" ao longo da história, para comunicar que o País das Maravilhas é um espaço separado da realidade, onde as regras especiais abundam. Se você primeiro tivesse que ler *Alice no País das Maravilhas* para uma aula de inglês, talvez a estrutura cognitiva do "exame" ou do "ensaio" modelasse sua interpretação e experiência do livro.

A ideia de uma estrutura cognitiva reflete fielmente o conceito de círculo mágico. Quando um jogador entra e sai de um jogo, ele está cruzando essa fronteira, ou estrutura, que define o jogo no tempo e no espaço. A estrutura cognitiva é um conceito ligado à questão da "realidade" de um jogo, da relação entre o mundo artificial do jogo e os contextos da "vida real" que se cruzam. Além disso, a estrutura de um jogo é responsável não só pela relação incomum entre o jogo e o mundo externo, mas também pelos muitos mecanismos internos e experiências de jogo.

Como o conceito da estrutura cognitiva encaixa-se em uma discussão sobre interação lúdica e significação? O antropólogo Gregory Bateson observa que "o jogo ocorre dentro de uma estrutura psicológica delimitada, uma delimitação espacial e temporal de um conjunto de mensagens interativas".[6] A estrutura de um jogo comunica que aqueles contidos nele estão "interagindo" e que o espaço da interação lúdica é separado de alguma forma do espaço do mundo real. Um empurrão *dentro* do jogo Capturar a bandeira, por exemplo, não significa o que significaria normalmente *fora* do contexto do jogo. Os jogadores envolvidos no jogo suspendem as regras da vida quotidiana quando o jogo começa. Eles, então, regulam seu comportamento de acordo com um conjunto de regras que funciona somente enquanto a estrutura do jogo está em vigor. Podemos entender o jogo como um sistema de comportamentos (com significados associados) que fica estruturado de formas particulares, marcado e sujeito a regras em matéria de espaço, tempo, significado e consequência. Os jogadores que agem dentro da estrutura do jogo agem de acordo com as regras e os contextos que determinam o significado dessas ações. Mas o jogo tem uma função adicional que ajuda a moldar como nos comunicamos e compreendemos, incorporada no ato da *metacomunicação*.

Metacomunicação e jogo

Em seu importante ensaio "A Theory of Play and Fantasy", Gregory Bateson define o conceito de metacomunicação. Para Bateson, o jogo não só concede significados distintos às ações, mas também comunica uma atitude para com essas ações. Essa atitude é um tipo de comunicação sobre como as ações associadas ao jogo devem ser interpretadas e entendidas. A formulação de Bateson foi inspirada por uma visita ao jardim zoológico:

> O que eu encontrei no jardim zoológico foi um fenômeno bem conhecido de todos: Eu vi dois macacos jovens brincando, isto é, envolvidos em uma sequência interativa cujas ações de unidade de sinais eram similares, mas não as mesmas de um combate. Era evidente, até para o observador humano, que a sequência inteira não era um combate, e evidente para o observador humano que, para os macacos participantes, isso "não era um combate".
>
> Agora, esse fenômeno, o jogo, só poderia ocorrer se os organismos participantes fossem capazes de algum grau de metacomunicação, ou seja, a troca de sinais que levaria a mensagem "isto é um jogo".[7]

Bateson via o jogo como um passo importante na evolução da comunicação porque era "o ponto no qual o organismo é capaz de reconhecer o signo como um sinal, isto é, reconhecer que seus próprios sinais e os do outro indivíduo são apenas sinais".[8] Jogar, em outras palavras, não é apenas seguir as regras e os rituais do jogo, mas também comunicar continuamente a ideia de que as ações do jogo são apenas jogo e não outra coisa. Dois cães estão brincando: um cão persegue o outro, alcança-o e morde-o no pescoço. Como um ato de interação lúdica e significado, o que está acontecendo aqui? A mordida de brincadeira significa uma dentada: significa *Aha!* Eu o persegui, alcancei e mordi! Ao mesmo tempo, a mordida significa o oposto: a mordida significa também: *eu realmente não o mordi*. Estou apenas brincando. Esse duplo sentido, em que a mordida representa a dentada, mas também exatamente o que a mordida não é, é o que Bateson entende por metacomunicação.

A metacomunicação não ocorre apenas com os animais, mas também nos jogos que as pessoas jogam. No jogo da garrafa, a habilidade dos jogadores em reconhecer que um beijo dentro da estrutura do jogo ao mesmo tempo *representa*, mas também *não significa* a mesma coisa que um beijo no mundo real é um exemplo de metacomunicação. Podemos dizer que os jogadores em um jogo da garrafa trocam sinais que carregam a mensagem "Isto é um beijo", mas, ao mesmo tempo, transmitem a mensagem "isto não é um beijo de *verdade* — é apenas um jogo".

Essa dupla consciência é um produto do fato de que a estrutura artificial do jogo dá aos jogadores licença para se beijar. Sem o jogo, o beijo provavelmente não ocorreria. O beijo no jogo é um estranho híbrido semiótico que só poderia surgir a partir do contexto original do jogo. O beijo de jogo da garrafa tem e não tem o significado de um beijo no mundo real. Como a mordida e a dentada, um beijo do jogo da garrafa indica um beijo normal *(Eu beijei aquele menino bonito!)*, mesmo que isso simultaneamente indique o que o beijo não é *(Mas foi apenas em um jogo.)*.

O conceito da metacomunicação é uma ideia absolutamente crítica que irá informar muito os esquemas a seguir, *Jogos como interação lúdica narrativa* e *Jogos como interação lúdica de simulação*. A interação lúdica, como uma forma de metacomunicação, reenquadra os eventos da situação em questão de tal modo que as ações de "interagir" sejam relacionadas a outras ações de "não interagir", mas não sejam as mesmas. Sempre que jogamos, parte da nossa atividade de jogo envolve a comunicação da ideia "eu estou jogando". Esse fluxo contínuo de comunicação entre os jogadores e entre aqueles que jogam e os que não jogam ajuda a sustentar o círculo mágico. Uma das funções do círculo mágico é demonstrar ativamente a sua própria distinção da vida comum. Como Sutton-Smith aponta, "Um jogo de luta como uma analogia à luta real parece mais *exibir o significado da luta* do que treinar para o combate real. É mais sobre o significado do que luta".[9]

A troca e o reconhecimento envolvidos para chegar à mensagem aparentemente simples "Este é o jogo" envolvem uma série de atos interpretativos. Como no País das Maravilhas, esses atos interpretativos conectam o "jogo" (eventos e ações dentro do círculo mágico) ao "não jogo" (eventos e ações fora do círculo mágico). Precisamos levar a metacomunicação em conta quando analisamos a capacidade de representação dos jogos, especialmente no contexto da narrativa, simulação e imersão. A estrutura interpretativa condiciona como "obtemos" um evento, ou sinal, como uma comunicação. O propósito, no final, não é o que significa um evento do jogo, mas como obtemos seus significados.

Capturado pelo jogo

Imagine um jogo de polícia e ladrão nas vizinhanças. Todos que jogam o jogo assumem um papel de "polícia" ou "ladrão". Os policiais designam uma árvore para representar a "prisão" no jogo. As regras do jogo descrevem o que os jogadores podem fazer e quando: como os ladrões podem ser capturados pela polícia, presos e postos em liberdade por outros assaltantes. O jogo contém muitas representações: policiais, ladrões e uma prisão, bem como ações, tais como capturar e fazer uma fuga de presos. As regras inicialmente estabelecem essas representações, mas encontram seu significado por meio do jogo.

O ato de jogar é o ato da interpretação. Quando os jogadores encontram seu caminho através do jogo, as representações deslocam-se e mudam: eu sou um ladrão mau. Sou um prisioneiro indefeso. Sou um fugitivo. Jogar com a representação dessa forma é jogar o jogo. Os significados que surgem ocorrem através dos mecanismos únicos do jogo. Essas representações se referem ao crime e à punição no mundo real, mas também são artificiais, cumpridas e interpretadas exclusivamente no círculo mágico do jogo.

Os jogadores de polícia e ladrão sabem que estão jogando. Um jogador assaltante capturado, agarrado ao tronco da árvore da prisão e gritando "Soltem-me!" não está apenas fazendo um movimento estratégico no jogo. Ele também está comunicando o fato de que está jogando. Se ele realmente quisesse sair, poderia simplesmente sair do tronco e ir embora. Mas ele está preso nas cadeias do significado que o jogo torna possível, fazendo parte no conflito artificial do jogo. Ser capturado no jogo significa ser colocado dentro de uma prisão real, mas também significa exatamente o oposto: o jogador não é realmente capturado porque ele está, afinal, "apenas jogando". Se tudo isso parece complicado na teoria, basta lembrar como é fácil na prática. Nenhum dos jogadores no jogo polícia e ladrão tem que compreender os mecanismos complexos que os jogos usam para criar significado. Tudo o que sabem é que eles estão jogando um jogo e divertindo-se. Os significados que eles experimentam são maravilhosamente complexos, mas há uma simplicidade com a qual entram no jogo e experimentam o prazer fácil de jogar.

Os jogadores habitam esse espaço da fantasia onde a estrutura do jogo cruza com a estrutura do mundo real. Os designers de jogos têm o supremo prazer de criar suas próprias tocas de coelho, esperando que os jogadores encontrem o caminho para entrar, a fim de criar seus próprios significados. Os designers de jogos são os arquitetos, os criadores de significados, os contadores de histórias que tornam o jogo da fantasia possível.

Leitura complementar

Nonsense: Aspects of Intertextuality in Folklore and Literature, de Susan Stewart

Stewart explora as relações confusas entre o bom senso e o absurdo, apontando os modos como a interpretação e o significado são ordenados e desordenados através de mudanças no contexto formal e social. De particular interesse é a análise de Stewart sobre a manipulação do contexto e do significado, e o papel da estrutura cognitiva na formação da interpretação. Stewart examina uma série de estruturas semelhantes a jogos, incluindo os palíndromos, rimas infantis, trocadilhos, anagramas, linguagens de código e as tiras em quadrinhos.

Recomendados:

Part I. Common Sense and Fictive Universes, especialmente:
"Framing in 'Life' e 'Art'"
"Play and the Manipulation of Context"

*"**A Theory of Play and Fantasy**"*, de Gregory Bateson, em Steps to an Ecology of Mind

A teoria de Bateson de jogo e fantasia sugere que o jogo envolve a metacomunicação — o uso de signos que comunicam signos. Ele argumenta que o que nos torna humanos é a nossa capacidade única de usar os sistemas simbólicos ou abstratos para representar a experiência. Seus importantes conceitos da estrutura cognitiva e da metacomunicação, e sua relação com o jogo, são maravilhosamente explorados nesse ensaio. O ensaio também oferece uma boa introdução à ideia de que o jogo é um sistema de representação, no qual as interpretações são afetadas por sua estrutura como "interação lúdica".

Notas

1. Jeremy Campbell, *Grammatical Man: Information, Entropy, Language, and Life* (Nova York: Simon & Schuster, 1983), p. 127.
2. Neal Hallford e Jana Hallford, *Swords and Circuitry: A Designer's Guide to Computer Role-Playing Games* (Roseville, CA: Prima Publishing, 2001).
3. Ibid. p. 154.
4. Lewis Carroll, *Alice's Adventures in Wonderland* and *Through the Looking Glass* (Nova York: Signet Classic, 2000), p. 97-98, p. 173-74.
5. Ibid. p. 176.
6. Gregory Bateson, "A Theory of Play and Fantasy". In *Steps to an Ecology of Mind* (Chicago: The University of Chicago Press, 1972), p. 191.
7. Ibid. p. 179.
8. Ibid. p. 178.
9. Brian Sutton-Smith, *The Ambiguity of Play* (Londres: Harvard University Press, 1997), p. 23. Ênfase nossa.

Jogos como interação lúdica de significados

Resumo

- Há duas maneiras de compreender a relação entre jogos e representação:
  - Os jogos **podem representar** (eles contêm representações internas)
  - Os jogos **são representações** (um jogo inteiro é um signo)
- O **significado** em um jogo surge da interação entre sistema e contexto:
  - O **sistema** do significado de um jogo é o conjunto das relações formais definidas pelas regras. É a estrutura preexistente de signos que não muda de jogo para jogo.
  - O **contexto** do significado de um jogo é o espaço de experiência onde a interpretação ocorre. A interpretação nos jogos é o ato de jogar.
- Esse processo de geração de significado não é exclusivo dos jogos. Por exemplo, o significado na linguagem também surge da relação entre os sistemas formais (gramática) e o contexto de interpretação.
- Como os jogos são sistemas emergentes, mesmo um simples sistema pode gerar significados infinitos. O conjunto resultante de significados possíveis é o **espaço de possibilidades representacionais de um jogo.**
- Os jogadores em um jogo navegam por esse espaço de espaço de possibilidades representacionais por meio da interação. Os designers de jogos, criando cadeias de ações e resultados, constroem esse espaço de possíveis significados.
- O **círculo mágico** de um jogo é o espaço onde significados especiais existem. É o espaço onde as regras de um jogo se consolidam, bem como o contexto para a interpretação do significado.
- Os significados no círculo mágico de um jogo são provenientes do sistema interno formal do jogo, bem como das formas como o jogo se refere ao mundo real.
- Uma **estrutura cognitiva** é uma forma de organizar o modo como vemos o mundo. Os jogadores assumem uma estrutura cognitiva que afeta a forma como eles interpretam as ações e os eventos.
- **Metacomunicação** é a comunicação que ocorre no contexto da interação lúdica. Além de comunicar as ações do jogo, os jogadores também estão sempre comunicando o fato de que estão "apenas jogando".
- A metacomunicação ajuda a gerar a complexa interação lúdica de significados em um jogo. Cada comportamento do jogo significa uma ação ("Eu capturei você!"), mas também significa que não é a ação ("Eu *realmente* não o capturei, já que estávamos apenas jogando.").

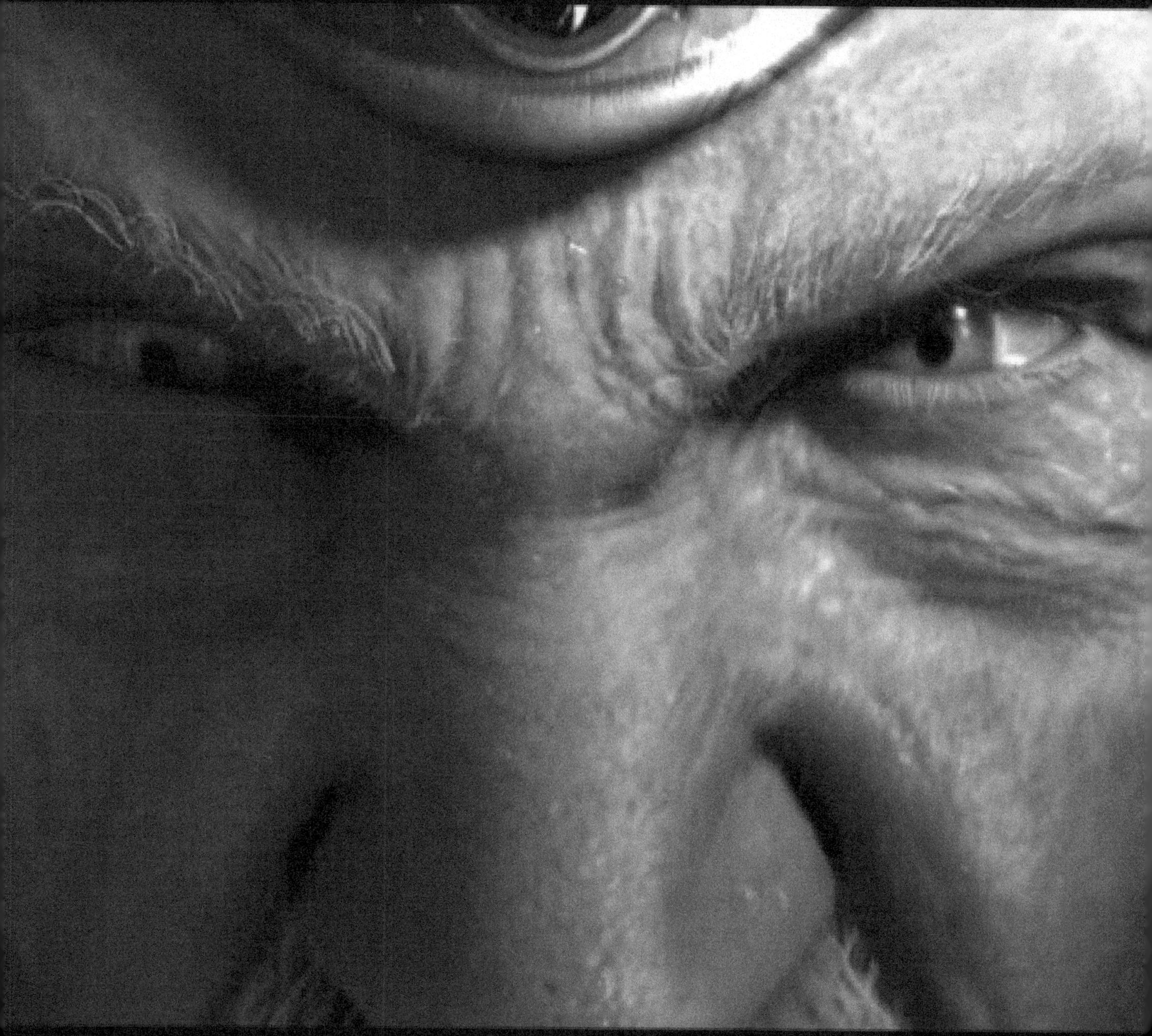

26

JOGOS COMO INTERAÇÃO LÚDICA NARRATIVA

Warcraft III | Blizzard Entertainment | | Secret of Monkey Island | LucasArts

situação
personagem
forma
narrativa incorporada
narrativa emergente
descritor narrativo
mundos fictícios
eventos da história
recontando a história do jogo

Imagine que você esteja em uma nave espacial para uma pessoa viajando pelos céus à velocidade da luz. Você e sua nave minúscula estão totalmente envoltos em trevas, exceto pela claridade de uma ou outra estrela ocasional.

De repente, sem aviso, há um flash brilhante à frente. Você verifica a tela do radar. Nada. Logo depois, há outro flash e outro. A próxima coisa que você sabe é que os flashes se transformaram em um tipo de campo de força gigantesco e está bem à frente. Você verifica a tela do radar, e nada ainda.

As cores nesse campo de força misterioso são tão brilhantes que quase cegam você. E parecem estar em camadas. Porém, o mais estranho é que não aparece nada na tela do radar. O que isso significa? É possível viajar através desse campo de força misterioso ou você irá bater e ser destruído? E quanto às camadas? Se você passar por uma, poderá passar pela segunda e pela próxima? É hora de decidir e há apenas alguns segundos para pensar. Voltar ou ir em frente e tentar atravessar as camadas desse campo de força de cores vivas? Você decide.

— Instruções do jogo Atari Super Breakout

Introdução à interação lúdica narrativa

Considere o jogo de cartas War como uma batalha épica entre as forças do bem e do mal, travada com um baralho de cartas e as leis da probabilidade. Imagine Wipeout XL como um esporte do futuro em 2097, no qual as naves que desafiam a gravidade patrocinadas por empresas se movem por pistas de corrida inimagináveis e lançam ataques com armas de deformação da realidade para a satisfação dos fãs sedentos de sangue. Experimente o Super Breakout como um conflito entre uma corajosa nave espacial de um único tripulante e um misterioso campo de força gigantesco com uma impressionante série de cores e luzes de intensidade ofuscante. Ligue o motor. Energize a arma laser. Verifique a tela de radar. Escuridão, um flash de luz, então... você está jogando o jogo. A história, sua história, começa.

Jogar um jogo significa interagir com e dentro de um universo de representação, um espaço de possibilidades com dimensões narrativas. Em Oddworld: Abe's Exoddus, os jogadores combatem os Glukkons do voraz Magog Cartel para salvar seus companheiros Mudokens de uma vida de escravidão nas minas de Necrum. Em Driver: You Are the Wheelman, os jogadores assumem o papel de Turner, um policial que se disfarça para se infiltrar na família Castaldi, a organização mais perigosa do submundo. No Monopoly, os jogadores são os barões da terra implacáveis disputando a dominação econômica total de Atlantic City.

Formado por regras e experimentado por meio da interação lúdica, um jogo é um espaço de ação possível que os jogadores ativam, manipulam, exploram e transformam. Quando enquadramos esse espaço de possibilidades como um espaço narrativo um conjunto especial de perguntas surge: onde residem as narrativas em um jogo? Como se podem criar jogos como experiências narrativas? Quais tipos de experiências narrativas os jogos possibilitam? Qual é o papel da narrativa no design da interação lúdica significativa? Abordamos essas perguntas nesse esquema, ***Jogos como interação lúdica narrativa.***

Cada uma dessas perguntas evidencia uma relação centrada no design entre narrativas e jogos. Como o terreno potencial deste capítulo é muito grande, continuaremos a nossa investigação estreitamente focada. Não perguntamos, por exemplo: "Os jogos são histórias?" ou "Como criamos narrativas melhores?" Esses tipos de pergunta focam mais geralmente a natureza da própria narrativa, em vez do papel da narrativa como experimentada durante a interação lúdica com o jogo. Neste capítulo, não é uma questão de saber *se* os jogos são narrativas, mas *como* eles são narrativas.

Parte do desafio de falar sobre a experiência da narrativa nos jogos são as diversas formas que ela pode assumir. Especialmente nos jogos digitais, há uma proliferação de formas, muitas vezes dentro de um único jogo. Por exemplo, como os jogadores experimentam a "narrativa" de DOOM? É por meio da "história pregressa" (ou *backstory*) que lemos no verso da caixa do jogo, relativa a um soldado solitário impedindo uma invasão da Terra por criaturas demoníacas extradimensionais? A tela de abertura e as atualizações da história entre níveis representam um papel na experiência narrativa? É por meio da interação lúdica em si, de uma estrutura narrativa que exige uma fração de segundo, gerenciamento de recursos, navegação do espaço por meio do PDV e dos mapas, e uma morte horrível seguida do renascimento no último ponto de salvamento? E quanto às qualidades e aos atributos dos personagens, cenários e enredo do jogo? Como acabamos por descobrir, cada um desses elementos contribui para a narrativa do jogo de uma maneira própria e original.

Esse esquema está bem amarrado nos capítulos anteriores e nos próximos. Os ***Jogos como interação lúdica de significados, Jogos como interação lúdica narrativa*** e ***Jogos como interação lúdica de simulação*** juntos exploram os modos como os jogos funcionam como sistemas representacionais. Em ***Jogos como interação lúdica de significados***, desenvolvemos mais o nosso debate contínuo sobre como os jogos geram uma interação lúdica significativa por meio do processo de significação. Neste capítulo, recuaremos para ver as questões mais amplas dos jogos e a experiência da representação narrativa. No próximo capítulo sobre simulação, voltaremos a investigar as estruturas mais atômicas dos jogos como sistemas representacionais, ligando a significação, a simulação e a narração de histórias.

Tensões narrativas

*Utilizando outras mídias como pontos de partida, podemos aprender muitas coisas sobre a construção de mundos fictícios, personagens... mas contar muito com as teorias existentes nos fará esquecer o que torna os jogos **jogos**: tais como as regras, objetivos, atividade do jogador, projeção das ações do jogador no mundo do jogo, a forma como o jogo define as ações possíveis do jogador. É a única parte que precisamos estudar agora.*

— ***Jesper Juul***, *"Games Telling Stories?"*

O cruzamento dos termos "narrativa" e "jogo" tem sido surpreendentemente controverso no estudo e no design de jogos. Nos últimos anos, estudiosos e alunos de literatura, cinema e formas narrativas eletrônicas, como o hipertexto, têm gravitado em torno do estudo dos jogos de computador. À medida que disciplinas fora do design de jogos têm estudado os jogos da perspectiva de seus próprios campos, debates têm surgido sobre quem tem o direito de fazer declarações sobre os jogos e a narratividade, e exatamente como fazer tais declarações. Essas guerras territoriais são sintomáticas das dificuldades inerentes ao estudar a mídia externa no contexto da disciplina própria de alguém. Jesper Juul está correto aos nos lembrar do perigo de contar demais com as teorias existentes, particularmente as teorias emprestadas de outros campos. Por exemplo, usar a teoria literária para argumentar que todos os jogos são (ou não) narrativas em última análise não oferece muita utilidade para o design de jogos.

As discussões dos jogos como "narrativas interativas" previsivelmente acabam em debates polarizados sobre o ato de contar histórias lineares *versus* não lineares dos *jogos como histórias* ou *histórias como jogos*. Alguns dizem que os jogos e a narrativa são conceitos mutuamente exclusivos; outros que alguns jogos são narrativos, enquanto outros não o são. Considere os seguintes trechos de uma discussão on-line de jogos e narrativa entre os designers de jogos/teóricos Greg Costikyan e Brenda Laurel:

> Greg Costikyan: a história é mais bem considerada como "contas em um colar", uma narrativa linear, um jogo é mais bem considerado como um triângulo de possibilidades, com a posição inicial em um ápice e as possíveis conclusões no lado oposto, com muitos infinitos caminhos, idealmente, entre o estado inicial e o resultado. À medida que você tenta tornar um jogo mais parecido com uma história por meio da imposição de pontos de decisão arbitrários, você o torna menos parecido com um jogo.
>
> Brenda Laurel: Eu não acho que o jogo interativo muda o entendimento popular do que é uma história. Na cultura popular, as pessoas falam sobre personagens e mundos de maneiras relativamente independentes dos meios. No discurso comum, a palavra "história" na realidade se refere ao potencial criado por personagens, mundos, situações, histórias e assim por diante, em vez de uma instanciação específica (por exemplo, *Jornada nas Estrelas*, Ursinhos Carinhosos, Myst).[1]

Embora Costikyan e Laurel tenham propósitos convincentes, a questão subjacente a cada um de seus depoimentos é se *os jogos são narrativas*. A nossa posição neste esquema é que o conceito de narrativa oferece apenas uma maneira de ver os jogos. Novamente, a questão não é *se* os jogos são narrativas, mas *como* eles são narrativas. É certamente possível categorizar todos os jogos como objetos narrativos — ou como objetos não narrativos — mas, como designers de jogos, devemos perguntar como podemos utilizar essa compreensão para gerar uma interação lúdica significativa.

Ao longo dos últimos anos, têm emergido vários modelos relacionados a jogos e narrativas. Em "Games Telling Stories? A Brief Note on Games and Narratives", Jesper Juul resume essas tendências identificando três argumentos que escritores e estudiosos comumente fazem que dão suporte a uma conexão intrínseca entre jogos e narrativa:

- Usamos narrativas para tudo.
- A maioria dos jogos apresenta introduções narrativas e histórias pregressas.
- Os jogos compartilham alguns traços com as narrativas.[2]

O primeiro argumento oferece uma visão holística: usamos as narrativas para dar sentido às nossas vidas, para processar a informação e contar histórias sobre um jogo que jogamos. Portanto, nenhum gênero ou forma cultural (incluindo jogos) fica fora da ideia de narrativa.

O segundo argumento se concentra no contexto da história fornecido pela abertura cinemática de um jogo ou pela introdução textual. (Você está em uma galáxia muito, muito distante...) As histórias pregressas posicionam o jogador no contexto de uma história maior; a ação de um jogador em um jogo é o meio pelo qual a história mais ampla é percebida. Em Super Breakout, por exemplo, a história pregressa escrita nas instruções do programa coloca os jogadores dentro de uma nave espacial, voando através da escuridão do espaço profundo, mais rápido que a velocidade da luz. O jogador encontra um campo de força misterioso que bloqueia seu caminho. O jogador pode atravessá-lo ou o campo irá destruí-lo? Esse texto fornece um contexto narrativo no qual o jogador age, atirando no campo de força a fim de retomar sua viagem. Sem esse contexto, as ações de um jogador no jogo Super Breakout altamente abstrato podem carecer de uma motivação narrativa. Apesar de suas ações certamente terem um significado interativo — um pixel interage com outro, uma ação tem um resultado discernível e integrado — falta um contexto experimental concebido no qual esses significados mais formais são estruturados como uma história.

O terceiro argumento, o de que os jogos compartilham algumas características com as narrativas, é extremamente amplo. Esse argumento acredita que os jogos, como narrativas, têm estruturas de busca, são experimentados de forma linear, oferecem mudanças de sorte e contêm outros elementos comuns a algumas narrativas, mas não todas.

Segundo Juul, todas as três abordagens foram utilizadas para justificar uma abordagem narrativa para a compreensão dos jogos. Direta ou indiretamente, elas fazem parte da nossa própria investigação dos jogos como interação lúdica narrativa. Mas, ao contrário das abordagens que Juul resume, estamos chegando às questões dos jogos e da narrativa a partir de uma orientação de design de jogos. Nos capítulos anteriores, enquadramos e enquadramos de novo os jogos com base em muitos pontos de vista. Ver os jogos como informação, conflito, prazer ou significado pode ajudar os designers de jogos a criar uma interação lúdica significativa. O mesmo acontece quando vemos os jogos como uma interação lúdica narrativa.

Uma estrutura para a "narrativa"

Antes de avançarmos mais, vamos definir o termo-chave desse esquema, *narrativa*. Em vez de propor nossa própria definição, pegamos uma emprestada de um teórico literário J. Hillis Miller. Em seu ensaio "Narrative", ele descreve alguns componentes que constituem uma narrativa:

> Deve haver, em primeiro lugar, uma situação inicial, uma sequência levando a uma mudança ou reversão dessa situação e uma revelação possibilitada pela reversão da situação. Em segundo lugar, deve haver algum uso de personificação pelo qual o personagem é criado a partir dos signos — por exemplo, as palavras na página em uma narrativa escrita, os sons modulados no ar em uma narrativa oral. Por mais importante que o enredo possa ser, sem personificação, não pode haver o ato de contar histórias... Em terceiro lugar, deve haver alguma padronização ou repetição de elementos-chave.[3]

O modelo de Miller para a compreensão da narrativa contém os seguintes elementos:

- ***Situação***. A narrativa tem um estado inicial, uma mudança nesse estado e uma visão trazida por essa mudança. Esse processo constitui os *eventos* de uma narrativa.
- ***Personagem***. A narrativa não é só uma série de eventos, mas a *personificação* dos eventos através de um meio, tal como a linguagem. Miller não quer dizer personagem no sentido usual de pessoa fictícia, mas sim o processo pelo qual "o personagem é criado a partir dos signos". Esse componente referencia a narrativa não apenas como eventos que ocorrem no mundo, mas como eventos representados, eventos que ocorrem por meio dos *sistemas representacionais*.
- ***Forma.*** A representação é constituída por *padronização e repetição*. Isto é verdade em todos os níveis de uma narrativa, seja a forma material da história, sejam seus temas conceituais.

Miller prossegue observando que "mesmo as narrativas que não se encaixam nesse paradigma obtêm seu significado a partir da maneira como jogam ironicamente contra nossas expectativas profundamente enraizadas de que todas as narrativas serão assim".[4]

Como os jogos se relacionam com a definição de narrativa de Miller? Do ponto de vista formal, elas se encaixam na definição muito bem. Veja o xadrez, por exemplo. O xadrez tem um estado inicial (quando é arrumado para um jogo), mudanças nesse estado (o jogo) e um *insight* resultante (o resultado). É uma representação personificada, uma representação estilizada da guerra, com um elenco de personagens diferenciados. O jogo também ocorre em estruturas altamente padronizadas de tempo (a vez de jogar de cada um) e espaço (a grade do tabuleiro).

A definição de Miller da narrativa é sucinta, mas também é muito abstrata. Todos os jogos são narrativas por essa definição, como o são a literatura, o teatro e o cinema. Muitos outros tipos de experiências também ficam na rede grande que Miller lança, com alguns sendo atividades ou objetos que normalmente não poderíamos pensar como narrativas, tais como uma cerimônia de casamento, uma refeição ou um argumento. Todos contêm situação, personagem e forma do tipo que Miller descreve. (Uma refeição, por exemplo, tem um começo, meio e fim, ela passa pelos sistemas de representação da culinária e envolve a padronização formal em muitos níveis.) A habilidade da definição de Miller está no fato de que é muito abrangente, enquanto ainda define rigorosamente o que é uma narrativa. O modelo de Miller ajuda a entender exatamente quais componentes de um jogo entram em foco quando os consideramos a partir de uma perspectiva narrativa.

A definição de Miller é, de certa forma, uma abordagem formal para a narrativa. Eventos, personagens e ação padronizada descrevem as qualidades do objeto de narrativa, em vez da experiência desse objeto. Como ***Jogos como interação lúdica narrativa*** ficam em nosso esquema primário **INTERAÇÃO LÚDICA**, a nossa intenção não é apenas chegar a um entendimento formal da narrativa (*Quais são os elementos de uma história?*), mas a um experimental (*Como os elementos de uma história produzem uma experiência significativa?*). Em nossos esquemas baseados na **INTERAÇÃO LÚDICA**, nossa preocupação é com a experiência dos jogadores: seu estado interno da mente e as relações que formam com os outros e com o sistema dinâmico de um jogo. Se mudarmos a definição de Miller de narrativa para uma estrutura experimental, poderemos começar a analisar o jogo narrativo em termos familiares. Tudo que sabemos até agora sobre os componentes experimentais dos jogos — que são sistemas complexos sensuais e psicológicos, que geram significado por meio da tomada de decisões e da metacomunicação, que esculpem e manipulam o desejo — são ferramentas para criar experiências narrativas.

Essas experiências surgem do design dos eventos, ações e personagens. Considere nossa análise de Centipede, em ***Jogos como interação lúdica da experiência.*** A interação tensa entre os cinco elementos do jogo — cogumelos, centopeias, aranhas, escorpiões e pulgas — fornece uma estrutura formal preenchida com a possibilidade da interação lúdica narrativa. Cada tipo de criatura interage com os cogumelos de diferentes maneiras. Assim, a personificação da interação de cada criatura, a maneira como ela se torna uma representação significativa, é baseada em suas relações projetadas. As aranhas *comem* cogumelos, por exemplo, enquanto os escorpiões os *envenenam*. Quando recebem um tiro, os segmentos da centopeia *transformam-se* em cogumelos, uma ação evolutiva que muda o estado da criatura de *inseto* para *paisagem*. Embora essas interações sejam formais em um nível, os jogadores as experimentam dentro de um espaço de narrativa descritivo. Como projetamos tal espaço? Como podemos projetar os eventos do jogo como eventos narrativos? Quais tipos de personificações as ações do jogo permitem? Em seguida, começamos a responder essas perguntas vendo em detalhes um jogo, por meio de uma aplicação experimental da estrutura de Miller.

Thunderstorm

Apresentamos pela primeira vez o jogo de dados Thunderstorm em ***Jogos como sistemas de incerteza***, em que investigamos a incerteza dramática criada por meio da estrutura formal do jogo. Agora, veremos o jogo novamente, desta vez com um olho na interação lúdica narrativa. Thunderstorm incorpora uma narrativa muito simples. Os jogadores aguardam a aproximação de uma tempestade. Se eles jogarem bem, suas casas estarão seguras contra a tempestade; se não, um raio poderoso vai destruí-las. Fique atento ao jogador que não obtiver um 1 ao rolar os dados!

Embora Thunderstorm seja um jogo de pura sorte, o design da experiência cria um drama narrativo em muitos níveis. A experiência da "história" do *jogo* é intrinsecamente estrutural, diretamente ligada aos *eventos* do *jogo*. O lançamento dos dados não só controla a velocidade em que a casa de um jogador é construída, mas, simultaneamente, a velocidade em que a tempestade se aproxima. Conforme o jogo avança, os jogadores constroem suas casas passo a passo. Cada vez que um jogador lança um número 1, ele pula a construção da casa daquela vez, protelando a aproximação inevitável da tempestade. Depois que a casa é construída, o drama aumenta, pois, cada vez que um jogador rola os dados, há uma chance de que um raio ocorra. O drama da narrativa culminante é executado na rodada final, quando cai um raio, destruindo a casa. O final não poderia ser mais dramático.

Thunderstorm fornece uma experiência narrativa de muitas camadas. A tensão dramática surge das velocidades variáveis com as quais os jogadores constroem suas casas. Em diferentes momentos do jogo, alguns jogadores podem estar "salvos" da tempestade (ao menos momentaneamente!), enquanto ficam na linha de frente da sua fúria. Essas posições podem mudar rapidamente, dependendo do resultado dos lançamentos dos dados à medida que progridem ao longo do círculo. Instantâneos do jogo em andamento revelariam constantes mudanças e adaptações na casa que estava mais próxima a ser construída — e, portanto, destruída.

A tradução da performance de um jogador em um desenho da casa é um componente da narrativa distinto do projeto, tornando todos os elementos da história os mais ricos possíveis. Embora o jogo possa ter jogadores controlando sua progressão de outras maneiras (contar até seis, reunir seis cartas, perder seis centavos etc.), nenhum desses métodos apoiaria a estrutura da história do jogo tão bem. Fazendo os jogadores desenharem imagens das casas que a tempestade destruirá, o design de jogos fornece um contexto que concede significado da narrativa ao resultado incerto de rolar os dados. As casas desenhadas *personificam* os eventos formais do jogo, no sentido do "personagem criado a partir de signos" de Miller. Além disso, os jogadores constroem suas casas à vista de todos. Esse uso da informação pública ajuda a manter um sentido de coerência narrativa por meio da experiência compartilhada. O drama da experiência de um jogador está, em última análise, ligado à sua capacidade de ver o quão perto a tempestade está para destruir a casa dos outros.

A narrativa de Thunderstorm também se encaixa perfeitamente na estrutura do jogo de puro azar. Quando os jogadores rolam e passam os dados, eles executam uma fábula sobre a loucura da arrogância e da inevitabilidade do destino. Por mais rápido que homens e mulheres possam construir casas — símbolos da civilização doméstica — a natureza inevitavelmente irá destruí-las. Embora seja satisfatório construir lentamente sua casa, é ao mesmo tempo uma marcha para a destruição, uma corrida na qual os vencedores são executados na linha de chegada. Como a palavra de adivinhação do jogo Forca, onde um corpo pendurado é desenhado linha por linha com cada suposição incorreta, completar a imagem é sinônimo de morte. A ironia poética de Thunderstorm é que a imagem do jogo não é um ícone negativo da mortalidade como em Forca, mas uma imagem positiva da construção. Em Thunderstorm, o jogador obediente prevalece, o construtor mais tímido é recompensado por sua falta de velocidade, o jogo termina na sequência da tempestade mortal, com apenas uma casa completa ou quase completa.

A padronização formal que surge da mecânica básica de Thunderstorm apoia a experiência narrativa nos níveis macro e micro. Os *ritmos* momento a momento de rolar, desenhar e passar os dados estabelecem *padrões* de eventos, que são experimentados como uma história de uma tempestade que se aproxima. Conforme o jogo avança e os jogadores são eliminados, o círculo se fecha até que haja apenas uma casa restante. O ritmo a cada momento do raio atingindo casas individuais é diferente em cada jogo, mas, inevitavelmente, quando o círculo se fecha, o ritmo da narrativa acelera à medida que menos jogadores permanecem vivos. Em um nível macro, o padrão da narrativa é uma construção e uma destruição, movimento e estagnação. O resultado global é uma experiência narrativa surpreendentemente rica.

Duas estruturas de interação lúdica narrativa

No restante deste capítulo, estendemos essas noções formais de interação do jogo nas particularidades da experiência da interação lúdica narrativa. Como o exemplo de Thunderstorm deixa maravilhosamente claro, é a estrutura dinâmica dos jogos, a sua complexidade emergente, seus mecanismos participativos, seus ritmos e padrões experimentais, que são o segredo para entender como os jogos constroem experiências narrativas. Para compreender as narrativas do jogo, é essencial analisar as estruturas do jogo e ver como elas se ramificam em diferentes formas da interação lúdica narrativa.

Podemos identificar duas grandes orientações estruturais para compreender os componentes narrativos de um jogo:

- Os jogadores podem experimentar uma narrativa de jogo como uma história criada e contada interativamente: os personagens Jak e Daxter estão salvando o mundo.
- Os jogadores podem se envolver com a narrativa como uma experiência emergente que acontece enquanto o jogo é disputado: A história de Jak e Daxter surge por meio da ação do jogo.

Ambos os pontos de vista, a história interativa criada *versus* a experiência de jogo improvisada, colocam a narrativa no contexto da interatividade. Especificamente, esses pontos de vista representam duas formas de entender como um sistema de jogo produz a narrativa. Os melhores termos que encontramos para essas duas relações estruturais entre os jogos e a narrativa vêm de uma palestra apresentada por Marc LeBlanc em 1999 na Game Developers Conference. Segundo LeBlanc, narrativas do jogo podem ser "incorporadas" ou "emergentes".[5]

A narrativa *incorporada* é o conteúdo da narrativa gerado previamente, que existe antes da interação de um jogador com o jogo. Projetada para proporcionar motivação para os eventos e as ações do jogo, os jogadores experimentam a narrativa incorporada como um contexto da história. A narrativa de Jak & Daxter salvando o mundo, por exemplo, é uma narrativa incorporada no sistema do jogo: ela é experimentada por meio da interação do jogador, mas existe formalmente separada dele. É a narrativa incorporada que dá a Jak uma razão para reunir as Orbes Precursoras e as Células de Energia; sem o enredo pré-gerado, o jogo seria como uma busca abstrata do próximo item. A narrativa incorporada também fornece o arco dramático principal para o jogo, estruturando a interação de um jogador e o movimento por meio do mundo do jogo de uma forma significativa.

Os elementos narrativos incorporados tendem a lembrar os tipos de experiência narrativa que a mídia linear fornece. Em Jak & Daxter, os elementos incorporados são os momentos "pré-escritos" e as estruturas que são relativamente fixas no sistema do jogo. Qualquer jogador, por exemplo, que começa o jogo pela primeira vez, verá a mesma cinemática introdutória. A primeira vez que um jogador se encontrar com o prefeito de Sandover Village, ele ouvirá a mesma parte pré-gravada de um diálogo. Os elementos narrativos incorporados podem assumir uma variedade de formas e ser alcançados por diversos meios, mas, independentemente de como eles são experimentados, os elementos narrativos incorporados são unidades fixas e predeterminadas de conteúdo narrativo, como o texto na página de um livro Choose-Your-Own-Adventure.

Mas nem todas as narrativas nos jogos assumem a forma de conteúdo pré-gerado e incorporado. A narrativa também pode ser *emergente*, o que significa que ela surge a partir do conjunto de regras que regem a interação com o sistema de jogo. Ao contrário da narrativa incorporada, os elementos narrativos emergentes surgem durante o jogo a partir do sistema complexo do jogo, muitas vezes de formas inesperadas. Grande parte da ação narrativa momento a momento em um jogo é emergente, pois a escolha do jogador leva a experiências narrativas imprevisíveis. Na seção de Misty Island, onde Jak combate os Balloon Lurkers, a experiência narrativa não consiste em sequências pré-escritas de diálogo, animação e movimentos da câmera. Em vez disso, as regras do jogo permitem ao jogador montar em um Zoomer para tentar derrotar os Lurkers e reunir recursos por meio de uma hábil manobra. A experiência narrativa exata de um determinado jogo, seja Jak despachando facilmente os Lurkers, seja uma série de derrotas esmagadoras que leva a uma eventual vitória, depende da interação do jogador.

A narrativa emergente é possível em virtude da forma como os jogos funcionam como sistemas complexos. Como o nome indica, a narrativa emergente está diretamente ligada aos nossos estudos anteriores da complexidade emergente e da interação significativa. Por exemplo, a narrativa emergente surge das interações que são *integradas* e *dependentes do contexto*. Esses dois termos, que introduzimos em ***Jogos como sistemas emergentes,*** descrevem as interações entre os elementos em um sistema complexo. Quando as interações em um sistema complexo são *integradas*, isso significa que os elementos do sistema estão ligados de forma recursiva. Como abelhas em uma colmeia, os elementos no sistema agem em conjunto para atuarem de maneiras que os elementos individuais não podem. As ações de um jogador a cada momento, como personagem Jak, estão ligadas a todas as outras ações realizadas ao longo do jogo. É hora de finalmente explorar aquela ilha estranha em alto-mar? Talvez você deva voltar para a aldeia porque a saúde de Jak está um pouco fraca. Por outro lado, você só precisa de um pouco mais Orbes para abrir o próximo nível. Você vai correr o risco? Como a história vai se desenrolar? Como as ações em um jogo são ligadas umas às outras, uma mudança no sistema pode criar outra mudança, dando origem a padrões narrativos durante todo o curso do jogo.

As interações nas narrativas emergentes também são *dependentes do contexto*, o que significa que as mudanças que ocorrem não são as mesmas o tempo todo. Em vez disso, o resultado exato de uma interação depende do que está acontecendo em outro lugar no sistema a qualquer momento. Na primeira vez em que o jogador luta contra um Lurker, talvez ele vá mal e o jogador tenha que bater em retirada. O padrão interativo geral do jogador pode mudar da exploração corajosa para uma reserva cautelosa, o aparecimento de um Lurker sinalizando uma ameaça terrível. Mais tarde no jogo, quando o jogador ficar habilidoso e poderoso, um único Lurker já não representará um perigo: deparar com um seria um encontro de rotina ou até mesmo divertido. Nas narrativas emergentes, as interações integradas produzem padrões globais por meio de um sistema; as interações dependentes do contexto garantem que a organização exata desses padrões narrativos mudará dinamicamente ao longo do tempo.

Os elementos do jogo incorporados e emergentes contêm personagens, eventos e padrões, e, portanto, ambos são narrativos segundo a definição de Miller. LeBlanc não é o único designer de jogos a fazer tal distinção estrutural e ligá-la ao design da narrativa do jogo. Em seu artigo "Formal Abstract Design Tools", Doug Church chega a um conjunto semelhante de conclusões:

> O uso mais óbvio da história nos jogos de computador e videogame pode ser encontrado nas linhas de enredo dos jogos de aventura. Nessa categoria de jogo, a história foi escrita antecipadamente pelos designers e os jogadores tomam conhecimento dela por meio das interações com os personagens, objetos e o mundo (...).
>
> Mas a história entra no jogo na NBA Live também. Lá, a história é o que acontece no jogo. Talvez acabe em prorrogação para os três pontos no último segundo feitos por um jogador estrela que não tinha acertado suas jogadas; talvez seja um desastre total desde o início e, no final, o usuário comece a escalar os reservas para seu momento de glória. Em qualquer caso, as ações do jogador durante o jogo criaram a história.[6]

Os dois exemplos de Church espelham bem as categorias de emergente e incorporado de LeBlanc. Segundo Church, as estratégias incorporadas, tais como aquelas encontradas nos jogos de aventura, são os "usos mais óbvios da história nos jogos de computador e videogames". São uma narrativa mais clara porque se assemelham muito com o que normalmente pensamos como uma experiência de história. Como Church coloca, esses jogos contêm "linhas de enredo... personagens, objetos e o mundo". Mas isso não significa que as narrativas emergentes, tais como em um jogo de esportes como a NBA Live, não possam ser tão importantes ao gerar a experiência narrativa. Basicamente, as narrativas únicas que os jogos produzem vêm de um equilíbrio de ambas as abordagens.

Os elementos incorporados são estruturas narrativas diretamente criadas pelos designers de jogos que servem como uma estrutura para a interação. As abordagens narrativas emergentes enfatizam as maneiras como os jogadores interagem com um sistema de jogo para produzir uma experiência narrativa única para cada jogador. Alguns jogos, tais como o jogo de aventura clássico The Secret of Monkey Island, enfatizam a narrativa incorporada baseada no conteúdo. Como Church assinala, a estrutura de um jogo de aventura, com suas configurações fixas e quebra-cabeças, presta-se para um conteúdo narrativo incorporado que um jogador revela peça por peça ao longo do tempo. Outros jogos, tais como The Sims, incorporam uma abordagem de design mais baseada em sistemas, onde as regras do jogo representam um espaço de possibilidades narrativas emergentes que se desenrola de forma diferente a cada vez.

Praticamente todo jogo combina elementos incorporados e emergentes. O The Secret of Monkey Island não é inteiramente pré-escrito, como uma exibição de slides: existem muitos caminhos a tomar ao longo do jogo, contribuindo para um tipo limitado de experiência emergente. The Sims, pelo contrário, tem uma configuração global que se assemelha ao subúrbio no sul da Califórnia. Esta estrutura narrativa pré-gerada e incorporada contextualiza todos os eventos emergentes que acontecem durante o jogo.

A abordagem comum do design digital do jogo que combina os elementos narrativos incorporados e emergentes é uma estrutura de jogo baseada em missões, na qual a estrutura narrativa maior é pré-gerada, mas a maioria dos resultados do jogo momento a momento é determinada por meios emergentes. O jogo Web para um jogador Spybotics: The Nightfall Incident usa uma narrativa ciberpunk abrangente que não muda de jogo para jogo. Mas quando um jogador abre seu caminho através da história do jogo, viajando de nó em nó na rede, ele usa seu estoque acumulado de programas para combater "batalhas de dados", cujos resultados não são previamente determinados. A animação introdutória, a narrativa pré-escrita, a aparência dos personagens e o mapa da rede em si são formas de conteúdo narrativo incorporado. Entretanto, a maneira como o jogador escolhe fazer seu caminho na rede, os programas de hacker que ele decide comprar e a experiência de implantá-los estrategicamente em cada nó representam os elementos emergentes da narrativa. A experiência narrativa total do jogo inclui abordagens incorporadas e emergentes, entrelaçadas em uma única estrutura de jogo.

Objetivos da narrativa

Na narrativa, organizamos e reorganizamos os fatos da experiência. Damos à experiência uma forma e um significado.

— ***J. Hillis Miller,*** *"Narrative"*

As estruturas incorporadas e emergentes são formas úteis de conceituar as estruturas narrativas nos jogos. Mas para a interação lúdica narrativa ser totalmente envolvente, é importante lembrar os princípios fundamentais da interação lúdica significativa. Nas próximas seções, veremos alguns elementos básicos dos jogos, incluindo objetivos, conflito, incerteza e mecânica básica, para entender como eles podem ser colocados em uso no design da interação lúdica narrativa.

Um bloco de construção fundamental do design de jogos narrativo é o *objetivo* do jogo. Os objetivos não só ajudam os jogadores a julgar seu progresso em um jogo (o quão perto estão de ganhar), mas também orientam os jogadores na compreensão do significado de suas ações em um contexto narrativo. Em Super Breakout, por exemplo, o objetivo é "sair" do campo de força destruindo o maior número possível de blocos coloridos. O objetivo descreve a natureza da interação do jogador em um contexto narrativo, possibilitando a interação significativa. O resultado da interação é claro em um nível formal (os blocos são destruídos), bem como em um nível narrativo (a nave espacial avança no campo de força!). Neste exemplo, vemos novamente como a narrativa incorporada pode fornecer uma estrutura que torna narrativamente significativa a jogabilidade mais imediata.

Além do arco narrativo incorporado do jogo, o jogo narrativo pode ocorrer no nível emergente momento a momento também. No modo Hostage Rescue do Counter-Strike para vários jogadores, os competidores disputam em equipes como contraterroristas ou terroristas. Cada equipe tem objetivos complementares: localizar e resgatar os reféns ou impedi-los de ser resgatados em uma série de rodadas. O arco narrativo maior do jogo oscila de acordo com o sucesso ou o fracasso de cada rodada, quando uma das equipes surge como vencedora. Mas a narrativa é também experimentada a cada momento do jogo, pois os jogadores tomam decisões sobre sua interação com os colegas de equipe e adversários. Onde os reféns estão escondidos? Por que os terroristas são tão desorganizados? Você pode contar com o seu colega de equipe para cobri-lo enquanto você se esgueira no território inimigo? Com metade de sua equipe derrotada, você será capaz de resgatar reféns suficientes para derrotar os terroristas? Os jogadores de Counter-Strike interagem constantemente uns com os outros por meio da estrutura narrativa das operações militares contra o terrorismo. A colaboração e a competição da experiência do jogo, definidas pelos objetivos entrelaçados de cada equipe, modelam a cada momento o comportamento do jogador e a experiência narrativa.

As estruturas baseadas em níveis ou missões em jogos também fornecem objetivos narrativos importantes para os jogadores. Completar um nível não significa apenas atingir um objetivo, mas também passar por um episódio de uma história maior. Quando o jogador se move por diversos níveis, a sucessão de objetivos concluídos cria uma coerência narrativa. Os níveis do jogo oferecem aos jogadores o acesso a áreas específicas do mundo da narrativa, com cada nível preenchido por eventos únicos, objetos e personagens que criam um determinado tom e textura da narrativa. Spybotics: The Nightfall Incident prossegue como uma série de níveis, sob a forma de nós de rede que o jogador deve derrotar. Os programas inimigos em cada nível aumentam de dificuldade, assim como as capacidades dos programas hacker sob o controle do jogador. Mais do que apenas reforçar o desafio, esses novos elementos do jogo aumentam as possibilidades narrativas emergentes. Como resultado, a paleta de expansão do jogador das ações estratégicas corresponde a uma paleta de expansão da experiência narrativa. Cada nó concluído com êxito recompensa o jogador com mensagens e atualizações a partir do elenco de personagens do jogo; quando o jogo se desenrola, a estrutura de nível também conduz o enredo ciberpunk incorporado de espionagem, sabotagem e traição.

O The Sims Hot Date Expansion Pack usa níveis e objetivos para modelar a narrativa do jogo. Sair para um encontro é uma experiência de narrativa composta de diversos *eventos* menores. Um encontro romântico tem vários componentes distintos:

- *Preparar-se para conseguir um encontro.* Um jogador deve preparar seu Sim se certificando de que tem energia suficiente e que os valores de Motivo do Sim estejam no máximo. O Estado de Espírito (Mood), uma mistura de todos os pontos de Motivo, desempenha um grande papel na duração do encontro e no sucesso de cada interação durante um encontro. Como o sucesso global de um encontro é inteiramente baseado na soma das interações entre os Sims, um grande número de más interações resulta em um encontro malsucedido.
- *Tendo um encontro.* Um Sim pode ter um encontro perguntando a um de seus colegas, abordando um visitante, convidando um amigo ou conhecido, ou encontrando por acaso alguém no centro da cidade. O fato de um Sim aceitar a proposta de encontro com outro Sim depende de uma pontuação de Relacionamento, que se desenvolve por meio de interações sociais. Os Sims podem brincar, paquerar, pedir desculpas, provocar e assustar uns aos outros na tentativa de alcançar o objetivo de conseguir um encontro.
- *O compartilhamento de uma ou mais atividades.* Um encontro consiste em um conjunto de interações e eventos cuidadosamente analisados, concebido pelo jogador para maximizar a pontuação de Relacionamento dos dois Sims. Um conjunto de eventos mal concebido inevitavelmente levará a uma má interação — e um encontro ruim. Um beijo rejeitado no bar, por exemplo, termina imediatamente um encontro. Cada tipo de evento que os jogadores optam por incluir nos seus encontros tem seu próprio conjunto de expectativas narrativas. Experimentar roupas em uma loja, por exemplo, oferece uma experiência narrativa muito diferente de uma imersão na banheira de água quente!
- *Ir para casa juntos (opcional).* O fim definitivo de um encontro é fazer com que um Sim volte para casa por alguma manobra no Assento do Amor ou na Banheira do Amor. Para que isso ocorra, entretanto, o jogador deve lidar cuidadosamente com os recursos de Energia, bem como manter uma alta pontuação de Relacionamento durante todo o encontro. Alcançar este objetivo proporciona uma resolução narrativa clara.
- *Dizer adeus.* Se o encontro der certo, um Sim poderá convidar uma pessoa para entrar ou até mesmo se casar. Com qualquer um desses resultados, o novo Sim se torna um membro da família. Há também a possibilidade de que o encontro acabe mal, significando que a pontuação de Relacionamento do Sim foi a mais baixa. O jogador tem uma escolha na definição de seus próprios objetivos para um encontro, mas o resultado final é determinado pelos eventos e pelas interações que ocorreram até aquele momento e são gerados de modo emergente. Essa etapa de conclusão no evento narrativo maior do encontro romântico fornece uma imagem da experiência global, dando ao jogador uma sensação de encerramento da narrativa.

Sims Hot Date

Estruturas baseadas em níveis ou missões permitem que os jogadores sintam os detalhes de uma história, enquanto o designer do jogo mantém o controle da experiência narrativa maior. O objetivo de um jogo, ou uma série de objetivos, faz parte do contexto narrativo que compõe o jogo. Quando os objetivos são bem projetados para apoiar a interação lúdica narrativa, a interação de um jogador com o mundo do jogo torna-se consistentemente significativa. Como de costume, a compreensão e a integração da interação lúdica significativa são críticas. O elaborado processo com várias etapas de ir a um encontro do Sims só faz sentido por causa do complexo sistema que apoia e liga as ações do jogador. Se cada encontro terminasse da mesma maneira, não importando quais ações o jogador tomou, não haveria razão para o jogador se envolver profundamente no processo de tomada de decisão. Como cada etapa do processo desempenha um papel na determinação do resultado, a experiência de um encontro no Sims fornece uma interação lúdica narrativa verdadeiramente significativa.

Conflito

Os objetivos de um jogo nunca são fáceis de conseguir. Quando os jogadores lutam para alcançar o objetivo, surge o *conflito*. O conflito do jogo oferece oportunidade para os eventos narrativos e um contexto narrativo que enquadra os obstáculos que um jogador precisa superar. Os jogadores em uma partida de Thunderstorm devem superar o obstáculo de não tirar um 1, a fim de evitar a tempestade que se aproxima. No jogo de ritmo e ação Um Jammer Lammy, os jogadores precisam superar os obstáculos das estruturas rítmicas desafiadoras e das aventuras de pancadaria de arrepiar os cabelos para assegurar que Lammy fará seu show de *rock-n-roll* na hora certa. Superar conflitos em um jogo é uma forma de os eventos narrativos avançarem.

Como o conflito pressupõe uma luta entre forças opostas, em um jogo, deve haver sempre algum elemento que conspira contra o sucesso do jogador, um elemento que atua para tentar e garantir a falha do jogador. Esse papel é muitas vezes desempenhado por um personagem vilão, um jogador ou equipe concorrente, ou pode ser incorporado no sistema de jogo inteiro. Do ponto de vista narrativo, esse elemento motiva e contextualiza a ação do jogador. Não faz muito sentido narrativo derrubar as filas de blocos coloridos se o comportamento desses blocos não tem nenhuma ligação com sua presença no mundo do jogo. Depois de identificar os blocos coloridos como um campo de força projetado pelas forças do mal para impedir seu avanço no universo, você estará muito mais motivado a entrar em conflito com eles. Sua ação se torna significativa na estrutura narrativa do jogo. Na narrativa tradicional, o conflito interno de um personagem muitas vezes molda os tipos de experiências encontradas pelo público. O conflito interno revela a vulnerabilidade de um personagem, que normalmente é explorada por aqueles que desejam ver o personagem falhar. Lex Luthor sabe que o Super-homem é vulnerável à criptonita e apaixonado por Lois Lane. O truque para usar o conflito do jogo como uma ferramenta narrativa de design de jogos é amarrá-lo bem à estrutura formal do jogo em si.

No jogo de tabuleiro estratégico Descobridores de Catan, a premissa narrativa é que os jogadores estão competindo para colonizar uma pequena ilha, estabelecendo suas próprias redes de estradas, assentamentos e recursos. Os jogadores podem trocar recursos entre si e os conflitos rapidamente surgem da tensão entre a diplomacia e o interesse próprio. Toda a transação que você completa ajuda, mas também ajuda o adversário com quem você comercializou. Se você forçar muito suas posições na barganha, ninguém negociará com você, o que significa que você não será capaz de adquirir os recursos necessários para prosperar: Você precisa de um recurso do tipo Tijolo para construir o próximo trecho da estrada e conectar seus assentamentos, mas o único jogador que está disposto a negociar com você está prestes a ganhar — que ação você toma? Em Descobridores de Catan, o conflito narrativo, o conflito social e o conflito estratégico estão intimamente entrelaçados. Quando você toma decisões estratégicas, está construindo relações sociais, que em si têm implicações narrativas na história emergente do jogo.

O conflito de um jogo inspira cada momento de sua ação. Para maximizar a ação narrativa em seu jogo, você deve prestar atenção à forma como o conflito em seu jogo é narrado. Quando o conflito do jogo fornecer um contexto narrativo para a ação, seus jogadores vão ajudá-lo a contar a história de seu jogo, infundindo suas próprias ações com o significado da narrativa. Mesmo em um jogo relativamente abstrato, tal como Descobridores de Catan, o conflito fornece um espaço narrativo onde os jogadores podem detalhar a história do jogo e assumir papéis narrativos. Em nossa própria experiência com o jogo, gírias, tais como "Mountain King", "Road Baron" e "General" surgiram para descrever as estratégias de jogo focadas em controlar os recursos da montanha, construir longas estradas e construir um grande exército. Esse é o jogo narrativo transformador: um conflito do jogo enriquecido por um nível narrativo de significado que surge das estruturas sociais, estratégicas e de representação do jogo. Não estamos dizendo que os jogadores se envolvem com os Descobridores de Catan a fim desempenhar o papel de personagens fictícios. Mas a interação lúdica narrativa claramente faz parte do apelo do jogo. Sem sua estrutura narrativa, projetada para funcionar em conjunto com o conflito do jogo, Descobridores de Catan seria como um exercício em embaralhamento de números.

Incerteza

A incerteza é outra qualidade necessária da interação lúdica significativa. Se um jogo é certo, se o resultado é conhecido antecipadamente, não há motivo para jogar em primeiro lugar. Mas a incerteza é também um conceito da narrativa, pois o elemento do desconhecido infunde no jogo uma tensão dramática. Em Thunderstorm, a narrativa da tempestade que se aproxima só está completa quando a tempestade destruiu todas as casas, exceto uma. Se fosse conhecido de antemão qual jogador ganharia, não haveria necessidade real de um dispositivo narrativo. Em The Drome Racing Challenge, um jogo de corridas on-line multijogador, os jogadores personalizam os carros de corrida e preparam uma estratégia de corrida, em seguida, selecionam um oponente on-line e correm. Durante uma corrida, os jogadores não controlam diretamente seus carros, mas veem suas preparações terminarem como uma animação no estilo Animé, que retrata cada momento da corrida, evento por evento. O fato de os jogadores não saberem o resultado da corrida até que a animação tenha terminado torna a corrida algo bem dramático. Apesar do fato de um jogador poder ter a maior confiança na sua estratégia de corrida, há sempre a chance de perder.

A tensão dramática de Pôquer também tem sua parcela na incerteza do resultado. Blefar contribui para a narração da experiência, aumentando o potencial do engano. Quando os jogadores entram no espaço psicológico do blefe, as tensões da narrativa aumentam. Será que ele realmente tem a mão que diz ter ou está blefando? E se não estiver blefando? Ele pode ainda ser vencido? Ele apenas fez uma aposta grande, então deve ter uma boa mão. Mas ele blefou última rodada e não iria tentar o mesmo truque duas vezes seguidas. Mas talvez seja o que ele quer que eu pense... A mecânica da aposta aumenta a sensação de incerteza. Os jogadores com mãos fortes fazem apostas mais altas contra resultados incertos, ao passo que os jogadores podem limitar as apostas quando o grau de incerteza em um jogo parece muito grande. Quando os jogadores se envolvem e o círculo de jogadores ativos diminui, a tensão narrativa cresce. Embora os jogadores possam ter boas mãos, o resultado permanece incerto até que todas as apostas sejam feitas e as cartas sejam chamadas. Esse momento pode ser bastante dramático, especialmente quando uma mão foi bem jogada.

Mesmo no RPG, que muitas vezes não tem um resultado final do jogo, a incerteza de cada ação, cada encontro e cada aventura desempenha um papel crucial na construção do engajamento da narrativa. Jogadores experientes evitarão os mestres do jogo com a reputação de serem fáceis ou difíceis demais. Nesses casos, a morte certa ou o sucesso certo elimina a incerteza agradável do jogo. Por outro lado, quando jogadores de RPG sentem que estão realmente descobrindo os mistérios e explorando novas áreas estranhas de seus mundos, uma poderosa interação lúdica narrativa pode acontecer. Assim como o uso do conflito, o uso bem-sucedido de incerteza em uma história do jogo liga os elementos narrativos ao sistema formal do jogo. Você ousa explorar a caverna escura e úmida, com suas lendas de monstros horríveis e tesouros de valor inestimável? Você primeiro deve consultar o oráculo no topo da montanha para ter um conselho, arriscando a ter fome durante a longa jornada? Você gasta suas últimas moedas de ouro contratando alguns guardas extras para acompanhá-lo? Cada uma dessas opções envolve não apenas os resultados da narrativa dramática, mas diferentes usos dos recursos limitados dos jogadores RPG. Quando os jogadores fazem uma escolha e seus resultados incertos desdobram-se lentamente, novas escolhas se apresentam, com cada opção emergindo envolta em sua própria incerteza narrativa.

Mecânica básica

Enquanto a incerteza tende a afetar a trajetória maior do arco narrativo de um jogo, a *mecânica básica* representa a atividade essencial momento a momento dos jogadores. Durante um jogo, a mecânica básica cria padrões de comportamento repetido, os blocos de construção experimentais do jogo. Projetar um jogo momento a momento como uma interação lúdica narrativa significa prestar atenção ao que exatamente os jogadores estão fazendo em seu jogo, como suas escolhas e os resultados são representados e como esses momentos se encaixam nas estruturas narrativas maiores.

Reconhecer os jogos como experiência narrativa significa considerá-los não apenas como partes da trama que são organizadas e reorganizadas por meio da interação, mas considerá-los uma *atividade* contínua na qual um jogador se envolve com uma mecânica básica para fazer escolhas significativas e explorar um espaço de possibilidades. Muitas vezes, as narrativas interativas são diagramadas como pontos conectados a linhas, com cada ponto representando um fragmento de texto ou um segmento de vídeo que é acessada pelo jogador.

O que esse tipo de abordagem formal para a narrativa interativa omite é *como* um jogador muda de um ponto a outro no sistema. Isso é onde a mecânica básica

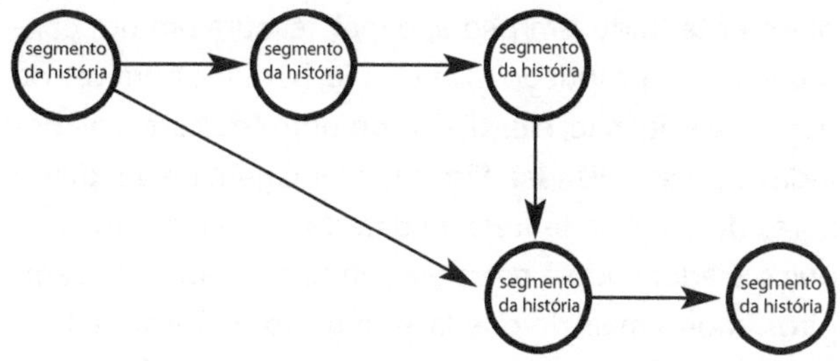

entra em ação. Ao projetar jogos, você não está simplesmente criando o conteúdo. Está criando um conjunto de ações, uma série de comportamentos estilizados. O que seus jogadores estão *realmente fazendo* a cada momento em um jogo? Mais importante, como você pode construir essa mecânica básica para incorporar com mais eficácia a experiência narrativa que você tem em mente? Uma série de exemplos é apresentada a seguir.

No incomum jogo Seaman de criaturas virtuais, o jogador interage com o personagem-título Seaman falando em um microfone que se conecta ao controle do Dreamcast, encenando um maravilhoso estilo conversacional de jogo que envolve literalmente falar, olhar e ouvir. Uma vez que a história do jogo representa o jogador como um cientista que observa e interage com uma estranha forma de vida que evolui em um aquário, essa mecânica básica é inteiramente adequada à narrativa do jogo. Mesmo quando o jogador está usando os botões do controle para tomar ações, o design do jogo cria uma mecânica de interação evocativa. Agarrar Seaman e levantá-lo para fora do aquário virtual é conseguido com uma estranha combinação de botões que cria um gesto muito simples, como pegar um peixe com o dedo indicador e o polegar. A mecânica básica de Seaman não só deixa que o jogador acesse o novo conteúdo como também realmente força o jogador a *encenar* a narrativa do jogo a cada momento.

As regras padrão para o Mind's Eye Theater, a versão de ação ao vivo do jogo RPG Vampiro: A Máscara, determina as ações por meio de pedra-papel-tesoura. Embora esse sistema seja conveniente para o contexto real de um LARP (onde seria estranho e demorado jogar dados e planilhas de pontuação para solucionar todos os conflitos), muitos grupos de RPG optaram por uma mecânica diferente de resolução mais adequada para o conteúdo narrativo. Por exemplo, alguns grupos de jogadores simplesmente traduzem pedra, papel, tesoura em um conteúdo mais apropriado (diabo, anjo, humano); em vez de usar sinais de mão, eles usam conjuntos de cartas elaboradas e personalizadas. Piscar uma imagem de um diabo antes de seu oponente para determinar um ataque psíquico é adequado à narrativa sombria e gótica de Vampiros, muito mais do que fazer o gesto de tesoura. Essa solução de design de jogos mantém o sistema formal de pedra-papel-tesoura completamente intacto, enquanto modifica o componente experimental da mecânica básica para ter um efeito narrativo dramático.

Espaço narrativo

As últimas seções deste capítulo utilizaram os conceitos fundamentais do jogo, reestruturando-os em termos narrativos para lançar luz sobre a interseção do design de jogos com a narração de histórias. Objetivos, incerteza, conflito e mecânica básica são todos elementos gerais de jogos que os designers de jogos podem utilizar para elaborar experiências narrativas significativas. Outro conceito de jogo familiar que podemos entender narrativamente é o *espaço de possibilidades*. O designer de jogos Warren Spector conecta esse conceito à narrativa quando afirma que "os jogos criam 'espaços de possibilidades', espaços que fornecem problemas que exigem uma solução dentro de uma narrativa global, conseguem oportunidades criativas para lidar com esses problemas e, em seguida, respondem às escolhas do jogador com consequências significativas".[7] A descrição de Spector de "espaço possibilidades" de um jogo liga a "narrativa global" incorporada de um jogo às ações emergentes e aos resultados do jogo a cada momento.

Até agora, neste livro, temos chamado o espaço de possibilidades metaforicamente, para significar um espaço abstrato de decisão ou um espaço conceitual de significados possíveis. Mas, e se considerarmos o espaço de possibilidades *literalmente* — como um espaço real em 2D ou 3D no qual um jogo ocorre? Em outras palavras, uma maneira de pensar no espaço de possibilidades é como um *lugar* narrativo real. Em Berzerk, o espaço do jogo consiste em uma série de salas conectadas, vistas de cima. O padrão quadriculado de um tabuleiro de xadrez divide matematicamente o espaço do jogo em módulos separados com igual dimensão, enquanto a grade elegante do tabuleiro Go utiliza a interseção dos pontos para descrever o território do jogo. Em Super Mario 64, o espaço tridimensional do jogo é composto por salas escondidas, alçapões mágicos e mundos secretos que criam uma vasta paisagem de misteriosos lugares escondidos.

As características espaciais de um jogo têm um forte impacto sobre a criação do espaço narrativo de possibilidades. Como os estudiosos de jogos Henry Jenkins e Kurt Squire explicam,

> Os designers de jogos usam elementos espaciais para definir os termos iniciais para as experiências do jogador. As informações essenciais para a história estão incorporadas nos objetos, tais como livros, runas esculpidas ou armas. Artefatos, como, por exemplo, joias, podem incorporar amizade ou rivalidades, ou podem tornar-se fontes mágicas de poder do jogador. O espaço do jogo é organizado de modo que os caminhos no mundo do jogo guiem ou limitem a ação, certificando-nos de que encontraremos os personagens ou as situações críticas para a narrativa.[8]

O voleibol, por exemplo, ocorre dentro de uma quadra de 18 x 9 m, dividida no centro por uma rede de 2,4 m de altura. Os únicos objetos que existem nesse espaço são os jogadores — seis para cada lado — e uma bola. O jogo surge das interações possibilitadas pelas posições dos jogadores na grade espacial. Os jogadores ocupam posições espaciais designadas na quadra que orientam e limitam a ação do jogador. Como e quando os jogadores tocam a bola, por exemplo, é um produto de suas posições na grade. A rede que divide a quadra envolve o jogo narrativo também, pois articula o espaço do amigo e do inimigo, do companheiro de equipe e do adversário. Por meio dessa rede, as narrativas dramáticas de ataque e defesa ocorrem a cada vez que um jogador saca a bola.

A organização dos recursos espaciais em um jogo é fundamental para o design do espaço de possibilidades da narrativa de um jogo. Se você quiser que seus jogadores formem fortes relações sociais, crie espaços de narrativa que suportem a interação social. O design espacial de uma casa ou restaurante no The Sims define o tipo de interações sociais que podem ocorrer ali. Se um jogador projeta um bar que não permite o acesso do *barman* à caixa registradora, nenhuma bebida pode ser servida. Sem a ação > resultado de pedir e servir bebidas, uma série de interações narrativas não se materializa. Em Black & White, os recursos espaciais

Estudo de caso: a mecânica básica do jogo LOOP

Em LOOP, o jogador usa o mouse para desenhar linhas e capturar borboletas em movimento na tela. A mecânica básica formal, o desenho de linhas em torno das formas, é enquadrada como um ato narrativo (a captura de borboletas), com o qual os jogadores tomam medidas no mundo do jogo. Em LOOP, há uma forte integração entre a mecânica básica e a narrativa do jogo. A ação em loop de desenhar linhas com um mouse metaforicamente evoca o gesto de caçar borboletas com uma rede. Poderíamos imaginar uma versão abstrata de LOOP como um jogo sem borboletas, no qual o jogador está simplesmente desenhando linhas em torno de formas geométricas coloridas — mas a definição da ação do jogador como a captura de borboletas acrescenta camadas de significado narrativo à mecânica básica, criando um contexto da história que incorpora outros aspectos do jogo também.

Cada nível em LOOP dá ao jogador uma quantidade limitada de tempo para pegar uma determinada quota de borboletas ou, então, o jogo termina. LOOP comunica esse prazo com a representação condensada de um único dia: o nascer e o pôr do sol. Esse dispositivo narrativo liga a mecânica básica do jogo a uma estrutura episódica. Um relógio, ampulheta ou mesmo apenas números em contagem regressiva poderiam ter sido usados para marcar a passagem do tempo, mas essas soluções de design não complementam o contexto da narração do jogo. A cada "dia", os jogadores têm a oportunidade de reunir mais borboletas. Depois que o sol se põe, desde que os jogadores tenham conseguido pegar borboletas suficientes, os insetos coloridos desaparecem até o amanhecer do outro dia, quando é hora de capturar outras mais. Quando o nível de dificuldade aumenta, a tensão dramática é intensificada. Em virtude da intensa concentração necessária para recolher o maior número possível de borboletas cada vez mais ágeis, o sol parece desaparecer mais e mais rapidamente a cada dia que passa. Isso não acontece, é claro — só parece ser assim!

De cinco em cinco níveis, o jogador tem a chance de pegar uma borboleta especial e atingir um nível de bônus. Esses níveis são definidos durante a noite e representam uma lua crescente como um temporizador, em vez de um sol poente. Os níveis de bônus não têm uma quota de borboletas para pegar e, portanto, fornecem um contexto mais descontraído para a mecânica básica no ritmo geral do jogo. Esses níveis noturnos reenquadram a mecânica básica em um contexto narrativo oposto ao dos níveis diurnos. Dessa forma, o enquadramento da narrativa trabalha lado a lado com a estrutura formal do jogo para maximizar o significado narrativo a partir da mecânica básica simples.

do mundo do jogo mudam em relação às ações de um jogador, colocando as consequências da ação do jogador em uma narrativa de escolha moral. O mundo no início do jogo é uma imagem da inocência do paraíso. Quando um jogador se move pelo mundo, tomando ações e fazendo escolhas, o mundo muda para refletir a natureza moral dessas escolhas. O "mau" escolhe escurecer e marcar o mundo, enquanto o "bom" escolhe transformá-lo em um jardim florido. A história do bem e do mal é metaforicamente refletida e executada nos recursos espaciais do mundo do jogo. Até o modo como o jogador se move no mundo da Black & White, "agarrando" com o cursor do jogo e puxando para a visão, enfatiza a ligação intrínseca e incomum entre o jogador e o espaço de Black & White.

Que tal um jogo que não tem nenhum espaço físico predefinido? Mafia é um jogo social de identidades secretas e blefe inteligente no qual os jogadores se sentam em círculo e se revezam votando em quais entre eles são os matadores secretamente designados. Não há nenhum tabuleiro de jogo ou material físico e jogar o jogo não requer um tipo específico de espaço. Mas a livre organização dos jogadores em um círculo cria uma ordem espacial que maximiza a interação narrativa. Os jogadores devem ser capazes de ver um ao outro de forma clara, a fim de examinar a linguagem corporal e fazer suposições sobre quem poderia ser o membro oculto da Mafia. A configuração espacial dos jogadores é fundamental para o sistema de informações públicas e privadas no centro do jogo. Um jogador fora da visão seria capaz de evitar ser investigado por outros. Em vez disso, a organização democrática dos jogadores garante que todo mundo jogando seja o observador e o observado, igualmente culpado e suspeito.

A atividade do jogo Telefone Sem Fio compartilha um design espacial semelhante, mas um conjunto muito diferente de interações narrativas. Jogadores de Telefone Sem Fio sentam em um círculo apertado (quanto mais apertado, melhor), a fim de facilitar sussurrar ao ouvido de um jogador vizinho. Apesar de essa interação formal poder ocorrer em outra configuração espacial (tal como uma fila), o jogo perderia sua narrativa essencial de circulação — assistir à mensagem viajar por meio de um espaço físico e social que se estende depois de um ponto de partida, por meio dos corpos dos jogadores, até chegar ao seu destino final no ouvido do último jogador. A organização espacial dos jogadores em um círculo, embora não seja uma exigência formal do jogo, enriquece a qualidade narrativa da experiência do jogo, trazendo à tona a história inerente do jogo da transformação "mesma, mas diferente" da informação.

Quais são as implicações para o design? Preste atenção na maneira como o jogo cria e organiza o espaço. Que tipo de organização dos assentos implica o design do jogo de tabuleiro? Os jogadores poderão segurar as cartas que precisam para mantê-las ocultas ou terão que improvisar telas que limitem a interação social? Como os dois primeiros times se aproximam no campo do jogo? A forma como o jogo rompe com o espaço da sala de aula implica a propriedade narrativa do território? A estrutura do espaço entre os dois jogadores de cartas duelando expressa o território mágico onde a batalha épica acontece? Em cada jogo que cria, pense em como o design do espaço entrelaça os elementos formais e experimentais para representar e facilitar as histórias que você deseja contar.

Espaços do jogo digital

Embora os jogos tenham sido jogados nos espaços do mundo real por milênios, o aparecimento de jogos eletrônicos e digitais das últimas décadas tem proporcionado novos tipos de espaços de jogo: parques que só existem na tela dos computadores e TVs. Esses espaços de jogo têm uma infinidade de formas, de grades de blocos em 2D a extensos mundos em 3D. Uma taxonomia útil para descrever a variedade desses espaços digitais vem de Mark J. P. Wolf em seu ensaio "Space in the Video Game". Wolf enumera onze maneiras como os videogames funcionam para estruturar e representar o espaço. Parafraseamos essas categorias abaixo, com exemplos do ensaio de Wolf:

- *Espaço somente textual*. Jogos de aventura baseados em texto, tais como Zork e Planetfall.
- *Uma tela com tudo contido nela*. Pong, Space Invaders, Breakout.
- *Uma tela com saída por um lado e volta pelo outro* (*wraparound*). Asteroids e Pac-Man (com teletransporte wraparound).

LOOP

Os padrões de comportamento criados por meio da mecânica básica do LOOP apoiam o jogo narrativo de várias maneiras: situando o jogo em uma estrutura de repetição de um dia, ligando a interação formal do loop ao contexto narrativo da captura de borboletas e criando vários níveis de escolha, desde o número e o tipo de borboletas capturadas em uma simples laçada até o ritmo em que a coleta ocorre. Além dos elementos do jogo narrativo ligados à mecânica básica, há vários componentes narrativos incorporados também. Esses incluem a captura de borboletas pela personagem principal Ada; seus poemas de sonho gerados de modo procedural que aparecem nos níveis de bônus; e o motivo visual de um livro que liga o ato de pegar borboletas a escrever e contar histórias. Esses contextos narrativos adicionam ainda mais significado à interação do jogador, formando um sistema global de jogo que resulta em uma experiência cheia de possibilidades narrativas.

- *Rolagem em um eixo.* Defender, o jogo arcade de Futebol para Atari.
- *Rolagem em dois eixos.* Gauntlet, Sim City.
- *Espaços adjacentes exibidos um ambiente por vez.* Berzerk, jogo de aventura para Atari.
- *Rolagem com camadas de fundo separadas.* Zaxxon, Double Dragon.
- *Espaço 3D limitado.* Tempest, Night Driver.
- *Dois espaços em uma tela ou duas telas distintas.* Spy vs. Spy, Nightmare Dactyl.
- *Espaços em 3D completos.* Battlezone, DOOM, Tomb Raider.
- *Espaços "mapeados".* Defender, Myst (ambos têm uma exibição separada para um radar ou mapa).[9]

As categorias do Wolf têm alguns problemas conceituais. Por exemplo, há uma diferença fundamental entre um espaço dimensional do tipo "dois e meio", como o DOOM, e um espaço totalmente em 3D, como o Tomb Raider (em DOOM, o jogador pode mover-se apenas em duas dimensões, e os objetos são totalmente planos). Além disso, algumas de suas categorias, tais como as camadas de rolagem de fundo separadas e os espaços "mapeados", parecem ser denominações mais confusas (a maioria das categorias que ele lista também pode incorporar um elemento "mapa"). A tipologia de Wolf certamente não é a única maneira de conceituar os espaços de jogo digital, mas suas categorias são úteis em apontar a riqueza de formas assumidas.

Zork: Espaço somente textual

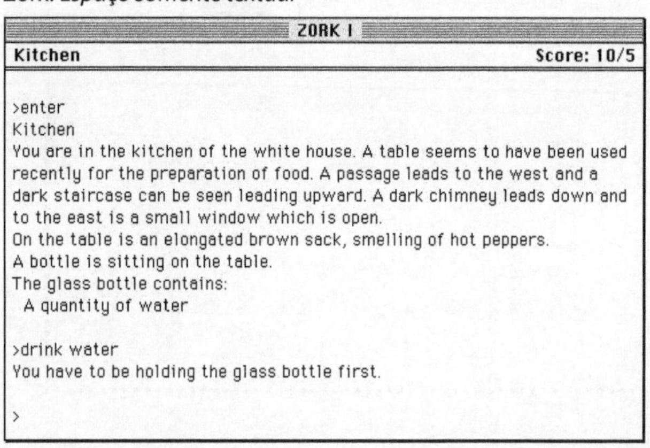

A estrutura de um espaço de jogo digital cresce sempre diretamente com base no sistema formal que define o jogo. Mas o espaço que um jogador experimenta também é uma função da representação (como o espaço é exibido para o jogador) e da interação (como um jogador navega pelo espaço). Esses três elementos — estrutura formal, estrutura de exibição e estrutura interativa — constituem, juntos, a experiência de um espaço do jogo digital. Todos os três devem ser projetados em consonância para conseguir o devido efeito narrativo em seu jogo.

Por exemplo, a sensação de gravidade zero em Asteroids está diretamente ligada ao design do espaço do jogo. Em vez de rebater na parede da tela, como uma bola de tênis, a nave sai de um lado e volta pelo outro, dando a ilusão de movimento sem fim na escuridão do espaço. O estilo de movimento do jogo, enfatizando o movimento inerte e as manobras de foguetes retrógrados, também aumenta a sensação de uma viagem espacial. Embora a nave do jogador nunca saia da tela, no início de cada onda, os asteroides surgem a partir das bordas. Assim que aparecem, esses asteroides seguem a mesma lógica *wraparound* da nave do jogador. Outros objetos, como os discos voadores, nunca voltam e simplesmente desaparecem quando chegam à borda da tela. Curiosamente, essas inconsistências nunca quebram a continuidade espacial do jogo. O fato de que alguns objetos permanecem constantemente na tela (a nave do jogador e os asteroides existentes), enquanto outros parecem vir de partes desconhecidas (novos asteroides e OVNIs), acrescenta a uma narrativa rica em multicamadas de exploração cósmica e sobrevivência. O espaço cria uma narrativa em todos os sentidos da definição de Miller: o espaço ajuda a definir os "personagens" (os objetos do jogo), ele é o contexto no qual ocorrem os eventos narrativos e padroniza a experiência narrativa ao longo do tempo para o jogador.

O design de um espaço de jogo cria um contexto para a interação narrativa, por meio da estruturação dos eventos em padrões de espaço, tempo e causalidade. Como Marsha Kinder menciona em *Playing with Power in Movies, Television, and Video Games*, "A narrativa cria um contexto para a interpretação de todas as percepções. A narrativa mapeia o mundo e seus habitantes, incluindo a própria posição de alguém dentro dessa grade".[10] A inte-

Asteroides: Uma tela com wraparound

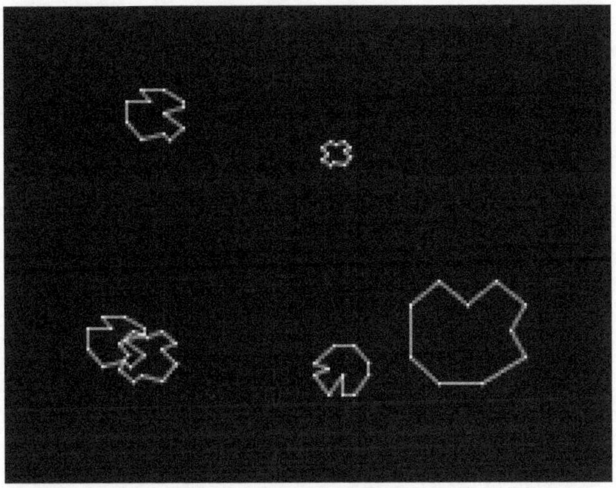

Double Dragon: Rolagem com camadas de fundo separadas

Tempest: Espaço 3D limitado

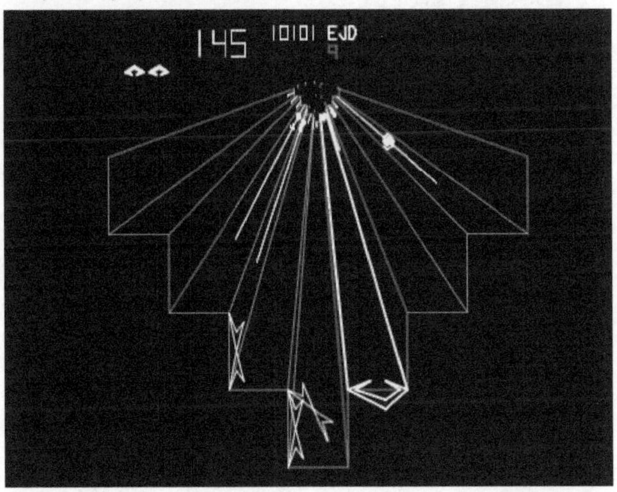

Spy vs Spy: Dois espaços em uma tela

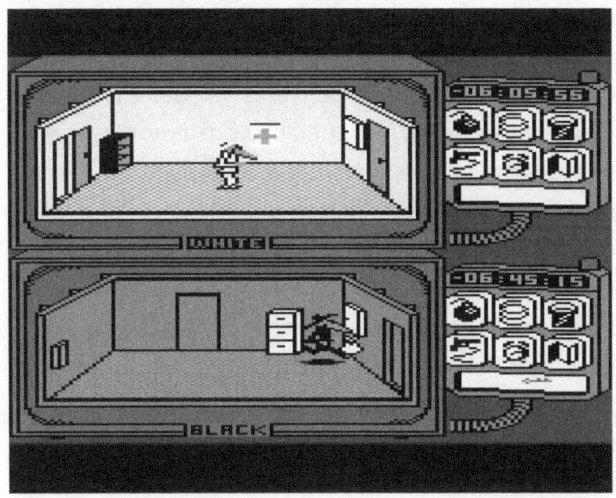

Tomb Raider: Espaço 3D completo

Defender: Espaço "mapeado"

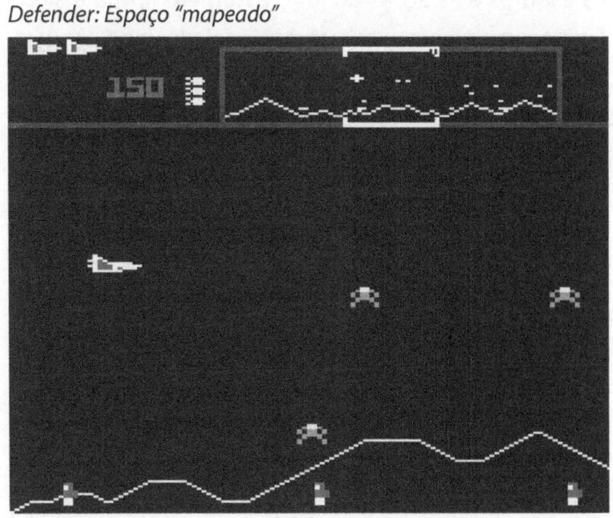

ração lúdica narrativa dos jogos é sempre ligada a uma grade subjacente de possibilidade, aos objetivos e aos conflitos, à insegurança e à ação momento a momento da mecânica básica. O espaço de um jogo é literalmente seu espaço de interação lúdica.

Em um jogo de luta, tal como Tekken, o espaço é bem restrito, comprimindo os dois lutadores uns contra os outros. Não há lugar para correr ou se esconder. Tudo que você pode fazer é lutar contra o seu adversário, uma ação que o design do espaço explicitamente incentiva e facilita. Em contraste, os corredores e os ambientes de um espaço de jogo de luta como Quake criam uma narrativa de manobras de escape e loucas corridas para obter *power-ups* e a surpresa da morte súbita. [N. T.: Em videogames, *power-ups* designam um item qualquer que aumenta o poder, velocidade ou outra característica do personagem ou veículo controlado pelo jogador durante o jogo.] Tekken não tem nenhuma informação espacial oculta. Mas, em Quake, as paredes impedem os jogadores de se ver, a iluminação escura torna possível se esconder nas sombras e periodicamente aparecem *power-ups* que criam incerteza sobre quando e onde eles podem ser encontrados. Em Tekken e Quake, "a posição na grade" de um jogador, como Kinder coloca, é simultaneamente uma localização no espaço do jogo e uma posição no espaço da narrativa do jogo. Os espaços dos jogos formais, representados e interativos também são espaços narrativos, contextos para a interpretação da experiência de um jogo como uma história.

Quando estruturamos a experiência como narrativa, os eventos e as ações do jogo assumem forma e significado no universo representacional do jogo. As propriedades dinâmicas do espaço de Tekken e Quake são importantes na criação das narrativas emergentes de conflito. Mas os espaços contêm qualidades narrativas incorporadas também. Em Quake, os espaços incorporam os conjuntos, adereços e personagens de horror da ficção científica. Em Tekken, como a maioria dos jogos de luta, cada arena é tematicamente vinculada a um dos personagens do jogo. O espaço pode ser usado para expressar informações sobre a personalidade de um personagem ou a história pregressa, ou para criar narrativas sobre a defesa do território de alguém ou a invasão do território do inimigo.

Espaços do Adventure

Uma das qualidades maravilhosas dos espaços de jogo digital é a sua plasticidade e flexibilidade. A ênfase nos últimos anos nos espaços fotorrealistas e logicamente consistentes do jogo em 3D tem evitado abordagens experimentais para o design do espaço em favor, cada vez mais, dos "realistas". Ainda explorando a flexibilidade do computador, o espaço pode ser uma ferramenta narrativa poderosa. Por exemplo, veja o jogo Adventure para o Atari 2600, sem dúvida o primeiro jogo de aventuras gráfico. Vamos começar vendo o passado de Adventure com base no manual do jogo:

> Um mago do mal roubou o Cálice Encantado e está escondido em algum lugar no reino. O objetivo do jogo é resgatar o Cálice Encantado e colocá-lo no interior do Castelo de Ouro, ao qual ele pertence.
>
> Esta não é uma tarefa fácil, pois o mago do mal criou três dragões para impedi-lo em sua busca pelo Cálice de Ouro. Há o Yorgie, o dragão amarelo, que é simplesmente malvado; há o Grundle, o dragão verde, que é malvado e feroz; e há o Rhindle, o dragão vermelho, que é o mais feroz de todos. Rhindle é também o dragão mais rápido e é o mais difícil de superar.
>
> Há três castelos no reino: o Castelo Branco, o Castelo Negro e o Castelo de Ouro. Cada castelo tem um portão na entrada. O portão pode ser aberto com a chave colorida correspondente. Dentro de cada castelo existem salas (ou cavernas, dependendo do nível de habilidade em que você está jogando).
>
> Os castelos são separados por salas, caminhos e labirintos. Comum a todos os níveis de habilidade é o Labirinto Azul por meio do qual você deve encontrar o caminho para o Castelo Negro. Os níveis 2 e 3 da habilidade têm um reino mais complicado...[11]

Essa narrativa incorporada entrelaça os elementos tradicionais do personagem, cenários e conflitos (Mago do mal, Reino e tesouro escondido) com descrições explícitas da mecânica espacial do jogo (as chaves abrem as portas, os castelos estão conectados por caminhos e labirintos, os níveis mais altos de habilidade têm reinos mais complexos). Essa descrição introdutória até explicita as formas como as organizações espaciais adquirem sentido narrativo. Por exemplo, segundo o texto, o que torna Rhindle o dragão vermelho mais feroz de todos eles? É a sua habilidade de se mover pelo espaço mais rapidamente que os outros.

No Adventure, o jogador é representado como um quadrado que se move no espaço do jogo, reunindo e utilizando objetos, evitando inimigos e navegando no reino a fim de encontrar o cálice escondido. Conforme Wolf assinalou em sua taxonomia dos espaços de jogo, Adventure representa o espaço como uma série de salas adjacentes interligadas, exibidas uma de cada vez. Quando um jogador entra em uma nova sala, seu ponto aparece em um local na borda da tela correspondente à entrada da sala. Se o jogador usar uma saída para deixar a sala, uma nova sala preencherá a tela. Ao contrário de um espaço mais contemporâneo de rolagem suave, o esquema espacial de Adventure representa cada sala como uma espécie de painel teatral, uma cena independente que foca a ação dramática. Essa estrutura elegantemente simples, imposta em parte por limitações tecnológicas, ainda assim presta-se perfeitamente à narrativa imaginária do conto de fadas do jogo. Por exemplo, quando um jogador entra em uma sala com um portão de castelo fechado, o movimento é muito restringido aos limites inferior e lateral da tela, claramente evocando a experiência de ser trancado. Por outro lado, quando a devida chave abre o portão, uma animação simples, mas expressiva, da ponte levadiça do castelo sendo erguida transforma o espaço do castelo, de uma barreira imposta em uma passagem convidativa, levando a novos espaços além.

Grande parte da deliciosa utilização do espaço de Adventure vem de suas inconsistências. A sala que alguém alcança dentro de um castelo, por exemplo, é maior que o castelo que aparece do lado de fora. Esse uso ilógico do espaço expressa a natureza mágica da narrativa do jogo e atinge o verdadeiro virtuosismo na construção dos quatro labirintos do jogo. Como é adequado à criação de um mago do mal louco, esses labirintos não seguem uma topografia consistente. Os labirintos existem como uma série de salas independentes com passagens. Mas, as entradas e saídas das salas não seguem uma lógica consistente espacial, os personagens entram e saem de maneiras erráticas. A imagem à direita mostra um mapa do Labirinto Azul, juntamente com indicações das conexões entre as entradas e saídas de cada sala.

Castelo fechado

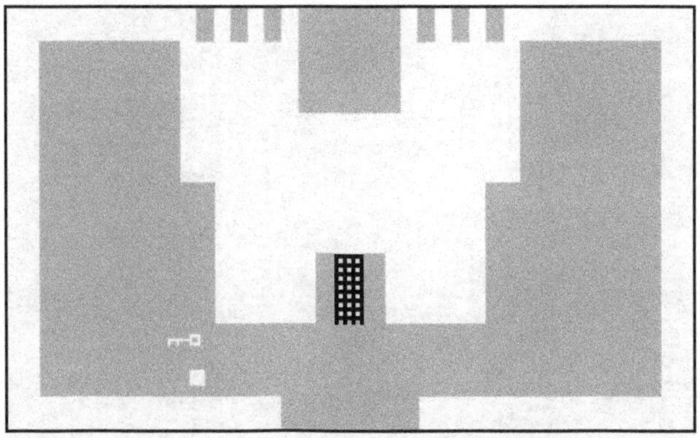

Castelo aberto

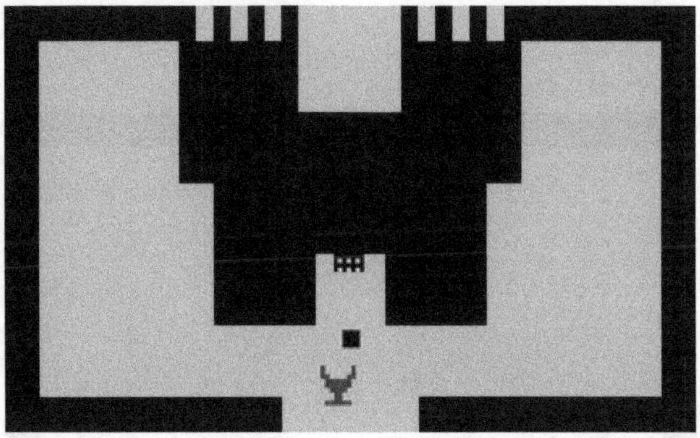

A experiência de navegar nesses labirintos pode ser inicialmente desconcertante, especialmente porque alguns deles são "catacumbas" escuras, onde você só vê as paredes em uma área limitada imediata em torno de seu ponto. É possível se sentir nesses labirintos completa e totalmente perdido — um efeito narrativo maravilhosamente apropriado e emergente. Mas, ao mesmo tempo, os labirintos não são gratuitamente complexos, contendo apenas três, quatro ou cinco salas. A dificuldade de se mover por meio deles vem de sua lógica mágica das conexões entre entradas e saídas, não de uma superabundância de opções de navegação. Esse é um desafio espacial bem projetado, equilibrado. O jogador nunca perde um forte senso de todo o sistema e, ao longo da ação de várias partidas, aprende a navegar pelos labirintos com uma facilidade cada vez maior.

Mais do que na maioria dos jogos, as qualidades formais, representacionais e interativas dos espaços de Adventure contribuem diretamente para a rica experiência narrativa do jogo. Você finalmente encontra a Chave

Labirinto Azul (visão ampliada)

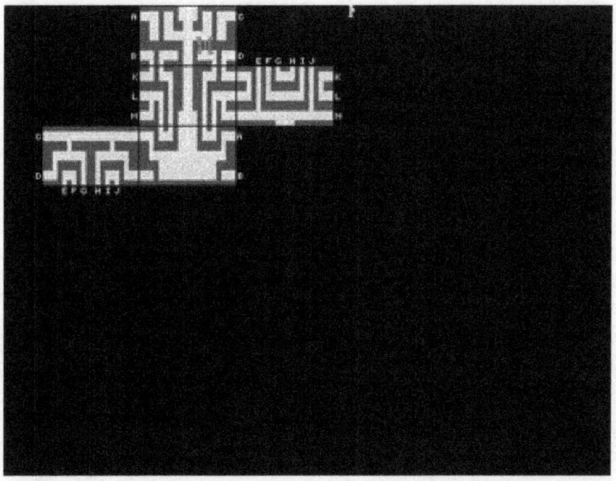

Dentro do Castelo Negro

Preta nas catacumbas e corre por um labirinto em direção ao Castelo Negro fechado. Mas, então, você depara com Rhindle, o dragão Vermelho! Você prefere ser esmagado por Rhindle ou acabar preso nos corredores estreitos do labirinto? Você só pode carregar um objeto por vez e deixou cair a espada quando encontrou a chave preta. Com a espada, você poderia matar Rhindle. Mas você pode lembrar exatamente onde ela está? É melhor decidir rapidamente, pois Rhindle está aproximando-se rapidamente! Essas narrativas emergentes são ocultadas no contexto maior do conto de fadas do jogo e são possíveis graças à maneira como o espaço simples mas estruturalmente intrincado de Adventure enquadra e permite a ação do jogo. Os elementos formais do jogo se tornam narrativamente significativos dentro do contexto da história que o jogo proporciona.

Descritores narrativos

Em uma tela preta, não há nada, exceto os contornos brancos de Rorschach se movendo, e você deve atacá-los, por assim dizer, antes que eles ataquem você. Você já descobriu o que "você" é. O nome na máquina implica que você está em um campo de asteroides, não que você saiba o que é um campo de asteroides ou como seria estar em um.

— ***David Sudnow,*** *Pilgrim in the Microworld*

Voltaremos agora para a interação lúdica narrativa dos jogos digitais. Mas, primeiro, devemos fazer uma pausa para identificar um elemento-chave da narração de histórias: descritores narrativos. Os descritores narrativos são representações, o que significa que são interpretações de um ou mais aspectos do mundo do jogo. Os jogos oferecem aos jogadores descritores narrativos em muitos níveis. Os gráficos das laterais do arcade retratam os objetos ou os personagens que aparecerão no mundo do jogo. O texto do manual do jogo explica muitos aspectos de uma experiência de jogo, desde os controles interativos até o enredo e a história pregressa. As trilhas sonoras ajudam a estabelecer e a embelezar o cenário da narrativa, enquanto a cinemática de abertura nos diz como é o mundo do jogo e por que estamos nele. Mesmo dentro do jogo, os elementos gráficos e os efeitos sonoros comunicam a identidade narrativa dos objetos e dos personagens do jogo. Cada tipo de descritor narrativo desempenha um papel diferente na narrativa explicando o universo do jogo, criando um contexto narrativo para os eventos e as ações.

Tudo em um jogo é potencialmente um tipo de descritor narrativo. Pensar em termos de descritores narrativos significa enquadrar os elementos dentro e fora de um jogo como objetos que comunicam a história. Como jogadores, contamos com a descrição narrativa para nos ajudar a entender as definições, eventos e personagens encontrados. Apesar de os descritores narrativos terem alguma relação com a estrutura formal de um jogo, eles são um pouco separados dela. O mesmo jogo pode ser representado de várias maneiras por meio de diferentes descritores narrativos. Por exemplo, Breakout tem sido narrativizado de várias maneiras. O jogo original mostrava no seu estojo imagens de prisioneiros escapando de uma prisão, contando a história de uma fuga de presos. Nesse caso, as camadas de blocos na tela representam as paredes da prisão da qual o prisioneiro está tentando fugir ("break out"). A primeira versão Atari 2600 do Breakout enquadrava a narrativa como uma partida de tênis no estilo Pong: a tampa da caixa apresentava elegantes ilustrações de tenistas. A sequência Super Breakout mudou para o reino da ficção científica, uma nave espacial solitária enfrentando um campo de força misterioso.

Embora a estrutura formal básica do Breakout tenha permanecido a mesma em cada uma dessas três variações, a narrativa do enquadramento mudou radicalmente. Mas não tenha uma impressão errada: isso não significa que qualquer narrativa pode ser aplicada a qualquer jogo. No caso de Breakout, a qualidade abstrata dos gráficos do jogo e do som serviam mais facilmente a interpretações narrativas múltiplas. Além disso, cada uma das três estruturas narrativas (fuga de presos, partida de tênis, campo de força) deu uma verdadeira relação ao jogo real, embora cada narrativa tenha enfatizado diferentes aspectos da estrutura do jogo e da interação.

É interessante notar que os descritores narrativos nem sempre são eficientes na criação de um contexto claro para a interação. Em Super Breakout, por exemplo, a narrativa escrita no manual do jogo é realmente um pouco confusa. Citamos no começo deste capítulo, mas abaixo segue um pequeno trecho:

> De repente, sem aviso, há um flash brilhante à frente. Você verifica a tela do radar. Nada. Logo depois, há outro flash e outro. A próxima coisa que você sabe é que os flashes se transformaram em um tipo de campo de força gigantesco e está bem à sua frente. Você verifica a tela do radar, e nada ainda.

De uma perspectiva do jogo, essa narrativa está estranhamente desconectada da interação do jogador. Duas vezes no texto o "você" da narrativa verifica a tela do radar. Que tela de radar? Não há nenhum radar no jogo. E os flashes de luz? Quando o jogo começa, não há flashes de luz, apenas linhas sólidas de blocos coloridos e uma bola. O que isso quer dizer? A ênfase insistente da narrativa no fato de a tela radar estar em branco, de que o campo de força não aparece no radar da espaçonave, ressalta a imaterialidade baseada na luz da experiência de Breakout, ainda uma novidade no início da era dos jogos digitais. Talvez o texto referencie o primeiro momento do jogo, o instante em que a televisão é ligada e a escuridão dá lugar ao padrão de incandescência de um tubo de raios catódicos se aquecendo. Às vezes, um descritor narrativo não tem de fornecer uma base lógica para jogar e pode simplesmente fazer referência a um gênero narrativo mais geral. No caso do Super Breakout, o descritor não consegue produzir uma narrativa exata para o jogo iminente, mas conta uma maravilhosa história metatextual de elétrons dançando em uma tela fosforescente, por volta de 1981.

Além de atuar como uma "moldura" para o jogo central, os descritores narrativos também podem aparecer dentro de um jogo. Em Thunderstorm, há pouca ou nenhuma descrição narrativa antes do jogo que descreva a interação do jogador. Em vez disso, a interação lúdica narrativa de Thunderstorm transforma os números nos dados em uma história de uma tempestade se aproximando, durante o jogo em si. As linhas em uma página tornam-se casas; os lançamentos dos dados tornam-se atos de construção e destruição. Os descritores narrativos funcionam de duas maneiras. Eles podem agir para identificar os objetos ou os eventos dentro de um jogo: "prisão", "casa", "temporal", "campo de força". Eles também podem fornecer estruturas de interação para os jogadores: "este é um jogo sobre tempestades", "este é uma simulação de tênis" (Esses dois usos dos descritores correspondem diretamente aos dois modos de representação de jogo do capítulo anterior — que os jogos *podem representar* e que *são representações*.)

Vejamos de perto um jogo, Asteroids, para saber como ele integra os descritores narrativos a fim de criar uma experiência de jogo atraente. As instruções do jogo no gabinete arcade contêm o seguinte texto:

> Atire nos asteroides, enquanto evita colisões com eles. Ocasionalmente, um disco voador aparecerá e tentará derrubá-lo com mísseis teleguiados. Destrua o disco voador ou os mísseis para ganhar mais pontos.

Qual informação essa descrição de narrativa contém? Podemos deduzir que:

- Existem dois tipos de objetos no jogo com os quais iremos lutar: asteroides e discos voadores. Ambos têm capacidades destrutivas. A destruição ocorre por meio da colisão, com um asteroide ou um míssil teleguiado.

- A interação com os asteroides assume duas formas: podemos atirar neles ou podemos manobrar em torno dos asteroides para evitar o contato.
- A interação com os discos voadores envolve tiros e manobras também. Como os discos voadores usam mísseis guiados, será mais difícil despistá-los.
- Os discos voadores são mais raros e, portanto, mais valiosos. Ganhamos pontos adicionais por destruí-los.
- Os discos voadores são inimigos ativos: eles tentarão nos destruir. Os asteroides são inimigos passivos: devemos evitar colidir com eles.
- O movimento dos asteroides é independente do movimento de nossa nave, enquanto o movimento dos mísseis guiados está diretamente ligado a ela.
- Os mísseis guiados poderão destruir os asteroides se posicionarmos nossa nave atrás de um asteroide. O asteroide se torna um escudo para a nave.

Tanta informação contida em um descritor tão pequeno! Mas há mais. Embora não seja explicitamente afirmado que estamos em uma nave espacial ou que estamos no espaço sideral, esses dois fatos decorrem das instruções. Sabemos que os asteroides e os discos voadores existem no espaço sideral, não no deserto ou no oceano. Sabemos também que, se somos capazes de atirar e manobrar, temos de estar em um veículo que permite essas ações. Podemos concluir a partir da lógica narrativa da história que estamos em uma nave espacial. Os detalhes sobre a nossa nave espacial — seu nome, como ela usa o combustível, o tamanho da tripulação — não importam. As informações-chave da narrativa são que ela pode manobrar e atirar no inimigo.

Mas, e se um jogador pular as instruções e começar a jogar? Sem a descrição textual introdutória, os jogadores saberão o que fazer? Em um jogo bem concebido como Asteroids, a resposta é sim, pois existem muitos outros descritores narrativos para orientar o jogador. Primeiro, o nome do jogo e os gráficos difíceis de esquecer no gabinete comunicam que Asteroids é uma narrativa de ficção científica que ocorre no espaço sideral e que os contornos geométricos brancos em movimento na tela escura são os *asteroides*. Em segundo lugar, a representação dos objetos no mundo do jogo fornece informações sobre o que são e quais formas de interação ocorrerão. Quando o jogo começa, a tela é preenchida com muitos asteroides, mas apenas um objeto em forma de seta, localizado bem no centro. Se a colocação central e a identidade única do objeto em forma de seta não forem suficientes como uma pista, um jogador que começa simplesmente apertando o botão rapidamente descobrirá que pode controlar diretamente a seta (mas não os asteroides). É fácil concluir que o objeto em forma de seta representa o jogador, situado no mundo do jogo de um campo de asteroides.

Um jogador não familiarizado com o jogo ou seus objetivos será rapidamente despedaçado por um asteroide. Esse acontecimento dramático é representado por uma explosão visual e sonora, bem como pela remoção das naves restantes de um jogador pelo canto da tela. O ato de ser destruído por um asteroide contém uma riqueza de informações para o jogador, o que significa que os asteroides são letais e devem ser evitados. Quando um disco voador aparece de repente e começa a atirar no jogador, é lógico deduzir que ele também é um inimigo e, portanto, merece a destruição. Quando um jogador consegue destrói com sucesso um disco voador e recebe pontos de bônus, ele aprende que os discos voadores são mais valiosos que os asteroides. Os discos voadores aparecem apenas em intervalos intermitentes e sua raridade destaca o seu valor em pontos de bônus e seu grau extra de perigo.

Cada um desses eventos é possível graças a um descritor narrativo, uma *representação* que ajuda os jogadores a entenderem a atividade do jogo dentro de um contexto de narrativa maior. Em Asteroids, todos os elementos narrativos são integrados e compreensíveis, as duas principais qualidades da interação lúdica significativa. Mesmo sem ler as instruções, os jogadores podem, por meio da interação com o mundo do jogo, experimentar o jogo narrativo. Esse é um sinal de um jogo bem concebido, que fornece um sistema claro e convincente de significado. Nesse tipo de contexto, o jogo em si revela o significado narrativo do mundo do jogo.

Cada elemento de um jogo está repleto de potencial narrativo. Os componentes narrativos de um jogo não são apenas a história pregressa e as *cutscenes*. [N. T.: *Cutscene* é uma sequência em um videogame sobre a qual o jogador não tem controle ou tem apenas controle limitado. Essas sequências costumam interromper o jogo e são usadas para apresentar o enredo, o desenvolvimento do personagem atual e fornecer informações de fundo, a atmosfera, o diálogo e pistas. Elas podem ser animadas ou usar *live action* (isto é, atores reais).] *Qualquer* elemento de representação pode ser um descritor narrativo, uma oportunidade para você comunicar a história que deseja que seus jogadores experimentem. Em Asteroids, os elementos do jogo, a interface e até mesmo o gabinete arcade, todos desempenham um papel na narrativa. Nada é irrelevante: cada peça ajuda a contar a história, que é maior que a soma das partes. A narrativa do seu jogo é projetada com tanta firmeza e elegância quanto o jogo Asteroids?

Mundos e histórias

As representações nos jogos não existem no isolamento do resto da cultura. Elas dependem das convenções elaboradas com base nos gêneros narrativos em outras mídias. Embora as áreas dos jogos possam oferecer espaços fictícios e fantásticos, esses espaços são quase sempre familiares de alguma forma para os jogadores. O espaço profundo de Asteroids não é algo que qualquer um de nós tenha experimentado diretamente, mas é parte de um universo baseado em gêneros encontrado nas histórias dos escritores de ficção científica e astrofísicos. Os jogadores podem apreciar a narrativa do jogo, mesmo que nunca tenham pilotado uma nave espacial em um campo de asteroides, por causa das convenções familiares da sua representação.

Para entender o cenário do mundo de um jogo, os jogadores contam com o conhecimento de outras histórias semelhantes. Os jogadores que iniciam um jogo Asteroids pela primeira vez sabem o que fazer em parte porque estão familiarizados com um gênero de ficção que descreve as interações entre as naves, discos voadores e asteroides no espaço sideral. (Os OVNIs que atiram em você são inimigos e devem ser destruídos ou evitados.) O conhecimento da narrativa que os jogadores trazem com eles para os jogos não só os ajuda a reconhecer as convenções do universo do jogo, mas também limita e restringe suas ações. Como o estudioso de jogos Rune Klevjer escreve em uma análise de Grand Theft Auto III,

> Cortar cabeça de um gângster colombiano no GTA III é uma coisa. Fazer o mesmo com, digamos, uma menina de 7 anos não seria igual (portanto, não existem crianças em Liberty City). A diferença entre essas duas representações está parcialmente enraizada em suas respectivas referências do mundo real — um macho adulto malvado ***versus*** uma menina bonita — mas também ligada a um universo específico, tipificado, construído pelo jogo. Dentro dessa ficção familiar, o cara malvado se transforma (por meio de algumas dicas estilizadas) em um gângster muito conhecido, do tipo traficante implacável e superviolento.[12]

Grand Theft Auto III ocorre no ambiente do gênero *pulp-fiction* de guerra das gangues urbanas e do crime organizado. Como um universo fictício, um conjunto de convenções narrativas estiliza esse mundo. Atirar em um bandido se encaixa nessas convenções narrativas, mas fazer o mesmo com uma garotinha, não. Da mesma forma, ser atacado por discos voadores em Asteroids estabelece uma estrutura narrativa que não incluiria um homem da montanha Apalache disparando no jogador com um estilingue. Em outras palavras, o cenário de um jogo determina os personagens, eventos e ações permitidas dentro de sua estrutura narrativa.

> O universo gângster [de GTA III] como um cenário e uma organização para o jogo é em parte baseado nas histórias prontas contadas dentro dele. As ações executadas pelo jogador (...) tornam-se significativas dentro do universo baseado em gênero como um todo. "História" e "mundo ficcional" são dois lados de uma mesma moeda — uma ação simbólica, pré-escrita e tipificada definindo uma identidade típica da área. Mesmo que pudéssemos imaginar um mundo fictício semelhante sem uma única história abrangente enquadrando o jogo, teria que haver, pelo menos, elementos narrativos compreensíveis que pudessem dar um pouco mais de substância específica do gênero a uma atmosfera vaga do crime urbano. Na ficção, a descrição evoca narrativas implícitas e a narrativa evoca a descrição implícita.

Klevjer identifica dois componentes das narrativas do jogo: *mundos fictícios*, que representam o contexto da narrativa, e *eventos da história*, os incidentes do jogo real que ocorrem no mundo fictício. Há uma complexa relação entre esses dois elementos narrativos, cada um informando e enriquecendo os outros com significado narrativo. Em Asteroids, o mundo fictício é o gênero da ficção científica espacial e os eventos da história são as ações que acontecem com a nave do jogador e com os outros elementos do jogo dentro desse cenário narrativo. Os eventos de atirar, fazer manobras, destruir e sobreviver ganham significado narrativo a partir do mundo fictício maior do jogo, mesmo quando eles simultaneamente ajudam a definir esse mundo fictício.

Pode parecer que os mundos fictícios e os eventos da história espelham os conceitos das estruturas narrativas incorporadas e emergentes. Na verdade, não são conceitos paralelos. A distinção entre incorporado/emergente identifica como elementos narrativos são organizados na estrutura formal de um jogo: Esse elemento da narrativa é gerado previamente ou surge no jogo? Os mundos fictícios e os eventos da história referenciam a narrativa do jogo de uma maneira muito diferente, no nível do engajamento imaginativo de um jogador com a história do jogo. Os elementos incorporados e emergentes podem desempenhar um papel na definição do mundo fictício de um jogo ou dos eventos da sua história.

Os conceitos de Klevjer fornecem uma maneira útil de pensar sobre as narrativas do jogo. Com frequência, o mundo fictício de um jogo é um dado certo, um cenário genérico para os eventos roteirizados da trama. Os designers de jogos devem envolver-se mais rigorosamente com a relação complexa e interdependente entre o mundo fictício e os eventos da história. Os acontecimentos da trama, a "história do jogo", são possíveis graças à existência de um mundo fictício maior no qual a história ocorre. Ao mesmo tempo, os eventos da história se ajudam a definir e informar o mundo fictício. Criar mundos fictícios significa prestar mais atenção às narrativas que tais mundos inspiram. E vice-versa. Juntos, esses dois elementos narrativos do jogo criam um contexto artificial onde a experiência do jogo adquire significado narrativo. Embora o mundo louco do desenho animado no Super Mario não espelhe o espaço do mundo real, os eventos no universo do Super Mario seguem fielmente as expectativas do tipo de coisa que deve acontecer nesse mundo. Os jogadores não ficam surpresos ou confusos ao encontrar cogumelos mágicos coloridos, inimigos fofinhos mas perigosos ou gigantescos canos verdes. Cada um desses elementos faz sentido narrativo no cenário específico de um jogo Super Mario. A inclusão de um cão representado de modo fotorrealista, por outro lado, pareceria inadequada. Assim, os descritores narrativos implicam uma lógica de representação que limita e restringe o design do espaço de possibilidades. Essas limitações permitem a integração e a compreensão de todos os elementos contidos no mundo do jogo, um mundo cujo cenário descreve os limites de sua própria ação.

Ao projetar um jogo, é fundamental prestar atenção à relação entre o cenário da narrativa do mundo do jogo e o tipo de evento que ocorreria em tal cenário. Se você estiver criando um jogo de corrida num futuro longínquo com antigravidade, os descritores narrativos dos personagens, eventos, objetos e comportamentos deverão estar contidos nos limites lógicos desse cenário. Os jogadores devem ter a sensação de que a tecnologia que alimenta seus veículos ainda não foi inventada e que a física que afeta a velocidade e o movimento dos veículos não é algo que experimentamos na Terra. O projeto de um jogo de tabuleiro intitulado "Dot.Com Mania" deve modelar os eventos e a estética da bolha econômica dos anos 1990, não da Grande Depressão dos anos 1930, talvez tendo dicas visuais de filmes, tais como *Startup.com*, e revistas como *Red Herring*. Criar narrativas do jogo significa jogar nos reinos da cultura, envolver-se com as alegorias e as convenções dos gêneros da literatura, mídia, cultura popular, entretenimento e arte. Incorporar estruturas de representação das narrativas relevantes ajudará a desenvolver e a transformar essas estruturas de modo a levar a experiências convincentes (e talvez raras) de jogo.

Isto certamente não significa que você só pode projetar jogos que existam dentro de gêneros narrativos estabelecidos. É possível criar novos tipos de mundos fictícios ou combinar e misturar novamente os universos da narrativa convencional de novas maneiras. As regras são feitas para serem quebradas. Talvez seja possível colocar um cão fotorrealista em um jogo do tipo Super Mario. Mas a narrativa do jogo resultante tem de incorporar essa inconsistência de uma forma coerente. Talvez o jogo seja sobre um cão do mundo real que foi transportado para um videogame (daí o estilo diferente de representação). Ou, talvez, ele se torne um jogo com uma estética de colagem, no qual *cada* personagem tem sua própria linguagem visual única.

Quando você está criando jogos com experiências narrativas menos típicas, sua tarefa de design torna-se mais desafiadora. Seus jogadores não estarão familiarizados com o mundo fictício do seu jogo. Por exemplo, quais são as convenções narrativas de um jogo sobre material de escritório que ganha vida à noite quando os funcionários vão para casa? Neste caso, cabe ao designer de jogos estabelecer o mundo fictício para o jogador o mais rapidamente possível, talvez fazendo uma referência direta ou indireta para as narrativas relevantes, tais como os brinquedos que ganham vida inexplicavelmente em *Toy Story*, o conto lúdico de Pinóquio ou mesmo a paródia da vida no escritório do filme *Como Eliminar seu Chefe* (*Nine to Five*). Cada um desses contextos narrativos oferece diferentes maneiras de estabelecer o mundo fictício e organizar os eventos que acontecem dentro dele.

Criando narrativas de jogo

Como você cria os detalhes de uma narrativa que lhe permitirão alcançar o mundo fictício e os eventos da história que você quer que seus jogadores experimentem? Não existe uma fórmula única e mágica, e, como os contadores de história em todos os meios sabem, o problema está nos detalhes. Como nosso foco é o design de jogos, esse livro não inclui seções sobre a estética visual do design de personagens, dicas para escrever diálogos para o jogo ou outras particularidades de como construir os descritores narrativos. Mas podemos oferecer alguns aspectos gerais do pensamento sobre a arte das narrativas de jogo. Prestando atenção aos detalhes das representações do seu jogo e como eles ligam o sistema de jogo formal e a experiência do jogador, você será capaz de gerar uma interação lúdica narrativa significativa.

Considere o texto do manual do jogo Wipeout XL a seguir:

> Mundo futuro...
> A bola salta. Um pino cai. Um homem cai.
> A gravidade é a cola que nos une ao nosso planeta.
> Estamos prestes a aplicar o solvente que libertará nossa espécie para sempre. — Pierre Belmondo, diretor de Pesquisa AG [antigravidade] Europeia, Nevada, abril de 2035

Apesar da narrativa introdutória de Wipeout XL ser extremamente abstrata, ela transmite uma sensação de como *será* nesse mundo futuro. A escassez da descrição, as metáforas da cola e do solvente da gravidade usadas para "libertar nossa espécie sempre" trabalham para criar um contexto emocional da história. As qualidades formais da descrição narrativa estabelecem um clima e um cenário específicos. Se o texto tivesse sido escrito no inglês da idade média, o contexto da narrativa do mundo passaria uma sensação bem diferente. O modo *como* algo é dito é tão importante quanto *o que* se diz quando você está criando contextos narrativos. Esse texto, situado no contexto visual futurista e tecnológico dos gráficos do jogo Wipeout XL, adquire ainda mais significado narrativo, ao mesmo tempo que infunde o resto do jogo com significados próprios.

Considere o design dos objetos ou dos cenários. A estética visual e de áudio de Silent Hill cria uma atmosfera distintamente assustadora e inquietante. A sequência de abertura no estilo filme amador, com música dissonante, estabelece um clima de horror subjacente que é apoiado pelo uso limitado de luz ao longo do jogo. Mesmo à luz do dia, é nebuloso e difícil de ver muito longe. Quando está escuro, o campo de visão de um jogador se limita ao estreito raio de uma lanterna simples. A luz funciona como um elemento narrativo, criando um clima denso e uma estrutura para uma interação cautelosa. O áudio também é importante na criação da experiência narrativa distintiva de Silent Hill. Ruídos de fundo, como os soluços de medo de uma criança na escola abandonada, criam um cenário narrativo maior e trabalham gradualmente para enervar o jogador. Os sons inquietantes e característicos dos inimigos se aproximando, que variam desde animais alados até bebês fantasmas inofensivos e enfermeiras homicidas que se arrastam, prenunciam sua probabilidade de aparição e ataque. O jogo utiliza técnicas narrativas cinemáticas para ter um bom efeito, ligando-as intrinsecamente ao sistema do jogo e à interação do jogador: os inimigos são revelados primeiro no som, em seguida, no visual, depois por meio da interação de combate. Os efeitos sonoros gratuitos e "assustadores" podem se desgastar rapidamente, mas quando esses efeitos significarem os eventos futuros do jogo, o jogador irá sentar-se e prestar atenção.

Os descritores narrativos nos jogos incluem tudo, desde a introdução escrita até a cinemática de abertura, desde o design da luz e do som até o estilo da interface do jogo. Esses elementos narrativos não só pertencem ao enredo, personagem e cenário, mas também dão aos jogadores informações sobre os tipos de interação que são apropriados e como eles devem comportar-se. Juntos, esses elementos formam um sistema narrativo complexo e entrelaçado, a partir do qual a experiência narrativa do jogador emerge. Como essa experiência se torna uma interação lúdica significativa? Por meio das opções de design que criam relações compreensíveis e integradas entre as partes do sistema. Em todos os exemplos bem-sucedidos do jogo narrativo analisados até agora, os valores básicos do projeto de integração e compreensão ainda são válidos. Por exemplo, os efeitos sonoros do inimigo que se aproxima em Silent Hill tornam-se significativos porque eles estão integrados no sistema do jogo, alertando o jogador sobre os iminentes monstros conhecidos (ou desconhecidos) de uma forma que é consistentemente clara e compreensível.

Jogos como sistemas narrativos

A criação de uma narrativa de jogo é realmente a criação de um *sistema* narrativo. Essa noção unifica todos os conceitos apresentados até agora neste capítulo. Como um problema de design, criar elementos narrativos de um jogo é muito parecido com a criação dos outros aspectos de seu jogo. Você está criando um sistema de partes, elementos simples que se inter-relacionam para formar um todo complexo. Os significados que emergem de um sistema vêm das relações entre os elementos individuais, bem como os padrões mais globais que emergem em muitos conjuntos de relações menores.

A experiência narrativa total de Ms. Pac-Man surge de muitos componentes: o título do jogo e sua referência à narrativa existente de Pac-Man, os gráficos e texto no gabinete arcade, as telas de título animadas em loop, as caricaturas do jogo entre os níveis e todos os elementos visuais e sonoros do jogo em si. Esses elementos não existem isoladamente, mas se combinam para formar um todo narrativo que é maior que a soma das partes. A narrativa é multifacetada, e não apenas estabelece um mundo fictício de desenho animado e uma história pregressa romântica do protagonista, mas também fornece uma estrutura narrativa para o jogo em si. O jogo produz intensas narrativas emergentes de fome insaciável, retirada estratégica e sobrevivência, bem como reviravoltas dramáticas, onde a caça torna-se temporariamente o caçador. Essas experiências emergentes existem em contraponto ao mundo fictício de luz e cor do jogo, resultando em uma experiência narrativa ricamente texturizada onde cada elemento desempenha um papel.

Um jogo mais explicitamente orientado para a interação narrativa é Advanced Dungeons & Dragons. No D&D e outros jogos de mesa RPG, o jogo é um sistema para a geração da interação lúdica narrativa, um sistema que pode ajudar a definir os personagens, cenários, conflitos, tramas e objetivos da narrativa do jogo. A elaboração desses materiais de jogo projetados normalmente inclui um sistema formal que detalha as regras do jogo, bem como um mundo narrativo que fornece o cenário geral e a história pregressa. Esses dois componentes estão interligados em um sistema narrativo maior do jogo. Por exemplo, o mundo de fantasia medieval de D&D inclui regras para esgrima com armadura, criaturas fantásticas e feitiços mágicos, mas não regras para, digamos, tecnologia da computação.

Embora os jogadores possam comprar aventuras D&D previamente geradas, o mais comum é um Dungeon Master (o jogador que conduz cada sessão RPG) criar aventuras originais. O Dungeon Master conduz os jogadores ao longo de histórias elaboradas, com cada participante desempenhando o papel de um personagem. O Dungeon Master fornece os elementos narrativos, descrevendo cada cenário onde os jogadores entram, desempenhando papéis de aliados e inimigos que os jogadores encontram e lentamente revelando os mistérios escuros e as reviravoltas inesperadas da história em curso.

Dungeons & Dragons e outros jogos similares são sistemas de criação de histórias bem explícitos, destinados a facilitar a autoria estruturada e colaborativa da interação lúdica narrativa. Cada jogador é uma parte desse sistema, assim como o são os jogadores-personagens, o Dungeon Master e os muitos elementos do mundo do jogo. Esses componentes do mundo do jogo podem ser definidos formalmente (*uma espada longa faz de 1-12 pontos de dano*), definidos de modo narrativo (*o eremita*

Estudo de caso Drome Racing como sistema narrativo

Mesmo os jogos que não são explicitamente orientados para a criação de uma história podem ser enquadrados como um sistema narrativo. O LEGO Drome Racing Challenge é um RPG massivo para múltiplos jogadores (Massively ou Massive Multiplayer – MMORPG) no qual os jogadores criam um personagem do jogo, colecionam e personalizam os carros de corrida LEGO, depois correm uns contra os outros em várias pistas. Durante uma corrida, os jogadores não controlam diretamente seus carros, mas veem como suas estratégias de corrida e personalização dos carros desempenham nas pistas em constante mudança. Como um jogo comunitário de grande escala, o Drome Racing Challenge oferece muitos modos de interação, manifestando a interação lúdica narrativa de várias maneiras.

Como um sistema de jogo, a narrativa do Drome Racing Challenge emerge da interação das muitas partes do jogo. A experiência narrativa total do Drome Racing Challenge não reside em nenhum desses elementos individuais, mas seu efeito geral surge do sistema inteiro, que inclui:

História pregressa. O jogo existe dentro de um mundo narrativo maior que inclui revistas em quadrinhos e brinquedos Lego Racers. Esse mundo de corrida e ficção científica, onde os corredores com fome de velocidade competem uns contra os outros em muitas pistas perigosas do Drome, fornece o cenário para o jogo, bem como a estrutura principal do jogo narrativo.

Jogador como protagonista. Cada jogador constrói um piloto que representa seu mundo do Drome Racing Challenge. Esse piloto é definido por meio de um conjunto de descritores narrativos: nome da equipe e cores, ícone do capacete, lema da corrida e frases que ele pronuncia ao propor ou aceitar um desafio de corrida e ganhar ou perder uma corrida. Todas essas características estão incorporadas no conteúdo narrativo, selecionado pelo leitor em listas geradas previamente. Outras características do jogador, tais como registro de corrida de um jogador, status no quadro de líderes, o progresso em direção ao próximo ranking de licença e carros e peças particulares colecionados e montados, são maneiras mais modulares e emergentes de personificar o jogador.

Múltiplos objetivos. O Drome Racing Challenge incorpora objetivos de longo e curto prazos em toda a experiência de jogo e liga-os diretamente à narrativa. Os jogadores constroem uma coleção de carros e peças, atualizam e desenvolvem os carros que eles possuem, melhoram sua licença por categoria, competem nos quadros de classificação e interagem de forma social limitada com outros jogadores por meio do mundo narrativo do jogo.

não parece gostar de nós) ou ambos (*se pudermos convencer o mago a encantar minha espada, esta causará um dano duas vezes maior*). Quando os jogadores conversam, rolam os dados e consultam as regras do jogo, eles interpretam batalhas campais e diálogos dramáticos, negociando poder, conhecimento e personalidade enquanto, juntos, criam uma interação lúdica narrativa significativa. Cada ação, seja uma proeza difícil que requer uma jogada com dados ou um estratagema inteligente baseada em uma conversa, tem seu lugar no sistema narrativo geral, apoiada pelas regras formais que tornam possíveis tais ações. As ações simultaneamente expandem a história em andamento à medida que novos elementos narrativos são adicionados à série de eventos.

Cutscenes

Kane ironizando o vídeo de apresentação de Command & Conquer. A lanterna acesa sobre uma pousada destruída em Diablo II. Bahamut reduzindo seus inimigos a cinzas em Final Fantasy VII. Não há dúvida de que essas cenas simples deixaram sua marca na memória da maioria dos jogadores. Mas como essas belas cenas afetaram a jogabilidade dos títulos que elas ilustram?

— ***Hugh Hancock***, *"Better Game Design Through Cut-Scenes"*

Os conceitos para a concepção da interação lúdica narrativa que identificamos até agora são relevantes para todo tipo de jogo, no computador ou fora dele. Mas existem novas formas e técnicas para a concepção da interação lúdica narrativa emergindo especificamente dos jogos digitais, e terminaremos este capítulo investigando algumas delas. Uma ferramenta de design narrativo que muitos jogos digitais utilizam é a *cutscene*. Embora as *cutscenes* sejam frequentemente descritas como sendo narrativas "fora do jogo" que introduzem ação do jogo, essa distinção só será útil se limitarmos a definição de jogo aos momentos em que os jogadores tomam ação no mundo do jogo. Como sabemos, todos os tipos de descritor narrativo, desde os gráficos na caixa de um jogo até o texto do manual de um jogo, são importantes na definição do mundo fictício de um jogo. Em vez de focarmos as *cutscenes* que ocorrem dentro ou fora do jogo, queremos considerar o *papel* delas no design geral da interação lúdica narrativa.

As *cutscenes* assumem muitas formas, desde as descrições baseadas em texto até as sequências de *cutscenes* no estilo de revista em quadrinhos, cinemática em 3D ou sequências animadas pré-renderizadas. Às vezes, essas formas são misturadas, como em Max Payne, que combina a cinemática de tempo real com a linguagem visual de um *graphic novel* para contar a sua história. Os *voice-overs* pré-roteirizados ou as legendas de texto são muitas vezes combinadas com sequências animadas visuais; o som normalmente desempenha um papel importante no estabelecimento do clima ou da atmosfera. Em todos esses casos, as *cutscenes* são claramente um elemento narrativo *incorporado* — uma sequência narrativa escrita que é a mesma coisa o tempo todo.

Como dispositivos narrativos integrados na estrutura formal do jogo, as *cutscenes* contêm descritores narrativos em muitos níveis. Mais do que os outros elementos do jogo, elas lembram muito as formas existentes da mídia narrativa: são lineares, pré-roteirizadas, não interativas e orientadas para histórias. Até o termo "cutscene" se refere à sua natureza patentemente fílmica. A onipresença das *cutscenes* às vezes é ironizada pelos jogadores experientes, mas, de fato, elas contribuem para a interação lúdica narrativa de várias maneiras importantes. Como Hugh Hancock escreve em "Better Game Design Through Cut-Scenes":

> A *cutscene* existe para tornar o mundo de um jogo mais real — não apenas contando uma história, mas também reagindo ao jogador, mostrando-lhe os efeitos de suas ações sobre o mundo e, assim, tornando o mundo mais real e suas ações mais importantes. A *cutscene* preenche o papel de introdução e epílogo: mostrando ao jogador como é o mundo antes de ele entrar, quais necessidades ele tem de atender, com o que ele tem de trabalhar e o que ele tem de enfrentar, e depois mostrando quais foram os efeitos de suas ações no mundo, sendo bons, maus ou ambos.[13]

Embora possamos fugir do uso do termo "real" de Hancock, estamos de acordo com o espírito de sua declaração. As *cutscenes* são uma forma de conduzir os jogadores no espaço narrativo de um jogo, destacando os momentos-chave e pontuando os eventos importantes e os resultados. Como uma espécie de narrativa em miniatura, as

Estudo de caso: Drome Challenge Racing como sistema narrativo

Espaço narrativo. Inicialmente, cada jogador passa por um breve tutorial introdutório. Depois disso, ele fica livre para criar seus próprios padrões de movimento por meio do jogo. Como um jogo baseado na Web, o Drome Racing Challenge consiste basicamente em páginas HTML, projetadas no estilo futurista de alta velocidade do Drome. O espaço da narrativa do jogo é um espaço de informação e tecnologia, em vez de um espaço físico representado, apropriado para o mundo fictício centrado na mídia do jogo.

Padrões de atividade. As duas atividades básicas do jogo são a personalização de carros e as corridas em pistas. Ambas as atividades têm suas próprias estruturas dramáticas e padrões. A personalização do carro ocorre na "garagem", um ***pit-stop*** e uma loja de autopeças narrativizados onde os jogadores adquirem e manipulam peças de carro, encaixando-as em seus carros. Na garagem, os jogadores se preparam para uma corrida, customizando e aprimorando seus carros para determinadas pistas. Um padrão de jogo comum é correr algumas corridas, então voltar para a garagem para comprar uma nova peça, ajustar o carro e voltar para as pistas para testá-lo. Esse ciclo de comportamento torna-se um padrão narrativo, evocando o estilo de vida dedicado de um piloto de corridas esforçado.

A corrida. Em alguns aspectos, a preparação para a corrida é simplesmente um prelúdio para os momentos de narrativa dramáticos de uma corrida real. Quando um jogador prepara um carro e o coloca em uma pista, qualquer outro jogador pode desafiá-lo. O programa do jogo gera uma corrida feita de perigos e obstáculos aleatórios, leva em conta os carros customizados colocados na corrida e gera uma série de eventos de corrida como resultado. O programa traduz essa informação formal em um desenho animado em 2D, criado de modo emergente pelo software que usa os eventos da corrida para estabelecer o ritmo e a estrutura das tomadas. A animação, em seguida, termina como um estilo Speed Racer, uma sequência de eventos repleta de ação. Linhas de velocidade abstratas, sobreposições informativas e pontos de vista inseridos dos motoristas são combinados com os lances dos veículos de corrida nos ambientes perigosos do Drome. A experiência resultante referencia o estilo ***cartoon*** e de ficção científica do espaço de jogo global, gerando uma narrativa atraente a partir das ligações entre a estética do descritor, a estrutura do mundo fictício e os resultados da interação lúdica significativa.

cutscenes ajudam a preencher a estrutura da narrativa maior do jogo, desempenhando um papel crucial ao estabelecer o mundo fictício da história de um jogo. Elas podem introduzir a história, cenários e personagens, em especial nas seções iniciais de um jogo quando os jogadores ainda estão se familiarizando com o mundo do jogo. As *cutscenes* no GTA III ajudam a estabelecer o cenário gângster do jogo. Como é um gênero narrativo que muitas vezes aparece sob a forma fílmica, as cutscenes altamente cinemáticas fazem um trabalho mais eficiente de estabelecer essas convenções narrativas do que os momentos de ação do jogo.

As *cutscenes* podem "cortar" a interação do jogador, mas dão suporte diretamente à interação lúdica narrativa em muitos níveis. Elas podem prenunciar os eventos futuros, funcionar como *flashbacks* ou criar transições entre os cenários. Elas podem mostrar aos jogadores como interagir com os objetos e dar aos jogadores informações sobre os recursos no jogo. Considere os seguintes usos das *cutscenes*, alguns vindos do ensaio de Hancock:

> ***Ferramenta de vigilância ou planejamento***
> As *cutscenes* podem fornecer aos jogadores acesso à informação indisponível para eles durante o jogo. Como uma ferramenta de vigilância, as *cutscenes* podem permitir que os jogadores vejam outra parte do espaço do jogo ou fornecer informações sobre o paradeiro atual de um personagem ou tesouro que eles estão procurando. Como ferramenta de planejamento, as *cutscenes* podem fornecer aos jogadores informações sobre um evento ou obstáculo que eles logo encontrarão ou detalhes sobre o resultado de uma ação.
>
> Digamos que você acabou de completar uma missão que consumiu a maior parte de seus recursos de saúde. A *cutscene* mostra que você está prestes a enfrentar um adversário fortemente armado. O que fazer? Talvez você deva voltar ao nível anterior e conquistar mais saúde. Ou talvez esteja na hora de carregar aquela arma poderosa de uso limitado que você estava guardando para uma emergência. Como a *cutscene* forneceu informações úteis sobre as implicações de suas ações do passado em relação a um evento futuro, você pode decidir em conformidade. As *cutscenes* criam cenários narrativos que podem enriquecer o processo de tomada de decisão dos jogadores.
>
> ***Catapulta do jogo***
> Embora as *cutscenes* sejam muito usadas para fornecer informativamente dados cruciais aos jogadores, elas também podem trabalhar para lançar um jogador em uma situação nova. Elas podem adicionar drama narrativo construindo suspense ou fornecer movimento da narrativa de uma situação para a próxima.
>
> Por exemplo, imagine que você esteja em um jogo de aventura e acabou de resolver um enigma que o recompensou com uma corda. É uma recompensa inusitada e você não tem certeza do que fazer com ela, pois está viajando por um deserto: há pouca utilidade para uma corda aqui! A *cutscene* animada que se segue mostra um alçapão no alto da duna seguinte. Quando a *cutscene* faz um panorama dramático de seu personagem que passeia casualmente até o alçapão aberto, a *cutscene* termina e você se encontra novamente no jogo ativo, caindo no alçapão, em um abismo. Pensando rapidamente, você usa a corda para laçar uma saliência rochosa. Seguro agora, você verifica seu ambiente e percebe que não está mais no deserto, mas pendurado no alto de um rio no meio de uma densa floresta.
>
> Nesse caso, não só a *cutscene* lançou o jogador no meio de um evento de jogo dramático, como também transportou o jogador para outra parte do mundo do jogo. As *cutscenes* que soltam os jogadores diretamente no meio da ação do jogo permitem que eles resolvam a mininarrativa da *cutscene* por meio da interação com o jogo. Usar uma *cutscene* dessa maneira aumenta o suspense e o drama enxertando a sequência não interativa diretamente na ação do jogador.
>
> ***Cena e definição do clima***
> Muitos jogos digitais consistem em uma série de níveis vinculados ou espaços de jogo. Embora esses níveis ou espaços façam parte de um sistema maior, cada um tem sua própria identidade. As *cutscenes* podem reforçar as diferenças entre os

Drome Racing Challenge

Múltiplas narrativas. Depois de uma corrida, os eventos são traduzidos em uma "análise da corrida". A análise da corrida é um resumo em planilha de cada evento da corrida, listando os fatores do carro e da pista que determinaram seu resultado. Os mesmos eventos da corrida que apareceram na animação tornam-se números e texto, interpretados por meio de um novo conjunto de descritores narrativos que enfatizam a estratégia, em vez do jogo.

Animação de Drome Racing

cenários e destacar o que pode ser novo e incomum em um próximo nível. Em Virtua Fighter 4, por exemplo, há quinze arenas de luta diferentes. As breves *cutscenes* utilizadas antes de cada luta mostram os detalhes do ambiente, estabelecendo o cenário e criando um senso de lugar para o próximo jogo.

As *cutscenes* também podem estabelecer o clima ou reforçar o arco emocional dos eventos do jogo. Quando os jogadores penetram mais em Silent Hill, as *cutscenes* se tornam cada vez mais estranhas e perturbadoras. Em Final Fantasy IX, as *cutscenes* reforçam a qualidade épica da jornada do herói por meio do uso da animação dramática, som e edição. O diálogo irônico das *cutscenes* de Max Payne confere um tom sarcástico ao *noir* urbano do mundo do jogo. Em cada exemplo, as *cutscenes* estabelecem um clima que se torna parte da ação narrativa do jogo.

Escolha e consequência

As *cutscenes* dão aos designers de jogos o poder de revelar dramaticamente os resultados das escolhas do jogador, resultados esses que podem afetar não só o personagem do jogador, mas muitas vezes o mundo do jogo também. As *cutscenes* podem mostrar o personagem de um jogador atingindo seu objetivo, tais como vencer uma corrida e receber uma medalha de ouro, ou salvar um planeta e ser cercado por uma multidão de civis eufóricos. As *cutscenes* também podem mostrar os resultados do fracasso, quando os objetivos não são alcançados ou más escolhas são feitas: uma sequência de morte terrível e prolongada, uma *cutscene* de muitos inimigos destruindo o mundo do jogo ou uma *cutscene* do bandido saindo com o tesouro e a mocinha. Representar as consequências das ações do jogador em forma de história enriquece a interação lúdica narrativa do jogo e muitas vezes causa uma impressão mais realista do mundo do jogo.

Ritmo e passo

Em James Bond 007: Agent Under Fire, as *cutscenes* curtas fornecem momentos regulares de pausa de ações intensas, permitindo que um jogador tome fôlego ou contemple as escolhas futuras. O ritmo criado pelas *cutscenes* é uma forma de controlar o passo global do jogo. Uma vez que o padrão tenha sido estabelecido, os jogadores aprendem a esperar rupturas na ação do jogo, que pode aumentar o ritmo ou diminuí-lo. Na conclusão de uma grande batalha, por exemplo, o ritmo do jogo pode ser reduzido por meio da inserção de uma *cutscene* em câmera lenta do inimigo caindo ou pode ser acelerado pelo imediato lançamento do jogador no meio de outra batalha. A variação e o controle do ritmo da cutscene contribuem para a interação lúdica narrativa, enfatizando momentos específicos em um jogo. Uma *cutscene* longa e lenta que segue a solução de um jogador para um enigma particularmente difícil pode significar a importância do evento na experiência geral do jogo.

Recompensa do jogador

Em *Jogos como interação lúdica do prazer*, exploramos os jogos como uma série de punições e recompensas. As *cutscenes* são muitas vezes usadas para estas duas finalidades: como um castigo visceral para o fracasso, bem como uma recompensa tangível para conseguir um objetivo do jogo. Como observa Hancock, "o game play da série *Final Fantasy* é muitas vezes conduzido por esse imperativo, seja tentando avançar no jogo para ver a próxima *cutscene* na história, seja tentando encontrar as palavras mágicas 'evocativas' no jogo, que muita gente acha que é o principal objetivo do jogo, em razão das animações espetaculares que as acompanham".[14] As *cutscenes* belíssimas e cinemáticas em Warcraft III foram projetadas, em parte, para premiar os jogadores por seu investimento em muitas horas de jogo. Embora o uso das *cutscenes* como recompensa possa parecer uma ideia de projeto simples, a experiência de receber tal presente durante o jogo pode ser tremendamente gratificante e motivadora.

Há muitas outras maneiras de empregar as *cutscenes* no design de jogos de narrativa, misturando e combinando os usos listados aqui ou encontrando métodos completamente diferentes que são mais adequados ao seu próprio jogo. Mas vale notar que os jogos certamente não têm de incluir as *cutscenes*. A interação lúdica narrativa surge da interação complexa entre os vários elementos de um sistema de jogo. As *cutscenes* representam apenas um desses elementos possíveis, embora seja um altamente narrativo em si.

Recontando as histórias do jogo

É natural que os jogadores construam uma história a partir de uma experiência de jogo, mas não é inevitável, nem a história do jogo o é.

— ***Greg Costikyan***, *RE:PLAY*

A narrativa acontece, ou é criada, enquanto a interação lúdica está sempre acontecendo — uma realização particular do potencial oferecido pelo jogo, cuja exata forma ou resultado é indeterminado.

— ***Geoff King and Tanya Krzywinska***, *"Computer Games / Cinema / Interfaces"*

Quando a interação lúdica narrativa de um jogo se torna uma narrativa *sobre* a interação lúdica do jogo? Quando a experiência do jogo é recontada como uma história? Há uma diferença entre jogar a narrativa de um jogo e contar a história sobre essa experiência do jogo. Até este ponto no esquema atual, nossa exploração tem tratado estritamente da interação lúdica narrativa no espaço do círculo mágico. Examinamos como a interação lúdica narrativa surge a partir dos elementos dentro do mundo do jogo e como os designers de jogos podem criar contextos narrativos significativos para seus jogadores.

Mas a interação lúdica narrativa também pode ocorrer quando uma história é criada recontando a experiência do jogo. Por que fazer isso? Abaixo estão alguns exemplos das várias razões pelas quais os jogadores recontam suas experiências de jogo.

Recontar uma vitória particularmente dramática. *Você deveria ter visto! Eu tinha apenas um resto de saúde, mas apliquei um daqueles combos de cotovelo, soco e chute giratório, seguidas de um soco do dragão triplo. Acabei com ele!*

Compartilhar uma série de eventos da história. *Em uma partida na semana passada, nossos personagens foram atacados e fomos obrigados a fazer uma aterrissagem de emergência em um asteroide. Fomos salvos pela população local, que nos alimentou e cuidou da nossa tripulação ferida.*

Jogadores hardcore e cutscenes

Nas comunidades de desenvolvedores de jogos e jogadores, o debate se alastra sobre o valor das *cutscenes*. Os jogadores hardcore têm a reputação de ignorar as regras do jogo, animações de abertura e *cutscenes* do jogo, preferindo entrar diretamente na ação. Se uma finalidade para esses elementos é fornecer informações sobre o mundo do jogo e cenário, o que acontece quando os jogadores pulam essas informações? Se esses jogadores dedicados não têm nenhum problema em entrar no espaço narrativo do jogo apesar de evitar as *cutscenes*, isso significa que as informações e as experiências fornecidas são supérfluas?

Muitos jogadores de longa data argumentam que os descritores narrativos encontrados nas *cutscenes* e nos manuais do jogo não afetam o jogo. Esse argumento é verdadeiro e falso. É verdade que essas formas de descrição narrativa não são necessárias para *sua* interação lúdica com o jogo. Lembre-se de que a principal função desses dispositivos de estruturação é o estabelecimento do mundo fictício do jogo. Como os jogadores hardcore, esses jogadores impacientes jogaram o bastante para ter internalizado os usos comuns do cenário e da história do jogo. Sua longa experiência com os códigos e as convenções dos jogos — com histórias, cenários, eventos e personagens — substituiu a necessidade de uma descrição externa desses mundos.

Os jogadores que não têm essa experiência, por outro lado, têm muito a ganhar com as informações fornecidas nas histórias pregressas e cinemática de abertura. Até os jogadores experientes em um gênero de jogo acharão os descritores narrativos úteis ao jogar um jogo de outro gênero pela primeira vez. Em um RPG complexo, por exemplo, a explicação da história no guia do jogo cria um contexto para as interações futuras. Um jogador aprende rapidamente a premissa e o objetivo do jogo, os tipos de ações que ele pode ter no mundo do jogo, os personagens encontrados ao longo do caminho e, acima de tudo, por que ele está no mundo do jogo em primeiro lugar. Esse tipo de informação pode não ser óbvio para um jogador que joga principalmente jogos de simulação.

A lição? Projete para os dois tipos de jogadores. Nunca suponha que os seus jogadores examinarão cuidadosamente cada descritor narrativo da estrutura: não se esqueça de tornar sua história viva na interação lúdica real do jogo. Por outro lado, quando for o caso, você deve sentir-se livre para embelezar os eventos principais do seu jogo com *cutscenes* de abertura e outras narrativas preliminares que estendem seu mundo fictício para os jogadores que querem uma experiência da história mais rica. Se você conseguir conectar os jogadores ao seu jogo, eles poderão voltar e realmente assistir à introdução cinemática que pularam antes para ter certeza de que não perderam nada importante.

Mas, sem que soubéssemos, estávamos portando um vírus mortal para a sua espécie, gerando uma epidemia. Muitas pessoas morreram.

Compartilhar informações estratégicas. *Encontrei essa porta secreta no início da missão que me deixou avançar sorrateiramente por trás dos terríveis demônios franco-atiradores e consegui passar por todo o nível usando somente a serra elétrica.*

Comemorar o prazer de jogar. *Eu estava correndo tão rápido que me sentia voando!*

É comum que os jogadores construam histórias a partir da experiência de jogo, criando narrativas que existem separadamente da interação lúdica narrativa real no jogo. Esse é um ponto sutil que merece ser repetido. A interação lúdica narrativa *dentro* do jogo surge da interação de um jogador com o sistema de jogo. A interação lúdica narrativa *fora* do jogo é o relato dessa experiência na forma de história. Esse fenômeno de *recontar a história do jogo* (*retelling play*) não deve parecer surpreendente. Quando vemos um ótimo filme ou superamos um obstáculo da vida, há uma tendência natural de compartilhar essas informações pessoais com os amigos. Os jogos também podem representar poderosas experiências em nossa vida que queremos compartilhar e vivenciar com os outros, especialmente os outros jogadores que apreciarão os detalhes do jogo. Recontar o jogo ajuda a construir comunidades de jogadores com um interesse comum na experiência de um jogo em particular.

O ato de recontar a história do jogo pode assumir muitas formas diferentes, tais como recontar verbalmente um encontro de Dungeons & Dragons, imitar um jogo de basquete emocionante, postar uma sequência de imagens editadas on-line de Sim City, escrever uma ficção sobre uma aventura do EverQuest, assistir a um replay instantâneo em uma pista de corrida de dragsters, conversar por um sistema de chat após um jogo de tênis ou fazer upload de uma demo gravada de um *deathmatch* de Quake para uma comunidade na Web. Como recontar um jogo é um fenômeno muito comum, os designers de jogos têm encontrado muitas estratégias para promover isso. E a inclusão de um sistema de mensagens instantâneas em seu jogo on-line que permite aos jogadores comentar a ação enquanto jogam? Ou permitir que os jogadores revisem as ações gravadas do jogo após o fato? Ou fornecer funções que permitem que os jogadores façam capturas de tela de seu jogo para colocar on-line? Todos são dispositivos existentes que os designers de jogos usam para dar suporte ao ato de recontar a história do jogo. Nas próximas páginas, veremos as estratégias para projetar formas de recontar a história do jogo com mais detalhe.

O replay

Uma ferramenta comum destinada a recontar o jogo é o modo replay no jogo. Muitos jogos de esportes, como o Pro Skater 3 de Tony Hawk ou o NBA Courtside, oferecem essa função, que permite aos jogadores assistir a uma gravação do seu jogo. Normalmente, os jogadores podem salvar os replays, tendo a oportunidade de rever seus melhores momentos muitas vezes. No NBA Courtside, por exemplo, o modo Instant Replay oferece aos jogadores a oportunidade de ver a ação a partir de qualquer ponto de vista. A função de zoom permite um *close* no rosto dos jogadores, que pode ser muito interessante em um jogo em que os grandes nomes da NBA, como Karl Malone, emprestaram seus rostos para a digitalização. O modo Instant Replay também oferece um avanço perfeito, quadro a quadro e em câmara lenta da *cutscene* do jogo, interpolando os quadros-chave em uma jogada.

O design do modo de replay pode aumentar o drama de recontar a história do jogo oferecendo aos jogadores filmagens dramáticas ou pontos de vista modificáveis. No jogo de corrida para XBox Wreckless: The Yakuza Missions, os replays sofisticados implicam mover as câmeras, alterar os estilos fílmicos e o ritmo dramático. Os jogadores assistem ao replay se desdobrando a partir de várias perspectivas, quando a câmera muda rapidamente de um plano geral de cima para uma visão da corrida sob o chassis do carro ou para um *close* extremo do capô amassado do carro. Há cortes rápidos e um trabalho de câmera tremida, o programa simula uma constante mudança de "suporte fílmico" movendo-se entre planos que parecem ter sido feitos em 35 mm, 16 mm, uma câmera de vídeo doméstico e planos granulados de câmeras de vigilância em preto e branco, com uma ocasional renderização em aramado jogada na mistura. O tipo de narrativa resultante produz uma sensação de alta potência de imediatismo, aumentando a conexão de um jogador com a "realidade" da sua interação lúdica com o jogo. Os replays se tornam curtas-metragens para assistir, curtir e compartilhar.

O jogo de corrida Gran Turismo 3 oferece vários tipos diferentes de modos de replay, dando aos jogadores múltiplos incentivos para exibir suas vitórias e derrotas. O modo de replay Standard segue o carro do próprio jogador na pista, sendo útil para analisar os eventos de uma corrida. O modo Race (Corrida) salta para qualquer carro na pista, aumentando muito o drama narrativo do replay. O modo Training estrategicamente útil sobrepõe uma linha brilhante na pista para mostrar o caminho de corrida mais eficiente. O modo Vídeo sincroniza o replay com qualquer música na trilha sonora do jogo, desde Snoop Dog até Lenny Kravitz e Jimi Hendrix, empregando uma variedade de efeitos de vídeo para tornar o replay parecido com um videoclipe. Por último, o modo Analyzer incrivelmente detalhado está disponível quando existe apenas um único carro na corrida. Essa forma de replay permite aos jogadores verem os dados de telemetria em cada segmento da pista, ilustrando onde um jogador usou o freio, onde o jogador deve usá-lo e o que fez o carro do jogador derrapar e bater de encontro à parede.

Todos os três exemplos de replay do jogo, NBA Courtside, Wreckless e Gran Turismo 3, usam o recontar da história do jogo não só para lembrar as ações recentes do jogo, mas também para reformulá-las e estendê-las sob uma particular luz narrativa. Em cada caso, recontar o jogo cria sua própria experiência narrativa adequada para um jogo específico. Os replays do NBA Courtside repetem a linguagem da cobertura esportiva da televisão, narrando o contexto de TV do jogador como se o jogo que acabou de ser disputado fosse apenas um evento esportivo televisionado. No jogo de ação Wreckless, o replay serve para recontar a ação do jogo não como um show de esportes, mas como uma sequência em ritmo acelerado de um filme de ação. O turbilhão de estilos fílmicos, ângulos de câmera e edições rápidas referencia os filmes de ação de Hong Kong que também inspiraram os cenários, personagens e missões do jogo. Embora esse tipo de mudança de estilo visual seja muito desconcertante para incluir no jogo em tempo real, o modo replay permite que os fundamentos cinemáticos de Wreckless alcancem plena realização. Por fim, as diversas opções de replay de Gran Turismo 3 combinam muito bem com o jogo. Como uma série de corridas conhecida por sua detalhada simulação física da direção dos veículos, é conveniente que alguns dos modos de replay enfatizem as minúcias da estratégia de corrida (embora o modo Video esteja sempre disponível como um contraponto mais leve). O ato de reproduzir um jogo, embora formalmente não faça parte da experiência do jogo propriamente dita, ainda faz parte da interação projetada geral. Esses três jogos demonstram como o recontar a história do jogo pode ser usado para obter um efeito narrativo maravilhoso.

Recams

As ferramentas que suportam a inclinação natural dos jogadores de transformar sua experiência de jogo em uma história para experimentar de novo e compartilhar podem melhorar a ação narrativa de um jogo. Além disso, essas ferramentas podem gerar novas formas de produção narrativa que surgem do jogo, mas existem inteiramente separadas dele. Um exemplo é o *recam*.

Os recams originaram-se da cultura do jogo em primeira pessoa, a partir de jogos como DOOM e Quake, que davam aos jogadores a possibilidade de gravar e salvar seu jogo. Conhecido como "demos", essas gravações tornaram-se rapidamente uma maneira de os jogadores mostrarem suas proezas nos jogos. Em vez de apenas assistir a um replay, os jogadores podem editar as sequências do jogo, alterar a perspectiva de primeira pessoa para terceira pessoa, transferir para um site e compartilhar com os outros. O termo "recam" refere-se à capacidade dos jogadores de alterar as posições, ângulos e movimentos de câmera depois de gravar um replay. O Dr. Uwe Girlich, da Philosys Software, foi um dos primeiros desenvolvedores de ferramentas para ajudar os jogadores a criar essas demos de recam:

> Comecei a ter um contato mais sério com jogos de computador por meio do Wolfenstein 3D e, mais tarde, do DOOM. Com o DOOM, pude criar uma gravação do meu jogo e

> enviar a demo para outras pessoas a fim de mostrar minha capacidade de resolver algumas charadas ou concluir um nível em um tempo menor do que os outros. Fiquei bastante famoso por minhas demos de DOOM, mas, além de jogar, eu estava mais interessado em programar e analisar esses arquivos demo e, assim (depois de algumas pesquisas), criei o LMPC, Little Movie Processing Centre (Pequeno Centro de Processamento de Filmes).
>
> O LMPC é um descompilador/compilador. Pode ser usado para converter um arquivo demo binário em um arquivo de texto ASCII simples (descompilado). Esse arquivo de texto pode ser editado com qualquer editor e, depois, pode ser convertido novamente em um arquivo demo binário (compilado). É muito mais fácil analisar e também alterar o arquivo demo e até mesmo criar um arquivo demo, que não é a gravação real de alguém jogando o jogo, mas um movimento puramente fictício no mecanismo do jogo.[16]

Girlich reconhecia a inclinação dos jogadores para narrativizar a ação do jogo — e até mesmo ficcionalizá-la. Em vez de mostrar o jogo a partir de um ponto de vista de primeira pessoa, a perspectiva a partir da qual o jogo é jogado, o *recam* permite uma mudança na perspectiva para a terceira pessoa. O que os jogadores veem na tela em uma *recam* varia muito em relação ao que eles veem durante o jogo. Em um jogo em primeira pessoa, a perspectiva do jogo tem jogadores olhando para o cano de uma arma. A interação do jogador com o espaço do jogo é determinada pela linha de mira que a arma oferece. Mas, em um recam, o ponto de vista está literalmente fora da ação. Não há outra posição estratégica diferente da própria câmera.

Os recams destacam o papel do ponto de vista na representação narrativa. A partida gravada entre dois dos melhores jogadores de Quake do mundo, Thresh e Billox (habilmente gravada pelo supervisor do Zaratustra Studios), por exemplo, não só permite que os espectadores experimentem a ação do jogo a partir de uma perspectiva da terceira pessoa, mas também situa o espectador literal e figurativamente fora da linguagem militarizada do Quake e dos outros jogos de tiro em primeira pessoa (FPS). A gravação oferece um ponto de transição entre o jogador e o espectador, abrindo a linha de visão para incluir um novo tipo de olhar narrativo.

O jogo de corrida e combate Driver: You Are the Wheelman dá aos jogadores um tipo muito diferente de recontagem da história do jogo: a oportunidade de produzir seu próprio filme recam. Primeiro, um jogador passa por uma missão. Em seguida, o jogador pode acessar as ferramentas de edição para selecionar os ângulos da câmera e o suporte fílmico e editar os momentos do jogo em uma história cinemática. O relato do jogo traduz a ação fragmentada, momento a momento, de um jogo em um evento narrativo unificado.

Esse tipo de interação lúdica narrativa pode tornar-se verdadeiramente transformador. Os jogadores de Driver, por vezes, disputam o jogo como se fossem atores de um filme, tomando decisões com base na dramaticidade que a ação terá no replay. Em vez de jogar o jogo para conseguir os objetivos ditados pelas regras do jogo, os jogadores impõem seus próprios objetivos narrativos externos. Disputar um jogo para criar um novo relato cinemático ultrapassa o significado usual de qualquer unidade de ação > resultado no jogo. As ações não são mais ligadas de maneira estranha aos objetivos internos do jogo, mas crescem para englobar preocupações representacionais externas. O jogar acontece para criar a história.

Demos, *recams* e outras formas de recontar a história do jogo são formas de interação lúdica narrativa suportadas por um ou mais elementos do design de um jogo. Criados como parte do sistema formal de um jogo, recursos como a função do replay têm o potencial de aprimorar a experiência do jogador em vários níveis. Como os jogadores têm uma tendência a construir histórias a partir de sua experiência de jogo e compartilhar essas histórias com os outros, dar aos jogadores ferramentas para criar essas histórias reforça a comunidade social, fornecendo uma economia de troca. Essas ferramentas também aprofundam o engajamento do jogador, pois incentivam o jogo de formas novas e muitas vezes inovadoras. O que o ato de recontar a história do jogo pode fazer por seu jogo?

Jogos dentro de jogos

Começamos este capítulo com uma definição bem focada e formal da narrativa. Um por um, vimos os elementos narrativos dos jogos, recuando cada vez mais até que tivéssemos feito tudo, exceto sair do jogo em si. Não há dúvida de que os replays do jogo e as gravações fazem parte da experiência total do jogo, mas eles dançam nos limites do círculo mágico, de alguma forma fora do jogo principal, embora ainda participando muito dos significados do jogo.

Certamente, não há nada de errado em ver tais fenômenos limítrofes ou analisar os aspectos dos jogos que estão dentro e fora do jogo em si. Nossos esquemas em REGRAS focaram o funcionamento interno dos sistemas do jogo, mas, quando formos para os esquemas em INTERAÇÃO LÚDICA, nós nos encontraremos cada vez mais fora do círculo mágico, seja vendo as relações entre o jogo-realidade representado e o "mundo real" ou analisando os metajogos sociais que ocorrem fora da interação lúdica dos jogos individuais. Naturalmente, no momento em que chegarmos aos nossos esquemas em CULTURA, teremos ultrapassado completamente a fronteira do círculo mágico, concentrando-nos mais no contexto do que nas estruturas e interação lúdica internas de um jogo.

O esquema seguinte, *Jogos como interação lúdica da simulação*, vai transpor a fronteira do círculo mágico. Com base nos dois capítulos anteriores, veremos a forma como os jogos representam, por meio da simulação, um modo de representação que se desenvolve com base no status dos jogos como sistemas dinâmicos. Analisar os mecanismos de simulação em certo sentido significa dissecar os mecanismos representacionais internos dos jogos. Ao mesmo tempo, implica também um foco muito mais amplo que vê a relação entre os jogos e os fenômenos do mundo real que eles referenciam, uma relação tensa com os duplos sentidos da metacomunicação e da interação lúdica.

Se você estiver lendo este livro para melhor contar histórias com seus jogos, não pare no final deste capítulo. Os esquemas que precedem e se seguem a este, ***Jogos como interação lúdica de significados*** e ***Jogos como interação lúdica da simulação***, formam uma tríade especial: três capítulos que focam *jogos como sistemas representacionais*. Juntos, eles fornecem uma série de estruturas para gerar fortes experiências narrativas. E, naturalmente, eles também são três modos de entender o design da interação lúdica significativa.

Leitura complementar

Computer Games and Digital Cultures Conference Proceedings, Frans Mäyrä, editor

Organizada pelo Laboratório de Hipermídia da Universidade de Tampere, na Finlândia, a conferência CGDC focou o estudo acadêmico dos jogos de computador, com base em perspectivas que incluem ludologia e estudos dos jogos. Os ensaios reconhecem prontamente o desafio de estudar jogos digitais na comunidade acadêmica. De particular interesse são os vários ensaios que focam as relações entre narrativa, emergência, interatividade e comunidade.

Recomendados:
"Computer Games/Cinema/Interfaces", de Geoff King e Tanya Krzywinska
"In Defense of Cutscenes", de Rune Klevjer
"The Open and the Closed: Games of Emergence and Games of Progression", de Jesper Juul

Cybertext: Perspectives on Ergodic Literature, de Espen J. Aarseth

Aarseth examina em detalhes os textos eletrônicos como ficção de hipertexto, jogos de aventura de texto, MUDs e MOOs. Ele classifica esses textos como formas de literatura "ergódica" — um termo emprestado da Física para descrever sistemas abertos — com a qual o leitor deve interagir para gerar uma sequência literária. Embora o argumento de Aarseth não se encaixe corretamente no modelo da interação lúdica narrativa que propomos, seu trabalho teve uma grande influência no estudo da narrativa e dos jogos.

Recomendados:
Capítulo 2: Paradigms and Perspectives
Capítulo 5: Intrigue and Discourse in the Adventure Game

GAME ON: The History and Culture of Videogames, Lucien King, editor

GAME ON é o catálogo de uma exposição de museu sobre videogames. A coleção de ensaios cobre tudo, desde a cultura do Pokémon até os debates sobre a violência nos videogames. Os três ensaios recomendados adotam um ponto de vista diferente sobre os jogos e a narrativa.

Recomendados:
"The Art of Contested Spaces", de Henry Jenkins e Kurt Squire
"Telefragging Monster Movies", de Katie Salen
"Story as Play Space: Narrative in Games", de Celia Pearce

Hamlet on the Holodeck: The Future of Narrative in Cyber-space, de Janet Murray

Murray explora a conexão entre as propriedades e os prazeres da mídia digital e o futuro da arte de contar histórias, especialmente a ficção eletrônica. Ao ver a ficção interativa, MUDs, MOOs, "ciber-dramas" e outras formas da arte de contar histórias no reino digital, Murray analisa ideias de autoria, imersão, agência e estética da representação eletrônica. O texto é útil para delinear algumas das questões básicas que conectam mídia digital e formas de contar histórias.

Recomendados:

Capítulo 3: From Additive to Expressive Form
Capítulo 4: Immersion
Capítulo 5: Agency
Capítulo 6: Transformação

Shared Fantasy, de Gary Alan Fine

Em um dos melhores estudos sociológicos dos grupos de jogos de fantasia e RPGs disponíveis, Fine oferece uma análise profunda dos RPGs como uma subcultura, identificando como os jogadores geram significados e identidades em mundos sociais. A pesquisa de Fine é baseada em extensa observação de jogos de mesa de RPG e oferece muitas visões sobre o papel da fantasia e do jogo imaginário na construção de ficções narrativas sociais e interativas.

Recomendados:

Capítulo 1: FRP
Capítulo 2: Players
Capítulo 3: Collective Fantasy
Capítulo 6: Frames and Games

Notas

1. *RE:PLAY: Game Design + Game Culture.* Conferência online. 2000. <www.eyebeam.org/replay>.
2. Jesper Juul, "Games Telling Stories? A Brief Note on Games and Narratives". Gamestudies.org
3. J. Hillis Miller, "Narrative", In *Critical Terms for Literary Study,* editado por Frank Lentricchia e Thomas McLaughlin (Chicago: The University of Chicago Press, 1990), p. 77.
4. Ibid. p. 76.
5. Marc LeBlanc, presentation at the Game Developers Conference, 1999.
6. Doug Church, "Formal Abstract Design Tools". Gama sutra.com.
7. Henry Jenkins and Kurt Squire, "The Art of Contested Spaces" In *GAME ON: The History and Culture of Videogames,* editado por Lucien King (Londres: Laurence King Publishing, 2002), p. 70.
8. Ibid. p. 65.
9. Mark J. P. Wolf, "Space in the Video Game". In *The Medium of the Video Game,* editado por Mark J. P. Wolf (Austin: University of Texas Press, 2002), p. 53-70.
10. MarshaKinder, *Playing with Power in Movies, Television, and Video Games: From Muppet Babies to Teenage Mutant* (Los Angeles: University of California Press, 1993), p. 2.
11. Atari Inc., Adventure. *Atari Game Program Instructions* (Sunnyvale, CA: Atari, Inc., 1980), p. 2-3.
12. Rune Klevjer, "In Defense of Cut-Scenes", In *Computer Games and Digital Cultures, Conference Proceedings,* editado por Frans Mäyrä (Tampere, Finlândia: Tampere University Press, 2002), p. 198.
13. Ibid. p.199.
14. Hugh Hancock, "Better Game Design Through Cut-Scenes". Gamasutra.com
16. Correspondência pessoal por e-mail entre Dr. Uwe Girlich e Katie Salen, nov. 1999.

Jogos como interação lúdica narrativa

Resumo

- O estudo dos jogos e da narrativa é um campo interdisciplinar de investigação que tem sido surpreendentemente controverso. O design de jogos tem um conjunto específico de preocupações que evita muitos desses debates. Ao considerar os jogos como uma **interação lúdica narrativa**, a pergunta principal não é *Os jogos são narrativos?*, mas *De que maneiras os jogos são narrativos?*
- J. Hillis Miller define uma narrativa como possuindo as seguintes características:
  - **Situação**. Uma série de *eventos* que mudam ao longo do tempo.
  - **Personagem**. A narrativa é transmitida por meio de um *sistema de representação*.
  - **Forma**. A representação é constituída por padronização e repetição.
- Os elementos dos jogos podem ter estruturas narrativas incorporadas ou emergentes:
  - Os elementos **incorporados** são componentes narrativos gerados previamente, tais como videoclipes e cenas roteirizadas.
  - Os elementos narrativos **emergentes** são criados dinamicamente quando o jogador interage com o jogo, surgindo a partir da operação do sistema do jogo.
- Os jogos usam os elementos incorporados e emergentes em vários níveis de equilíbrio. A narrativa de um jogo surge da combinação dos componentes narrativos emergentes e incorporados.
- Os **objetivos** ajudam a estruturar a interação lúdica narrativa tornando narrativamente legíveis o planejamento do jogador e os resultados da decisão.
- O **conflito** é outra característica de todos os jogos que pode modelar a interação lúdica narrativa. O conflito entre jogadores ou entre os jogadores e o sistema do jogo pode ser associado a conflitos narrativos para criar um efeito dramático.
- A **incerteza** do resultado do jogo está ligada à incerteza dramática que pode alimentar a tensão narrativa. Na interação lúdica narrativa, o resultado desconhecido do jogo (ou de uma parte do jogo) é sinônimo do resultado desconhecido da narrativa.
- A **mecânica básica** do jogo, quando considerada como uma atividade narrativa, pode criar histórias do jogo fazendo os jogadores realizar atos narrativos.
- O **espaço** em um jogo desempenha um grande papel ao modelar a estrutura narrativa e a experiência. O espaço narrativo representado nos jogos digitais é particularmente plástico e pode produzir interação lúdica narrativa por meio de um design cuidadoso.
- Um **descritor narrativo** é qualquer componente de um jogo que participa do sistema de representação do jogo. Texto com instruções do jogo, cinemática "in-game" (incorporada na história do jogo), elementos de interface, objetos do jogo e outros elementos visuais e sonoros são todos descritores narrativos. Todos esses elementos devem ser cuidadosamente trabalhados com a experiência da narrativa em mente a fim de maximizar a interação lúdica narrativa.
- Os descritores narrativos implicam uma lógica de representação que limita e restringe o design do espaço de possibilidades. Essas limitações permitem a integração da narrativa e a compreensão de todos os elementos contidos no mundo do jogo.
- Os descritores narrativos desempenham duas funções em um jogo, como mundos fictícios e como eventos da história:

- **Mundos fictícios** são as estruturas maiores que contêm a narrativa do mundo do jogo.
- **Eventos da história** são os momentos individuais da interação lúdica narrativa gerados à medida que o jogo avança.

Esses dois elementos estão inter-relacionados. Os mundos fictícios criam espaços narrativos coerentes onde os eventos da história ocorrem e tornam-se significativos. Ao mesmo tempo, os eventos da história ajudam a expandir e a aperfeiçoar o mundo fictício. Os jogos mantêm experiências narrativas coerentes e compreensíveis quando há um bom equilíbrio entre esses dois elementos.

- Um jogo é um **sistema narrativo** em que a experiência narrativa do jogador surge a partir do funcionamento do jogo como um todo. Tal como acontece com outros tipos de sistemas complexos, o todo é mais do que a soma das partes, pois os diversos elementos individuais interagem entre si para formar padrões globais.
- ***Cutscenes*** são uma técnica narrativa comum usada em jogos digitais. Elas ajudam a definir o mundo fictício de um jogo, bem como assumem uma série de funções do jogo.
- **Recontar a história do jogo** é o fenômeno popular de narrar as experiências do jogo. Os jogos digitais desenvolveram técnicas específicas para incentivar o recontar a história do jogo, incluindo:
  - O **replay**, em que uma experiência do jogo é jogada novamente pelo jogador.
  - O ***recam,*** um tipo especial de replay no qual o jogador pode manipular cinematicamente as informações contidas no replay.

ADF NAV1 NAV2
000.1nm 000kt 624min
121.00 121.00 110.70
121.00 121.00 116.60
CLR
00:00
Cadiz Lowe
20KY 087magl
176.1nm 0000kt 999min
SCROLL DIGIT

27 JOGOS COMO EXPERIÊNCIA DA SIMULAÇÃO

simulação

representação procedural

abstração

numérico

estilizado

baseado em casos *versus* generalizado

falácia imersiva

remidiatização

Um videogame geralmente imita alguma situação da vida real: foguetes acelerando e movendo-se no espaço, bolas de pingue-pongue saltando, um caiaque na correnteza do rio, a cadeia alimentar em uma ecologia. O jogo de xadrez é uma abstração com base em uma batalha entre dois pequenos grupos de guerreiros: de maneira semelhante, os videogames imitam a vida. Um videogame é uma simulação, um modelo, uma metáfora.

— ***Warren Robinett***, *Inventing the Adventure Game*

X-Plane | Laminar Research | | **Warhammer 40.000** | Workshop de jogos

Introdução à simulação

Jogos como interação lúdica da simulação é o nosso terceiro e último esquema de exploração da interação lúdica da representação. Em ***Jogos como interação lúdica de significados***, examinamos como os jogos se tornam significativos por meio do processo de significação. Em ***Jogos como interação lúdica narrativa***, descobrimos a riqueza de técnicas pelas quais os jogos contam histórias. Para os objetivos desse esquema, nós nos concentraremos na mecânica do jogo em si e no modo como as representações são construídas dinamicamente por meio da interação com um jogo. Como, por exemplo, o jogo de tabuleiro Diplomacia simula a arte da negociação? Como o RPG Ace of Aces representa dinamicamente o combate aéreo da I Guerra Mundial? Como o jogo digital Deus Ex retrata a ação e a intriga por meio de algoritmos e regras elaborados? O conceito de *simulação* está na interseção entre o sistema de representação e o sistema dinâmico. Como simulações, os jogos criam representações, mas o fazem de uma maneira muito particular: por meio do processo do jogo em si.

Procuramos respostas para as perguntas sobre jogos e simulações focando a mecânica representacional dos sistemas de jogo. Um jogo cria representações de muitas maneiras, desde o texto do manual de instruções e o mundo fictício, imaginário até o design visual dos seus espaços e o design de áudio de sua trilha sonora. No centro de todas essas representações está o sistema de jogo. Esse sistema gera representações a partir da interação de um jogador com o jogo, a partir da experiência e da lógica do jogo. Essa classe especial de representações, experimentada como procedimentos, conjuntos de comportamentos ou formas de interação, é a matéria-prima a partir da qual as simulações são construídas. Chamamos essa forma de *representação procedural*. Uma abordagem da representação baseada em simulações em jogos é o conceito central desse esquema.

Mas a representação procedural é apenas parte do que estudamos neste capítulo. Além de explorar os mecanismos da representação procedural, também investigamos a relação dessas representações com o mundo fora do jogo. Sabemos que algo é uma simulação, em parte, porque estamos familiarizados com a coisa simulada. O jogo Diplomacia é uma simulação política porque imita os processos de negociação que são conhecidos e familiares no mundo real. Mas, apesar de Diplomacia modelar fielmente a arte da negociação, sua representação ainda é um pouco artificial, contida dentro do jogo, separada do mundo real. A relação entre o jogo e a "realidade" representada é um aspecto fundamental ao considerar os jogos como simulações.

Essa não é a nossa primeira menção de representação e "realidade". Volte a ***Jogos como interação lúdica de significados***, quando introduzimos o conceito de estrutura cognitiva. A estrutura cognitiva é uma forma de organizar ou compreender o mundo, uma estrutura que modela a interpretação e, portanto, o que assumimos que as coisas significam. Considerar não apenas como um jogo simula, mas também o que ele simula, levanta questões sobre a relação entre o mundo artificial de um jogo e os contextos da "vida real" que ele cruza. Essas questões vão desempenhar um papel importante em nossa compreensão dos jogos como simulações e ficarão cada vez mais importantes à medida que avançarmos em nosso esquema primário de CULTURA.

Definição de "simulação"

Um videogame é um mundo imaginário: seus habitantes são criaturas inexistentes, mas que os olhos podem ver e a mão pode mover. É imaginário no sentido de que não existe uma realidade sólida por trás da imagem. Uma bola quicando pode ser fielmente simulada, mas a imagem luminosa móvel não tem massa real ou elasticidade. A posição, velocidade, massa e elasticidade da bola são apenas números armazenados no computador que controla o videogame; e as leis da Física que regem a trajetória da bola e seu quicar são apenas equações matemáticas armazenadas no programa do computador.

— ***Warren Robinett,*** *Inventing the Adventure Game*

Em *Inventing the Adventure Game*, Warren Robinett, designer de jogos e programador mais conhecido pelo jogo Adventure para Atari 2600, vê os jogos através da lente da simulação. Ele está particularmente interessado na maneira como os jogos digitais são "mundos imaginários", como ele coloca, onde os jogadores experimentam sinais luminosos e sonoros como uma representação de alguma situação da vida real. Sua descrição de uma bola quicando simulada, na qual os componentes sensoriais da posição, velocidade, massa e elasticidade são retirados para revelar os mecanismos subjacentes do software programado, lembra-nos da relação muitas vezes oculta entre a estrutura formal de um jogo e a experiência dessa estrutura por meio da interação lúdica.

Robinett aborda especificamente a maneira como as representações nos videogames "imitam" os fenômenos do mundo real tão diversos quanto bolas que saltam e soldados em guerra. "Um videogame é uma simulação, um modelo, uma metáfora", escreve Robinett. O que exatamente ele quer dizer? O que é uma simulação? Como os jogos são simulações? Todo jogo é uma simulação? Qual é a relação entre simulação, modelo, metáfora e mundo real? Abordaremos essas questões espinhosas nas páginas a seguir. Mas, primeiro, vamos dedicar um momento para definir o conceito de simulação. A referência de jogo educativo *A Handbook of Game Design* oferece um bom ponto de partida:

> Uma *simulação* pode ser definida como "uma representação operacional das características centrais da realidade". Essa definição de novo identifica duas características centrais que devem existir antes de um exercício poder ser razoavelmente descrito como uma simulação. Primeiro, deve representar uma *situação real* de algum tipo — seja uma situação extraída diretamente da vida real, seja uma situação imaginária que de modo aceitável poderia ser derivada da vida real (a invasão de seres extraterrestres, por exemplo). Em segundo lugar, deve ser *operacional*, ou seja, deve constituir um *processo contínuo* — um critério que efetivamente exclui da classe de simulações os análogos estáticos, tais como fotografias, mapas, gráficos e diagramas de circuito, mas inclui modelos funcionais de todos os tipos.[1]

Os autores Eddington, Addinall e Percival identificam dois componentes que fazem de uma representação, uma simulação. Primeiro, uma simulação *representa* algo: uma "situação real", que é uma circunstância da vida real ou uma situação imaginária que, de modo aceitável, é real. Esse componente indica as qualidades referenciais de uma simulação: uma simulação *refere-se* a algo no mundo real. É significativo que os autores usem a expressão "características centrais da realidade", em vez de apenas "realidade", ao descrever o que representa uma simulação. Como veremos, uma simulação não pode retratar cada aspecto de algo; ela tem de escolher um subconjunto muito limitado de características em torno das quais será construída sua representação.

O segundo componente da definição identifica o fato de que a simulação é um tipo muito particular de representação, o que os autores chamam de "operacional". Segundo eles, a simulação é uma representação na forma de um "processo contínuo", em vez de uma representação estática, como um diagrama ou um fluxograma. Esse componente da definição descreve o caráter *sistêmico* das simulações. Uma simulação é um sistema dinâmico: um conjunto das partes que se inter-relacionam para formar um todo. Uma simulação é, portanto, uma representação *procedural*, conseguida por meio de um processo contínuo. No caso dos jogos, o processo contínuo é o jogo.

Eddington, Addinall e Percival afirmam "A simulação é uma representação operacional das características centrais da realidade", em uma definição sintética e bem eficiente. Ao propor nossa própria definição, porém, gostaríamos de fazer três pequenos ajustes: em primeiro lugar, de acordo com nossa terminologia baseada em sistemas, substituímos a palavra "operacional" por "procedural". Em segundo lugar, generalizamos a ideia de "características centrais" para "aspectos" da realidade. Em terceiro lugar, adicionamos aspas à palavra *realidade*. O resultado é a seguinte definição de simulação:

***Simulação* é uma representação procedural de aspectos da "realidade".**

Ambos os componentes dessa definição, o fato de que as simulações representam de modo procedural e que retratam os elementos da "realidade", representam conceitos surpreendentemente complexos. Nas páginas que se seguem, veremos de perto esses dois aspectos das simulações, considerando um de cada vez.

Simulações relacionadas com o jogo e simulações não relacionadas com o jogo

O conceito geral de uma simulação certamente não é restrito aos jogos. Por exemplo, economistas e sociólogos usam as simulações para estudar as relações matemáticas entre as variáveis, muitas vezes como um conjunto de equações que processam dados. Os dados podem ser informações do Censo dos EUA — informações demográficas sobre a renda, habitação e padrões de voto, por exemplo — e as equações podem esclarecer as relações entre os dados. Usando esse tipo de simulação, um pesquisador seria capaz de especular sobre as alterações em algumas variáveis, tais como renda e habitação, inserir essas alterações na simulação e ver como os padrões de votação mudariam como resultado. Esse tipo de simulação não parece muito divertido para "brincar" (certamente não é um jogo), mas atende os requisitos de uma simulação. Há referências do mundo real representadas na simulação (realidades econômicas e políticas) e as funções da simulação processando os dados por meio de um conjunto de procedimentos. O processo pode ser apenas uma equação matemática, mas é um processo da mesma forma.

As simulações econômicas raramente são explicitamente interativas. Em geral, um pesquisador configura os dados e, depois, "roda" a simulação para processar os dados. Mas algumas simulações são concebidas para serem altamente participativas, tais como as simulações de treinamento. Elas incluem simulações baseadas em computador, permitindo que os pilotos de avião pratiquem o voo sem sair do chão, simulações RPG que permitem aos vendedores aprimorar suas habilidades sociais com clientes difíceis, simulações debaixo d'água onde os astronautas praticam manobras com gravidade de zero em uma piscina e simulações de emergência nas quais os moradores de um prédio de apartamentos fazem treinamentos para saber como agir em casos de incêndio. Cada simulação obtém sua identidade a partir de uma *situação do mundo real:* pilotar um avião real, fazer uma venda real, tentar andar no espaço real ou escapar de um incêndio real. Em todos os casos, a representação que a simulação cria é um processo: a complexa maquinaria e interatividade de um simulador de voo, o processo social e conversacional de representar um papel, a simulação física de estar no espaço sideral e o fluxo de corpos descendo escadas e passando pelas saídas de incêndio.

É claro que há muitas simulações que não são jogos. Mas, e as simulações relacionadas com o jogo? Na indústria de jogos digitais, há um gênero de jogos chamado simulações ou "sims" para abreviar. Sim City, por exemplo, é um retrato complexo do processo de planejamento urbano, economia municipal e evolução de uma comunidade humana; é uma interação lúdica da simulação. Outras simulações relacionadas com o jogo retratam os processos históricos, ecossistemas naturais ou veículos militares. Embora as sims, talvez mais do que outros jogos, explicitamente atendam ambos os componentes de nossa definição (uma representação procedural dos aspectos da "realidade"), todos os jogos podem, de fato, ser considerados simulações. Lembre-se de que um esquema de design de jogos deve ser aplicável a todos os jogos. Portanto, ao propor o esquema ***Jogos como interação lúdica da simulação***, estamos argumentando que qualquer jogo pode ser considerado uma simulação.

Por mais abstratos ou fantásticos que possam ser os jogos, é possível vê-los como simulações de um tipo ou outro. O xadrez e o jogo da velha, por exemplo, podem ser enquadrados como representações de conflito territorial, em que as unidades simuladas lutam pelo controle de um campo de batalha estilizado. Jogos que envolvem elementos fantásticos, como Dungeons & Dragons, também simulam por meio de sua interação lúdica. Regras detalhadas, por exemplo, simulam a maneira como diferentes armas afetam diferentes tipos de armadura. Mesmo o sistema de lançar feitiços em D&D é um tipo de simulação: ele simula uma "realidade" imaginária, enraizada no mito, religião e cultura popular. Como o exemplo da invasão de extraterrestres na citação de Eddington,

---

E quanto às aspas?

Bem, e quanto às aspas? Por que alteramos a definição de Eddington, Addinall e Percival colocando o termo "realidade" entre aspas? Esse ajuste foi necessário porque a relação entre a chamada "realidade" e a representação é complexa. A realidade é uma quantidade fixa e conhecida, ou é algo construído por nossos sentidos, cognição ou entendimentos culturais? A realidade é algo que existe fora da representação ou que se constrói por meio do processo de representação? As representações em si devem ser incluídas como parte da "realidade"? Não temos espaço aqui para abordar essas questões filosóficas longamente debatidas. Mas pedimos que, ao longo deste capítulo, você tenha em mente o fato de que a "realidade" que as simulações representam não é um simples dado. Colocar aspas em torno da palavra é uma maneira de nos lembrar desse fato.

Addinall e Percival ilustra, *aspectos da "realidade"* podem referir-se a coisas fora da nossa experiência vivida.

Alguns jogos, como o Tetris, apresentam referências mais ambíguas, mas isso não significa que eles não sejam uma espécie de simulação. Tetris simula a forma como os objetos podem cair, empilhar e até como fazem barulho quando se encaixam no seu lugar ao lado de outras peças. Dessa forma, Tetris é uma simples simulação das forças da gravidade. Depois, há o fato de que os objetos do Tetris que caem são chamados de "tijolos" e esses tijolos formam uma parede de tijolos intertravados. Esses aspectos do jogo apontam para um tipo diferente de representação, talvez uma simulação de construção. Tetris pode não ser uma simulação particularmente precisa ou instrutiva da gravidade ou da edificação, mas a simulação do jogo não é necessariamente sobre precisão e instrução. A simulação do jogo, como qualquer tipo de representação do jogo, pode ser geometricamente mínima, absurdamente lunática ou até mesmo deliberadamente enganosa. Ao contrário de uma simulação projetada para fins de investigação científica, uma simulação de jogo não está comprometida com uma noção de representação da verdade empírica. Pong não é significativo para os jogadores por ser uma representação cientificamente precisa do tênis de mesa; é significativo porque, como uma simulação, fornece um contexto para uma interação lúdica profunda e envolvente.

Interação lúdica significativa e simulação

Como estruturar um jogo como uma simulação ajuda a projetar a interação lúdica significativa? Ao considerar a interação lúdica da simulação, estamos simplesmente trabalhando de novo os conceitos fundamentais do design de jogos estabelecido nos capítulos anteriores. Embora a ênfase aqui seja sobre como os jogos criam representações, os princípios fundamentais do design da interação lúdica significativa permanecem os mesmos. Se uma simulação permite aos jogadores experimentar a representação de algo conhecido e familiar ou fantasticamente imaginativo, ela faz isso por meio do design da interação lúdica significativa. Para ver esse princípio em ação, podemos ver de perto o Ace of Aces, um jogo desenvolvido pelo professor de história Alfred Leonardi em 1980.

O Ace of Aces simula um combate entre dois aviões da I Guerra Mundial, utilizando um complexo sistema formal para representar a velocidade, capacidade de manobras, visibilidade, armas de fogo e outros aspectos do combate aéreo dos dois aviões. O impressionante sobre o Ace of Aces é que o jogo ocorre não em um computador ou mesmo em um mapa de papel do jogo de guerra, mas dentro de dois livros do jogo. Cada jogador tem seu próprio livro e cada um com mais de 200 páginas, tendo uma ilustração do que o jogador vê do *cockpit* de seu avião. A ilustração do ponto de vista mostra o avião inimigo a certa distância, localização e ângulo em relação ao avião do jogador. Por exemplo, se uma ilustração mostra o avião de seu oponente vindo em sua direção por trás, significa que o outro jogador está diretamente atrás de você!

Os jogadores interagem na simulação navegando por seus livros (eles não podem ver os livros dos outros) e selecionando as manobras. Na parte inferior de cada página está uma lista das possíveis manobras que um jogador pode realizar, com um número atribuído a cada uma. Ambos os jogadores escolhem uma manobra em segredo e falam o número correspondente, o que determina a próxima página para a qual cada jogador vai em seu livro. O sistema formal e elegante do jogo é incrivelmente eficaz na simulação de um duelo entre dois aviões da I Guerra Mundial.

Isso parece difícil de acreditar? Considere o cenário que descrevemos: seu adversário posicionado diretamente em sua cauda. Você escolhe uma manobra para desacelerar e virar para a direita, mudando sua posição para o lado, ficando paralelo à sua posição anterior — algo como um carro mudando de faixa. Digamos que seu oponente seguidor tenha pensado que você iria competir com ele e tomou a decisão de avançar em velocidade máxima — essa escolha poderia fazer o avião de seu oponente subir rapidamente para a direita em razão da desaceleração do seu avião. Quando você voltasse para a página apropriada no seu livro e visse o resultado das manobras da última rodada, a ilustração mostraria o avião do seu adversário à sua frente e à esquerda; e, no livro do seu oponente, seu avião seria visível atrás e à direita.

Seu livro

O livro de seu oponente

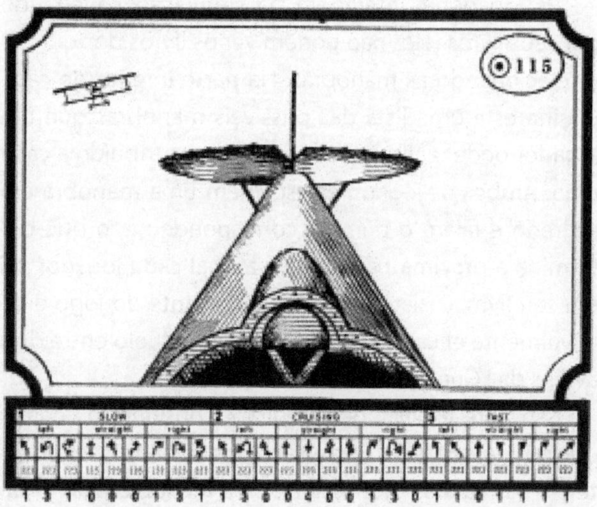

Por meio da utilização de um modelo espacial inteligente, o jogo Ace of Aces simula os aspectos do combate aéreo da I Guerra Mundial. Ele não simula todas as facetas da experiência (não existem regras para lidar com os diferentes tipos de clima e seus efeitos no voo, por exemplo), mas representa os aspectos importantes das manobras envolvidas. A lógica espacial, as manobras táticas, falha das armas e mesmo um aumento na habilidade em vários combates são aspectos do combate aéreo da I Guerra Mundial que o jogo retrata. Além disso, essas representações são possíveis por meio de um sistema dinâmico — um processo baseado em um modelo matemático multifacetado do combate aéreo. É por meio desse processo que Ace of Aces *simula* um duelo da I Guerra Mundial.

Ace of Aces constrói essa simulação combinando elementos emergentes e incorporados. Os desenhos e as páginas em si são fixos na impressão e não mudam enquanto o jogo é jogado. Nesse sentido, as páginas do livro podem ser consideradas elementos narrativos incorporados, descritores narrativos pré-roteirizados experimentados pelo jogador durante o jogo. Contudo, a complexidade das regras do jogo subjacentes incorpora essas páginas como elementos dentro de um sistema verdadeiramente emergente. As páginas do livro Ace of Aces são menos parecidas com as páginas de um livro do tipo Escolha Sua Própria Aventura e mais parecidas com os quadros de vídeo em uma tela de simulação em tempo real, instantâneos de uma batalha em curso. Ao criar uma simulação, os elementos emergentes e incorporados podem ser integrados no jogo global. Mas, por causa da maneira como as simulações dependem dos sistemas dinâmicos, estruturar um jogo como uma simulação tende a enfatizar os componentes emergentes do jogo, os elementos mais puramente sistêmicos que interagem de formas complexas para gerar resultados inesperados.

O Ace of Aces não só fornece uma simulação rica e coerente do combate aéreo, mas também facilita a interação lúdica significativa. Como as páginas dos dois livros contêm todas as possíveis relações espaciais entre os aviões (possibilitadas por um conjunto de regras), os jogadores estão literalmente navegando pelo espaço de possibilidades do jogo, experimentando manobras, assumindo riscos ousados e procurando entender a mente um do outro. Cada decisão tomada é compreensível e integrada à experiência maior do jogo, uma experiência possibilitada pela simulação. Os mecanismos representacionais da simulação apoiam solidamente as decisões do jogador, estabelecendo um domínio firme e significativo de interação. A simulação cria um espaço de interação lúdica que existe em algum lugar entre os dois livros impressos, a interação social dos jogadores e a própria batalha que se desenvolve em suas imaginações sobrepostas.

Ace of Aces é um exemplo fascinante de uma simulação de jogo, não apenas porque fornece a interação lúdica significativa, mas porque faz isso de maneiras bem inesperadas. Desde que o jogo foi publicado pela primeira vez, as simulações de voo em tempo real nos computadores se tornaram comuns, usadas para fins de treinamento e entretenimento. Mas o Ace of Aces consegue envolver os jogadores sem gráficos 3D ilusionistas e sofisticados controles de piloto com *force-feedback* (*feedback* tátil). Jogar o Ace of Aces é radicalmente diferente de pilotar um avião, embora de alguma forma ainda consiga funcionar como uma simulação bem-sucedida. As simulações não precisam incorporar literalmente as formas materiais e sensuais dos fenômenos que estão simulando. Isto é o que Robinett quer dizer quando chama um jogo de "uma simulação, um modelo, uma metáfora". Como representações, as simulações costumam representar metaforicamente, significando que podem criar representações de formas não literais. Às vezes, as simulações do jogo tentam e repetem a experiência real da coisa que estão simulando, como as telas de RV (Realidade Virtual) que dominam todo o campo de visão de um jogador. Mais frequentemente, porém, as simulações assumem modos de representação que não são tão literais. Existe um modelo matemático subjacente que liga Ace of Aces aos aviões que se deslocam no espaço. Mas a atividade de disputar o jogo — virar as páginas e falar os números — não é nada parecida com sentar em um *cockpit* real. Na verdade, essa diferença metafórica entre a mecânica básica do Ace of Aces e seu referente simulado é uma fonte de prazer do jogo.

Representação procedural

Vistos como simulações, os jogos são sistemas dinâmicos que constroem a representação por meio do jogo. Asteroids, por exemplo, representa o sentimento vasto do espaço por meio do movimento inercial da nave do jogador. Os designers do jogo poderiam ter criado qualquer esquema de navegação desejado, tal como uma nave espacial que poderia iniciar e parar imediatamente, e virar instantaneamente mesmo em movimento. Em vez disso, o jogador deve manobrar a nave espacial levando em conta a aceleração e a força. Por meio dessa atividade projetada, o jogo retrata expressivamente o espaço sideral. No jogo de tabuleiro Lord of the Rings, a força negra de Sauron é representada como uma figura em uma pista que segue em direção aos jogadores; sua natureza maligna se manifesta em seu avanço terrivelmente inevitável, assim como nas ramificações mortais de um encontro com ele no tabuleiro. O jogo de tabuleiro Up the River recria de maneira lúdica a experiência de um rio que flui pelo formato inusitado de seu tabuleiro, que é feito de faixas horizontais. A cada vez, o jogador tira a faixa de trás e a coloca na frente. Dessa forma, os veleiros pertencentes aos jogadores devem lutar contra a água que flui continuamente enquanto correm para ser o primeiro a chegar ao cais.

Nesses três exemplos, os elementos formais e experimentais do jogo trabalham para criar uma representação que surge dos procedimentos da jogabilidade. Chamamos essa forma de representação procedural. O termo "procedural" é uma abreviação para todas as formas baseadas em processos que os jogos podem significar. A representação procedural poderia surgir a partir do funcionamento da inteligência artificial de um programa de computador; poderia ser um resultado emergente do fato de os jogadores seguirem as regras de um jogo; ou poderia ser uma mecânica básica expressiva que referencia uma ação específica fora do jogo.

Um jogo de guerra baseado em miniaturas é uma representação da guerra em parte porque as peças em si lembram soldados em miniatura e porque o campo de batalha pode ser pintado para parecer a paisagem de um território disputado. Mas esses sinais visuais compõem apenas uma parte da representação maior do jogo. A representação do jogo de guerra também é procedural, criada por meio das regras do jogo e das escolhas do jogador que as regras produzem. Por exemplo, as unidades em um jogo de guerra em geral têm uma classificação de movimentos, representando o número de hexágonos ou casas que a unidade pode percorrer de cada vez. Em um jogo de guerra típico, uma unidade de cavalaria terá uma classificação de movimento maior que uma unidade de infantaria. Essa diferença estatística entre os tipos de unidades não é apenas uma distinção formal, é uma forma de representação.

O fato de uma unidade de cavalaria mover-se mais rapidamente no jogo do que uma unidade de infantaria é um ato de significação fundamentalmente diferente da estética visual das fichas do jogo. Sua representação é procedural, com base na identidade formal da unidade e suas capacidades de interação no sistema do jogo. Claro, as unidades nos jogos de guerra também têm muitos outros tipos de estatísticas formais, desde habilidades ofensivas e defensivas até pontos fortes e fracos de movimento nos diferentes tipos de terreno. Todas essas designações formais baseiam-se nas características simuladas das várias unidades de batalha. Quando o jogo é disputado, essas identidades formais se tornam relações sistêmicas que constituem uma representação dinâmica e procedural da guerra.

Podemos considerar os jogos como representações procedurais em dois níveis. Tomando emprestados os conceitos de ***Jogos como interação lúdica de significados***, sabemos que os jogos *são representações* e também que *podem representar*. A ideia de que os jogos são representações significa que um jogo inteiro pode servir para descrever algo. Considerando a representação procedural nesse nível macro, um jogo representa como um todo. Pong é uma representação procedural do tênis de mesa; o Pro Skater 3 de Tony Hawk é uma representação procedural do skate. A noção de que os jogos *podem representar* significa que os jogos contêm representações menores, internas. Isso também é válido quando se considera o aspecto procedural da representação do jogo. Podemos ver a estrutura de um jogo em um nível micro e identificar as representações procedurais que compõem o conjunto, tais como as regras do movimento para as unidades de cavalaria e infantaria do jogo de guerra.

As representações procedurais nos níveis macro e micro podem ser incorporadas umas nas outras. Um jogo de cartas que retrata a vida social em uma corte real do século 18 é um jogo que como um todo simula um determinado momento histórico. Mas, dentro do jogo, encontramos várias representações microprocedurais. Pode haver um conjunto de regras para simular o duelo de espada e outro para simular o clima político atual da corte. Naturalmente, essas representações microprocedurais estão ligadas dentro do sistema completo do jogo, que constitui a simulação global. O mesmo é verdade para os jogos digitais, onde o código que simula a luz que incide nos objetos 3D é geralmente separado do código que simula o comportamento dos adversários controlados pelo computador. Embora simulem aspectos diferentes do tema do jogo, esses componentes estão incluídos no macrossistema maior da simulação do jogo.

Como as representações procedurais surgem da ação de um jogo, a participação do jogador é fundamental para dar vida aos procedimentos de significação. Tal como acontece com todas as representações do jogo, no entanto, as representações procedurais também se desenvolvem diretamente com base nas regras do jogo, ganhando significado quando os jogadores interagem com elas por meio da interação lúdica. A seguir estão três exemplos de jogos que fazem um uso muito diferente da representação procedural. Em cada caso, a representação ganha vida por meio de estrutura de regras formais e da experiência de jogo.

Diplomacy

O jogo de tabuleiro Diplomacy é uma representação complexa da negociação política da I Guerra Mundial. O jogo acontece em um mapa da Europa, e (dependendo da edição particular do jogo) as fichas utilizadas pelos jogadores podem lembrar unidades militares terrestres e navais ou podem ser formas abstratas. Cada jogador assume o papel de uma potência militar europeia, competindo para ocupar várias cidades-chave e conquistar o continente.

O jogo é jogado em rodadas. A cada rodada, os jogadores negociam de modo público e privado por uma quantidade limitada de tempo (geralmente cerca de 10 ou 15 minutos). No final do período de negociação, os jogadores anotam e revelam simultaneamente suas ações selecionadas. Os resultados de suas ações naquela rodada são dependentes das decisões dos outros jogadores. Por exemplo, durante uma rodada, um jogador move um exército para um território ocupado por outro jogador. O apoio que o jogador invasor obteve dos outros jogadores determina o sucesso da invasão. Se a invasão coloca uma unidade de ataque contra uma unidade de ocupação, a ação não foi bem-sucedida. Mas se o jogador invasor recebeu apoio de outro jogador com uma unidade em uma região vizinha, o ataque foi bem-sucedido: a força da invasão torna-se duas unidades agindo contra uma. Essas regras dificultam o avanço de seus exércitos no tabuleiro, exigindo que os jogadores façam alianças e coordenem suas ações.

A mecânica formal do jogo Diplomacy resulta em uma representação dramática procedural de alianças negociadas, acordos incômodos e tratados de paz quebrados: uma representação, em outras palavras, da diplomacia em si. Apenas um jogador pode emergir como vencedor no final, e geralmente é apenas uma questão de tempo antes de as mentiras supurarem e as alianças dos jogadores serem quebradas, reorganizadas e reformuladas. Qual dos seus aliados vai traí-lo — e como? No jogo Diplomacy, como nos processos diplomáticos retratados, as habilidades sociais são pelo menos tão importantes quanto o pensamento estratégico.

O jogo Diplomacy inteiro representa de modo procedural o assunto da diplomacia e faz isto por meio de uma série de representações internas que se combinam para formar a simulação global. Por exemplo, embora o Diplomacy possa ocorrer em um mapa abstrato e ainda manter o mesmo senso de intriga diplomática, o mapa também é usado como um meio de representação procedural. A Suíça, por exemplo, é um território central, mas neutro e intransitável, espelhando o seu papel isolacionista na I Guerra Mundial. As forças iniciais de cada país são uma representação em miniatura também, adequadas ao período: a Inglaterra, por exemplo, tem a maior força naval, mas um exército fraco.

O jogo Diplomacy é uma representação procedural maravilhosamente envolvente da negociação política da I Guerra Mundial, mas só alcança status como uma simulação por causa de decisões de design cuidadosas. Os procedimentos incorporados nas negociações privadas do jogador, a ação simultânea dos jogadores, ação contingente > resultados, capacidade de apoiar as ações dos outros jogadores e uso procedural do mapa e das fichas combinam-se para criar uma complexa representação da diplomacia. Essa representação é um produto do processo do jogo; uma representação que somente ganha sentido quando é experimentada como um sistema de relações dinâmicas conduzido pela interação do jogador.

Vampire

Vampire é um jogo que também depende da representação procedural. O jogo vem do *New Games Book*, que lista as seguintes regras:

> Para começar, todos fecham os olhos (apenas os vampiros vagam à noite) e começam a circular. Você pode confiar que o Juiz irá impedi-lo de colidir com qualquer coisa que não seja um ser vivo de sangue quente. Mas você não pode confiar no Juiz para protegê-lo das consequências, pois ele notificará secretamente um dos jogadores de que esse jogador é o vampiro.
>
> Como todo mundo, o vampiro mantém os olhos fechados, mas, quando bate em alguém, há uma diferença. Ele agarra a pessoa e solta um grito horripilante. A pessoa, sem dúvida, faz o mesmo…
>
> Se você for uma vítima do vampiro, irá tornar-se um vampiro também. Assim que recuperar a calma, você também estará à espreita, em busca de novas vítimas. Bem, talvez você esteja pensando que o jogo se degenera rapidamente em uma convenção de monstros. Ah, mas você não sabia que, quando dois vampiros mordem *um ao outro*, ambos transformam-se em simples mortais de novo.
>
> Os vampiros vão neutralizar-se antes de todos os mortais serem contaminados pelo castigo dos sugadores de sangue? Por que você não experimenta um pouco e vê? Sempre há esperança, mesmo no meio de uma multidão com sangue gelado.[2]

O referente que Vampire simula é bem diferente do referente de Diplomacy. Enquanto Diplomacy representa de modo procedural uma situação histórica do mundo real, o Vampire evoca comicamente imagens de vampiros tiradas diretamente das páginas de ficção. A forma como o design do jogo alcança sua representação procedural, porém, não é menos sofisticada.

Como o jogo Vampire não requer nenhum material de jogo (nenhum mapa ou peças do jogo), ele baseia-se inteiramente na atividade do corpo dos jogadores para gerar a interação lúdica: as representações do jogo surgem exclusivamente da interação entre os jogadores. A limitação inicial do jogo, o fato de que os jogadores devem manter os olhos fechados durante o jogo, orquestra certo tipo de experiência representacional. Fechado na escuridão, o jogador é tirado do mundo comum e colocado no mundo imaginário da noite do vampiro, um cenário cujo drama é amplificado pelo fato de que os jogadores passam o jogo inteiro tropeçando em um espaço desconhecido, tateando o espaço para encontrar uns aos outros.

Essa mecânica de jogo básica e cheia de tensão faz com que cada encontro entre os jogadores seja uma surpresa. Há três maneiras diferentes de um encontro poder acontecer, desde dois não vampiros trocando sinais de ajuda até um ataque de vampiros com gritos (ou ataque duplo, caso dois vampiros colidam). Enquanto os jogadores andam a esmo, o som de gritos estridentes mapeia a escuridão ao redor dos jogadores, transformando o mundo invisível do jogo em uma paisagem sonora teatral. Além de apoiar o tipo de jogo de horror patético, o componente sonoro permite que os jogadores "vejam" o campo de jogo maior, sinalizando as áreas de ação. Aqueles gritos horripilantes vindos de algum lugar estão seguramente distantes? Ou, talvez, BEM ATRÁS DE VOCÊ! Esses procedimentos simples (vagar com os olhos fechados, encontros casuais significativos, gritos surgindo na escuridão), criam uma experiência de vampiro coerente e distinta para cada jogador no jogo.

Além disso, como acontece com muitos jogos do movimento New Games, Vampire joga com as convenções de ganhar e perder. Um jogador individual vence no jogo Vampire? Como? Os jogadores tentam ser mordidos? Ou será que eles tentam permanecer a salvos? Como vampiros, os jogadores estão buscando novas vítimas? Ou uma cura para sua condição, na forma de outro vampiro? Como será o fim do jogo? Com um campo cheio de vampiros ou com o grupo purgado de suas tendências vampirescas? O sistema representacional emergente do jogo, no qual os jogadores colidem como partículas carregadas, assume padrões imprevisíveis. O fato de que o jogo pode terminar em um dos dois estados aumenta o drama da experiência e dá à jogabilidade global o suspense de um *thriller*.

Vampire cria uma representação por meio de uma série de procedimentos, desde a mecânica básica imediata do jogo até a trajetória de longo prazo da interação lúdica. O Vampire é bem-sucedido como uma representação, pois é diretamente focado na experiência do jogador. De fora, o jogo Vampire parece uma tola atividade em grupo. É apenas dentro do jogo que a representação procedural faz sua mágica.

Illuminati

Mencionamos pela primeira vez o jogo de tabuleiro Illuminati em ***Quebrando as regras***. O design do jogo é notável, entre outras razões, porque oferece uma variação do jogo que incentiva a violação de regras dentro de certos limites. Embora o Illuminati use muitos meios para simular seu assunto, focaremos aqui a maneira como a violação de regras em si serve para criar uma representação procedural.

Illuminati é baseado na série de livros *Illuminatus* de Robert Anton Wilson e na subcultura de teorias de conspiração associada a eles. Os jogadores em Illuminati assumem os papéis de agentes obscuros do poder que manipulam os eventos mundiais e as estruturas políticas para seus próprios fins desonestos. Existem grupos que os jogadores podem controlar e conectar ao jogo, desde o FBI até os Trekkies e todo o Estado da Califórnia. Cada um desses elementos é representado de formas não procedurais (por meio de ilustrações e descrições de texto), bem como de formas mais procedurais (cada grupo é representado por um conjunto de atributos, tornando a Califórnia, por exemplo, um grupo muito mais lucrativo de controlar do que os Trekkies).

Quando os jogadores usam a variante de violação de regras, um tipo completamente diferente de experiência representacional acontece. A premissa do jogo exige que os jogadores manipulem as estruturas sociais existentes e as instituições para alcançar os objetivos misteriosos — e geralmente ridículos — dos Illuminati. Um jogador pode organizar as coisas, por exemplo, para que os Trekkies controlem o FBI e este, por sua vez, controle a Califórnia. Portanto, a ideia de refazer as estruturas de poder existentes para ter um efeito desonesto já é uma parte importante da representação global do jogo. Mas quebrando as regras, os jogadores levam o ato da manipulação um passo adiante. As próprias regras do jogo tornam-se uma representação das regras sérias da sociedade, que os jogadores, como agentes do poder sombrio, subvertem. A ação de quebrar as regras é em si um procedimento, representando o modo como os jogadores viram de cabeça para baixo o mundo do jogo para desfazer as estruturas de poder existentes e os planos bem definidos dos outros jogadores.

Esse tipo de jogabilidade leva os jogadores diretamente para os limites do círculo mágico, pois eles se envolvem em uma experiência que brinca ativamente com a destruição da autoridade do jogo. É precisamente por isso que é um dispositivo representacional tão poderoso, pois quebrar as regras permite aos jogadores jogar com um verdadeiro poder. A autoridade das regras, o contrato social de um jogo, a segurança e a confiança da interação lúdica, tudo se torna radicalmente questionado, pois o jogo flerta com sua própria destruição. Você pode imaginar uma melhor maneira de representar o mundo caótico dos Illuminati?

Conflito representado

Estamos começando a entender como as representações procedurais funcionam para simular os fenômenos por meio de representações dinâmicas. Mas há uma pergunta que precede a discussão de como os jogos criam tais representações. É a pergunta sobre quais fenômenos um sistema dinâmico pode retratar. Um designer de jogos pode escolher qualquer coisa para simular ou existem limitações inerentes? Existem certas coisas que os jogos estão predispostos a simular, certos assuntos que servem naturalmente para os jogos? O designer de jogos Warren Robinett parece pensar que quase tudo pode ser simulado:

> Muitos fenômenos complexos provocantes aguardam interpretação... trens e outros veículos que movem carga pelos espaços, caiaques em correntezas de rios vertiginosas, planetas que orbitam suas estrelas, criaturas que lutam em ecologias em evolução, melodias visíveis em papel de parede harmônico, programas musicais executando uma pulsação rápida e forte, e pensamento humano movendo-se por uma rede intricada de conhecimento...
>
> O mundo real oferece um vasto conjunto de fenômenos para simular — comportamento dos animais, crescimento das plantas, deformação das estruturas, congestionamento do tráfego, formação de flocos de neve. Todo o processo é um candidato. Cada verbo no dicionário sugere uma ideia.[3]

Desde que Robinett originalmente escreveu esse desafio, os jogos têm sido projetados para simular alguns dos fenômenos que ele descreve: Sim Life tentou simular as ecologias evolutivas das criaturas; o jogo shareware Bridge Builder simula a deformação das estruturas sob o peso de um trem. Mas muitos dos fenômenos em sua lista ainda estão esperando para entrar nos jogos. Como Robinett aponta, "cada verbo no dicionário sugere uma ideia" para uma simulação. Por que, então, os jogos parecem focar uma estreita faixa de processos para simular? Por que vemos os mesmos gêneros de jogos sempre: luta, corrida, guerra, esportes e assim por diante? Naturalmente, as preocupações econômicas e empresariais influenciam muito o conteúdo do jogo. Porém, há algo mais, algo mais profundo sobre a estrutura subjacente dos jogos que determina os tipos de processo que eles podem e não podem representar?

Nossa definição de um jogo descreve-os como *sistemas nos quais os jogadores se envolvem em um conflito artificial, definido por regras, acabando em um resultado quantificável*. A parte da definição relevante para nossa presente análise da simulação e da representação é o *conflito*. Os jogos são disputas de poder: são sistemas de conflito. O conflito não é apenas um produto das regras do jogo, mas do seu sistema de representação também. Cada jogo, em algum nível, representa dinamicamente o conflito. Os elementos de um jogo — os jogadores, as peças, as regras — têm um papel na geração da representação. A percepção de que os jogos representam o conflito por meio de um processo dinâmico pode ajudar a explicar a prevalência de certos conteúdos nos jogos:

talvez, algumas formas de conflito sejam simplesmente mais fáceis de modelar do que outras. Ao mesmo tempo, entender os tipos de conflito que os jogos, na maioria das vezes, retratam também nos ajuda a definir as estratégias dos novos tipos de temas para os jogos simularem.

Quais são as formas de conflito que encontramos dinamicamente representadas nos jogos? Se o jogo tem um forte componente narrativo, o conflito é fácil de detectar. O jogo de tabuleiro Lord of the Rings simula claramente a luta dos jogadores, como os hobbits da Irmandade do Anel, para alcançar a Montanha da Perdição em Mordor e destruir o Anel Um. Mas, em muitos jogos, é mais difícil estabelecer o conflito simulado. Qual é o conflito no beisebol, no jogo de damas ou no Jeopardy? O segredo para compreender a forma de um conflito simulado de um jogo é descobrir o que está sendo disputado. Em qual tipo de arena o conflito está sendo realizado? O conflito sendo travado é sobre o quê? Como é medido o progresso do conflito? Quais aspectos do conflito são dinamicamente representados?

Para responder a essas perguntas, separamos uma faixa de conflitos de jogo em três categorias gerais: *conflitos territoriais*, *conflitos econômicos* e *conflitos sobre o conhecimento*. Essas três categorias não são separadas nem se excluem mutuamente: muitos jogos incorporam dois ou todos os três de uma só vez no seu design. Em vez de uma tipologia rigorosa, são estruturas conceituais para ver os tipos de conflito que os jogos podem representar dinamicamente. Em seguida, vamos explorar cada uma dessas três categorias mais detalhadamente.

Conflito pelo território

O conflito pelo território talvez seja o mais intuitivo das três categorias. Os jogos de tabuleiro, tais como o xadrez, nos quais as peças são movidas em um campo limitado, é um jogo comum desse tipo. Nos jogos de conflito territorial, os jogadores posicionam estrategicamente suas unidades para capturar os inimigos e ganhar terreno. Os conflitos desse tipo são representações abstratas da guerra: as peças retratam unidades militares e a área do jogo representa dinamicamente o território no qual a batalha é travada.

Go é outro bom exemplo de jogo focado na captura do território. Quando os jogadores colocam suas pedras, seu principal objetivo é cercar as áreas do campo de jogo para garantir o espaço capturado. No final do jogo, cada jogador recebe um ponto a cada interseção da grade garantida (mais um ponto para cada peça do inimigo capturada). O jogo surgiu como uma simulação militar — no Japão feudal, Go era considerado uma arte marcial. Como um conflito territorial, Go é uma representação muito elegante.

Existem muitos outros jogos que simulam o processo do conflito territorial. O jogo da velha é um simples conflito territorial, em que os jogadores tentam ocupar o território estrategicamente em um padrão que levará à vitória. Os esportes com bola como futebol americano e futebol implicam mover uma equipe ou um marcador especial em uma distância do terreno para a zona final ou o gol do adversário: o inimigo invadido. Jogos de mesa como o Warhammer oferecem representações incrivelmente complexas da guerra representada dinamicamente, com dezenas de diferentes tipos de unidades, grandes mapas detalhados e livros de regras grossos controlando os detalhes da interação. O exército dos EUA usa jogos de guerra ainda mais complexos como exercícios de treinamento, nos quais centenas ou mesmo milhares de tropas jogam grandes jogos com armas de laser em ambientes reais e simulados.

Conflito econômico

O conflito econômico é outra forma comum de conflito nos jogos. Nas simulações de conflito econômico, não é o terreno que é disputado, mas uma unidade de valor. A palavra "econômico" não remete necessariamente ao dinheiro, mas a qualquer coleção de peças, partes, pontos, cartas ou outros itens que formam um sistema por meio do qual o conflito ocorre. Em um jogo de pinball, você tenta fazer uma pontuação alta. No Magic: The Gathering, você tenta reduzir a vida de seu oponente a zero. Nessas economias de jogo, as regras dão a cada unidade um valor e o progresso no jogo é medido de acordo com os valores atribuídos por essa economia.

Uma economia em um jogo é geralmente uma *economia limitada*. Isso significa que as unidades que compõem a economia são finitas, e normalmente os jogadores conhecem a composição da economia. No pôquer, é fundamental que todos os jogadores entendam a economia limitada de um baralho de cartas. O conhecimento sobre quais cartas aparecem no baralho permite compreender quais mãos são mais difíceis de construir. Uma quadra é mais difícil de obter que um par; um *straight flush* (sequência de mesmo naipe) é mais difícil ainda. A outra economia do pôquer — o dinheiro de apostas — pode ou não ser uma economia limitada. Cada jogador pode começar com a mesma quantidade de fichas, caso em que todos os jogadores conhecem os parâmetros da economia de fichas. Se os jogadores puderem usar o dinheiro em seus bolsos ou outros valores para as apostas, eles não saberão a extensão total da economia — embora em última análise a economia seja limitada pelo capital que cada jogador possui fora do círculo mágico. Por outro lado, se os jogadores não estiverem apostando "dinheiro real", mas jogando para se divertir usando um suprimento infinito de fichas, a economia de apostas normalmente limitada vai tornar-se ilimitada.

Como o conflito econômico é geralmente redutível a números e pontos, e os jogos são intrinsecamente matemáticos, podemos enquadrar praticamente qualquer jogo dessa maneira. Por exemplo, um jogo de corridas, no qual os jogadores rolam um dado e movem um marcador em uma pista, pode parecer, à primeira vista, um conflito territorial.

Mas o mesmo jogo também pode ser jogado rolando dados e somando os pontos que os jogadores recebem a cada rodada, tornando o jogo mais um conflito econômico. Como os dois jogos teriam regras constitutivas, as regras operacionais ajudariam a determinar o tipo de conflito que o jogo representa. Mas alguns jogos combinam categorias: Quake é um conflito territorial ou econômico? É claramente um híbrido. O jogo ocorre dentro da representação de um espaço, em que a posição relativa em cada momento é muito importante. Mas grande parte do jogo consiste em gerenciar economias de recursos como saúde, armadura, munição, armas e inimigos abatidos.

Mesmo os jogos fortemente territoriais como xadrez e Go podem ser vistos como representações procedurais de conflito econômico. No xadrez, as peças representam uma economia e o valor de uso de cada peça é derivado do conjunto total de relações no tabuleiro. É claro que uma unidade — o rei — tem um valor especial, o que determina o vencedor do jogo. Da mesma forma, no final de uma partida de Go, o território é traduzido em pontos e, como no exemplo do jogo de corridas, Go poderia ser interpretado como uma economia — de pontos disputados. Lembre-se de que os três tipos de conflito não são categorias rígidas; são apenas imagens que usamos para entender os tipos de conflito que os jogos tradicionalmente simulam.

Conflito sobre o conhecimento

O conflito sobre o conhecimento oferece um modelo diferente para entender o modo como os jogos simulam o conflito. Em Trivial Pursuit, por exemplo, é verdade que as peças se movem no território espacial de um tabuleiro. Também é verdade que os jogadores adquirem um conjunto de peças de plástico coloridas dentro de uma economia de peças a fim de ganhar o jogo. Mas essas formas de enquadrar o Trivial Pursuit parecem omitir o componente-chave do conflito do jogo: o processo de perguntar e responder a perguntas triviais.

No Trivial Pursuit, como acontece com muitos outros jogos nos quais a informação em si forma a arena de conflito, o "terreno" disputado do jogo é o *conhecimento*. Programas de televisão como Hollywood Squares, jogos de computador triviais como o You Don't Know Jack, e até jogos sobre a tradução de informações de uma forma em outra, como as charadas, podem ser entendidos como jogos em que o conflito é o conhecimento. Os conflitos sobre conhecimento são inerentemente culturais porque o conflito do jogo em si envolve um espaço cultural que está fora do jogo. Em um jogo de conflito sobre conhecimento, o resultado de uma ação do jogo depende de o jogador saber ou não a resposta para algum tipo de pergunta. Isso é bastante diferente da representação de um conflito territorial ou econômico: o processo sendo simulado é o conflito da aquisição e compartilhamento do conhecimento cultural. Os jogos desenvolvidos com o conhecimento factual, como parte do sistema de conflito, cruzam a fronteira do círculo mágico, criando um jogo dependente das informações trazidas para o jogo de fontes externas.

Os jogos representam o conflito como a aquisição e a competição por território, economia e conhecimento. Essas três categorias bem abstratas não nos dizem exatamente *o que* os jogos são capazes de simular, mas descrevem o tipo geral de processos que os jogos simulam *na maioria das vezes*. Identificar essas três categorias também ajuda a explicar por que vemos o mesmo tipo de conflito sendo repetidamente modelado nos jogos. Por exemplo, por que os videogames geralmente parecem focar a simulação de um conflito militar: lutar, atirar e conquistar? Ou por que tantos jogos transbordam economias de itens colecionáveis: moedas mágicas, dinheiro ou outros objetos preciosos? Gostando ou não, a tendência para a representação militar e econômica nos jogos tem uma longa história, diretamente ligada aos processos dos conflitos territorial e econômico intrínsecos à maioria dos jogos.

Há uma linha relativamente clara de descendência, por exemplo, de Go e xadrez até Kriegspiel, miniaturas dos jogos de guerra e RPG, e desde os jogos não digitais até os RPGs de hoje, FPSs e RTS (*RPGs, jogos de atirar em primeira pessoa* e *jogos de estratégia em tempo real*). Uma tremenda quantidade de pensamento de design sobre jogos de guerra, simulação militar e outras formas de conflito territorial tem se acumulado ao longo dos séculos. Simular a diferença entre as unidades montadas e as unidades de infantaria, entre armas brancas e armas de arremesso; entre ataques que espalham a destruição e ataques de ocupação; entre tamanho e capacidade de manobra, força e velocidade etc. tornou-se um problema de projeto banal da representação do jogo ao longo dos anos. Nesse sentido, os jogos militares altamente detalhados de hoje são os herdeiros de milênios de pensamento de design.

Felizmente, essa longa história em nada limita o que é possível simular nos jogos, mesmo quando se trata de formas de conflito. Uma questão importante para o designer de jogos de hoje é: Que outros tipos de conflito os jogos podem simular? Por exemplo, o que dizer sobre lista de desejos de Robinett? Como um jogo poderia ser projetado para simular os conflitos sociais, psicológicos ou interpessoais? Esses são verdadeiramente desafios de design difíceis. Como veremos nas páginas a seguir, parte do desafio está no fato de que as simulações requerem uma simplificação e uma estilização radicais. A série Civilization de Sid Meier é composta por jogos de estratégia maravilhosos que enfrentam a tarefa hercúlea de simular o desenvolvimento cultural. Mas, como o conhecimento cultural no jogo é necessariamente estilizado em unidades abstratas ("Você troca *Monoteísmo pelo Trabalho em Ferro*?"), o jogo nunca chega perto de representar a sutileza de seu objeto.

A história dos jogos contém muitos exemplos robustos para simular um conflito militar e econômico. Um léxico do design para simular o conflito social ou cultural pode levar gerações para se desenvolver. É claro que esses desafios não resolvidos são parte do que torna o design de jogos um campo tão notável. Apesar do fato de que os jogos são um fenômeno realmente antigo, ainda existem inúmeros caminhos para a inovação representacional — contanto que você esteja pronto para questionar suposições arcaicas sobre o que são os jogos e o que eles podem ser.

Personagens procedurais

O conflito é uma maneira abstrata e elementar de pensar sobre os tipos de processos que os jogos simulam. Mas não é o único caminho para enquadrar os jogos como simulações. E quanto à simulação e a narração de histórias? Qualquer uma das narrativas de jogo analisadas no capítulo anterior pode ser pensada como uma simulação, desde que representada por meio de um processo dinâmico. Combinar narrativa e simulação é uma poderosa forma de pensar sobre jogos como um meio representacional, pois força uma abordagem verdadeiramente experimental da participação em uma história. Como Reiner Knizia escreveu em seu ensaio anterior para este livro, a sua esperança para o jogo de tabuleiro Lord of the Rngs era que seria "não apenas recontar a trama de Tolkien, porém o mais importante seria fazer os jogadores sentirem as circunstâncias emocionais da história".

Seguem-se quatro exemplos de apenas uma parte da equação da narrativa, o elemento *personagem*. Os quatro exemplos examinam uma estratégia muito diferente para criar de modo procedural a experiência narrativa por meio do personagem (aqui, estamos usando um conceito geral de "personagem" que se refere a uma pessoa fictícia contida na representação de um jogo). Alguns dos exemplos são personagens sob o controle direto de um jogador, enquanto outros permanecem fora do controle do jogador. Em todos os casos, as regras e a interação são usadas para construir um personagem de modo procedural, além de tecer o personagem na trama maior da representação do jogo.

Zelda: Link's Awakening

Neste jogo de aventura para o Game Boy, os jogadores controlam um personagem chamado Link, movendo-o no mundo fictício do jogo, explorando novos espaços, adquirindo objetos e derrotando inimigos. O jogo é repleto de personagens — além de Link, muitas personalidades povoam o mundo do jogo, incluindo uma bruxa que os jogadores encontram no início do jogo.

O personagem da bruxa significa a ideia de "bruxa" de muitas maneiras diferentes. O personagem parece uma bruxa (usa um chapéu alto pontiagudo), senta ao lado de um caldeirão, solta gargalhadas quando fala e possui outras armadilhas estereotipadas de uma bruxa de desenho animado. Além dessas representações não procedurais, a representação da bruxa ocorre de modo procedural também: a bruxa tem uma série de qualidades sistêmicas que lhe permitem expressar-se de maneiras que um personagem não procedural não poderia.

Por exemplo, como muitos personagens encontrados em Zelda: Link's Awakening, a bruxa vive em sua própria casa. A maioria das casas encontra-se nas aldeias, onde muitas delas estão aglutinadas. Como resultado, são fáceis de localizar. Mas a casa da bruxa encontra-se no coração de uma floresta perigosa. Para alcançá-la, o jogador deve superar os obstáculos enquanto procura a casa pela floresta-labirinto. Não só a bruxa é representada no espaço do jogo como vivendo uma vida isolada dos aldeões, como também sua separação da sociedade torna seu personagem mais difícil de encontrar. Ambos os atributos (isolada e perigosa de visitar) são bem característicos de bruxa. No jogo, essas características são uma função da posição da casa da bruxa em relação aos outros elementos na grade do mundo imaginário do jogo: elas são procedurais, desenvolvendo-se a partir das características formais do jogo e das próprias interações do jogador com o jogo.

Quando um jogador encontra a bruxa, ela avisa Link (por meio de texto na tela) para lhe trazer um cogumelo. Se o jogador voltar para a floresta, colher um cogumelo e depois o trouxer para a bruxa, ela pegará o cogumelo, mexerá seu caldeirão e produzirá um pó mágico para o jogador. A bruxa executa um procedimento que transforma o cogumelo, alterando suas propriedades no jogo. Como um personagem marginal que vive fora dos limites da sociedade, a bruxa tem a capacidade de converter objetos naturais em tecnologias úteis. Esse tipo de característica procedural é comum nos jogos de aventura *(levar um objeto A para o personagem X e receber um objeto B)*. Porém, no caso da bruxa, funciona muito bem para representar seu personagem. Os elementos procedurais que constituem sua representação (sua posição no mundo, sua capacidade de converter objetos) são verdadeiramente de bruxa e servem para criar um personagem eficaz e memorável.

Uma última nota de esclarecimento: Imagine um personagem de bruxa em um livro semelhante à bruxa em Zelda: Link's Awakening. A história do livro descreveria como a bruxa vive na floresta, faz poções mágicas e assim por diante. Qual seria a diferença entre as duas bruxas? Não são basicamente o mesmo personagem? Talvez, mas a forma de sua representação é radicalmente diferente. Embora ambas as bruxas possam ter as mesmas características "literárias", a bruxa no livro não possui esses traços como qualidades procedurais, que são acionados como parte de uma atividade de interação lúdica significativa. De fato, a bruxa na história é exatamente o tipo de bruxa que a bruxa do jogo referencia. Explorar ativamente as qualidades de bruxa da bruxa, não apenas lendo sobre elas, mas também *jogando com elas*, é o que torna sua representação tão poderosa para vivenciar no contexto do jogo.

Virtua Fighter 4

O jogo de luta Virtua Fighter 4 integra a representação procedural na interação lúdica narrativa do jogo ligando as características formais dos personagens de luta à sua aparência, personalidade e história pregressa incorporada. Cada personagem é projetado com pontos fortes e fracos explícitos, que são representados de modo procedural por meio dos atributos do personagem. Por exemplo, Pai Chan tem uma velocidade incrível, mas carece de poder e movimentos contundentes. Kage-Maru tem combinações complexas e movimentos especiais, mas estes levam tempo para executar, deixando-o vulnerável aos ataques de seu oponente. Jeffry McWild tem um poder incrível, mas é grande e pesado, portanto, menos ágil. Os pontos fortes de cada personagem são contrariados pelas fraquezas lógicas, somando-se a uma "personalidade" de luta que se desenrola durante cada partida.

Em um jogo de luta bem concebido, essas representações procedurais têm fortes laços com o mundo fictício e a narrativa do jogo. A maneira como um personagem luta geralmente é uma representação externa das qualidades internas e os estilos de luta são espelhados nas histórias narrativas fornecidas pelos personagens, assim como informações mais mundanas, como estatura e peso, profissão, sexo e país de nascimento. Todos esses descritores narrativos não procedurais podem parecer superficiais para a jogabilidade, mas ajudam a criar um personagem integrado, no qual os elementos procedurais e não procedurais são reunidos em uma representação do personagem que os jogadores experimentam em vários níveis.

Por exemplo, Pai Chan do Virtua Fighter 4 é uma estrela de filme de ação cujo passatempo é dançar. Ela é pequena e leve, e favorece um estilo de luta que usa combinações e inversões rápidas. Seu pai, Lau, derrotou-a em um torneio anterior e, em VF4, Pai está decidida a derrotá-lo e mostrar ser uma digna sucessora do legado de seu pai. Cada componente da narrativa oferece uma visão dos jogadores para os pontos fortes e fracos do personagem. O histórico de Pai Chan como uma heroína de ação e dançarina, torna-a rápida e ágil. Seu estilo preferido de combate favorece combinações rápidas que muitas vezes deixam-na indefesa quando seus ataques são bloqueados. Por causa de seu intenso desejo de derrotar seu pai, Pai Chan é impulsionada pela emoção, não pela lógica. Como resultado, seu estilo de luta é visceral e imediato. Ela reage rapidamente, mas raramente planeja uma longa luta.

Essa descrição do personagem não só descreve Pai Chan em si, mas também o estilo de jogo que suas características procedurais produzem. "Jogando" como Pai Chan em uma partida, o jogador participa de sua representação, trazendo suas características procedurais para a vida. O jogo se torna uma representação significativa por causa da sinergia bem projetada entre suas características formais, aparência, história pregressa e personalidade emergente. Esse tipo de simulação rica em camadas é um exemplo fantástico das formas únicas que os jogos expressam por meio de um conjunto integrado dos mecanismos representacionais.

Deus Ex

Deus Ex é um RPG projetado para plataformas de computador e console. Um recurso forte do jogo são os personagens gerados por computador, que respondem a eventos do jogo de maneiras surpreendentemente sutis e expressivas. Esses personagens seguem uma série de algoritmos de IA (inteligência artificial) que determina como se comportam em qualquer dada situação. Em *Swords and Circuitry*, Hallford e Hallford reproduzem uma seção do documento de design de Deus Ex, que descreve o modo como os diferentes tipos de personagens agem em determinadas circunstâncias. Esse documento fascinante revela os mecanismos projetados pelos quais os personagens do jogo são representados de modo procedural. Eis um pequeno trecho do documento:

Civil:

- Não fere civis
- Ignora os sons não identificados
- Tem consciência dos alarmes
- Emite um alerta antes de atacar
- Foge quando ferido abaixo de X% (onde X é alto)
- Tende a se proteger
- Movimento terrestre, normal

Criminoso:

- Sem preocupação com a segurança dos civis
- Investiga os sons não identificados
- Tem consciência dos alarmes
- Ataca sem aviso
- Foge quando ferido abaixo de X% (onde X é baixo)
- Movimento terrestre, normal

Militar:

- Não fere civis
- Investiga os sons não identificados (se possível, sem abandonar o posto)
- Tem consciência dos alarmes
- Emite um alerta antes de atacar
- Nunca foge quando ferido
- Movimento terrestre, rápido[4]

Essas descrições do personagem são um nível bem alto — não especificam formalmente com exatidão como cada personagem se comportará. Por exemplo, a velocidade de cada personagem só é definida como "normal" e "rápida", em vez de numericamente. Mas, como uma descrição abstrata do personagem, essas descrições oferecem uma imagem instantânea do tipo de decisão de design que os designers de jogos tomam ao desenvolver os comportamentos dos personagens. Compare o personagem criminoso e o personagem militar. Enquanto o criminoso mais covarde fugirá quando sua saúde ficar baixa, o personagem corajoso militar nunca abandonará seu posto e lutará até o amargo fim. O criminoso sem escrúpulos atacará sem aviso, mas o nobre personagem militar emitirá um aviso antes de atacar. Dessa forma, as características programadas dos personagens adquirem uma personalidade simulada, que torna-se expressiva em virtude de suas diferenças procedurais. Ao adicionar diferentes tipos de personagens definidos ao longo de uma série de parâmetros, um elenco inteiro de atores gerados de modo procedural pôde ser desenvolvido.

Para apreciar a sofisticação das estratégias de representação, compare os personagens de Deus Ex com a bruxa em Zelda. O comportamento da bruxa é bastante simples e totalmente previsível (se receber cogumelo, então criará o pó). Em contraposição, vários personagens de Deus Ex encontrando-se uns com os outros no jogo criam uma cena repleta de drama emergente.

Imagine, por exemplo, a seguinte situação: um criminoso se aproxima de um civil. O civil (que *ignora os sons não identificados)* não presta atenção aos passos do criminoso que se aproxima, que começa a bater sem pena nos civis (*ataques sem aviso*; *sem preocupação com a segurança dos civis*). Depois que o criminoso der um soco, o civil começa a fugir *(foge quando ferido abaixo de X%, onde X é alto*), perseguido pelo criminoso (ambos os personagens se movem com uma velocidade *normal*). Os dois passam correndo por um personagem militar que toma conhecimento deles (*investiga os sons não identificados*) e assume a perseguição, alcançando rapidamente os dois (movendo-se em *alta* velocidade). O personagem militar ignora o civil, mas alcança o criminoso e dá um aviso... Como a cena terminará? O criminoso faz uma pausa quando avisado, dando tempo para o civil fugir? O personagem militar e o criminoso lutam até o fim? Ou a cena inteira se dispersa quando os personagens tomam rumos separados?

Essa sequência de ações não é escrita previamente, mas surge dos comportamentos simulados dos personagens. Cada personagem tem uma personalidade muito distinta. É claro que cada personagem também tem uma aparência diferente, estilo de movimento, tom de voz e assim por diante. Esses traços não procedurais são certamente importantes para a sua representação geral. Mas é por meio da representação procedural dos personagens, da representação surgindo das características comportamentais, que eles assumem papéis ativos nos eventos dramáticos do jogo.

Blob

Os personagens representados de modo procedural não são exclusivos do domínio dos jogos digitais. Nosso último exemplo de um personagem procedural vem de um jogo não digital, uma variante do movimento New Games chamada Blob (Blob se assemelha a uma variante do pega-pega no Brasil conhecida como pega-corrente).

> Se você é viciado em filmes na TV que passam de madrugada, aqui está uma maneira de deixar o hábito e sair para a luz do dia...
>
> Blob começa inocentemente como um simples indivíduo jogando pega-pega. Tão logo ele pega alguém, dá as mãos a ele. Agora ele faz parte do Blob também e ambos se colocam, de mãos dadas, em busca de vítimas. Todos que Blob captura (apenas a mão externa em qualquer extremidade do Blob pode pegar os jogadores) dão as mãos a ele e tornam-se parte da cadeia protoplasmática prolongada. E, assim, o Blob traiçoeiro continua crescendo.
>
> Ao contrário dos Blobs comuns e malucos criados pelos cientistas, este não fica contente em apenas babar por aí, buscando sua presa. Ele galopa pelo campo, encurralando nos corredores e forçando-os a se juntar...
>
> Além disso (horror), Blob pode dividir-se em partes e, com sua inteligência superior comunal, organiza grupos de ataque nos desgarrados que conseguiram escapar. O clímax emocionante ocorre quando resta apenas um jogador com uma resistência heroica em nome da humanidade. Mas, infelizmente, não há defesa contra o Blob e a humanidade sucumbe. (Se parece injusto, bem, esse é o plano.)
>
> A moral da nossa história poderia muito bem ser: "Você se torna aquilo que teme". Se você tiver coragem de destruir a humanidade novamente, poderá fazer com que a última pessoa pega inicie o Blob na próxima rodada.[5]

O jogo de Blob é focado centralmente na representação procedural de um único personagem: Blob. A forma que o personagem assume, uma massa de corpos em movimento, é bastante diferente dos personagens em Zelda: Link's Awakening, Virtua Fighter 4 e Deus Ex, que são experimentados como imagens visuais e áudio. Mas, como esses personagens, Blob é gerado a partir de um conjunto de procedimentos representacionais.

Blob imita um monstro de filme B: uma grande massa disforme, pegajosa e horripilante. As regras do jogo dão vida de modo inteligente ao personagem por meio de um conjunto de procedimentos comportamentais para a representação. O fato de os demais jogadores tentarem evitar o Blob cria imediatamente um ambiente de medo. O lento Blob espalha jogadores diante dele, movendo-se pesadamente pelo campo de jogo. O toque do Blob é mortal e, quando um jogador é tocado por uma das extremidades de Blob, ele é engolido e incorporado ao corpo do personagem.

À medida que cresce, Blob tende a se mover mais lentamente, e a cobrir uma área maior; mas também pode dividir-se e recompor-se de uma maneira protoplasmática. O tamanho do Blob é uma função inversa do número de jogadores correndo livres pelo campo do jogo. Os minguados jogadores que conseguem fugir de Blob tornam-se uma comunidade dos sobreviventes mais durões. Oh, não! Não me diga que ele pegou a Sharyn também! No clímax do jogo, Blob engole simbolicamente todo mundo, tornando-se um sinônimo do grupo de jogadores quando eles alcançam uma meta de forma competitiva e cooperativa. A narrativa do jogo só pode ter um fim, mas, como as regras apontam, há um moral da história.

Assim como a bruxa em Zelda: Link's Awakening foi representada por meio de procedimentos que criaram características distintivas de uma "bruxa", o personagem Blob possui traços do personagem procedural (assustador, crescimento constante, ingere jogadores, divide-se e recompõe-se, inevitavelmente ganha) transbordando camadas de detalhes. Mas como ocorre com todas as formas desse tipo, elas são extremamente parecidas com Blob. Uma persona de games elegantemente projetada, Blob gera um personagem através de meios processuais excepcionalmente eficazes — e completamente sem tecnologia digital!

Criando simulações

As representações procedurais podem claramente oferecer uma interação lúdica significativa para os jogadores. Mas criar simulações é um desafio. Depois de decidir o que você quer que seu jogo simule, como você junta as peças para chegar ao tipo de simulação desejado? A simulação, como um processo representacional, é mais do que uma série de procedimentos independentes produzindo um resultado. A simulação decorre da operação de um sistema no qual cada elemento contribui de forma integrada para ter uma representação maior.

Projetar os mecanismos desse sistema apresenta muitas decisões desafiadoras para um designer de jogos. Em Inventing the *Adventure Game*, Warren Robinett descreve algumas das principais questões de design envolvidas na criação de uma simulação:

> Dado um fenômeno a simular, o problema é decidir quais são as suas partes, como essas partes podem ser representadas com valores numéricos e quais são as relações que permitem que essas partes afetem umas às outras...
>
> Criar uma simulação é um processo de abstração — de selecionar as entidades e propriedades de um fenômeno complexo real que serão usadas no programa de simulação. Por exemplo, para simular uma bola quicando, a posição da bola é importante, mas seu ponto de fusão provavelmente não é. Qualquer modelo tem limitações e não é uma representação completa da realidade.[6]

Nessas poucas frases, Robinett mostra uma série de pontos muito importantes sobre o design de simulações, incluindo:

- ***Simulações são abstrações.*** O fenômeno real ou imaginado representa todas as facetas de seu assunto. Assim, sua representação simulada, como Robinett aponta, é uma abstração. O xadrez é uma representação altamente abstraída da guerra. Sim City é uma versão estilizada do governo e do planejamento urbano. D&D até abstrai as pessoas — nas características de Força, Inteligência, Sabedoria, Destreza, Constituição e Carisma. Uma simulação não tenta simular todos os aspectos do seu referente, mas foca nos elementos necessários para o jogo. Virtua Fighter 4 simula as capacidades de combate de seus personagens: ele não simula seus sistemas imunológicos ou seu gosto pela música clássica, uma vez que não são relevantes para a interação com o jogo. Ser capaz de selecionar quais componentes do seu objeto ignorar e quais manter e abstrair é uma habilidade de design de jogos absolutamente crucial.
- ***Simulações são sistemas.*** Uma simulação é um todo composto de partes menores inter-relacionadas. Como acontece com qualquer sistema complexo, o significado surge da interação das partes. Buscar uma lista de atributos ou efeitos que você deseja incluir em uma simulação não é suficiente. Você deve conceber um sistema que incorpore todos eles. Você pode querer um jogo de luta que possa simular a diferença entre um personagem rápido, mas fraco, e um personagem lento, mas forte. Mas o que "rápido", "lento", "forte" e "fraco" *significam* em seu sistema? Como se relacionam? Como esses atributos afetam as decisões e os resultados que um jogador tem? Todos os jogos são sistemas, mas quando os estruturamos como simulações, o aspecto sistêmico do jogo é aproveitado diretamente para ter um efeito representacional.
- ***Simulações são numéricas.*** As simulações não apenas são representações sistêmicas abstraídas, como também são redutíveis a uma estrutura formal, numérica. Já sabemos isso sobre os jogos: em algum nível jogos são compostos de regras; em seu nível mais formal, todas as regras são lógicas, matemáticas e constitutivas. As seis estatísticas do D&D listadas anteriormente estão representadas no jogo como dígitos numéricos entre três e dezoito. As simulações físicas complexas nos jogos de computador são baseadas em modelos matemáticos. O comportamento dos personagens artificiais, em um jogo de cartas Magic: The Gathering ou em Deus Ex, pode ser reduzido à sua identidade formal. O fato de que as simulações devem reduzir seus assuntos a valores numéricos formais é exatamente o motivo de ser tão desafiador representar de modo procedural os fenômenos sociais, psicológicos e outros experimentalmente complexos em um jogo.
- ***Simulações são limitadas.*** Como as simulações são abstrações numéricas, elas são intrinsecamente limitadas. Como Robinett indica, "cada modelo tem suas limitações e não é uma representação completa da realidade". Enfatizamos esse aspecto das simulações por causa de ideias predominantes na indústria dos jogos de computador de que as simulações mais complexas garantem automaticamente a interação

lúdica significativa. De fato, em uma plataforma digital até uma suposta simulação "realista" apresenta apenas uma pequena parte de qualquer fenômeno real ou imaginário. Mas isso não significa que as simulações não podem fornecer uma interação lúdica significativa. O jogo *shareware* original Bridge Builder simula seu assunto, mas escolhe um aspecto muito estreito da construção de pontes — os desafios de engenharia da estrutura de suporte. Esse design deixa de fora milhares de outras possíveis características que podem ser simuladas, desde a estética dos materiais de construção até o efeito de construção da ponte no ecossistema em volta. Mas isso é bom. O jogo transforma a natureza intrinsecamente limitada da simulação em uma vantagem, focando a atividade do jogador em um aspecto divertido e educativo da construção de pontes.

O design envolve escolhas: para criar uma simulação, você precisa decidir o que e como simular. Cada escolha feita como designer de jogos abre algumas possibilidades e fecha outras. O que é significativo no contexto de uma simulação em particular? É significativo soprar vento no rosto do jogador enquanto ele pilota uma asa-delta? É significativo fornecer um equipamento de segurança de corpo inteiro que o jogador veste enquanto interage com a simulação? É significativo simular procedimentos de seguro e legais por meio dos quais um jogador compra ou aluga uma asa-delta? O Pilotwings do Nintendo Entertainment System, um jogo popular de simulação de voo livre, não inclui nenhuma dessas características.

Nos jogos digitais, grande parte desse processo de tomada de decisão envolve a extensão e a profundidade de uma simulação. Se um jogo de corrida é composto por um único carro em uma única pista, ele pode ser extremamente detalhado. Poderia incluir um conjunto complexo de modelos de física, simulações da suspensão interna do carro ou desgaste dos pneus enquanto eles são usados ao longo do tempo. Devido aos mesmos recursos do design, a adição de mais carros e mais pistas significa que menos características podem ser simuladas de forma igualmente detalhada. Se ainda mais elementos forem adicionados — tais como carros que podem transformar-se em jatos e voar na pista — o foco da simulação mudará mais uma vez. Se um personagem puder sair do veículo, andar e interagir com outras pessoas, isso ampliará ainda mais e a "profundidade" da simulação diminuirá de acordo.

Na concepção de uma simulação, você deve decidir exatamente quais tipos de representações procedurais você deseja fornecer para os jogadores. Em uma série de jogos de luta como o Tekken, uma simulação detalhada (fantasiosamente cinematográfica) de combate, os personagens também não entram nos carros e dirigem em uma pista. Por outro lado, em um jogo ambiciosamente aberto como Shenmue, o personagem de um jogador pode ter conversas simples com muitos outros personagens no ambiente, analisar, executar e utilizar uma grande variedade de objetos, e explorar um grande espaço detalhado. Como resultado da faixa de atividades simuladas, o sistema de combate em Shenmue é muito mais estilizado e limitado em escopo do que o Tekken.

Por que os jogos não podem simular tudo com um elevado grau de detalhe? Por que uma simulação de jogo não pode ser ampla *e* profunda? Existem várias razões. Os recursos limitados do desenvolvimento requerem que os designers de jogos decidam sobre onde os recursos serão gastos. Mas as limitações de tempo e orçamento não são as únicas coisas que afetam o escopo das simulações. Existem fatores do design de jogos também. A interação lúdica significativa decorre da capacidade dos jogadores de fazer escolhas significativas com base em um conjunto limitado de opções conhecidas. Se um jogador tem problemas para reconhecer tudo que está sendo simulado, uma compreensão das opções conhecidas diminui.

Em um ensaio do designer de jogos Harvey Smith sobre simulação e jogos,[7] ele usa o exemplo fictício de um jogo com veículos com uma simulação do terreno tão exata que a geometria de um caminhão conduzido pelo jogador pode ficar presa em uma minúscula elevação no chão. Nesse caso, o designer escolheu o elemento errado do jogo para simular em detalhe. O exemplo de Smith também aponta o problema de pensar que uma simulação é qualquer coisa, exceto uma abstração. A "realidade" de um jogo é determinada pelo significado que ela cria dentro do círculo mágico. A simulação do terreno no exemplo ficcional de Smith pode ser baseada em modelos matemáticos cientificamente precisos, mas a única coisa que o jogador irá experimentar é a experiência frustrante e "irreal" de ser incapaz de dirigir seu veículo no que parece ser um terreno relativamente regular.

O escopo adequado de detalhe para uma simulação é amplamente determinado pelas expectativas definidas pelo contexto mais amplo do jogo. Em Gran Turismo, um jogo que simula profundamente a física do carro no mundo real, os jogadores esperam uma experiência de direção refinada. Mas a corrida é claramente o foco do jogo. Nenhum jogador espera sair do seu carro, passear nas arquibancadas e interagir com os espectadores. Um jogo como Shenmue, por outro lado, tem sido criticado por jogadores desapontados. Se os jogadores podem interagir com muitos tipos diferentes de objetos no jogo, por que eles podem entrar apenas em alguns dos edifícios e não em outros? As expectativas do jogador são elevadas a níveis irreais: a amplitude implícita da simulação é muito maior do que o jogo realmente oferece.

Dado que as simulações são abstratas e limitadas, como designer de jogos você deve escolher suas batalhas com sabedoria. Os elementos que você seleciona para retratar por meio da representação procedural de uma simulação determinam o foco de experiência do seu jogo. Outro exemplo das experiências de pensamento de Harvey Smith é pegar um jogo de corrida típico e dar-lhe mais profundidade com os adversários controlados pelo computador tomando nota do seu consumo de combustível e tentando dirigir diretamente atrás de outros carros, estrategicamente usando o vento para economizar combustível. Ele compara isso a um jogo de corrida com simulação emocional, no qual um dos oponentes controlados pelo computador pode dirigir de forma imprudente durante uma corrida porque acabou de terminar um relacionamento com a namorada.[8]

Enquanto Smith prefere o ajuste de consumo de combustível em um jogo de corrida, achamos ambas as ideias do jogo igualmente interessantes. Cada um dos dois cenários aponta para uma experiência de jogo muito diferente. Ambos os jogos de corrida — um, a simulação estratégica dedicada; o outro, um romance ambientado em uma pista de corrida — precisariam simular diferentes tipos de fenômenos. Essas representações procedurais seriam parte do sistema maior do jogo e poderiam determinar o que o jogo poderia representar e o que o jogador experimentaria. Muito provavelmente você não desejaria a simulação do consumo de combustível e a simulação do romance no mesmo jogo. Por quê? Pois cada um puxa o espaço de possibilidades e o foco do jogo em direções opostas. A função do consumo de combustível implica um sistema inteiro para a mecânica detalhada da simulação de um carro que seria o foco central do jogo. O motorista desolado implica um sistema de jogo que focaria simular encontros, emoções e romance estilizado. Ao criar representações no sistema do jogo, você simultaneamente cria os significados que os jogadores vão experimentar.

O segredo é lembrar que, só porque uma simulação tem um escopo limitado, isso não significa que ele seja pobre no que pode oferecer aos jogadores. O jogo abstrato Go contém um número infinito de opções estratégicas. O foco de corrida refinada de Gran Turismo apoia a exploração significativa porque a simulação premia os jogadores por aprenderem e aproveitarem suas sutilezas. E a simulação de mundo ampla mas superficial de Shenmue permite aos jogadores focar a rica superfície narrativa do mundo sem tropeçar nas complexidades interativas que não seriam adequadas ao jogo. A criação de uma simulação é a criação de um espaço de possibilidades. Ao definir a natureza exata da simulação de seu jogo, você está esculpindo a forma da interação lúdica significativa dele.

Aprendendo com jogos de guerra

Trabalhar dentro das limitações intrínsecas das simulações é um dos principais desafios do design de jogos. O que você vai simular em seu jogo? Como você vai abstraí-lo? Quais características do fenômeno você vai incluir e quais vai ignorar? Quão profunda e ampla a simulação pode ser? Como você liga cada aspecto de sua simulação à experiência maior do jogador? Para entender esses tipos de decisão de design mais completamente, vejamos em detalhe um determinado gênero de jogo, o jogo de guerra histórico.

Os jogos de guerra históricos são jogos de estratégia complexos que usam cartas de papelão ou figuras de metal em um mapa para simular uma batalha. Já notamos que as simulações do jogo não são universalmente obrigadas a ter "realismo" ou "precisão". Mas os jogos de guerra históricos são um gênero de design de jogos, em que o realismo e a precisão são importantes. Os designers de jogos de guerra históricos baseiam a composição de suas tropas, layouts de mapas e regras do jogo na pesquisa histórica, uma abordagem numérica para a história militar que o designer de jogos de guerra James Dunnigan chama de "história analítica". No subcampo do design de jogos de guerra históricos, parte do espírito do design é que um jogo simula com precisão as circunstâncias históricas.

A história, num sentido muito geral, representa uma série fixa de eventos. Mas um *jogo* de guerra histórico é um *jogo*, que significa que a incerteza, risco e resultados imprevisíveis desempenham um papel. O que um jogo de guerra histórico realmente simula são as condições iniciais de um conflito. A maneira como o conflito se desenrola é o que torna o jogo interessante como uma experiência de jogo. A história se repetirá? O resultado histórico foi inevitável? Quanto a estratégia dominante pode afetar o resultado? Essas são perguntas que os designers de jogos de guerra e os jogadores procuram responder ao criar e interagir com seus jogos. A interação lúdica significativa de um jogo de guerra histórico resulta não só das complexidades estratégicas da tomada de decisão militar, mas também da fidelidade do jogo ao seu referente histórico.

Como sabemos, uma simulação nunca pode conter todos os aspectos possíveis do fenômeno sendo simulado. Os jogos de guerra históricos vêm lutando com esse desafio há pelo menos um século, tornando-se um maravilhoso estudo de caso para o design de simulações. Já tocamos em um aspecto do design dos jogos de guerra, a abstração das características da unidade. As peças em um jogo de guerra são muito mais complexas do que em um jogo como o xadrez. Quando uma unidade do jogo de guerra "ataca" uma peça adversária, o resultado do combate simulado não é simplesmente remover a unidade atacada (como no xadrez); ao contrário, uma variedade de fatores determina o resultado. Resolver um ataque pode envolver um ou todos os seguintes:

- força ofensiva da unidade de ataque;
- força defensiva da unidade de defesa;
- se qualquer unidade já foi ferida ou não na batalha;
- o terreno que pode dar vantagens e desvantagens a qualquer unidade;
- unidades próximas que podem apoiar;
- a presença ou ausência nas proximidades de um general ou outro líder;
- o moral de uma unidade ou de sua equipe;
- dado jogado aleatoriamente (para simular a incerteza do combate real).

Geralmente, os jogadores contam esses fatores e consultam uma tabela apropriada que lista o resultado do encontro. A complexidade da simulação, porém, não termina aí, porque o resultado de um ataque também pode ter uma variedade de formas, incluindo:

- uma ou ambas as unidades são eliminadas;
- uma ou ambas as unidades têm sua força reduzida;
- uma ou ambas as unidades são forçadas a recuar;
- uma unidade desloca a posição da outra.

Uma rica representação procedural surge dos fatores entrando e saindo de um encontro entre as unidades do jogo de guerra. Ajustando as características formais das unidades e do sistema de resolução global de um jogo, os designers de jogos podem chegar a representações procedurais altamente específicas de uma batalha histórica. Dependendo do jogo particular, a simulação pode ser uma divisão de tanques da II Guerra Mundial encontrando uma infantaria inimiga ou arqueiros montados a cavalo lutando com uma falange de lanceiros no antigo Oriente Médio.

Os jogos de guerra são incrivelmente detalhados. Ao mesmo tempo, tudo sobre a representação das unidades em um jogo de guerra é altamente estilizado: uma carta de papelão simples ou uma figura de metal "substitui" uma unidade militar, com cada peça representando todo um grupo de soldados ou veículos que se movem como um único bloco; a linha reta ou movimento baseado em grades das unidades; a redução do combate a simples fatores numéricos; um único jogador humano direcionando toda a batalha a partir de um ponto de vista privilegiado. Esses são apenas alguns exemplos das muitas maneiras como os jogos de guerra históricos abstraem radicalmente o assunto. Mas se você aceitar essas limitações, se assumir as convenções do gênero do jogo, dentro delas haverá espaço para um jogo infinito, tanto para o jogador explorando as permutações da história como para o designer de jogos construindo sistemas que tornam possível a simulação histórica.

O campo de batalha

Além das características das unidades e das regras de sua interação, o design do campo de jogo apresenta seus próprios desafios. Um jogo de guerra histórico tem de funcionar como um jogo possível e uma simulação exata da história, duas preocupações que muitas vezes podem estar em contradição umas com as outras. O designer de jogos de guerra James Dunnigan escreve sobre algumas das preocupações de design na criação de um mapa do jogo:

> Há duas coisas principais para ter em mente quando se examina um mapa do jogo geográfico. Primeiro, ele muitas vezes tem uma grade, na maioria das vezes uma grade hexagonal, sobreposta nele... O segundo ponto é que, na maioria das situações históricas, somente características do terreno muito grandes (ou "importantes") têm qualquer efeito significativo sobre as operações. Assim, uma grande quantidade de detalhes em um mapa muitas vezes atrapalha o fornecimento de uma simulação precisa. O designer geralmente se sente obrigado a justificar todo esse detalhe. Muitas vezes, o jogador terá equivalente expectativa de que todos esses detalhes terão alguma utilidade; senão, por que se importar com eles? Há uma suposição implícita de que apenas o que é essencial é exibido. Geralmente, será considerado um design ruim se a informação incluída no jogo não contribuir para uma pessoa compreender o que está acontecendo.[9]

O mundo real é infinitamente rico e os cartógrafos — incluindo os criadores do mapa do jogo — são confrontados com o desafio representacional de simplificar a geografia de uma maneira que seja significativa para o uso pretendido do mapa. Em um mapa de um jogo de guerra histórico, os designers devem decidir o que incluir e o que deixar de fora, como abstrair e estruturar a informação para colocá-la em um sistema maior do jogo. Como Dunnigan coloca, muito detalhe no terreno pode atrapalhar a compreensão de um jogador; apenas as características "importantes" do terreno têm um impacto real nas operações militares. A abstração enfatiza as características essenciais para a compreensão do terreno, além de minimizar a "interferência" criada por elementos menos importantes.

A grade do mapa é uma consideração importante. As unidades em um jogo de guerra baseado em grade movem-se apenas nos hexágonos ou nos quadrados sobrepostos no mapa. Por isso, existe uma relação muito específica entre a grade e o terreno. O designer de jogos não só precisa selecionar as características relevantes do terreno, mas também decidir como essas características se encaixam na grade. Como o terreno pode afetar o movimento, colocar simplesmente uma grade sobre o terreno topograficamente correto cria uma ambiguidade formal. Por exemplo, num jogo particular, as unidades podem não ser capazes de atravessar rios. Se um rio flui no meio do hexágono de um mapa, isso significa que os jogadores podem entrar no hexágono, mas não sair do outro lado ou que eles não podem entrar no hexágono para início de conversa? Uma solução comum no design do mapa do jogo de guerra é estilizar a forma dos rios para que eles se encontrem somente nas bordas dos hexágonos. Essa solução torna completamente claro o papel dos rios de bloqueio do movimento no jogo. Criar o terreno para acomodar a grade do jogo diminui a precisão geográfica do mapa: não há nenhum rio ocorrendo naturalmente que possa ser plotado com exatidão em uma grade hexagonal. Mas, para o design dos jogos, a abstração que elimina a ambiguidade formal é essencial.

As perguntas sobre os rios e o design do mapa dos jogos de guerra não param por aí. Se um dos propósitos de um jogo de guerra histórico é a fidelidade ao campo de batalha real, quais rios devem ser incluídos? Quando um afluente ou rio torna-se pequeno demais para ser indicado no mapa? Quais rios devem ter um impacto na ação do jogo? Como Dunnigan aponta, se algo é proeminente no mapa, o jogador vai esperar que isso influencie a jogabilidade: um recurso visível que não contribui para o funcionamento das regras é um design ruim.

Ao projetar um mapa de jogo de guerra, para decidir quais características incluir e como representá-los na simulação maior, você está fazendo mais do que apenas criar um mapa. Você está construindo um espaço de

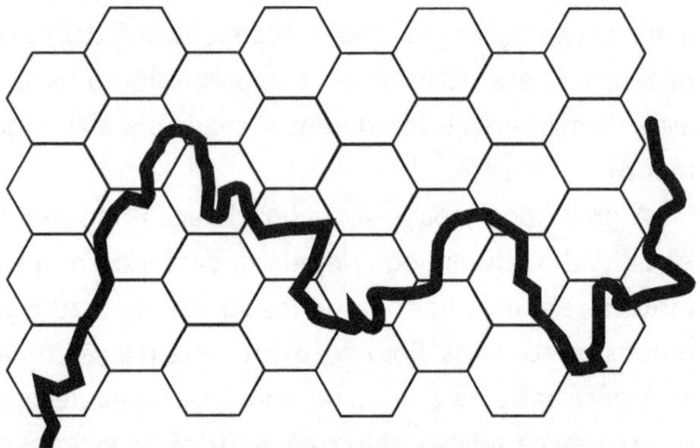

rio geograficamente preciso

Ao projetar um mapa de jogo de guerra, para decidir quais características incluir e como representá-los na simulação maior, você está fazendo mais do que apenas criar um mapa. Você está construindo um espaço de significado. Se seu jogo simula um combate entre soldados individuais, os elementos do terreno incluídos fazem uma afirmação representacional sobre o tipo de terreno que afeta um determinado tipo de combate. O *significado* de um mapa do jogo de guerra surge não só de suas características geográficas ou pictóricas: o significado deriva do papel que o mapa desempenha na experiência de jogo maior. As qualidades formais do mapa tornam possíveis certas ações do jogador, ações que constituem os momentos em curso da jogabilidade.

Nem todos os jogos de guerra usam uma grade. Alguns jogos de miniaturas medem o movimento da unidade em centímetros e em alguns jogos de guerra digitais, o movimento da unidade é de forma livre e altamente granular. Nesses casos, os princípios da abstração

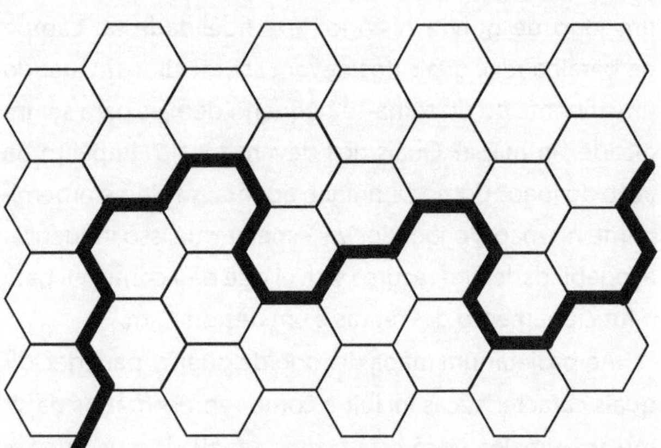

rio hexagonalmente estilizado

e da interação lúdica significativa ainda se mantêm. Os elementos do mapa estão comunicando seu significado para o jogador? Eles afetam a jogabilidade de maneiras que fazem sentido dentro da experiência do jogo que emerge? Dessa forma, a interação lúdica da simulação nos leva de volta às questões mais fundamentais do design de jogos.

Simulação em contexto

O jogo de guerra histórico fornece um contexto ótimo para melhor compreender as questões da representação e da simulação porque a premissa do gênero é a de que um jogo retrate fielmente uma referência histórica do mundo real. A maioria dos tipos de jogos não tem essa visão ortodoxa de como exatamente eles simulam a "realidade". Mas, um conjunto de questões relacionadas tem sido colocado cada vez mais em destaque nos jogos digitais. Exatamente como um jogo de computador ou um videogame representa proceduralmente seu assunto? Em questão, estão as mesmas principais preocupações que exploramos nos jogos de guerra históricos: como uma simulação do jogo pode criar a interação lúdica significativa.

O poder cada vez maior da tecnologia de computador para simular e gerenciar sistemas complexos abriu novas possibilidades do design de jogos no mundo digital. As simulações incrivelmente detalhados da luz, som, física, comportamento de agentes e outros fenômenos estão tornando-se comuns nos jogos. Muitos trabalhos recentes dos designers de jogos digitais focam esse recurso da mídia digital e sugerem estratégias para os designers de jogos usarem no seu trabalho. Vamos comparar três exemplos:

- Em *Swords & Circuitry*, Hallford e Hallford analisam o design de simulação nos jogos usando o exemplo de uma granada destruindo uma porta. Uma abordagem para simular o efeito seria especificar a relação entre cada granada e cada porta no jogo. Neste caso, todos os casos possíveis de um efeito de granada no jogo teriam que ser explicitamente especificados no programa. Em contraste, em um sistema mais flexível, granadas pertenceriam a uma categoria geral de

- Em *Game Design: Theory and Practice*, Richard Rouse III analisa um conjunto relacionado de ideias com o exemplo de um quebra-cabeça de masmorras, no qual os jogadores abrem uma porta secreta soltando objetos em um lançador com prato de pressão. Uma abordagem do design seria codificar especificamente as relações entre cada objeto e o prato de pressão, de modo que os objetos definidos como "pesados" acionem o prato. Rouse defende a criação de um sistema de peso generalizado, no qual cada objeto no jogo tem uma avaliação de peso numérica; se o valor do peso dos objetos no prato de pressão atingir um determinado número, o prato será acionado.[11]
- Em "The Future of Game Design", Harvey Smith mostra uma preferência semelhante em um exemplo envolvendo o comportamento dos pássaros. O comportamento dos pássaros pode ser modelado de tal modo que, quando um jogador se mover dentro de um determinado raio de um pássaro simulado, o pássaro voe. Mas Smith preferiria ver uma simulação mais detalhada, na qual o comportamento do pássaro pudesse ser acionado pela percepção da luz, som, movimento ou outros estímulos modelados que seriam mais integrados no sistema do jogo como um todo.[12]

Todos os três exemplos têm um ponto semelhante: há uma diferença entre uma simples estrutura *baseada em casos* para ter uma simulação e uma estrutura mais complexa e *generalizada* que depende de relações sistêmicas integradas. Embora ambas as abordagens criem representações procedurais, os autores mostram uma clara preferência por uma abordagem à outra. Em seu trabalho, eles citam uma série de razões pelas quais uma estratégia generalizada é melhor para o design de simulações:

- ***Diminui o tempo de trabalho:*** Quando um sistema de jogo é grande, os sistemas generalizados permitem um design muito mais flexível. No exemplo da granada, especificar cada interação possível entre todas as armas possíveis e todos os objetos possíveis no jogo seria uma tarefa de programação significativa. Fazer ajustes nessas relações depois que elas são estabelecidas (tais como fazer engenharia reversa das portas de metal para torná-las imunes aos danos das granadas) significa voltar ao código e modificar todos os casos afetados. Ao se compor classes de objetos como Hallford e Hallford sugerem, categorias de objetos podem ser criadas e excluídas dentro de diferentes classes de efeito e, assim, os designers de jogos podem experimentar rapidamente diferentes combinações de relações no jogo.
- ***Aumenta a emergência***. As simulações de jogo mais flexíveis levam a um maior grau de emergência no jogo como um todo. No exemplo de Smith, ter uma simulação mais detalhada do comportamento dos pássaros cria papéis mais variados para eles no jogo. Se os pássaros reagem ao som e não apenas à proximidade, torna-se possível um momento no jogo em que, ao soar de tiros, um bando de pássaros foge voando. Isso não é necessariamente algo projetado diretamente no jogo, mas é um efeito emergente das regras simples que governam o comportamento dos pássaros. Com simulações mais detalhadas, o espaço de possibilidades é ampliado e complexificado.
- ***Isso aumenta as opções de jogo***. Os sistemas de simulação mais generalizados dão aos jogadores mais opções e mais formas de resolver os problemas. No exemplo de Rouse do prato de pressão da masmorra, um jogador que não teve nenhum objeto para soltar, poderia criar uma tempestade de neve mágica que criasse bastante peso no chão para afetar o prato. Estilos idiossincrásicos de interação lúdica são incentivados, recompensando os jogadores por explorarem o espaço aumentado de possibilidades. Isso leva a mais estilos distintos de jogo e mais pistas para o significado. Se um grupo de pássaros de Smith estivesse presente em um jogo de luta, por exemplo, um jogador esperto poderia posicionar-se estrategicamente, atirar para dispersar o grupo e usar o movimento dos pássaros como uma cobertura visual para um ataque ao inimigo.

Uma abordagem equilibrada

Hallford e Hallford, Rouse e Smith defendem fortemente o uso de técnicas de design da simulação generalizadas em oposição a uma abordagem baseada em casos. Mas é realmente possível integrar todos os aspectos de um jogo em um sistema generalizado? Um pensador eloquente sobre esse assunto é o designer de jogos Marc LeBlanc:

> Com "simulação", quero dizer sistemas de jogo que são modelos análogos ricos e multifacetados, enquanto com "emulação", quero dizer sistemas de jogo crus, grosseiros e baseados em casos. Um exemplo de "simulação" pode ser o sistema da física em um jogo de tiros ou o modelo de danos em um RPG. As regras do sistema criam um espaço para a exploração, permitem a complexidade emergente e assim por diante. Um exemplo de "emulação" pode ser, em um ou outro jogo, um botão que abre uma porta. Não há simulação física do processo eletromecânico de abrir a porta. É apenas uma regra única: "Se o botão é pressionado, então a porta se abre". O botão é mais um objeto semântico do que um objeto físico; em certo sentido, só existe em um nível funcional. A emulação é a abordagem ilusória.[13]

LeBlanc traz à tona um ponto que vimos no início deste capítulo: as simulações podem ser incorporadas. Mesmo que um jogo inteiro possa ser considerado como uma representação única, é importante ser capaz de identificar as representações procedurais menores que compõem o conjunto maior. Embora LeBlanc compartilhe uma preferência pelas estratégias generalizadas do design de simulação, ele adota uma abordagem calculada e basicamente sugere um equilíbrio entre as técnicas baseadas em casos e as técnicas generalizadas. Nenhum jogo pode confiar inteiramente na simulação rica, aberta e emergente. Nem deveria. Para demonstrar esse ato de equilíbrio, LeBlanc pega um exemplo de um título que ele ajudou a criar, o jogo de computador Thief, no qual os jogadores podem usar água para apagar uma tocha:

> É um sistema de jogo emulado; há uma única regra que diz que a água apaga o fogo em 100 por cento das vezes. Não há simulação; nenhuma chance de usar muito pouca água e apenas conseguir vapor, e nenhuma chance de molhar a tocha de tal modo que ela nunca possa reacender. Mas, os outros sistemas que interagem com esse sistema são simulações; você geralmente apaga a tocha lançando um "balão de água" nela, com o movimento sendo fisicamente simulado. A forma como a luz da tocha afeta sua visão, e o mais relevante, a visão dos oponentes dos quais você quer esconder-se, também é simulada.[14]

(Lembre-se de que LeBlanc está usando sua própria terminologia — por exemplo, ele está usando o termo "simulação" para indicar uma abordagem de design *generalizada*, que é apenas uma parte do que identificamos como o maior problema da simulação em jogos.)

O exemplo de LeBlanc contém sistemas cruzados de representação, alguns baseados em casos, e outros, generalizados. Em Thief, a água apaga o fogo em 100 por cento das vezes. Em vez de uma simulação física complexa com vários resultados possíveis, há um resultado consistente e previsível: a água apaga o fogo. Mas essa abordagem baseada em casos interage com as estruturas mais complexas. Lançar um balão de água na tocha envolve a simulação generalizada do movimento; a visibilidade reduzida da tocha apagada resulta de uma simulação generalizada da luz. O todo da representação do jogo surge das relações complexas dessas partes.

Na verdade, a maioria dos jogos usa uma abordagem que combina representações baseadas em casos e representações generalizadas. Os personagens Deux Ex — o criminoso, o civil e o agente militar — foram projetados com uma heurística generalizada que produz um comportamento emergente. Mas os outros personagens no jogo foram projetados com o comportamento simples baseado em casos, como, por exemplo, um personagem que ativa uma *cutscene* cinemática quando encontrado. Até os jogos de tabuleiro simples como Candyland combinam um sistema de movimento generalizado com vários espaços especiais baseados em casos onde os jogadores podem aterrissar.

Se Rouse, Smith e Hallford e Hallford estão corretos, se uma abordagem generalizada economiza tempo, aumenta a emergência e oferece aos jogadores um jogo mais rico, por que um designer de jogos digitais (ou qualquer designer de jogos) usaria uma abordagem baseada em casos para estruturar uma representação procedural? Uma resposta é que um sistema verdadeiramente generalizado poderia facilmente tornar-se excessivamente complexo de implementar e pode não economizar tempo de trabalho no final. Outra resposta é que, embora as abordagens baseadas em casos, por vezes, possam tornar-se simples e previsíveis, o perigo oposto é verdadeiro nas estratégias generalizadas. Exagerando, o design da simulação generalizado pode tornar-se confuso e ambíguo. Se você estiver jogando um jogo e vir um grupo de pássaros que, de repente, levanta voo sem razão, o seu comportamento parecerá aleatório e sem sentido. Pode ser que seu comportamento seja simulado com tanto detalhe que seus relógios internos dirão que é hora de deixar a cena e migrar para o sul no inverno. Infelizmente, a precisão da simulação seria perdida no jogador, que não tem nenhuma forma de saber como o significado das ações dos pássaros se encaixa na experiência maior de jogo.

Nem as estratégias de design baseadas em casos nem as generalizadas garantem uma experiência de jogo bem-sucedida. O objetivo do design de jogos é a criação da interação lúdica significativa, que deve orientar a seleção das estratégias representacionais em um jogo. No exemplo da bruxa em Zelda, um personagem convincente foi criado a partir de um procedimento central baseado em casos: se o jogador levar um cogumelo para a bruxa, ela vai transformá-lo em pó mágico. Essa representação procedural foi bem integrada nas outras estratégias representacionais mais generalizadas do jogo (a cabana da bruxa é isolada, difícil de encontrar e perigosa para se aproximar; os cogumelos estão escondidos na floresta; o pó mágico tem efeitos especiais do jogo). Assim, o significado da bruxa ganhou seu poder no contexto total do jogo no qual foi experimentado.

O fato de que significados ricos podem surgir de um contexto representacional não baseado nas complexidades do software oferece uma informação importante sobre o design de jogos e as simulações. Como dissemos, os jogos atualmente sofrem da estreiteza dos assuntos simulados. Embora existam importantes razões históricas para a prevalência de conflitos militares e econômicos nos jogos, outras formas de conflito, tais como os conflitos sociais, culturais e emocionais, também podem e devem ser representadas. Alguns presumem que um aumento da complexidade tecnológica tornará tais representações possíveis. Por exemplo, uma citação amplamente divulgada de um executivo em um grande fabricante de consoles há algum tempo ansiava pelo dia em que o rosto dos personagens do jogo pudessem representar emoção. Segundo o executivo, nesse dia, os jogos seriam uma forma madura e sofisticada de produção cultural. Claramente, a mídia, como literatura, teatro e histórias em quadrinhos, tem sido capaz de uma representação sofisticada por séculos sem depender da animação de alta resolução. Além disso, mesmo dentro da história da animação, muitas lágrimas animadas já rolaram em inúmeras faces animadas. Esse fato sozinho não é garantia de que a história foi significativa para seus telespectadores. No caso dos jogos de computador, embora os elementos de animação tenham sua parte, as qualidades sistêmicas e interativas da forma têm que ser levadas em conta ao imaginar as futuras direções da mídia.

A representação procedural dos novos tipos de conteúdo do jogo está ao nosso alcance, mas o novo conteúdo só pode ser descoberto prestando atenção aos princípios fundamentais do design de jogos e à interação lúdica significativa. Os designers de jogos precisam cultivar uma compreensão mais profunda da forma como trabalham. Isso é especialmente verdadeiro ao considerar os jogos como simulações. Mais do que apenas escolher uma estratégia de design representacional, existe uma interação complexa entre a simulação e seu objeto simulado. É para essa relação que a nossa atenção volta-se agora.

O valor da realidade

Chegamos a um ponto crucial neste capítulo. Até agora, nosso foco principal, ao considerar a interação lúdica da simulação, tem sido como as simulações operam: os mecanismos que geram a representação procedural, a abstração necessária quando os designers de jogos simulam um assunto em particular, a seleção das estratégias baseadas em casos e das estratégias generalizadas para a estruturação das simulações. Mas há um aspecto muito diferente das simulações a considerar. Lembre-se de nossa definição: uma simulação é uma representação procedural dos aspectos da "realidade". Até agora, nossa ênfase tem sido no componente procedural das simulações. Mas, agora, nós nos voltamos para o conjunto de perguntas igualmente importante e extremamente complicado das simulações e a "realidade".

Qual é a relação entre o conteúdo simulado de um jogo e seu mundo real ou referente imaginado? Na Game Developers Conference de 1998, o designer de jogos Steve Jackson compartilhou uma pequena história fascinante sobre como criar um jogo de corrida no computador baseado em seu jogo clássico de papel Car Wars. Usando a física do mundo real e os dados do carro, a equipe de desenvolvimento criou uma simulação extraordinariamente detalhada de corrida, que incorporava detalhes minuciosos da física de corrida e uma detalhada simulação do motor do carro. Eles também criaram uma pista baseada precisamente na geometria de uma pista de corrida existente. Mas quando testaram seu carro simulado, usando uma interface com volante e pedal, não conseguiram alcançar as velocidades máximas do carro nas quais a simulação foi baseada. Um dia, um piloto de corrida profissional visitou a empresa. Ele se sentou no protótipo do jogo e imediatamente dirigiu o carro simulado pela pista a uma velocidade vertiginosa, completando próximo ao recorde da velocidade real.

A simulação era tão "precisa" que requeria uma manipulação especializada para reproduzir o fenômeno real que ela tinha sido projetada para imitar. Qual é a lição? Não se esqueça do jogador. Os designers do jogo tinham presumido que o design da simulação significava apenas recriar formalmente um modelo matemático do carro e da pista. Na verdade, a simulação do jogo não inclui apenas os mecanismos formais do sistema, mas também as formas como esses mecanismos engendram e permitem a ação do jogador. As regras nunca determinam sozinhas a ação de um jogo. As regras são sempre definidas no movimento dentro de um contexto experimental que inclui determinados jogadores com seus próprios níveis de desejo, habilidade e expectativa. Os designers de Car Wars criaram certo espaço de possibilidades com o seu design, mas foi necessário o tipo certo de jogador para navegar esse espaço da forma como ele deveria ser explorado.

A pequena história sobre o Car Wars nos lembra que as questões relativas à "realidade" de uma representação nunca são tão simples como parecem à primeira vista. A simulação do carro foi "precisa"? Ou só foi precisa nas mãos de um piloto profissional de corridas de carros? Sentar-se na frente de um monitor de computador é como dirigir um carro? O piloto do carro de corrida teria sido capaz de atingir velocidades máximas jogando com um controle de console padrão? O fato de que a experiência foi "apenas um jogo" tem impacto nas respostas para essas perguntas?

Quando os jogadores interagem com uma simulação, eles nunca estão jogando com a coisa real. Se assim fosse, não poderia ser chamada de "simulação". Ao mesmo tempo, uma simulação referencia seu objeto retratado por meio de imagens, som e procedimentos. Mas como essas representações se relacionam com seus referentes? Na língua, sabemos que as letras V-A-C-A não se parecem com uma vaca. Mas uma fotografia de uma vaca tem alguma semelhança com nossa própria percepção de uma vaca no mundo real. Como os jogos se relacionam com seu assunto retratado? Para responder a essas perguntas importantes, voltaremos ao conceito de metacomunicação.

Estruturando a simulação

As crianças sabem que estão manipulando seus pensamentos sobre a realidade, não a realidade em si, e sabem que seu eu jogador não é o mesmo que seu eu cotidiano.

— ***Brian Sutton-Smith***, *The Ambiguity of Play*

Em ***Jogos como interação lúdica de significados***, apresentamos o conceito de Gregory Bateson da metacomunicação, a única forma de comunicação que ocorre no contexto do jogo. Para usar o próprio exemplo de Bateson, quando um cão mordisca outro cão, isso sinaliza duas coisas. Por um lado, a mordiscada significa uma mordida; é um substituto para a ação de uma mordida real. Por outro lado, a mordiscada significa exatamente o oposto de uma mordida: sinaliza o fato de que os dois cães estão brincando e não lutando de fato. Esse tipo de metacomunicação — comunicação sobre comunicação — está presente não apenas no jogo informal, mas nos jogos também. É uma parte significativa dos mecanismos complexos que os jogos utilizam para construir significados para seus jogadores.

Por que o conceito da metacomunicação é tão importante, especialmente no contexto da simulação? A metacomunicação deixa claro que jogar um jogo é fazer parte de uma espécie de dupla consciência. As ações do jogo se referem às ações no mundo real, mas, como estão ocorrendo em um jogo, são simultaneamente muito separadas e distintas das ações do mundo real que elas referenciam. Um beijo no jogo da garrafa ou uma bomba de fragmentação em um mata-mata do Quake refere-se a beijar e matar, mas, ao mesmo tempo, são ações que comunicam *Eu não estou beijando ou matando você. Estou apenas brincando.* O círculo mágico é o espaço onde esses sinais paradoxais se tornam significativos.

Em "A Theory of Play and Fantasy", Bateson utiliza o seguinte esquema para ilustrar o estado paradoxal de espírito incorporado no jogo:[15]

> Todas as afirmações dentro deste quadro são falsas.
>
> Eu te amo.
>
> Eu te odeio.

Esse esquema é um refrão no Paradoxo de Epimênides, também conhecido como o Paradoxo do Mentiroso. O paradoxo do mentiroso é o problema filosófico de alguém afirmando: "Eu estou mentindo". Se o orador *é* um mentiroso, então ele está dizendo a verdade e vice-versa: a afirmação do mentiroso é um paradoxo lógico. No diagrama, a primeira frase, *Todas as afirmações dentro deste quadro são falsas*, repete esse problema lógico clássico. Mas, significativamente, o diagrama coloca a afirmação dentro de uma *estrutura*, um contexto limitado no qual a frase paradoxal declara seu significado.

Para Bateson, a estrutura é uma construção filosófica e psicológica que delimita o espaço peculiar do jogo. Para os designers de jogos, a estrutura de Bateson oferece outra maneira de entender o círculo mágico de um jogo. É uma fronteira que torna possíveis os significados paradoxais do jogo. Ao mesmo tempo, a estrutura é sustentada apenas por força das afirmações metacomunicativas contínuas do jogo. Na ilustração de Bateson, a estrutura permite o significado da afirmação, mesmo quando o próprio significado da estrutura vem diretamente da afirmação em si.

O círculo mágico é um pré-requisito e um efeito do jogo. É um contexto sólido para as experiências estimulantes da jogabilidade. Mas é igualmente frágil e desaparece rapidamente quando um jogo termina. O diagrama de Bateson é um esquema da estrutura cognitiva do jogo, um relato visual do estado de espírito de um jogador no meio do contexto de um jogo. Como forma de entender o que acontece quando um jogador entra no círculo mágico e joga com a simulação de um jogo, é uma ilustração sutil e poderosa.

E as outras duas afirmações, *Eu te amo* e *Eu te odeio*? Essas afirmações também são parte dos significados paradoxais capturados na estrutura. As duas frases servem como um argumento mais amplo de Bateson sobre a teoria dos conjuntos e se algumas ou todas as afirmações na estrutura podem ser consideradas como verdadeiras ou falsas. Para nossos propósitos aqui, vamos colocar um pouco de lado seu argumento maior para expor o nosso. Bateson poderia ter incluído quaisquer duas sentenças contraditórias na estrutura, mas escolheu afirmações emocionais sobre amor e ódio, declarações aparentemente dirigidas a alguém fora da estrutura.

Essas duas pequenas frases, sinais de pura emoção, lembram que as questões do jogo e do significado, da metacomunicação e do paradoxo, não são apenas conversa filosófica abstrata. Ao compreender como os jogos constroem o significado, estamos abordando maneiras profundamente sentidas de como os jogadores se envolvem com os jogos e as realidades emocionais e sociais que os jogos refletem e constroem. O estado de espírito metacomunicativo está profundamente entrelaçado com as experiências e os prazeres únicos da interação lúdica.

A falácia imersiva

Todas as formas de entretenimento tentam criar a suspensão da descrença, um estado no qual a mente do jogador esquece que está sendo submetida ao entretenimento e aceita o que percebe como realidade.

— ***François Dominic Laramée,*** *"Immersion"*

Voltaremos às ideias de Bateson sobre a metacomunicação e o significado logo mais. Mas, por enquanto, voltemos à análise da interação lúdica da simulação, especificamente a relação entre um jogo e a "realidade" sobre a qual ele se baseia. A citação acima é de um livro sobre design de jogos, aparecendo em um ensaio sobre a "Imersão". O designer de jogos e programador François Dominic Laramée defende uma relação particular entre um jogador e um jogo, entre o estado de espírito do jogador e a realidade percebida da experiência. Ele afirma que um jogo deve tentar criar uma experiência na qual o jogador esquece de que está passando por um entretenimento projetado e, em vez disso, acredita que jogar o jogo é experimentar a realidade em primeira mão. Na verdade, Laramée afirma que "todas as formas de entretenimento" funcionam dessa forma. Esse é um ponto de vista muito divergente do nosso.

Não pretendemos acusar Laramée injustamente. Suas ideias sobre como um jogador experimenta a "realidade" de um jogo são extremamente comuns na indústria de jogos digitais, publicação de jogos e até junto ao público em geral. O designer de jogos Frank Lantz chamou esses tipos de ideia sobre imersão de crenças "amplamente difundidas, mas raramente examinadas".[16] Concordamos totalmente e nas páginas a seguir, refutaremos essas crenças nos referindo elas como a falácia imersiva. A *falácia imersiva* é a ideia de que o prazer de uma experiência de mídia reside na sua capacidade de transportar de modo sensorial o participante para uma realidade ilusória e simulada.

De acordo com a falácia imersiva, essa realidade é tão completa que, idealmente, a estrutura desaparece para que o jogador realmente acredite que ele faz parte de um mundo imaginário.

Embora a falácia imersiva tenha tomado conta de muitos campos, é particularmente comum na indústria de jogos digitais. Comum no discurso da falácia imersiva é a ideia de que a tecnologia de entretenimento está levando inevitavelmente ao desenvolvimento de sistemas de simulação cada vez mais poderosos. Essas tecnologias serão capazes de criar experiências totalmente ilusórias que são indistinguíveis do mundo real. Em uma análise on-line sobre o futuro dos jogos, o designer de jogos Warren Spector especulou sobre esse tema:

> O holodeck de Jornadas nas Estrelas é um resultado final inevitável dos jogos como simulacros? A história das mídias (de massa e outros) parece muito claramente uma marcha em direção às aproximações cada vez mais fiéis da realidade — desde o desenvolvimento da ilusão da perspectiva nas pinturas, até a fotografia, as imagens em movimento, as imagens coloridas em movimento com som emitido diretamente em sua casa via televisão e os jogos de realidade imersiva de hoje, como o Quake e System Shock. Essa progressão é inevitável e ela continuará ou chegamos ao fim da linha, ao ápice do realismo?[17]

Para ser justo, Spector exagerou conscientemente suas visões a fim de estimular a discussão. Mas, no debate que se seguiu, ficou claro que muitos participantes tomam como certas as proposições que Spector articulou.

A história seletiva de Spector sobre as tecnologias de entretenimento oferece uma leitura do desenvolvimento da mídia. Mas há outras leituras possíveis. A história raramente fornece uma progressão linear assim e, em relação à imersão, os desenvolvimentos culturais tendem a ser cíclicos. Como a teórica Marie-Laure Ryan coloca, "A história da arte ocidental viu a ascensão e a queda dos ideais imersivos".[18] De acordo com Ryan, a imersão como um objetivo representacional passou por uma série de ciclos estilísticos ao longo dos séculos. Nas últimas décadas, ela afirma, a imersão, de fato, tornou-se menos proeminente e respeitada em campos como arte e literatura. Ryan pode estar correta em relação aos movimentos culturais maiores, mas, na indústria dos jogos digitais, a crença na falácia imersiva continua viva e bem.

Mídia metacomunicativa

A falácia imersiva é sintomática de ideias contraditórias sobre a tecnologia. Por um lado, há um fetichismo tecnológico que vê o desenvolvimento evolutivo da nova tecnologia como a graça salvadora do design de experiência. Por outro lado, há um desejo de apagar a tecnologia, torná-la invisível para que todas as estruturas em torno da experiência se dissipem e desapareçam. Em nenhum lugar esses ideais contraditórios são mais claramente expressos do que no conceito do holodeck, uma tecnologia fictícia que apareceu pela primeira vez na televisão na série *Jornada nas Estrelas:* A Próxima Geração. A realidade simulada é o sonho da falácia imersiva, uma sala onde a matéria e a energia são manipuladas para criar um ambiente simulado de visão, audição, tato, olfato e paladar, que é uma representação completamente indistinguível da realidade vivida.

O que há de errado com essa imagem e como ela se relaciona com os jogos? Em um nível, a falácia imersiva na realidade faz sentido de modo intuitivo. Quando jogamos um jogo, sentimo-nos envolvidos e absortos, e jogar parece assumir a sua própria "realidade". Isso tudo é certamente verdade. Mas a maneira como o jogo consegue esses efeitos não acontece da maneira como a falácia imersiva implica. Um jogador fica absorto no jogo, sim. Mas é um envolvimento que ocorre *por meio da interação lúdica em si*. Como sabemos, a interação lúdica é um processo de metacomunicação, uma dupla consciência na qual o jogador está ciente da artificialidade da situação do jogo.

Durante a mesma conversa on-line na qual Spector postou sua pergunta intencionalmente provocativa, a estudiosa de cinema Elena Gorfinkel respondeu:

> A imersão não é uma propriedade de um jogo ou um texto da mídia, mas é um efeito que um texto produz. O que eu quero dizer é que a imersão é uma experiência que acontece entre um jogo e seu jogador, e não é algo intrínseco à estética de um jogo. A confusão nessa conversa surgiu porque as estratégias representacionais estão misturadas com o efeito imersivo. A imersão em si não está vinculada a uma repetição ou imitação da realidade. Por exemplo, pode-se ficar imerso no Tetris. Portanto, a imersão no jogo parece pelo menos tão importante quanto a imersão no espaço representacional de um jogo. Parece que esses componentes precisam ser separados para fazer justiça e entender melhor como a imersão, considerada uma categoria de experiência e percepção, funciona.[19]

Gorfinkel mostra uma série de pontos críticos. Primeiro, com seu exemplo de Tetris, ressalta que há uma abundância de exemplos de jogos nos quais a "imersão" não está vinculada a uma repetição sensorial da realidade. De fato, há inúmeros exemplos das mídias de arte e entretenimento, desde a música tecno até as histórias em quadrinhos e a pintura expressionista, que claramente não se resumem a uma simples suspensão da descrença. Como afirma Gorfinkel, ideias equivocadas sobre a imersão podem ser enquadradas como uma confusão entre as qualidades intrínsecas de um objeto da mídia e os efeitos que o objeto produz. Gorfinkel argumenta que para entender as sutilezas da "imersão", é preciso não olhar apenas para os atributos dos jogos (por exemplo, como os gráficos são detalhados), mas para a forma como os jogos funcionam em relação à experiência do jogador.

No caso do jogo, sabemos que a metacomunicação está sempre em operação. Um adolescente beijando outra adolescente no jogo da garrafa ou um jogador de Gran Turismo conduzindo um carro de corrida virtual entende que seu jogo referencia outras realidades. Mas a única coisa que torna sua atividade um jogo é que eles também sabem que estão participando de uma realidade construída e estão empregando conscientemente os significados artificiais do círculo mágico. É possível dizer que os jogadores de um jogo estão "imersos" — imersos em *significado*. Disputar um jogo é participar de uma complexa interação de significados. Mas esse tipo de imersão é bastante diferente do transporte sensorial prometido pela falácia imersiva.

Remidiatização dos jogos

Em certo sentido, o estado estratificado, metacomunicativo do jogo é semelhante à nossa experiência de todas as mídias. Em seu livro *Remediation*, os teóricos Jay David Bolter e Richard Grusin analisam os mecanismos pelos quais as mídias funcionam, argumentando que as mídias operam de acordo com uma lógica dupla. Por um lado, a mídia participa do que Bolter e Grusin chamam de *imediação* ou *imidiatização* (*immediacy*), a capacidade de reproduzir autenticamente o mundo e criar uma realidade alternativa. Ao mesmo tempo, a mídia também lembra seu público de que ela é construída e artificial, uma característica que Bolter e Grusin chamam de *hipermediação* ou *hipermidiatização* (*hypermediacy*).

> Assim como as outras mídias desde o Renascimento — em particular, na pintura em perspectiva, fotografia, cinema e televisão — as novas mídias digitais oscilam entre a imediação e a hipermediação, entre a transparência e a opacidade. Apesar de cada mídia prometer reformar seus antecessores, oferecendo uma experiência mais imediata ou autêntica, a promessa de reforma inevitavelmente nos leva a tomar consciência da mídia como uma mídia, ou do meio como um meio. Assim, a imediação leva à hipermediação.[20]

Por exemplo, como Bolter e Grusin apontam, uma webcam promete imediação por meio de um acesso autêntico e em tempo real a outra parte do mundo. Mas o fato de os usuários precisarem ver a webcam em um computador, em um sistema operacional, em um navegador, em página Web ou dentro de uma interface, lembra que eles não estão experimentando de forma transparente o local onde a webcam existe, mas estão interagindo com uma construção de mídia altamente artificial. O principal argumento mostrado por Bolter e Grusin é que todas as mídias combinam esses dois processos no que eles chamam de *remidiatização* ou *remediação* (*remediation*), uma experiência de mídia na qual a imediação e o hipermediação coexistem.

Podemos também analisar os jogos dentro desse modelo. A consciência dupla do jogo encontra um forte paralelo no processo de remidiatização, que mistura o imidiatização transparente com uma consciência de hipermidiatização da natureza construída do jogo. Em Polícia e Ladrão, os jogadores não hesitam em assumir papéis teatrais de criminosos e polícia, mesmo quando infundem essas representações lúdicas no significado por meio de suas ações. Em um jogo de tiro em primeira pessoa como Halo, parte da experiência é a vertigem sensitiva de navegar um espaço 3D imaginário coerente. Mas jogar o jogo também envolve uma conscientização da interface do jogo, o uso estratégico das opções de quebra da estrutura, o uso da conversa baseada em texto, as velocidades flutuantes do servidor e o compartilhamento de dicas com os amigos no contexto social maior do jogo. Esses aspectos relacionados à estrutura da experiência do Halo lembram ao leitor que o jogo é uma experiência construída, hipermidiatizada.

O valor do modelo de Bolter e Grusin é que ele não acaba com a imersão ilusionista, mas a inclui como um elemento dentro de um processo mais complexo. Não há dúvida de que a imediação do envolvimento sensorial faz parte do prazer de jogar um jogo, principalmente os jogos digitais com representações detalhadas que respondem em tempo real à ação do jogador. A falácia imersiva supervaloriza grosseiramente essas formas de prazer e, ao fazê-lo, deturpa a paleta diversificada de experiências que os jogos oferecem.

O personagem do personagem

O perigo da falácia imersiva é que ela deturpa a maneira como o jogo funciona — e o design do jogo pode sofrer como resultado. Se os designers de jogos não reconhecerem a forma como os jogos criam um significado para os jogadores — como algo separado, mas ligado ao mundo real — eles terão dificuldade em criar um jogo verdadeiramente significativo. Para destacar essa complexidade, agora veremos com detalhes apenas um aspecto da representação de um jogo, o *personagem*, para mostrar como a compreensão da metacomunicação pode impactar o processo de design do jogo.

Já vimos o personagem uma vez neste esquema, examinando a maneira como as representações procedurais constroem as personas fictícias em Zelda: Link's Awakening, Virtua Fighter 4, Deus Ex e The Blob. Agora, visaremos outra parte da equação da simulação, examinando o modo como a representação do personagem se relaciona com a "realidade" fora do jogo. Duas perguntas fundamentais se colocam: como o jogador se relaciona com um personagem em um jogo? E como essa relação pode ser entendida em termos da "realidade" do mundo representado? Só para manter as coisas em foco, limitaremos nossa análise aos personagens protagonistas que um jogador controla diretamente, tais como Mario em Super Mario World ou Chan Pai em Virtual Fighter 4.

A falácia imersiva afirmaria que um jogador tem uma relação "imersiva" com o personagem, que interpretar o personagem é *tornar-se* o personagem. No jogo ideal da falácia imersiva, o jogador se identificaria completamente com o personagem, a estrutura do jogo desapareceria e o jogador se perderia totalmente no personagem do jogo.

Essas ideias têm alguma validade, mas representam apenas um elemento de um processo muito maior e mais complicado. A relação do jogador com um personagem do jogo que ele controla diretamente não é uma simples questão de identificação direta. Ao contrário, um jogador se refere a um personagem do jogo por meio da dupla consciência do jogo. O personagem protagonista é uma pessoa por meio da qual um jogador se manifesta em um mundo imaginário; essa relação pode ser intensa e emocionalmente "imersiva". Mas, ao momento mesmo, o personagem é uma ferramenta, uma marionete, um objeto para o jogador manipular de acordo com as regras do jogo. Neste sentido, o jogador está plenamente consciente do personagem como uma construção artificial.

É essa dupla consciência que torna o jogo baseado em personagens uma experiência tão rica e multifacetada. Ao desempenhar o papel de Cloud em Final Fantasy VII, o jogador tem um portal no complexo mundo da narrativa do jogo. Por meio de Cloud, o jogador encontra os cenários, personagens e eventos do mundo do jogo; muitos jogadores relatam uma forte ligação emocional com sua versão digital. Ao mesmo tempo, Final Fantasy VII é um RPG complexo. A experiência do jogo ocorre ao assistir às cenas de corte, navegar com Cloud e seus companheiros nos espaços virtuais, gerenciar um inventário detalhado das armas, itens e magias, participar de constantes batalhas estratégicas e envolver-se a com a complexa interface em planilha do jogo. Por meio dessas atividades diversificadas, o desempenho do jogo reconhece e celebra sua própria construção hipermidiatizada.

O psicólogo Gary Alan Fine, em seu excelente livro *Shared Fantasies*, oferece um modelo para a compreensão da complexa relação entre jogador e personagem. *Shared Fantasies* é um estudo etnográfico das comunidades de RPG de mesa. Utilizando as teorias do psicólogo Erving Goffman em Frame Analysis, Fine identifica três "níveis de significado" nos quais ocorre a experiência do jogador/personagem:

> Primeiro, o jogo, como toda atividade, está fundamentado na "estrutura primária", os entendimentos comuns que as *pessoas* têm do mundo real. É ação sem sobreposição de camadas. É uma estrutura que não depende de outras estruturas, mas da realidade dos eventos em última instância. Em segundo lugar, os *jogadores* devem lidar com o contexto do jogo; eles são *jogadores* cujas ações são regidas por um conjunto complexo de regras e restrições. Eles manipulam seus personagens, tendo conhecimento da estrutura do jogo e com aproximadamente o mesmo conhecimento que os outros jogadores têm.
>
> Finalmente, esse mundo dos jogos é fechado no sentido de que os jogadores não apenas manipulam os personagens; eles *são* os personagens. A identidade do *personagem* é separada da identidade do *jogador*.[22]

Esse enquadramento triplo da consciência do *jogador* — como um *personagem* em um mundo simulado, como um *jogador* em um jogo e como uma *pessoa* em um cenário social maior — esboça elegantemente a experiência do jogo. As estruturas do *jogador* e do *personagem* ocorrem no círculo mágico, enquanto a estrutura da *pessoa* obtém seu significado primário no contexto cultural fora do espaço imediato do jogo. Fine destaca que o movimento entre essas estruturas é fluido e constante, e que é possível alternar entre elas várias vezes no curso de uma única afirmação verbal ou ação do jogo.

Nos jogos digitais, ocorrem os mesmos fenômenos em multicamadas. Imagine um jogador, segurando um joystick, olhando a tela de vidro. O jogador está profundamente envolvido em uma atividade de jogo, suando e ansioso, completamente focado no espaço diante dele, inclinando o corpo em sincronia com os ritmos viscerais do jogo, sorrindo e fazendo caretas enquanto luta contra os adversários e suas ações se desenrolam no mundo do outro lado do vidro. Que jogo ele está jogando? Experimente ambas as respostas para medir:

> ***Ele está jogando Tomb Raider.*** Nosso jogador hipotético está vendo uma tela de televisão e manipulando um controle de console. Em certo sentido, nosso leitor mergulha no mundo narrativo do jogo, assumindo a identidade de Lara Croft com suas forças e fraquezas constitutivas (*Sinto-me perdido... Mal posso acreditar que sobrevivi a essa armadilha!*). Ao mesmo tempo, ele vê sua anatomia exagerada por trás, apertando botões e manipulando-a como uma marionete em sua busca para encontrar poderes, superar obstáculos e destrancar portas para alcançar o próximo nível (*Qual era mesmo o código de trapaça de novo? Essa* cutscene *é uma droga.*). Ele é tanto o *personagem* como o *jogador*. Além disso, o contexto social e cultural maior no qual ele joga constitui a categoria de Fine do jogador como *pessoa*. Talvez ele esteja tentando impressionar um amigo com suas habilidades no jogo. Ou talvez esteja tomando notas mentais para uma palestra que ele dará em uma conferência acadêmica. Em qualquer caso, o jogador está sempre presente como uma pessoa conectada e situada no mundo real.
>
> Ele está competindo no BattleBots do canal Comedy Central. Neste caso, o personagem do jogador é um robô guiado por controle remoto que luta movendo-se no mundo real; o painel de vidro não é uma tela de TV, mas um grande painel de acrílico que protege os jogadores e o público dos pedaços de metal que voam. O jogador BattleBots está imerso em sua atividade também e, como o jogador de Tomb Raider, ele está sempre ciente de que suas ações são regidas pelas regras do jogo. Durante o jogo, ele pode alternar muitas vezes entre as estruturas do *personagem/jogador/pessoa*, movendo-se entre a identificação emocional com seu personagem robô (*Ai! Acabei de ser golpeado!*) e seu papel como jogador na competição do jogo (*Vejamos se consigo tirar meu robô do canto*). Ele poderia até quebrar a estrutura de jogador para acenar para um amigo no público ou oferecer uma frase de impacto para o apresentador.

O modelo em três camadas de Fine é uma extensão da dupla consciência do jogo. Os jogadores sempre sabem que estão jogando e, com esse conhecimento, estão livres para se mover entre os papéis da pessoa, jogador e personagem. Jogadores de um jogo abraçam livremente a flexibilidade desse movimento, entrando e saindo dos momentos de imersão, rompendo as estruturas do jogador e do personagem, mas sempre mantendo o círculo mágico.

Esse modelo é aplicável mesmo quando os jogadores não estão controlando diretamente o protagonista do jogo. Em qualquer jogo, os jogadores se movem constantemente entre as estruturas cognitivas, passando de uma profunda imersão com a representação do jogo para um profundo envolvimento com os mecanismos estratégicos do jogo e daí para um reconhecimento do espaço fora do círculo mágico. Os fanáticos da falácia imersiva tendem a ver essa consciência híbrida como um estado lamentável das coisas que só irá evoluir para seu verdadeiro estado de pura imersão quando a tecnologia chegar. O jogo nos diz o contrário. O estado de espírito em muitas camadas que ocorre durante o jogo é algo a ser celebrado, não reprimido — ele é responsável por alguns dos prazeres únicos que surgem de um jogo.

Hackeando a realidade simulada

As perguntas que cercam os jogos como simulações são sempre mais complexas do que parecem.[22] Não existe nenhuma relação simples entre jogador e personagem, jogador e jogo ou jogo e mundo externo. Essa é uma razão pela qual a falácia imersiva continua a povoar grande parte do pensamento de design sobre o futuro dos jogos e o papel da tecnologia na criação de experiências interessantes: é simplesmente uma posição mais fácil de assumir.

Mas a falácia imersiva é mais do que uma ideia. É também um obstáculo para os avanços no design do jogo, pois representa um modelo excessivamente romântico e antiquado de como a mídia funciona. Enquanto os designers de jogos forem apanhados em um desejo pela tecnologia da realidade simulada, eles não terão a visão para apreciar o potencial da inovação dos jogos hoje. E se os designers de jogos focassem seus esforços em jogar ativamente com uma dupla consciência do jogo, em vez de desejar a imersão?

Imagine os tipos de jogos que poderiam resultar: jogos que incentivam os jogadores a mudar constantemente a estrutura do jogo, questionando o que está dentro ou fora do jogo; jogos que brincam com as camadas entre o jogador e o personagem, empurrando e puxando a conexão por meio de formas criativas do jogo narrativo; jogos que enfatizam o metajogo ou que conectam o círculo mágico tão estreitamente aos contextos externos que o jogo parece síncrono com a vida cotidiana. A inovação só está limitada por uma falha em ver os princípios fundamentais do jogo.

Uma queixa comum entre os desenvolvedores de jogos é que os jogos não são reconhecidos como uma importante forma de cultura e que não têm uma audiência de massa diversificada. Em vez disso, os jogos parecem ser relegados à periferia da cultura. Uma mudança no status cultural só ocorrerá quando os designers de jogos adquirirem uma compreensão mais sofisticada de como sua mídia opera. Formas robustas da cultura pop contemporânea não se baseiam nas ideias centrais de imersão. Basta dar uma olhada na autoconsciência explícita do hip-hop, da moda e da animação japonesa. Essas formas de cultura popular têm uma profunda compreensão do modo como a mídia cultiva a imersão, enquanto explicitam os mecanismos por meio dos quais a representação é experimentada.

Isso naturalmente nos traz de volta à simulação. Embora as simulações tenham como premissa a noção de fidelidade ao seu referente, o fato de que são sistemas dinâmicos significa que permitem a exploração de permutações alternativas. As simulações permitem aos jogadores explorar um espaço de possibilidades representacionais por meio do próprio ato de jogar. Certamente, há muitos designers de jogos impulsionados por um desejo de contar histórias e oferecer mundos narrativos para os jogadores. Enquadrar os jogos como simulações, como sistemas dinâmicos de representacional procedural, libera o potencial dos jogos como uma poderosa mídia representacional e narrativa. Mas os jogos apenas arranharam a superfície. Ainda há perguntas: o que os jogos podem representar? Como os jogos podem envolver os jogadores por meio da interação lúdica significativa? E como os jogos podem desafiar, criticar e contribuir com o mundo fora do círculo mágico?

Leitura complementar

Narrative as Virtual Reality: Immersion and Interactivity in Literature and Electronic Media, de Marie-Laure Ryan

Uma articulação eloquente das relações entre teoria da literatura, hipertexto e RV (Realidade Virtual), *Narrative as Virtual Reality* se concentra no que Ryan vê como os interesses conflitantes da imerção e da interatividade. Embora a abordagem sofisticada de Ryan coloque-a acima das armadilhas usuais da falácia imersiva, ela é uma admiradora imersiva e suas análises do design interativo sofrem como resultado. Dito isso, para os tópicos que este volume grande cobre, é uma leitura essencial.

Recomendados:

Parte II: The Poetics of Immersion

Parte III: The Poetics of Interactivity

Remediation: Understanding New Media, de Jay David Bolter e Richard Grusin

Bolter e Grusin apresentam o conceito da remidiatização, o processo no qual novas formas de mídia se definem por meio de empréstimos e da remodelação da velha mídia. Esse processo também funciona ao contrário: velhas formas de mídia são emprestadas das novas formas da mídia, tais como a televisão, remidiatizando o mundo enjanelado da computação. Os conceitos mais úteis do livro para os designers de jogos são a ***imediação*** e a ***hipermediação*** (ou ***imidiatização*** e ***hipermidiatização***), que se referem à maneira como as formas da mídia podem reproduzir autenticamente o mundo, ao mesmo tempo lembrando o público de que a reprodução é construída e artificial.

Recomendados:

Introdução: The Double Logic of Remediation

Capítulo 1: Immediacy, Hypermediacy, and Remediation

Capítulo 2: Mediation and Remediation

Capítulo 4: Computer Games

Shared Fantasy, de Gary Alan Fine *(ver página 138 deste volume)*

Recomendados:

Capítulo 1: FRP

Capítulo 2: Players

Capítulo 3: Collective Fantasy

Capítulo 6: Frames and Games

"***A Theory of Play and Fantasy***" de Gregory Bateson *(ver página **95** deste volume)*

Notas

1. Henry Eddington, Eric Addinall e Fred Percival, *A Handbook of Game Design* (Londres: Kogan Page Limited, 1982), p. 10.
2. Andrew Fluegelman e Shoshana Tembeck, *The New Games Book* (Nova York: Doubleday, 1976), p. 109.
3. Warren Robinett, *Inventing the Adventure Game,* manuscrito não publicado.
4. Harvey Smith, "The Future of Game Design", <www.gamasutra.com>.
5. Fluegelman e Tembeck, *The New Games Book*, p. 107.
6. Robinett, *Inventing the Adventure Game.*
7. Harvey Smith, "The Future of Game Design", <www.gamasutra.com>.
8. Ibid.
9. James F. Dunnigan, *Wargames Handbook, Third Edition: How to Play and Design Commercial and Professional Wargames* (San Jose: Writers Club Press, 2000), p. 109.
10. Hallford and Hallford, *Swords and Circuitry,* p. 170-171.
11. Richard Rouse III, *Game Design: Theory and Practice* (Plano, TX: Wordware Publishing, 2001), p. 122-123.
12. Harvey Smith, "The Future of Game Design".
13. *RE:PLAY: Game Design + Game Culture.* Conferência online, 2000 <www.eyebeam.org>.
14. Ibid.
15. Gregory Bateson, "A Theory of Play and Fantasy" in *Steps to an Ecology of Mind* (Chicago: University of Chicago Press, 1972), p. 184.
16. Frank Lantz, *Hacking the Holodeck,* manuscrito não publicado.
17. *RE:PLAY: Game Design + Game Culture.* Conferência online, 2000.
18. Marie-Laure Ryan, *Narrative as Virtual Reality: Immersion and Interactivity in Literature and Electronic Media* (Baltimore: John Hopkins University Press, 2000), p. 2.
19. *RE:PLAY: Game Design + Game Culture.* Conferência online, 2000.
20. Jay David Bolter e Richard Grusin, *Remediation: Understanding New Media* (Cambridge: MIT Press, 1999), p. 16.
21. Gary Alan Fine, *Shared Fantasies* (Chicago: University of Chicago Press, 1983), p. 186.
22. Frank Lantz, *Hacking the Holodeck,* manuscrito não publicado.

Jogos como experiência da simulação

Resumo

- Uma **simulação** é uma representação procedural de aspectos da "realidade". As simulações representam de modo procedural e têm uma relação especial com a "realidade" que representam.
- Existem vários tipos de simulações que não são jogos. Mas todos os jogos podem ser entendidos como simulações, até os jogos muito abstratos ou os jogos que simulam os fenômenos não encontrados no mundo real.
- As simulações do jogo geralmente operam metaforicamente: elas não recriam literalmente uma representação do assunto. A diferença entre uma simulação de jogo e seu referente pode ser uma fonte de prazer para os jogadores.
- A **representação procedural** é uma forma representacional dinâmica baseada em processos. A representação procedural é como as simulações *simulam* seu assunto. Essas formas representacionais surgem da combinação do sistema formal de um jogo e da interação de um jogador com o jogo.
- Um jogo inteiro pode ser considerado uma representação procedural de um determinado assunto. Além disso, os jogos incluem representações procedurais menores que compõem a representação maior.
- O tema das representações do jogo está vinculado aos tipos de conflito que um jogo pode representar. Os jogos geralmente representam **conflito territorial**, **conflitos econômicos** ou **conflito sobre o conhecimento.** A maioria dos jogos combina duas ou três dessas categorias. É possível representar outras formas de conflito também.
- As simulações são uma forma poderosa de considerar a narrativa porque a representação procedural é uma abordagem para a narrativa que enfatiza diretamente a experiência do jogador.
- As simulações são **abstratas**, **numéricas**, **limitadas** e **sistêmicas.** A simulação não pode ser ampla e profunda. Como projetar uma simulação significa uma redução radical do assunto da simulação, o designer de jogos deve selecionar cuidadosamente os aspectos de um fenômeno a mostrar e como incorporá-los no sistema do jogo.
- As simulações, especialmente nos jogos digitais, podem ser estruturadas de acordo com a lógica **baseada em casos**, na qual as relações entre todos os elementos de um sistema são previamente especificadas, ou com uma lógica mais **generalizada**, na qual os elementos do sistema compartilham um conjunto de atributos gerais. As estruturas generalizadas podem economizar tempo de trabalho e levar a mais jogos emergentes, onde os jogadores têm mais opções para a ação. Mas um equilíbrio entre os dois tipos de estruturas é geralmente necessário em qualquer jogo.
- O fenômeno da **metacomunicação** implica que os jogadores estejam cientes da estrutura de um jogo e que o estado de espírito de um jogador incorpore uma espécie de dupla consciência que aceita e rejeita essa estrutura.
- A falácia imersiva é a crença de que o prazer de uma experiência de mídia é a capacidade dessa experiência em transportar de modo sensorial um jogador para uma realidade ilusória. Embora a falácia imersiva seja predominante na indústria dos jogos digitais, ela não leva em conta a natureza metacomunicativa do jogo.

- Os teóricos da mídia Bolter e Grusin argumentam que toda mídia opera por meio do processo de **remidiatização** (ou **remediação**). Os dois elementos opostos da remediatização são a **imidiatização**, que promete uma representação autêntica e verdadeira, e a **hipermidiatização**, que enfatiza a natureza construída da representação da mídia.
- O psicólogo Gary Allen Fine identifica três níveis de consciência do jogador do jogo: a identificação direta com o *personagem* do jogo, o envolvimento com os procedimentos do jogo como *jogador*, e a existência em contextos sociais maiores como uma *pessoa*.

28 JOGOS COMO EXPERIÊNCIA SOCIAL

Beisebol | | Warcraft III | Blizzard Entertainment

comunidade de jogos
papéis do jogador
sistemas sociais emergentes
comunidades limitadas e ilimitadas
segurança e confiança
regras ideais *versus* regras reais
interação lúdica social transformadora
jogando o jogo
interação lúdica proibida
metajogo

Estamos começando a criar uma comunidade de jogos — não uma comunidade eterna com um código fixo, mas uma comunidade temporária com um código que criamos à medida que avançamos, uma comunidade que podemos continuar a criar em qualquer lugar, sempre que encontramos as pessoas que querem criá-la conosco.

— **Bernard DeKoven**, "Creating the Play Community"

Apresentando a interação lúdica social

Os últimos capítulos foram um pouco solitários. Ao ver a experiência, o prazer e os sistemas de representação, enfatizamos a relação de um jogador individual com um jogo. É, naturalmente, importante considerar cada jogador como um indivíduo: os designers de jogos precisam ter certeza de que cada jogador que entra em um jogo acaba tendo uma experiência significativa, independentemente de quem mais está jogando. Mas, com esse esquema em ***Jogos como interação lúdica social***, não focamos apenas a relação entre um jogador individual e um jogo, mas também nas experiências sociais que ocorrem quando mais de um jogador participa do mesmo jogo. A ênfase nas últimas décadas nos jogos de computador e videogames com um jogador é um tipo de anomalia na milenar história dos jogos. Embora haja exceções notáveis, tais como os jogos de Paciência, em geral ao longo dos séculos os jogos têm sido valorizados como experiências sociais, como uma forma de as pessoas se relacionarem, como uma forma de as pessoas *interagirem ludicamente*. O fato de que os jogos digitais estão voltando a favorecer as experiências multijogador não é absolutamente uma tendência nova: significa apenas que os jogos estão retornando às suas raízes como interação social.

Quando os jogadores se misturam uns com os outros dentro do círculo mágico, suas interações sociais destacam importantes aspectos do design de um jogo. A interação lúdica significativa pode ser enquadrada como um fenômeno social. Entender como a interação lúdica social torna-se significativa, manifestar como interações ocorrem em um jogo individual e como interações cruzam comunidades maiores do jogo, é o foco deste capítulo.

Esta não é a primeira vez em que analisamos a interação entre os jogadores em um jogo. Em *Jogos como sistemas da teoria dos jogos*, por exemplo, exploramos o processo de tomada de decisão dos agentes racionais dentro de cada tipo especializado de jogos. Mesmo dentro dos limites incrivelmente estreitos da teoria dos jogos, a consideração das estratégias com dois jogadores transformou simples escolhas em problemas de jogo notavelmente complexos. Agora, quando consideramos a interação do jogador em toda a gama da interação lúdica social, as coisas ficam realmente muito complicadas.

Relações sociais

Quando estruturamos um jogo como interação lúdica social, consideramos as relações entre os elementos no sistema do jogo como relações sociais. A palavra "social" refere-se amplamente à interação do jogador e ocorre em dois níveis. O primeiro nível de interação social ocorre *dentro* do círculo mágico, como um produto do sistema formal de um jogo. Por exemplo, em um jogo pega-pega, os jogadores assumem papéis sociais de "Ele" (o caçador) ou "Outros" (os caçados). Essas interações sociais são derivadas *internamente*, tal como surgem das regras do jogo. O segundo nível de interação social é derivado *externamente* — papéis sociais trazidos para o jogo de fora do círculo mágico. As amizades preexistentes e as rivalidades que afetam as escolhas estratégias no jogo, por exemplo, são elementos externos derivados da interação lúdica social.

Quer derivadas interna ou externamente, as relações sociais entre os jogadores são modificadas por cada ação tomada no jogo. Os papéis sociais mudam e transformam-se ludicamente à medida que o jogo prossegue. (Você pode ser "Ele", mas não por muito tempo se for rápido!) Navegar, manipular e transformar essas relações é uma forma de os jogadores conseguirem um jogo significativo no campo social. Além disso, a interação lúdica social que ocorre entre os jogadores é uma função da forma como o jogo opera como um sistema de significados. Jogar jogos gera significados para os jogadores, que se reproduzem e desafiam os códigos da interação social. Os tipos de significado gerados quando os jogadores se relacionam entre si dentro e através de um jogo estão no centro de nossa exploração dos jogos como interação lúdica social.

Nos capítulos anteriores, estabelecemos a ideia de que os jogos são sistemas simbólicos de significado. Estendendo essa ideia por meio da interação lúdica social, podemos considerar o jogo como um sistema simbólico que os jogadores usam para se comunicar entre si. Por exemplo, dois jogadores podem sentar e jogar o jogo da velha, mesmo que não compartilhem a mesma língua nativa porque ambos conhecem a "língua" do jogo. Esta é a comunicação por meio da interação com o jogo, na qual um jogo torna-se um contexto para a comunicação estilizada, mediada pela interação social. As regras de um jogo determinam a comunicação que acontece, limitando o que os jogadores podem fazer e dizer um ao outro. Marcar Xs e Os nos quadrados vazios é como os jogadores no jogo da velha "falam" um com o outro na língua do jogo.

Os contextos externos sempre afetam a comunicação por meio da interação com o jogo também. Comparada a outras facetas do jogo, a influência dos fatores trazidos para o jogo a partir dos contextos externos é particularmente forte ao considerar a interação lúdica social de um jogo. As habilidades estratégicas e atléticas, por exemplo, geralmente evoluem quando um jogador se torna mais familiarizado com o funcionamento interno de um jogo. As habilidades da interação social, ao contrário, constroem-se diretamente sobre a experiência humana. Portanto, as relações existentes de confiança e desconfiança, amizade e inimizade podem ter um tremendo impacto sobre a maneira como um jogo é disputado de um ponto de vista social.

Como as formas de interação social que ocorrem *dentro* de um jogo têm fortes conexões com as formas de interação social *fora* do jogo, será impossível considerar a interação lúdica social sem se desviar um pouco para a esfera da cultura. Por essa razão, os *Jogos como interação lúdica social* têm um caráter um tanto etnográfico: compreender os jogos como interação lúdica social requer muita observação cuidadosa. Essas incursões iniciais até os limites do círculo mágico e além ajudarão a definir o cenário para os capítulos sobre CULTURA que seguem.

Papéis do jogador

De um ponto de vista da interação lúdica social, quando um jogador entra no sistema de um jogo, ele recebe um papel a representar. Com "papel" não queremos dizer que um jogador se torna um personagem de uma história. Ao contrário, queremos dizer que cada jogador tem um papel na rede social de um jogo. Dentro desse sistema de relações sociais, há uma grande variedade de papéis que os jogadores podem assumir, desde arqui-inimigo até líder da equipe e parceiro no crime. Os papéis não são fixos e podem mudar várias vezes no decorrer de um jogo. Por exemplo, em um jogo com três jogadores competitivos com um vencedor, em qualquer mo-

Esclarecendo o termo "comunidade"

O termo "comunidade" ganhou status como um chavão da indústria de jogos nos últimos anos, fazendo referência aos grupos de jogadores que podem formar-se dentro e em torno de jogos multijogador. Embora um grupo de jogadores que usam seus avatares virtuais em um jogo online, tal como Everquest, de fato, represente uma comunidade de jogo, ele representa apenas um caso muito particular.

Quando usamos o termo *comunidade* no contexto da interação lúdica social, estamos referenciando algo muito mais elementar e variado. Como DeKoven indica na citação que abriu este capítulo, uma comunidade de jogos ocorre sempre que um grupo de jogadores se reúne para disputar um jogo. A comunidade pode durar anos ou décadas, ou apenas existir em uma única tarde. A comunidade poderia ser criada por uma corrida de carros altamente formalizada e profissional, ou por dois amigos sentados jogando damas. As comunidades de jogos podem persistir por mais de uma instância do mesmo jogo ou durante a disputa de muitos jogos diferentes ao longo do tempo. Comunidades podem surgir em torno de um único jogo, uma série de jogos ou no contexto de um jogo maior, variando desde dois jogadores fazendo uma rápida disputa de Dance Dance Revolution no fliperama do bairro até vários milhares de jogadores competindo a cada quatro anos nas Olimpíadas.

Todo mês, a gameLab hospeda um grupo de desenvolvedores de jogos na cidade de Nova York para disputar jogos de tabuleiro. Esses encontros mensais criam uma comunidade de interação lúdica social em pelo menos três níveis. Primeiro, cada jogo individual forma uma comunidade de jogo, que surge quando o jogo começa e termina quando o jogo acaba. Em segundo lugar, cada encontro — no qual um jogador pode jogar muitos jogos diferentes — também representa uma comunidade de jogo, composta por pessoas que compareceram ao evento. Em terceiro lugar, também é possível considerar uma série de reuniões ao longo de meses ou anos, como uma comunidade de jogo, embora os jogadores que frequentam e os jogos jogados sejam diferentes entre as noites.

A escala exata na qual você pode conceituar a noção de uma comunidade de jogo depende do problema do design de jogo que você está tentando resolver. Se sua intenção é fazer os jogadores participarem de um jogo apenas uma ou duas vezes isoladamente, então você focará mais provavelmente a comunidade de jogo que existe dentro do círculo mágico de um jogo individual. Quanto maior for a coesão que você deseja criar entre as ações de seu jogo (sequências e expansões, um site Web que expande a narrativa do jogo, um fã-clube etc.), mais amplo seu foco do design social precisará ser.

Papel do ator	Motivo do jogo	Papel do contra-ator
Alcançar	Corrida	Ficar à frente
Agarrar, atacar, pegar	Caça	Distanciar, desviar ou iludir
Superar uma barreira, entrar em uma área vigiada, dominar uma defesa; ferir psicologicamente ou de outro modo	Ataque	Defender uma área ou uma pessoa, afastar, estar em guarda
Pegar uma pessoa, símbolo	Captura	Evitar ser pego
Provocar, zombar, seduzir; confundir ou atacar sem sucesso	Assédio	Perceber, mover-se de repente e punir um invasor, esperar a oportunidade
Encontrar por acaso ou pista (objeto, pessoa)	Procura	Esconder, cobrir-se ou enganar, fingir
Libertar um preso; ser o salvador	Resgate	Ser carcereiro, proteger da fuga
Tentar outra ação proibida	Sedução	Resistir, ter autocontrole

Papéis da interação lúdica social

mento durante o jogo um jogador pode desempenhar o papel de amigo rápido, inimigo cruel, aborrecimento irritante, poder temido ou aliado temporário para os outros jogadores. Conforme o jogo avança e o equilíbrio de poder muda, esses papéis mudam e variam, chegando a um desfecho no qual um jogador assume o papel de vencedor. Os jogos são complexos sistemas emergentes. As relações entre os objetos no sistema — entre os jogadores — estão em um estado constante de redefinição.

Por exemplo, imagine um tipo diferente de jogo no qual os jogadores trabalham juntos para atingir um objetivo comum: neste caso, os jogadores assumem o papel social dos camaradas que devem usar o trabalho de equipe para jogar bem juntos. E se houvesse um único inimigo escondido entre o grupo de amigos? De repente, as relações entre os jogadores assumem um tom completamente diferente e o jogo é infundido com um ar de mentira. O papel que Richard Hatch assumiu como o autoproclamado líder da "aliança" na primeira temporada da série de TV *Survivor* criou uma divisão nítida entre os três outros membros do grupo, culminando em sentimentos de amargura e traição. Embora a aliança tenha sido concebida originalmente como uma estratégia de jogo de colaboração, a emergência de um dos seus membros como um competidor implacável forçou uma reavaliação dos papéis sociais (e estratégicos) dentro do jogo. Claramente, os papéis sociais que um jogo proporciona exercem uma enorme influência sobre a experiência geral do jogo.

A tabela acima direita apresenta uma lista dos papéis sociais de "A Syntax for Play and Games" de Brian Sutton-Smith em *Child's Play*, um livro editado com R.E. Herron.[1] Cada um dos papéis que Sutton-Smith identifica representa interações sociais derivadas *internamente*. Em outras palavras, são papéis criados pelo sistema formal de um jogo. A categoria "motivo do jogo" de Sutton-Smith é uma abstração de mecânica básica do jogo. Cada "motivo" se refere a um tipo geral de interação entre os jogadores.

Apesar de a oposição de um ator e um contra-ator não ser a única forma de estruturar a interação lúdica social, é uma maneira de chamar a atenção para a qualidade do conflito intrínseco aos jogos. No modelo de Smith-Sutton, os papéis de *ator* e *contra-ator* são igualmente importantes na construção da experiência do jogo. A atividade do jogo real é uma função dos dois papéis do jogador. A atividade de Caça, por exemplo, ocorre quando um jogador (o caçador) tenta pegar outro jogador (o caçado), que, por sua vez, tenta iludir o caçador. Se o jogador caçado decidisse não correr mais, desistir do papel de iludir o caçador, o jogo da caça terminaria (possivelmente transformando-se em um tipo diferente de atividade, tal como o jogo de ataque da luta informal ou o jogo de sedução de roubar um beijo).

Os papéis sociais são cruciais porque o jogo surge diretamente das relações entre os jogadores. De uma perspectiva da interação lúdica social, *Survivor* foi um excelente exemplo do poder dos papéis sociais. Debates giraram em torno de qual concorrente foi a melhor pessoa; a verdade é que Richard foi o melhor *jogador*, pois ele percebeu que poderia manipular as relações sociais dentro do jogo para fins estratégicos. (E, claro, essa observação conquistou para ele um milhão de dólares). O exemplo de *Survivor* vai direto ao cerne deste capítulo: quando estruturamos um jogo como interação lúdica social, as relações sociais constituem toda a experiência do jogo. Mesmo em um jogo muito simples como escadas e escorregadores, os jogadores ainda estão executando uma corrida, na qual cada jogador está tentando ficar à frente ou aproximar-se dos outros jogadores.

O modelo de Sutton-Smith é bastante útil na compreensão do jogo como uma função dos papéis do jogador. Ele fornece uma maneira maravilhosa de analisar a interação lúdica social existente em seu jogo, assim como fornece ideias para novas experiências da interação lúdica social. Ao pensar sobre como você pode aplicar o modelo de Sutton-Smith em seu jogo, considere o seguinte:

- ***Não apenas dois jogadores***. Embora o modelo de Sutton-Smith seja baseado em uma relação entre dois jogadores (um ator e um contra-ator), essas funções não precisam ser jogadas por apenas um jogador cada. Os papéis do jogo raramente são tão simples e únicos. No esconde-esconde (onde a atividade básica é a busca), o jogador que é o "Pegador" desempenha o papel do ator, enquanto todos os outros jogadores são os contra-atores que se escondem.
- ***Muitas atividades***. Tal como acontece com outros tipos de jogo, um jogador pode assumir uma variedade de papéis sociais no decorrer de um único jogo. No pique-bandeira, quase todas as atividades listadas na tabela ocorrem em um ponto ou outro, com um jogador individual sendo o ator e o contra-ator em diferentes momentos no jogo.
- ***Mais de uma atividade ao mesmo tempo***. Além de trocar de papéis, um jogador pode representar mais de um papel simultaneamente. Imagine dois jogadores no esconde-esconde escondendo-se juntos. Enquanto esperam sua vez, um tenta fazer o outro rir e revelar seu esconderijo. O jogo de provocar o riso é um exemplo ousado de sedução, no qual os jogadores tentam e resistem a uma ação proibida. Os jogadores que se escondem, portanto, estão desempenhando vários papéis simultaneamente (escondidos, sedutores e seduzidos).
- ***Não apenas jogadores humanos***. Ambos os papéis não têm que ser assumidos por jogadores humanos. Um corredor pode tentar bater seu melhor tempo numa corrida, caso em que seu tempo anterior serve como adversário. No Robotron, jogo arcade para um jogador, o programa fornece diferentes elementos de jogo que devem ser evitados (inimigos indestrutíveis), destruídos (inimigos nos quais se pode atirar) e resgatados (humanos).
- ***Atividades diferentes em níveis diferentes.*** Diferentes atividades da interação lúdica social podem ser aplicadas ao mesmo jogo, dependendo de como o jogo é estruturado. Embora Robotron possa ser descrito em termos de perseguição, ataque, captura e resgate, também é possível estruturar um jogo inteiro do Robotron como uma corrida, na qual um jogador tenta bater uma pontuação alta anterior.

A lista de Sutton-Smith dos papéis da interação lúdica social é bastante extensa, mas certamente não é completa. O ensaio "Hearts, Clubs, Diamonds, Spades: Players Who Suit MUDs", do designer de MUDs Richard Bartle, considera outra tipologia dos papéis de interação lúdica social. Em oposição ao modelo de Smith-Sutton, os papéis de Bartle são derivados *externamente*, provenientes de fora do círculo mágico. Sutton-Smith derivou seu modelo de um estudo dos jogos tradicionais de crianças e Bartle foca de modo semelhante um tipo de jogo: MUDs online baseados em texto. Bartle acha que nos MUDs existem quatro tipos de papéis ou estilos de jogo: *Pontuadores, Exploradores, Socializadores e Assassinos*. Embora muitos jogadores individuais assumam papéis híbridos, de acordo com Bartle um é geralmente dominante. Bartle associa cada papel a um naipe de cartas. Em seu relato sobre as categorias abaixo, ele descreve como cada papel do jogador vê os outros três estilos de jogo:

> Os *pontuadores* [ouros] veem o acúmulo de pontos e o aumento nos níveis como seu principal objetivo, e tudo é basicamente subordinado a isso. A exploração só é necessária para encontrar novas fontes de riqueza ou melhores

formas de obter pontos das fontes conhecidas. A socialização é um método de relaxamento para descobrir o que os outros jogadores sabem sobre o acúmulo de pontos, de modo que seu conhecimento possa ser aplicado na tarefa de ganhar riquezas. O assassinato só é necessário para eliminar os rivais ou as pessoas que atrapalham sua evolução no jogo, ou para obter uma grande quantidade de pontos (se pontos forem concedidos por matar outros jogadores).

Os *exploradores* [espadas] gostam de fazer o jogo expor suas maquinações internas para eles. Eles tentam progressivamente ações secretas em lugares desertos e distantes procurando recursos interessantes (isto é, bugs) e descobrindo como as coisas funcionam. Marcar pontos pode ser necessário para entrar em alguma fase seguinte de exploração, mas é entediante e qualquer pessoa com meio cérebro pode fazê-lo. Matar é mais rápido e pode ser um exercício construtivo em si... A socialização pode ser informativa como fonte de novas ideias a experimentar... A verdadeira diversão vem apenas da descoberta e de fazer o mais completo conjunto de mapas existente.

Os *socializadores* [copas] estão interessados nas pessoas e no que elas têm a dizer. O jogo é um mero pano de fundo, um terreno comum onde as coisas acontecem para os jogadores. Uma exploração pode ser necessária para compreender o que todo mundo está falando e a pontuação poderia ser exigida para ter acesso às magias comunicativas puras disponíveis apenas para os níveis mais elevados (bem como para obter certo status na comunidade). Matar, porém, é algo que seria injustificável se fosse apenas um ato impulsivo e fútil de vingança, perpetrado contra alguém que tivesse causado uma dor intolerável a um amigo querido. A única coisa que basicamente satisfaz é... conhecer as pessoas, compreendê-las e formar boas e duradouras relações.

Os *assassinos* [paus] se divertem impondo-se aos outros. [Os assassinos] atacam os outros jogadores com a intenção de matar seus personagens. Quanto maior for o sofrimento causado, maior será a alegria do assassino por tê-lo causado. A pontuação normal geralmente é necessária... e a exploração de um tipo é necessária para descobrir novas e engenhosas formas de matar as pessoas. Até a socialização vale a pena às vezes, pois, além de ridicularizar uma vítima recente, permite, por exemplo, descobrir os hábitos de jogo de alguém ou discutir táticas com os assassinos companheiros. Mas todas essas ações são apenas meios para um fim; somente sabendo que uma pessoa real, em algum lugar, está muito preocupada com o que você acabou de fazer, embora não possa fazer nada sobre isso, é que uma verdadeira diversão baseada em tiros e adrenalina pode ocorrer.[2]

Quer um jogador seja um pontuador, explorador, assassino, socializador ou alguma combinação desses, a interação depende em grande parte do tipo de identidade social que o jogador assume no mundo do jogo. Embora os socializadores sejam o único grupo descrito como abertamente "social", todos os quatro papéis representam não apenas estilos de jogo, porém, mais especificamente, estilos de interação lúdica social. Os pontuadores competem com outros pontuadores pelo poder; os assassinos incomodam outros jogadores com suas maldades; os exploradores trocam e cobiçam informações; e os socializadores, naturalmente, passam o tempo conversando. Cada tipo de papel do jogador ganha sua identidade por meio da negociação da estrutura social da comunidade de jogo maior.

Uma diferença básica entre os papéis de jogador que Bartle identifica e o modelo que Sutton-Smith oferece é que Bartle está vendo menos a mecânica básica social do jogo e mais os papéis sociais de nível mais alto que os jogadores podem assumir. Ser um socializador, por exemplo, é um papel que surge de um conjunto de atividades e prioridades, no qual digitar frases de bate-papo com outros jogadores e visitar espaços do mundo do jogo dedicados à interação social é de suma importância. O papel do socializador é uma espécie de macropapel, surgindo de um conjunto de atividades e interações relacionadas.

Três interações lúdicas sociais emergentes

Em ***Sistemas emergentes de jogos***, estabelecemos que a interação lúdica significativa em um jogo requer um sistema emergente, complexo. O mesmo é verdadeiro para a interação lúdica social: a interação social nos jogos está intimamente ligada ao conceito de emergência. Quando estruturamos um jogo como sistema social, ele começa a literalmente desabrochar a interação lúdica social emergente. Desde o blefe emergente do pôquer até a camaradagem competitiva de Gauntlet e a narrativa colaborativa de um LARP (*live action role-playing* *game*) de grande escala, a interação lúdica social resulta em uma variedade de experiências emergentes. Pense nas quatro categorias de jogadores de Bartle. O notável sobre esses tipos de jogadores muito variados é que todos eles podem ocorrer *dentro do mesmo jogo*. Se o espaço de possibilidades de um jogo for grande o suficiente, os jogadores encontrarão maneiras de criar seus próprios papéis e estilos de jogo.

Em seguida, veremos de perto os três diferentes jogos que exemplificam a interação lúdica social emergente. Cada jogo é extremamente simples, estilizando a interação do jogador por meio de um conjunto limitado de comportamentos — ainda que os papéis sociais e as atividades que surgem dos jogos sejam marcadamente emergentes.

Little Max

O primeiro exemplo de jogo parece bem formal na superfície. É um jogo de blefe de dados que tem uma série de variações; usaremos as regras do jogo tradicional Little Max descrito no *Dice Games Properly Explained* de Reiner Knizia. Little Max não só é uma versão simples e elegante de um jogo de blefe de dados, como também é um jogo rico em interação lúdica social. Eis as regras, parafraseadas a partir da descrição de Knizia:

> Você precisará de dois dados e um copo opaco. O objetivo do jogo é permanecer no jogo, fazendo os outros jogadores acreditarem no que você diz sobre os dados que você rolou. O último jogador a permanecer no jogo vence.
>
> O jogo se move no sentido horário na mesa em turnos. O primeiro jogador agita os dados dentro do copo e então vê o resultado de modo que nenhum outro jogador possa ver. Então, ele diz qualquer resultado que deseja e passa o copo para o próximo jogador. Ao receber o copo, você tem duas opções:
>
> > *Aceitar.* Se você aceitar a afirmação, você não olha os dados, mas agita o copo, vê o resultado, faz sua nova afirmação e passa o copo. Sua afirmação deve ser maior do que a afirmação do jogador anterior.
> >
> > *Desafio.* Você pode desafiar e levantar o copo. Se os dados mostrarem um resultado inferior à afirmação, o jogador que fez a falsa afirmação está fora do jogo e você iniciará uma nova rodada agitando os dados. Você pode afirmar qualquer resultado sobre os dados que desejar.
>
> Mas, se os dados mostrarem uma combinação que é, pelo menos, tão alta quanto sua afirmação, você estará fora do jogo. O próximo jogador inicia uma nova rodada.
> A seguir está a classificação dos resultados dos dados:
>
> - *Little Max*, quando um dado mostra 1 e o outro mostra 2, é o maior resultado no jogo e deve sempre ser desafiado quando chamado.
> - Os *pares* são os próximos resultados mais altos, com um par de 6s sendo o par mais alto e um par de 1s, o mais baixo. Abaixo dos pares estão os *números*, todos os outros pares de *números*.
> - Os *números* são declarados com o maior número na frente (portanto, 4 e 2 vencem 4 e 1). 6 e 5 são os valores mais altos, 3 e 1 são os mais baixos.
>
> O jogo continua até que reste apenas um jogador. Note que um jogador pode decidir não ver seu dado jogado e simplesmente declarar um resultado. Ele não tem sequer que jogar novamente os dados se quiser, caso em que passa o copo não visto com uma afirmação maior.[3]

Junto com sua descrição, Knizia inclui um gráfico que apresenta o percentual para conseguir fazer cada resultado em potencial. Esse recurso é útil para os jogadores que irão jogar estritamente com números. Mas, como explica Knizia em sua análise do jogo, há muito mais acontecendo em Little Max do que uma mera análise de números:

> ***A psicologia, ou como ser um pato***
>
> Além de parecer muito com o pôquer, Little Max gira em torno de fazer a escolha certa quando os dados são entregues a você.
>
> Sua decisão de desafiar depende de suas chances de melhorar a afirmação atual, mas também de sua avaliação das chances do jogador anterior de produzir a afirmação dele...
>
> As chances de vencer um 6-1 ou algo melhor são de exatamente 50%. Em teoria, você deve desafiar a afirmação se o jogador anterior teve que vencer um 6-1 ou algo melhor porque as probabilidades estão a seu favor.
>
> Na prática, o jogo acaba sendo diferente. Os desafios ocorrem com menos frequência quando a maioria dos

jogadores se esquiva e espera que o mal passe por eles. Se você puder supor que o próximo jogador seguirá essa tendência e não vai desafiá-lo, por que você deve assumir algum risco? Esquivar-se como um pato no meio dos patos é a melhor estratégia.

Quando você blefar, cuidado para não pressionar demais o próximo jogador ou ele poderá sentir-se obrigado a desafiá-lo. Por outro lado, aumentar apenas minimamente seu resultado parece implausível. Quanto mais você exceder sua antiga afirmação, mais parecerá falar a verdade porque ninguém espera que você vá tão longe. Uma contradição! Que tal chamar o próximo resultado possível mesmo quando você tirou um resultado alto?

A linguagem corporal e o controle nervoso geralmente prevalecem sobre a análise lógica. Logo você estará procurando desesperadamente uma boa combinação para declarar enquanto olha com descrença seus dados incrivelmente baixos. Resmungar algo como "cinco e seis" obviamente indica que a sua mente está distraída. Seria o medo?

Há uma história maravilhosa de um jogo Little Max, em que um dos dados realmente se perdeu durante o jogo e a partida continuou por várias rodadas porque todo mundo estava com medo de ser apanhado. Que sensação deve dar declarar "Dois cincos" com apenas um dado sob o copo![4]

À primeira vista, o jogo parece ser um evento formal de adivinhar números e forçar a sorte com o lançamento de um par de dados. Mas, como Knizia deixa claro, Little Max é realmente um jogo de psicologia e interação lúdica social. Mesmo que pareça que o jogo acontece como uma série de afirmações isoladas entre dois jogadores, a decisão de desafiar ou não tem implicações de longo alcance. É mais seguro "esquivar-se" e aceitar uma afirmação; assim que você o fizer, no entanto, terá que se virar imediatamente e apresentar uma afirmação para outra pessoa. Tendo representado o papel do adivinhador, agora você terá que assumir o papel do blefador.

Além disso, como alguém que blefa, você sempre apresenta uma afirmação que é menos provável de ser verdade do que a anterior porque você tem que declarar um resultado mais alto a cada rodada. Em Little Max, o blefe está no centro do jogo. No pôquer, você pode *escolher* blefar ou não. Mas, em Little Max, as circunstâncias podem *forçá-lo* a blefar se seus dados forem baixos demais. E como se isso não fosse bastasse, os demais jogadores também entram no jogo. O quanto você é confiável? Você pode continuar a se esquivar, é claro, mas o copo acabará voltando para você. O quão ridícula, então, sua afirmação terá que ser? O resultado desse conjunto de papéis fortemente integrados do jogo é uma interação lúdica social com profundo envolvimento. Apesar de Little Max ser um jogo abstrato de números e probabilidades, o jogo lógico rapidamente se torna uma experiência desesperada e nervosa de blefe enganoso. Regras tão simples gerando uma interação lúdica social tão emergente!

Mafia

A interação lúdica social de Little Max emerge de um ajuste fino entre a estrutura formal do jogo e os papéis em constante mudança do jogo. Mafia é um jogo que desmonta a estrutura formal ainda mais, criando atividades lúdicas que são quase inteiramente sociais. Tal como acontece em Little Max, embora as regras de Máfia sejam simples, a interação lúdica social é incrivelmente profunda. Há um grande número de variações em Mafia e, a seguir, descrevemos uma versão simples da qual gostamos:

Mafia é um jogo para 8-10 jogadores, embora possa ser jogado com mais ou menos participantes. Funciona melhor quando todos os jogadores estão sentados em torno de uma mesa e podem ver uns aos outros. No início do jogo, três dos jogadores recebem papéis secretamente. Isso geralmente é feito passando um conjunto de cartas pré-selecionadas e embaralhadas, com uma carta para cada jogador. O conjunto inclui um naipe de copas, duas espadas e o resto das cartas tem o naipe de ouros.

O jogador que recebe o naipe de copas é o moderador e está fora do jogo. O moderador atua como árbitro e mantém o jogo. O moderador recolhe as cartas no início do jogo — elas não são utilizadas de novo. Os dois jogadores que receberam o naipe de espadas são membros da máfia. Seu objetivo é eliminar todos os outros jogadores no jogo.

Os demais jogadores são os aldeões. Sua tarefa é eliminar a máfia.

Uma rodada consiste em duas partes, dia e noite, começando com a parte noturna da rodada. O moderador instrui todos os jogadores para fechar seus olhos. Em seguida, o moderador diz à máfia para abrir os olhos. Por meio de um gesto silencioso, eles indicam ao moderador quem eles desejam matar. O moderador, então, faz com que os dois jogadores da máfia designados fechem os olhos.

O moderador anuncia o amanhecer e todos os jogadores abrem os olhos, quando o moderador diz o nome do jogador que a máfia matou durante a noite. Esse jogador representa uma morte horrível e está fora do jogo. Todos os jogadores restantes iniciam um debate sobre quem é da máfia. Após 5-10 minutos de debate, o moderador convida para uma votação. O jogador que receber mais votos é morto por uma revolta dos aldeões e está fora do jogo. Um moderador poderá chamar para uma nova votação se houver empate ou poderá terminar o dia sem uma rebelião, caso haja um verdadeiro impasse. Em seguida, o moderador instrui todos a fechar os olhos quando a noite cai mais uma vez e a máfia escolhe outra vítima.

O jogo continua até que os dois jogadores da máfia tenham sido eliminados ou até que haja apenas jogadores da máfia e o moderador anuncia o fim do jogo. Se um membro da máfia for eliminado por uma revolta, o jogo continuará (mas os aldeões *não* serão informados de que há apenas um membro da máfia restando). Os jogadores que estão fora do jogo não estão autorizados a falar ou dar qualquer tipo de dica. Note que, devido à mecânica da votação, o moderador pode terminar o jogo como uma vitória da máfia, quando há um número igual de máfia e aldeões.

Se você nunca jogou Mafia, as regras podem parecer desconcertantes. Contanto que a máfia não gesticule ruidosamente quando seleciona uma vítima, o restante dos aldeões terá pouco fundamento lógico para tomar suas decisões sobre quem é um suspeito membro da máfia.

No caso de Little Max, o blefe e a adivinhação baseiam-se na estrutura formal de uma probabilidade com aumento progressivo de um blefe. Em Mafia, por outro lado, a decisão dos aldeões é inteiramente baseada em palpites e adivinhações sociais. As informações ocultas em torno das quais o jogo gira em Little Max são os números no dado. As informações ocultas do jogo Mafia são a atribuição dos próprios papéis do jogador. Quem *são* os mafiosos? Quantos deles restam? Os jogadores da máfia não estão apenas desempenhando um papel, estão representando um papel duplo, estrategicamente eliminando os aldeões durante a noite e brincando de ser aldeões durante o dia.

O drama do jogo, no qual o círculo de vítimas fica cada vez menor, aumenta a tensão e contribui para uma experiência extremamente sutil e social. Como cada aldeão fará sua suposição? Um jogador foi muito tagarela? Ou muito quieto? O que ele está escondendo? O quanto ele é inocente? São aqueles dois trocando olhares? O que exatamente motivou a máfia na noite passada? Eles se livraram do aldeão que suspeitou de um deles na última rodada? Ou estão usando a psicologia dupla para fazer os aldeões matar um dos seus? O suspense aumenta à medida que os aldeões são eliminados um a um, a máfia e os aldeões se aproximando de ganhar, mas também mais próximos da eliminação. Cada jogador representa um ponto em um espaço social complexo, cada ponto mapeado para os outros pontos de maneiras delicadas e intrigantes. Nenhum dos aldeões pode confiar plenamente em ninguém. Embora os jogadores da máfia possam trabalhar juntos, eles têm de manter sua parceria secreta. O jogo Mafia é um verdadeiro emaranhado de interações lúdicas sociais. Ele também joga maravilhosamente com o círculo mágico. Quando um jogador é eliminado, ele sai um pouco do círculo mágico, finalmente tendo a informação que estava procurando, mas forçado pelas regras que ainda está observando a permanecer em silêncio enquanto o drama envolvente se desenrola.

Stand Up

Completamos o nosso trio de exemplos com outro jogo que parece extremamente simples na superfície: não existem informações ocultas, todos os jogadores têm o mesmo papel e só há uma coisa que eles podem fazer. O jogo chama-se Stand Up e vem do *New Games Book*:

Sente-se no chão, de costas com seu parceiro, joelhos dobrados e cotovelos unidos. Agora, simplesmente levantem juntos. Com um pouco de cooperação e um pouco de prática, isso não deve ser muito difícil.

Quando você tiver dominado isso, provavelmente terá atraído um espectador interessado. Faça com que se junte a vocês no chão e os três tentarão levantar-se. Essa façanha deve apenas levar tempo suficiente para atrair outro espectador. Peça que se junte a vocês. Conseguir levantar quatro pessoas assim pode ser uma verdadeira proeza.

A essa altura, você deve perceber que há mais dificuldades, tropeços e risos a cada vez que você acrescenta outra pessoa. Mas esse fato assegura um suprimento infinito de espectadores fascinados, prontos para se juntar a ajudá-lo a sair do chão.[5]

Acredite ou não, Stand Up é, de fato, um jogo, um jogo cooperativo no qual os jogadores ganham juntos quando realizam a tarefa de ficar de pé. Sim, é incrivelmente mínimo, mas também é rico em interação lúdica social. A mecânica básica de Stand Up não é apenas atleticamente envolvente para todo o corpo, mas também extremamente social. Mesmo quando somente dois jogadores participam do jogo, eles são desafiados a trabalhar em conjunto quando se esforçam para passar de um estado estável (sentados) para outro (em pé), movendo-se em conjunto por meio de um estado intersticial de grande desequilíbrio.

Quando brincam juntos, o fato de que os jogadores estão de costas um para o outro significa que seu método primário de comunicação vem de seus corpos. Você pode falar com o outro jogador se quiser, mas não tem tempo para fazer afirmações complexas depois que começa a se levantar. O desajeitado entrelaçamento de seus cotovelos não só limita seus movimentos, como também liga intimamente esses movimentos aos de seu parceiro. Vocês, em certo sentido, estão criando um único corpo que, juntos, devem controlar. Embora esse tipo de interação possa não parecer "social", as relações sociais entre os jogadores podem assumir muitas formas, incluindo a interação física. Há claramente uma grande quantidade de interações lúdicas sociais significativas em Stand Up.

Quanto mais as pessoas forem adicionadas ao jogo, mais emergente será o comportamento do grupo e mais desafiador será ganhar. Quanto mais pessoas jogarem, mais os corpos irão juntar-se em um único organismo coletivo; quanto mais partes móveis forem adicionadas a esse sistema instável, mais difícil será a colaboração. Como um sistema de recompensas e punições, o desafio maior é influenciado pela sensação de realização que o grupo sente quando atinge o objetivo em conjunto. Isso leva ao que talvez seja o aspecto mais fascinante do design de Stand Up. Como a descrição indica, o jogo em si representa uma atividade simples e reproduzível que contribui para um espetáculo de entretenimento público. Isso significa que o jogo Stand Up em si pode agir como um chamariz para trazer mais jogadores para o jogo. O Stand Up oferece um ótimo exemplo de interação lúdica social em ação. Muitos jogos defendidos pelo New Games Movement são especificamente destinados a recrutar novos jogadores no ambiente imediato e, ao mesmo tempo, proporcionar uma experiência de interação lúdica significativa. Stand Up é um exemplo de um jogo assim, projetado para construir e desenvolver uma comunidade de interação lúdica como parte da própria interação lúdica. Julgamos como sendo um design de jogo verdadeiramente notável.

Comunidades limitadas

No início deste capítulo, apresentamos o conceito de comunidade de jogos, um termo emprestado do livro *The Well-Played Game,* de Bernard DeKoven. Gostamos de sua terminologia e usamos a ideia de uma comunidade de jogos no sentido de DeKoven, embora nosso uso do termo não coincida exatamente com o dele. Para nossos propósitos, uma comunidade de jogos é um grupo de jogadores envolvidos no jogo. Esse jogo pode ocorrer no espaço de um jogo individual ou por meio de uma série de jogos.

Pode parecer que as comunidades de jogos são fenômenos sociais que surgem misteriosamente e de forma autônoma em torno de um jogo. Mas os designers de jogos podem ter um impacto sobre as comunidades de jogos geradas por seus jogos. Por isso, é importante entender o que é uma comunidade de jogos e como ela funciona. Uma comunidade de jogos surge da operação de um jogo. É uma função das regras do jogo, das personalidades dos jogadores, das interações entre os jogadores e do contexto social maior no qual o jogo acontece.

As comunidades de jogos emergem do jogo. Apesar de algumas comunidades de jogos tornarem-se bem oficiais, tais como as equipes de esportes profissionais, a maioria das comunidades é informal, com assuntos temporários. Uma comunidade de jogos não é geralmente como um conjunto habitacional, exigindo planejamento antecipado extenso e preparo antes que possa ser devidamente habitado. Em vez disso, uma comunidade de jogos é muitas vezes mais como uma conversa, na qual o ato de improvisação da comunicação em si cria o contexto de conversação. Essa emergência de um contexto da interação lúdica social não é diferente do círculo mágico, que também surge espontaneamente e é experimentado de modo temporário. Os limites sociais de uma comunidade de jogos são ligados aos limites do seu jogo ou jogos.

Existe uma relação paradoxal entre um jogo e a comunidade de jogos que ele gera. Em certo sentido, a comunidade de jogos é um efeito do jogo, uma propriedade emergente do sistema de jogo. Ao mesmo tempo, o jogo não tem vida fora da ação que o ativa e é dependente da comunidade de jogos para seu sustento. Um simplesmente não existiria sem o outro.

Para compreender a beleza desse paradoxo, podemos rever a teoria dos sistemas e o conceito de sistemas fechados e abertos. Um sistema fechado não tem troca com seu ambiente externo, enquanto um sistema aberto tem algum tipo de troca. Como REGRAS, os jogos são sistemas fechados; como CULTURA, os jogos são sistemas abertos; como INTERAÇÃO LÚDICA, porém, podemos enquadrar os jogos como qualquer sistema fechado ou aberto, dependendo de quais aspectos da experiência destacamos. Como sistemas sociais artificiais com suas próprias regras especiais de significado, os jogos são sistemas de jogo fechados. Mas, como sistemas de transformação que afetam e são afetados por aquilo que os jogadores trazem para o jogo, a ação de um jogo é um sistema aberto.

Da mesma forma, uma comunidade de jogos pode ser enquadrada como limitada ou não limitada pelo círculo mágico de um único jogo. Uma comunidade de jogo *limitada* é um sistema fechado: ela surge da interação lúdica social que ocorre estritamente no espaço de um jogo individual. Quando enquadramos uma comunidade de jogos dessa forma, ela só existe no tempo e no espaço definidos pelo círculo mágico. Mas podemos também enquadrar a comunidade de jogos para incluir mais de um exemplo de jogo. Com esse enquadramento, estamos considerando um grupo de jogadores por meio de vários jogos ou várias sessões do jogo. Essas comunidades não estão contidas em um jogo individual e são *não limitadas*. Uma comunidade de jogos que não é limitada é um sistema aberto. Ambos os enquadramentos são úteis e, nas seções a seguir, veremos cada um, focando primeiro as comunidades de jogos limitadas.

Contrato de artifício

Na comunidade de jogos limitada de um jogo, a comunidade surge com o início do jogo e desaparece quando o jogo acaba. Uma comunidade de jogos limitada é mais um sinônimo de jogo individual e as regras do jogo têm uma grande influência sobre a natureza e a experiência da comunidade de jogos. Em outras palavras, uma comunidade de jogos limitada é mais *artificial* do que uma ilimitada porque tem menos tráfego com contextos fora do círculo mágico. Esse contrato social de artifício afeta o significado das relações sociais dentro do contexto limitado do jogo.

Para compreender como o sistema social de um jogo pode ser considerado artificial, voltamo-nos para o trabalho do psicólogo Jean Piaget. Grande parte do trabalho de Piaget focalizou o desenvolvimento cognitivo das crianças; sua pesquisa teve um tremendo impacto sobre as teorias psicológicas no século 20. Para nossos propósitos, o mais aplicável dos trabalhos de Piaget é o seu livro *O juízo moral na criança*, no qual ele detalha algumas de suas pesquisas sobre o desenvolvimento infantil. Trabalhando com crianças de uma determinada região da Suíça, Piaget estudou sistematicamente o processo pelo qual as crianças adquirem a capacidade de compreender as regras do jogo. Ele fez isso para traçar uma correlação entre o processo de compreensão das estruturas das regras do jogo e o processo de compreensão das estruturas morais. A partir desse trabalho, Piaget chegou a conclusões sobre todo o desenvolvimento social e psicológico da criança, seguindo a entrada da criança na esfera moral por meio de uma compreensão do contrato social produzida pelas regras do jogo. Embora não estejamos detalhando os experimentos de Piaget ou os estágios complexos do desenvolvimento psicológico de uma criança, ele faz várias importantes descobertas relevantes para a análise da interação lúdica social e do design de jogos.

Um dos pressupostos da formação de *O juízo moral na criança* é que as regras de um jogo são fundamentalmente diferentes das regras sociais maiores que moldam a convenção social, tais como as regras legais e culturais que guiam o comportamento moral e ético. A diferença reside precisamente na artificialidade do sistema de regras de um jogo, como Piaget deixa claro:

> Toda moral consiste em um sistema de regras e a essência de toda moral deve ser procurada no respeito que o indivíduo adquire por essas regras.
>
> Agora, a maioria das regras morais que a criança aprende a respeitar, ela recebe dos adultos, o que significa que as recebe depois de essas regras terem sido totalmente elaboradas, e muitas vezes elaboradas não em relação a ela e quando são necessárias, mas de uma vez por todas e por uma sucessão ininterrupta de gerações anteriores de adultos.
>
> *No caso das interações lúdicas sociais mais simples, ao contrário, estamos na presença de regras que foram elaboradas pelas crianças sozinhas*... as regras de um jogo de bolinhas de gude são transmitidas, como as chamadas realidades morais, de uma geração para outra e são preservadas apenas pelo respeito a elas que é sentido pelos indivíduos. A única diferença é que as relações nesse caso são apenas as que existem entre as crianças.[6] [grifo nosso]

Embora Piaget esteja referindo-se especificamente aos jogos tradicionais para crianças, como Bolinhas de Gude, podemos examinar um grande ponto em sua premissa. "As regras da sociedade", tais como diretrizes morais, permeiam a nossa experiência social e afetam todas as nossas interações com os outros. Uma pessoa pode precisar de dinheiro para entrar no metrô, mas, em geral, a observação das regras da sociedade (qualquer combinação de motivos pessoais, culturais e legais) impede que os usuários do metrô tomem à força o dinheiro de um estranho. Esses tipos de regra e diretriz de comportamento são uma forma de compreender a identidade social na sociedade.

As regras dos jogos, por outro lado, são bastante diferentes. Sabemos que os jogos operam apenas no tempo e no espaço do círculo mágico. Só quando um jogo de xadrez está em ação, os jogadores cobiçam o rei e evitam a ilegalidade de recuar os peões no tabuleiro. Fora de um jogo, os jogadores não se sentem compelidos a "capturar" um rei ou, de outro modo, estruturam seu comportamento de acordo com as regras do xadrez. Por outro lado, nas comunidades de jogos limitadas, o comportamento do jogo não é inteiramente limitado pela vida fora do jogo. Como afirma (ou talvez exagera) Huizinga, "No círculo do jogo, as leis e os costumes da vida cotidiana já não contam".[7]

É por isso que Piaget pode usar jogos de crianças como um caso especial e isolado das regras sociais: porque as regras são, de fato, geradas sem uma preocupação com as instituições sociais maiores. As regras surgem do contexto dos próprios jogos, a interação lúdica das crianças, em vez da cultura em geral. Como observa Piaget, *"Estamos na presença de regras que foram elaboradas pelas crianças sozinhas"*. A visão maravilhosa de Piaget para a autonomia dos jogos tradicionais das crianças é verdade, até certo ponto, em todos os jogos. Mesmo no caso dos jogos comerciais projetados por adultos para adultos, há um sentido no qual os jogos criam sua própria esfera privada social. Embora seja verdade que há muita interação entre as regras do jogo e as regras sociais, tais como um jogo criado para propagar certa ideologia ou usar um conteúdo social existente, as comunidades de jogos limitadas criadas existem em um espaço artificial marcado de alguma maneira a partir da sociedade em geral.

Como consequência desse isolamento, a comunidade limitada de interação lúdica de um jogo implica uma espécie de contrato social. Esse contrato é constituído por regras que determinam como os jogadores interagem uns com os outros no jogo, bem como os significados e os valores a que os jogadores dão vida por meio da interação lúdica. Manter o contrato até o fim de um jogo exige que os jogadores mantenham a integridade do círculo mágico. Os violadores de regras podem danificar esta estrutura frágil. Um jogador trapaceiro testará os limites do contrato social e, possivelmente, irá rompê-lo. Um esporte corrompido provavelmente destruirá o contrato social por completo.

Um contrato social, um compromisso com um conjunto compartilhado de comportamentos e valores, é uma estrutura social para compreender o que significa entrar no círculo mágico. Por exemplo, um jogo é um espaço de conflito com um resultado incerto. Em outras esferas de nossas vidas, a maioria de nós não estaria disposta a entrar em um conflito, especialmente um com risco real de perda. O contrato social de um jogo age como uma espécie de registro psicológico contra a incerteza, protegendo os jogadores contra o risco inerente no jogo. Há muitos elementos nesse contrato social, tais como o campo de conflito no nível do jogo que analisamos em ***Jogos como sistemas de conflito***. Há também aspectos interpessoais distintos do contrato social de um jogo também. DeKoven descreve dois desses, segurança e confiança, em *The Well-Played Game*:

> **Segurança**
>
> Quanto mais seguros nos sentimos no jogo que estamos jogando, mais dispostos estamos a jogar. Mas, para essa experiência de segurança, não podemos confiar apenas no jogo. Também devemos ser capazes de acreditar que estamos seguros uns com os outros.
>
> **Confiança**
>
> Precisamos de... alguma garantia, em algum lugar, de que não importa o que aconteça em nossa busca do jogo bem jogado, não estaremos arriscando mais do que estamos dispostos a arriscar. Mesmo que eu esteja ciente de que poderia morrer em consequência de tentar escalar essa montanha com você, posso aceitar isso como parte do jogo. Por outro lado, quando descubro que você está cortando minha corda para que possa chegar ao topo primeiro, fico muito menos disposto a jogar.[8]

Segurança e confiança são dois elementos que fazem parte do contrato social de um jogo. Geralmente, os jogadores devem ter uma sensação de segurança e confiança a fim de ficarem confortáveis o suficiente para entrar no espaço social de um jogo. Os conceitos de segurança e confiança são, em muitos aspectos, mais uma função das relações e das atitudes existentes de um jogador do que algo que um jogo garante. Como afirma DeKoven, os jogadores "não contam exclusivamente com o jogo" para terem confiança. Eles precisam confiar uns nos outros. Ter um senso de confiança permite que os jogadores entrem no jogo em primeiro lugar. O que é confiança? É um sentimento comum de entendimento, não apenas do conhecimento das regras de um jogo particular, mas da forma como todos os jogos são jogados, incluindo as regras de etiqueta que permitem confiar que os outros jogadores não serão trapaceiros, desmancha-prazeres ou valentões provocadores.

Mais uma vez, temos um paradoxo. O jogo em si é um espaço social artificial em que os jogadores entram, mas as "regras" pelas quais os jogadores conhecem um sentimento de confiança pertencem ao mundo fora do jogo, ao reino dos valores sociais e culturais compartilhados. O que une os valores do jogo e os valores do mundo real? A resposta é um conceito apresentado muitos capítulos atrás: as regras implícitas de um jogo.

Conhecendo as regras

Quando as crianças brincam juntas, na rua ou em uma área ao ar livre, elas também estabelecem uma comunidade de jogos. Quando alguém se machuca, o jogo para. Quando há uma criança pequena por perto, você presta atenção nela, joga mais suavemente quando está perto dela, dá uma chance à criança. Em todas as vezes, há uma aceitação de uma responsabilidade compartilhada para a segurança das pessoas com quem você joga.

— ***Bernard DeKoven,*** *The Well-Played Game*

Em ***Regras em três níveis***, foram identificadas três camadas de regras do jogo: as *regras constituintes* subjacentes de um jogo, as *regras operacionais* que orientam a ação direta do jogador e as *regras implícitas* do comportamento apropriado no jogo, como, por exemplo, a etiqueta. Os exemplos que DeKoven dá na passagem acima, que um jogo para quando alguém se machuca, ou que o jogo é atenuado quando crianças pequenas participam dele, são regras implícitas, diretrizes tácitas sobre como jogar.

As regras implícitas do jogo ligam a relação paradoxal entre o espaço artificial do jogo e o contexto social no qual o jogo é disputado. O fato de que ambos os jogadores no jogo da velha sabem que cada um levará uma quantidade aceitável de tempo em sua vez faz parte da confiança social que permite aos jogadores se sentarem e jogarem juntos. Também supõe-se que os jogadores não enganarão ou se tornarão desmancha-prazeres. Todos são exemplos de regras implícitas. Da mesma forma, as regras implícitas que DeKoven identifica facilitam a interação lúdica social de uma comunidade de jogos. A regra implícita de parar o jogo quando alguém se machuca tem um efeito *intrínseco* (o jogo para temporariamente) apenas por causa de uma regra social *extrínseca* (ajudar as pessoas que estão machucadas).

Considerando o papel das regras implícitas na interação lúdica social, surgem perguntas. Por meio de qual processo as regras implícitas passam a existir? Como os jogadores conhecem essas regras? Como elas afetam o jogo? Para obter respostas, voltemos novamente a *O juízo moral na criança*. Piaget descreve fases distintas pelas quais as crianças se desenvolvem quando aprendem as regras das bolinhas de gude. Parafraseando as formulações mais complexas de Piaget, dividimos a aquisição das regras do jogo em três etapas:

> Durante a primeira fase, começando por volta de 5 anos de idade, a criança ainda não entende que existem regras fixas para o jogo. As crianças nessa idade jogarão um jogo de bolinhas de gude de forma improvisada, tendo uma vaga noção das regras, mas ainda não entendendo a ideia das regras fixas.
>
> Na segunda fase, entre 8 e 10, a criança passa a saber que existem regras e verão essas regras com uma reverência quase religiosa. As regras são sentidas como tendo sua própria autoridade implícita, que não pode ser questionada.
>
> A terceira e última fase começa geralmente após os 10 anos. Aqui, a criança começa a perceber que as regras de um jogo são dependentes de um contrato social e podem ser mudadas se todos os jogadores concordarem em fazê-lo. Essa fase final é, essencialmente, como os adultos veem as regras dos jogos.[9]

Nosso interesse é a transição para a terceira e última fase, quando a consciência das regras de uma criança sofre uma transformação completa. Em vez de acreditar que as regras são absolutamente fixas, as crianças começam a vê-las como o resultado de uma decisão livre alcançada por meio do consentimento mútuo e respeitoso. Piaget resume essa transformação de forma elegante:

> Ele já não confia, como fazem os mais pequeninos, em uma tradição onisciente. Ela já não pensa que tudo foi arranjado para ser o melhor no passado e que a única maneira de evitar problemas é respeitando religiosamente a ordem estabelecida. Ela acredita no valor da experiência na medida em que é sancionada pela opinião coletiva.[10]

O modelo de Piaget para a aquisição das regras lança luz sobre uma série de questões relativas à interação lúdica social. Quando uma criança adquire uma compreensão das regras de um jogo, ela também desenvolve uma compreensão do contrato social de um jogo. Como adultos, as crianças nessa fase de desenvolvimento são capazes de ver as regras como estruturas que descrevem como os jogadores estão relacionando-se uns com os outros dentro do jogo, formal e socialmente. Elas também são capazes de reconhecer que o mundo do jogo é um mundo flexível que pode ser alterado coletivamente. Essa é uma parte importante de reconhecimento da existência de uma comunidade de jogos.

Além disso, o modelo de desenvolvimento de Piaget tem uma vaga correlação com a maneira como um jogador adulto chega a conhecer um jogo. Quando um jogador é trazido inicialmente para o círculo mágico de um jogo, muitas vezes ainda não está familiarizado com suas regras específicas. Em vez disso, um jogador tem uma vaga noção do funcionamento do jogo, semelhante a uma criança na Fase Um do modelo de Piaget. Quando um jogador está aprendendo a jogar um jogo, os mecanismos deste parecem fixos e a atenção do jogador concentra-se em aprender a jogar, como uma criança na Fase Dois. Quanto mais um jogador joga um jogo, mais ele o vê como um sistema aberto à manipulação (embora alguma autoridade limitadora deva ser respeitada). Quando o jogador fica preso no meio de um jogo de aventura do computador, por exemplo, ele pode comprar um guia de estratégia ou procurar na Internet um guia passo a passo. Mais tarde em sua experiência de jogo, ele pode baixar um programa, projetar seu próprio nível ou iniciar uma página Web de fãs. Os padrões de jogo de um jogador experiente demonstram uma compreensão do jogo como algo que é receptivo à mudança. Em um sentido muito aproximado, o progresso de um jogador em um jogo ou a cultura geral dos jogos recapitula o modelo de Piaget de uma criança começando a compreender o conceito de regras do jogo.

A interação lúdica social transformadora

Seja ao descrever a forma como a criança vem a conhecer as regras de um jogo de bolinhas de gude, seja a forma como um adulto entra progressivamente em uma comunidade de fãs do jogo, as regras de um jogo são experimentadas e transformadas por meio da interação lúdica social. Em ***Definindo a interação lúdica***, identificamos o jogo transformador como um exemplo de jogo quando o livre movimento dentro da estrutura mais rígida de um jogo realmente muda a estrutura do jogo em si. Podemos também considerar o jogo transformador do ponto de vista social, um fenômeno que chamamos de *interação lúdica social transformadora*.

Na interação lúdica social transformadora, os jogadores usam o contexto do jogo para transformar as relações sociais. Eles estão ativamente envolvidos com o sistema de regras de um jogo, manipulando-o a fim de mudar, estender ou subverter suas relações com outros jogadores. A interação lúdica social transformadora nos obriga a reavaliar um entendimento formal das regras como sendo fixas, não ambíguas e onipotentemente respeitáveis. Em qualquer tipo de interação lúdica transformadora, as estruturas do jogo entram em questão e são remodeladas pela ação do jogador. Na interação lúdica social transformadora, os mecanismos e os efeitos dessas transformações ocorrem em um nível social.

Como funciona a interação lúdica social transformadora? Tomando emprestados alguns termos úteis do folclorista Kenneth Goldstein, vamos começar fazendo uma distinção básica entre regras "ideais" e regras "reais".[11] As *regras ideais* referem-se aos regulamentos "oficiais" de um jogo, as regras escritas no guia do jogador de Zelda ou impressas na capa interna do jogo de tabuleiro Candyland. As *regras reais*, por outro lado, são os códigos e as convenções mantidos por uma comunidade de jogos. As regras reais são um consenso de como *convém* jogar.

Como o sociólogo Frank E. Manning aponta em *The World of Play*, "As regras reais incorporam os valores lúdicos e as relações sociais dos jogadores, enquanto as regras ideais têm uma validade legal, mas não social".[12] Essa distinção entre as regras reais e ideais tem pouco a ver com a *interpretação* das normas (se os jogadores de Pictionary podem ou não usar gestos com as mãos para estimular adivinhações em potencial, por exemplo) e mais a ver com a *elaboração* das regras do jogo pelos jogadores. Os jovens jogando basquete, por exemplo, podem elaborar a regra de "sem drible duplo" e transformá-la em "sem drible duplo, a menos que você não possa evitá-lo". Esse movimento da regra ideal ou legal para a regra real ou popular oferece informações sobre os valores sociais mantidos por uma comunidade de jogadores.

Four Square ideal e real

No início de 1980, a socióloga Linda Hughes (então, uma estudante de graduação na Universidade da Pensilvânia) passou três anos observando as crianças que jogavam o jogo Four Square em um parque nos subúrbios da Filadélfia. Seu interesse era compreender como as crianças elaboravam regras para apoiar as relações sociais existentes. Hughes concentrou-se especificamente na diferença entre as regras "básicas" (ou ideais) de um jogo e as regras que foram definidas como as "regras reais" pelos jogadores. As regras básicas do Four Square exigem que os jogadores:

- batam na bola que cair no seu quadrado para que vá para outro quadrado;
- deixem a bola quicar uma vez, mas somente uma vez, no seu quadrado;
- não batam na bola quando esta cair em outro quadrado.[13]

As regras reais dos jogos, porém, descrevem um conjunto de interações muito mais complexas. Uma lista de invocações no jogo documentada por Hughes revela uma rica linguagem de interação lúdica social (*ver*

1–2–3–4	Fish	No Outs	Time Out
AC/DC	Friends	Mandy-slams	Times
Babies	Front Spins	One-handed	Tough Rules
Baby Bottles	Frontsies	Part-Rules Poison	Trades
Baby Stuff	Goody Rules	Purpose Duckfeet	Tricks
Backsides	Half Slams	Purpose Stuff	Untimes
Backspins	Half Wings	Randi Rules	Volley Round
Bishops	Holding	Ready	The World
Bops	Interference	Regular Ball	Volleys
Chances	Kayo Stuff	Regular Rules	Volley Regular
Comebacks	Knee Balls	Regular Spins	Saves
Country & City	Lines	Regular Square	Saving Places
Donna Rules	Low Ball	Regular Volley	Secrets
Double Taps	Main Rules	Rough Slams	Slams
Duckfeet	Mean Stuff	Rough Square	Slow Ball
Fair Ball	Medium Ball	Spins	Smitty Rules
Fair Square	Mini-slams	Takeovers	Special Rules
Fakes	My Rules	Taps	Wings
Fancy	Nice Ball	Teenie boppers	
Fancy Day	Nice Slams	Three Square	
Fast Ball	Nice Square	Time In	

Figura 1: *As "regras reais" de Four Square*[15]

Figura 1). As invocações incluem jogadas como Babies, Bops e Spins, bem como tipos de brincadeira, como Nice ou Friends, que descrevem a qualidade e o tom social de interação do jogador. As regras reais têm um papel muito importante para os jogadores porque transformam a estrutura formal a fim de apoiar as relações sociais existentes. Os jogadores frequentemente rejeitavam as regras básicas como sendo "apenas coisas que você tem que fazer" — elas não foram incluídas na lista das "regras reais" relatadas pelas crianças. Como observa Hughes, "Os jogadores estavam mais interessados nas regras que eles geravam e controlavam, e que eles poderiam usar para introduzir emoção, variedade, estratégia e diversão no jogo".[14] Essa elaboração de regras básicas e ideais em um conjunto complexo de regras reais é a interação lúdica social transformadora. Não que as regras básicas do jogo sofram uma mudança radical, mas elas são experimentadas dentro de um contexto social que diminui seu valor em favor de um conjunto de regras mais socialmente orientado sobre o qual os jogadores têm mais controle.

Em "Beyond the Rules of the Game: Why Are Rooie Rules Nice?", Hughes apresenta um estudo de caso de um conjunto de regras de Four Square específicas desenvolvido pelas crianças observadas. Four Square ofereceu um terreno fértil para esse estudo porque um conjunto de regras é invocado por um jogador individual (o "rei") antes de cada rodada do jogo. "Essas invocações podem ser utilizadas para uma ampla variedade de finalidades, incluindo aumentar a excitação do jogo, ajustar o nível de dificuldade e ajudar ou hostilizar outros jogadores".[17] Esses conjuntos de regras aconselham ou proíbem determinadas ações, estabelecendo um tom geral para uma rodada particular do jogo. Uma invocação das "Regras de Rooie", por exemplo — um conjunto de regras com o nome de uma menina chamada Rooie, que era uma das jogadoras assíduas no parque à época que a investigação de Hughes foi conduzida — significava que os jogadores deveriam jogar "bonzinho" ("nice"). As Regras de Rooie incluíam o seguinte: "não segurar" (a bola deve ser batida, não pega e jogada), "sem *slams*" (passar a bola sobre a cabeça de um jogador); sem "*duckfeet*" (ser atingido nas pernas); "*spins*" são permitidos, e assim por diante. "As Regras de Rooie" funcionavam como uma abreviação para uma longa lista de invocações individuais.

Muitas das preocupações sociais da comunidade de jogos são aparentes na sua terminologia. Termos como "mean", "nice", "friends" e "purpose", por exemplo, são muito usados para marcar os "movimentos" do jogo.

Entre a comunidade de jogadores, Hughes observou, a invocação "Regras de Rooie" criava uma estrutura geral de interação do jogador. Essa estrutura se baseava nos padrões sociais compartilhados para honestidade, intencionalidade percebida (se um jogador segura ilegalmente a bola "de propósito" ou acidentalmente) e comportamento adequado dentro do grupo (jogar "amistosamente" ["nice"]). Mas, curiosamente, apesar do fato de que todos foram capazes de jogar segundo as Regras de Rooie, nenhum jogador, incluindo Rooie, foi capaz de fornecer uma lista completa das regras reais que essa invocação abrangia. Segundo Hughes, "O que permite ao jogo continuar com essa aparente ambiguidade sobre as regras precisas do jogo é o entendimento tácito de que as Regras de Rooie são 'legais' ['nice'] e 'ser legal' talvez seja a principal preocupação entre esses jogadores. É muito mais importante compreender o jogo 'legal' do que entender as regras".[16] A comunidade de jogadores usava o termo 'legal' para se referir a uma matriz bastante complexa de direitos e obrigações sociais. As regras reais do jogo referem-se a um padrão de comportamento social, um padrão que os jogadores tinham que aceitar e defender, caso quisessem continuar a ser uma parte do jogo.

Quando os jogadores não serão "legais"

No ecossistema social e cruel do playground, os jogos são muitas vezes contextos para afirmar e desafiar o poder social. No extenso trecho a seguir da pesquisa de Hughes, o jogo Four Square se torna uma arena de conflitos para meninos e meninas. A tensão entre as regras ideais e reais vem à tona, com ambos os lados quebrando a autoridade social para definir o jogo de uma forma particular.

> Como se poderia prever entre meninos e meninas dessa idade, os meninos quase deixam as meninas loucas usando excessivamente as "jogadas brutas" ("*slams*" e "*wings*") para tirá-las do jogo. Isso não significa que as meninas também não usem essas jogadas. O que as irritava era a incapacidade dos meninos em disfarçar que faziam isso "de propósito" e não como uma jogada do tipo "não pude evitar" conforme exigido pelo jogo "amistoso". Os meninos, por exemplo, invocariam "Quadrado difícil. Saindo com saque", e então davam um saque fazendo a bola passar por cima da cabeça das meninas na saída do jogo.
>
> Totalmente indignadas, as meninas reagiam, quando uma era "rei", com uma invocação das "Regras de Rooie". Mas, como seria de esperar, invocar as regras de jogo amistoso tinha pouco efeito. Os meninos continuavam descaradamente a fazer "slams" e "wings". Como as meninas ainda estavam obedecendo às regras de um jogo amistoso, que proibia o confronto direto em tais ações, havia pouco que elas pudessem fazer. Conforme o jogo prosseguia, porém, as meninas abandonavam gradualmente algumas das armadilhas do jogo "amistoso". Elas começavam a manipular violações das regras do jogo de forma bastante diferente. A seguir estão os trechos das notas de campo. Começamos com três meninas e um menino na quadra.
>
> Angie (o "rei") [o jogador que faz a invocação]: "Regras de Rooie. Regras de Rooie."
>
> Angie para, olha em volta e, depois, caminha até os jogadores que esperam em fila para entrar no jogo.
>
> Angie (para Rooie, que está esperando na fila): "Rooie, fale como são suas regras".
>
> Quando Angie retorna ao seu quadrado, ela olha bem incisivamente para Andy, o menino que acabou de entrar no jogo, enquanto Rooie lista suas regras.
>
> (Note que o outro entendimento entre os jogadores é que eles são apenas responsáveis por violar uma regra que eles conhecem. Somente se eles conhecem, e depois violam, uma regra é que se pode negar a eles um controle na última rodada. Essa tentativa de listar muito explicitamente as regras em vigor é altamente incomum. Funciona como uma espécie de aviso para os jogadores infratores.)
>
> *Um pouco depois, Cindy (que agora é "rei")* invoca: "Regras de Rooie".
>
> Mas Andy continua a fazer "*wings*" e "*slams*" consistentemente. Depois de vários êxitos, Rooie, que está esperando na fila, dirige-se ao quadrado de Andy.
>
> Rooie (para Andy): "Você está fora! *Wings* são proibidos!"
>
> Cindy se aproxima para apoiar Rooie.
>
> Cindy (para Andy): "Escolhi as Regras de Rooie e *wings* são proibidos! Você está fora!"
>
> Ao deixar a quadra, Andy murmura algo sobre ser um "peixe".
>
> O termo "peixe" se refere a um jogador sendo perseguido, hostilizado. Em mais de seis meses de observação desse jogo, foi a primeira vez que a autora havia observado alguém sendo eliminado por fazer "*wings*". A troca acima é um desvio muito significativo dos padrões normais de jogo. Andy está bem ciente disso. Ele sabe que está sendo perseguido.
>
> Mas a vingança das meninas durou pouco. Em reação à recusa dos meninos em jogar "amistosamente", tornando-se mais explícitos em suas invocações das regras e aplicando sanções diretas pelas violações, as meninas começaram a cavar para si mesmas um buraco bastante profundo. Elas expandiram uma invocação das "Regras de Rooie", por exemplo, para as "Regras de Rooie. Sem *slams*. Sem *wings*. Sem jogadas brutas". Elas tentaram proibir expressamente todas as ações ofensivas dos meninos. Naturalmente, os meninos sempre poderiam encontrar ações que as meninas não tinham proibido expressamente. Uma menina no papel de um "rei" particularmente exasperado reconheceu o problema ao adicionar à sua invocação das regras a frase: "E nada que vocês fazem!" Por outro lado, as meninas, naturalmente, não podiam evitar completamente violar suas

> próprias regras, agora definidas de forma diferente. Os meninos não estavam muito felizes apenas em mostrar isso.[18]

Os jogadores de Four Square não estão apenas jogando Four Square. Eles estão jogando *com as regras do Four square*, estrategicamente modificando e ajustando as regras reais para sua vantagem. Significativamente, o objetivo de cada grupo não é apenas vencer, mas jogar o jogo de uma forma que incorpore o devido espírito do jogo, jogar o jogo de uma forma que expresse seu ser social. Esses jogadores não estão apenas jogando um jogo (*playing a game*); estão jogando com o jogo em si (*gaming the game*), manipulando as regras reais dentro dos limites estabelecidos pelas regras ideais e pelo contexto social maior no qual estão jogando. Enquadrar a interação lúdica como *jogar o jogo* (*gaming the game*) ecoa alguns dos estilos de jogo que vimos em ***Quebrando as regras*** — e também antecipa muitos dos fenômenos que entram em **CULTURA**.

As Regras de Rooie oferecem um excelente exemplo de jogo transformador no campo social. Como o estudo sobre as crianças de Piaget e as regras de um jogo de bolinhas de gude, Hughes expõe os mecanismos sociais subjacentes que orientam as ações e as motivações de uma comunidade de jogos. Claramente, a *experiência* de jogo deve ser entendida como um sistema altamente complexo de interação que é influenciado por fatores formais, sociais e culturais. Esses fatores modelam a ação de um jogo de formas maravilhosas e muitas vezes inesperadas.

Interação lúdica proibida

Há uma exceção a toda regra. Nossas análises anteriores das regras sociais implícitas tiveram como pressuposto a noção de que a etiqueta e o comportamento apropriado são os mesmos dentro e fora de um jogo. Afinal, é somente quando um jogador sente a segurança e a confiança de uma estrutura social familiar que ele irá sentir-se confortável entrando no círculo mágico. Mas também pode haver grandes diferenças entre as regras implícitas da sociedade e as regras implícitas de um jogo — entre as regras para o que é permitido em cada contexto. Os jogos criam contextos sociais nos quais, muitas vezes, ocorrem comportamentos que seriam estritamente proibidos na sociedade em geral. Em um jogo, você pode planejar uma armadilha contra seus amigos e traí-los quando eles menos esperam. Você pode participar das representações do comportamento criminoso. Ou você pode colocar as luvas acolchoadas e tentar deixar outra pessoa inconsciente.

Os jogos permitem e incentivam com frequência um comportamento normalmente tabu ou uma *interação lúdica proibida*. Os jogos ao longo da história e em todo o mundo têm subvertido as normas do comportamento social. Talvez isso não deva ser nenhuma surpresa. Dentro do contexto artificial do círculo mágico, os jogos não só criam significado, mas *jogam* com o significado também. O contrato social de um jogo garante que os espaços de jogo sejam "seguros" onde os riscos têm menos consequências do que no mundo externo. Em "The Kissing Games of Adolescents of Ohio", Brian Sutton-Smith investigou os jogos de beijos feitos por estudantes do ensino médio e universitários em 1959 e a complexa interação social que eles engendravam. Sobre a interação lúdica proibida desses jogos, Sutton-Smith escreve:

> [Um jogo de beijar] permite a expressão de impulsos dados, mas ao mesmo tempo protege os jogadores colocando limites na maneira como esses impulsos podem ser expressos. Ou seja, o jogo permite ao jogador crescer ao longo das linhas que ele deseja, mas que o protege do perigo de se arriscar demais. O jogo é, essencialmente, uma aventura de uma espécie não perigosa.[19]

A interação lúdica proibida, como todo o jogo, é "livre dentro dos limites estabelecidos pelas regras".[20] Lembre-se do corredor na linha de partida que analisamos em ***Jogos como interação lúdica de prazer***. O corredor quer saltar para frente, mas a restrição prazerosa de esperar o tiro de partida aumenta o prazer do jogo. Na interação lúdica proibida, a sensação de restrição prazerosa continua por toda a experiência de jogo, o jogador está sempre em perigo de ultrapassar os limites sociais do jogo, sacando a arma e quebrando o círculo mágico.

A diferença, claro, é que a interação lúdica proibida incorpora comportamentos normalmente não permitidos entre os jogadores. A interação lúdica proibida sanciona e restringe a interação lúdica social na dança de desejo complexa que Sutton-Smith descreve na citação acima. Os jogos de beijar estendem as regras implícitas do jogo apenas o suficiente para acomodar os comportamentos de beijar do jogo, mas nunca vão longe o bastante para ameaçar um colapso completo da ordem social. Esses jogos desafiam e reforçam simultaneamente as regras da sociedade.

Nesta página e na próxima, citamos as descrições e fornecemos nossos próprios comentários sobre os vários jogos que Sutton-Smith descreve em seu ensaio.[21] Cada jogo oferece um exemplo fascinante de como os jogos modelam e formam o desejo e as relações sociais sancionando e punindo determinadas ações do jogo.

> ***Jogo de Cartas.*** Os jogadores dão voltas em um círculo e se revezam para escolher uma carta do baralho. Tendo escolhido uma carta, em seguida, escolhem uma pessoa do sexo oposto. Se eles pegam um naipe de espadas, batem nas costas da pessoa que escolheram. Se for paus, eles apertam as mãos. Se for ouros, é um beijo público. Se for copas, um beijo privado.
>
> ***A interação lúdica proibida.*** Esse jogo funciona como um sistema para determinar a forma de interação social que um casal de jogadores terá. O acaso tem um papel muito importante nesse jogo, como tem na maioria dos jogos de beijar. Os jogadores podem escolher quem desejam ter como parceiro, mas as cartas determinam a ação exata. Assim, o baralho misturado tem responsabilidade pelos beijos reais, liberando os jogadores da tarefa socialmente onerosa, embora libidinosamente desejável.
>
> ***Jogo do Beijo.*** Os nomes de todos os jogadores são colocados em um prato. Todos os jogadores colocam suas mãos juntas e pegam um nome. Eles devem beijar o nome retirado, bem como ser beijados pela pessoa que tirou seu nome. Depois de beijarem e serem beijados, podem correr para seu lugar em uma fila de cadeiras. Existe uma cadeira a menos e a pessoa que restou deve beijar todos.
>
> ***A interação lúdica proibida.*** Jogo do Beijo é uma inversão estrutural do Jogo de Cartas. A forma de interação é fixa (beijar), mas o acaso determina quem beija quem. O fato de haver um "perdedor" global nesse jogo é fascinante. Qual é a mensagem social implícita? O jogador mais lento é aquele mais pudico e hesitante ou o mais indulgente? Ser beijado por todos os outros é uma punição ou uma recompensa invertida?
>
> ***Beijo de Resistência.*** É essencialmente um teste de resistência engraçado, no qual um casal vê por quanto tempo pode manter um beijo sem respirar. Um relógio é usado. Os espectadores riem dos concorrentes. É feito normalmente apenas com o companheiro fixo de alguém. Com dois casais, os perdedores poderiam comprar uma Coca-Cola para os vencedores.
>
> ***A interação lúdica proibida.*** No Beijo de Resistência, encontramos uma competição de interação lúdica proibida excepcionalmente polêmica, em vez de uma atividade baseada no acaso. A atividade tabu — beijar — é ainda mais sexualmente indulgente, ampliando sua extensão. Ao mesmo tempo, o ato íntimo é normalmente transformado em uma performance de habilidade, que sanciona a atividade como uma disputa, disfarçando sua natureza sexual. A aposta de uma bebida enfatiza a natureza competitiva da atividade.
>
> ***Lanterna.*** Os casais se sentam em círculo, em um cômodo escuro. Uma pessoa senta-se no centro com uma lanterna. Se ela a pisca para um casal que não está se beijando, ela então se junta ao membro do sexo oposto daquele casal e o outro membro toma seu lugar no centro com a lanterna... Em suma, era normal nesse jogo estar beijando, não normal ser pego separado.
>
> ***A interação lúdica proibida.*** No jogo Lanterna, há uma interação verdadeiramente complexa com o tabu do beijo. O jogo oferece uma oportunidade de contato físico, mas também oferece uma defesa contra a possibilidade de intimidade. O fato de que os jogadores estão escondendo-se enquanto se beijam deixa claro que o beijo é algo que não é uma atividade pública. Ao mesmo tempo, toda a premissa do jogo é que outro jogador passa seu tempo "verificando" para saber se os jogadores estão se beijando. Esse moderador reforça o aspecto proibido monitorando a ação, ao mesmo tempo também punindo os jogadores que não estão participando. O jogo também atua como um mecanismo de seleção: se você não gosta de seu parceiro o suficiente para beijá-lo, você se torna o monitor, procurando um casal que não está se beijando que tenha parceiro que lhe convém.
>
> ***Passe a Laranja.*** Geralmente é jogado em revezamento. A laranja é colocada debaixo do queixo e, em seguida, o próximo jogador, um membro do sexo oposto, se esforça para colocá-la sob o queixo, sem as mãos. Ou pode ser jogado com os membros de cada sexo, alternando em um círculo... Em vários relatos, o casal deverá beijar-se se soltar a

laranja enquanto a passa de um queixo para o outro. Assim, eles se beijarão se passarem com sucesso.

A interação lúdica proibida. Como o Beijo de Resistência, o jogo Passe a Laranja permite o contato físico em público, enquadrando o jogo como uma atividade competitiva. O componente beijo do jogo pode agir como uma recompensa ou uma punição por deixar cair a laranja, dependendo da variante de jogo utilizada. Essa ambiguidade torna claro que os elementos do tabu, do desejo e do contato sexual, podem ser configurados em vários arranjos dentro do espaço da interação lúdica social do jogo.

Jogo da Garrafa. Todas as versões têm o círculo tradicional dos jogadores com um jogador no centro girando a garrafa... Geralmente, o jogador central deve beijar o jogador periférico apontado pela garrafa. Normalmente, o beijo é dado em público, mas o casal pode sair e fazê-lo em privacidade. Se a garrafa apontar para um jogador do mesmo sexo, esse jogador poderá ir para o centro, ela poderá ser girada mais uma vez ou a pessoa à direita poderá ser beijada... Há muitos relatos de fingir evitar a garrafa e trapacear para que ela acabe apontando para a garota ou o garoto bonito, e não para o participante não atraente.

A interação lúdica proibida. O jogo da garrafa continua a ser o clássico jogo de beijar dos adolescentes. Ele oferece uma estrutura flexível que permite o beijo público e privado, ao mesmo tempo que proporciona uma defesa contra a responsabilidade da escolha. Como nos jogos de "contar" do tipo "minha mãe mandou eu escolher esse daqui" que analisamos em *Jogos como sistemas de incerteza* e *Quebrando as regras*, o papel do acaso no jogo da garrafa é claramente manipulado como parte da interação com o jogo.

A interação lúdica social dos jogos de beijar é altamente estruturada, permitindo que os jogadores experimentem um comportamento normalmente tabu em contextos restritos. Jogos como o Passe a Laranja e Beijo de Resistência asseguram a gratificação de certos desejos (contato físico), enquanto colocam limitações sobre o excesso. Como Sutton-Smith observa: "Pode-se desfrutar de uma relação de beijar, mas ser protegido de um compromisso mais total e íntimo. A incerteza sobre o que "poderia" acontecer é removida pela estrutura do jogo".[21]

A interação lúdica proibida implica uma mudança nas regras implícitas de um jogo. Jogar de uma maneira esportiva geralmente significa seguir a etiqueta de comportamento adequado que existe fora do jogo. As regras implícitas incorporam valores sociais mais gerais. Não é apropriado trapacear em um jogo, da mesma forma que não é bom enganar seu companheiro. Mas, ao permitir um comportamento inadequado dentro de limites definidos, as regras operacionais da interação lúdica proibida vencem as regras implícitas da sociedade. Assim, quando um jogador se envolve na interação lúdica proibida, ele não está apenas se rebelando contra as regras gerais do jogo, também está se rebelando contra as regras sociais mais amplas. Se não fosse assim, a interação lúdica proibida não teria a qualidade transgressora de ser *proibido*. Como os jogadores de Four Square com as Regras de Rooie, as pessoas envolvidas na interação lúdica proibida não apenas jogam, mas jogam com estruturas sociais. Os jogadores de Four Square jogavam com o sistema de regras. Os participantes da interação lúdica proibida jogam com tensão entre o desejo e os limites do admissível socialmente.

A interação lúdica proibida pode aparecer em jogos comercialmente concebidos, bem como em jogos populares e não têm que envolver a interação sexual. Vestir e agir como um personagem fictício em um LARP, por exemplo, é um tipo de comportamento que só acontece dentro do espaço sancionado de um jogo. Assim é a mentalidade cruel da máfia em SiSSYFiGHT 2000 ou a luta física dos torneios de *full-contact* das artes marciais e das partidas de rúgbi. Em todos esses exemplos, a interação lúdica proibida liga as relações sociais dentro e fora dos limites do jogo. Sem os "devidos" contextos sociais que existem fora do jogo, a expressão lúdica dos desejos ocultos, o comportamento louco ou as ações normalmente criminosas não ganhariam status como agradáveis e transgressoras; a interação lúdica proibida seria apenas o velho e simples jogo. Ao mesmo tempo, o círculo mágico do jogo protege da sanção aqueles dentro do jogo. O jogo em si mantém essa tensão paradoxal com o mundo real: a interação lúdica proibida ocorre apenas por causa da artificialidade do jogo, mesmo quando ganha intensidade à medida que desafia e satisfaz os desejos do mundo real.

Metajogo: o contexto social mais amplo

Ao longo deste esquema, investigamos vários tipos de comunidades de jogos, desde os papéis sociais elementares do ator e do contra-ator até os complexos emaranhados sociais da interação lúdica proibida. Cada uma ofereceu um exemplo diferente da interação entre o jogo e o mundo externo, entre as interações sociais em ambos os lados do círculo mágico. Terminamos este capítulo apresentando um conceito poderoso, aquele que pode ajudar-nos a entender a relação entre a artificialidade do jogo e a realidade social genuína. Esse conceito é o *metajogo*. A raiz latina "meta" significa *entre, com, depois, por trás, por cima* ou *sobre*. Assim, metajogo significa "o jogo além do jogo" e refere-se aos aspectos do jogo que não derivam das regras do jogo, mas da interação com os contextos em volta.

Metajogo se refere à relação entre o jogo e os elementos externos, incluindo tudo, desde as atitudes do jogador e os estilos de jogo até as reputações sociais e os contextos sociais nos quais o jogo é jogado. As conversas sobre a partida no vestiário após o jogo são interações de metajogo. Memorizar palavras no dicionário Scrabble é uma atividade de metajogo, o aprimoramento das habilidades no jogo. As típicas estratégias de um mestre de Go em particular são informações de metajogo, úteis se você for jogar contra ele em um torneio na próxima semana. Em todos os casos, o metajogo se refere à maneira como um jogo se envolve com fatores que permeiam o espaço além dos limites do círculo mágico.

Os jogadores usam o termo "metajogo" de várias maneiras diferentes. Por exemplo, em RPGs de ação ao vivo, "metajogo" é quando um jogador ganha uma vantagem usando informações que seu personagem não possuiria — e é geralmente considerado uma trapaça. Algumas formas de metajogo, tais como falar besteiras para distrair seu adversário em um jogo de Squash, caem na categoria do comportamento antiesportivo. Ainda outros tipos de metajogo, como, por exemplo, pintura e preparação dos dados dos jogos de guerra, são vistos como atividades importantes. Esses diversos usos do termo referem-se essencialmente à mesma coisa: atividades que ligam o jogo a contextos externos.

Um modelo de metajogo

Em um ensaio intitulado "Metagames", escrito para *Horsemen of the Apocalypse: Essays on Roleplaying*, o designer de jogos Richard Garfield apresenta um modelo útil para refletir sobre os metajogos. Nele, ele define metajogo como a maneira como "um jogo estabelece uma interface com o mundo exterior" ("a game interfaces outside of itself.").[23] Sob o pretexto dessa definição ampla, Garfield inclui uma extensa gama de fenômenos da interação lúdica social. Ele divide as manifestações do metajogo em quatro categorias:

1. O que leva um jogador *para* um jogo
2. O que um jogador tira *de* um jogo
3. O que acontece *entre os* jogos
4. O que acontece *durante* um jogo além do jogo em si[24]

Nas páginas seguintes, descreveremos cada uma dessas categorias, utilizando alguns exemplos que o próprio Garfield apresenta.

Para: O que um jogador traz para um jogo

Os jogadores sempre trazem algo para um jogo, às vezes de forma tangível e outras vezes, não. Por exemplo, um baralho levado para um jogo de Magic: The Gathering ou um bastão levado para um jogo de beisebol são os componentes físicos que um jogador pode trazer. O estudo de certas aberturas no xadrez ou a capacidade de memorizar cartas em Copas são exemplos de recursos mentais intangíveis. Um jogador geralmente tem algum nível de escolha no que traz para um jogo, embora alguns recursos sejam obrigatórios: sem bola de futebol, nada de jogo de futebol. Garfield observa que a seleção dos recursos para um jogo é um processo de que os jogadores frequentemente desfrutam. Nos jogos de guerra em miniatura como Warhammer, os jogadores passam muitas horas antes de um jogo projetando seus exércitos, estética e estrategicamente.

Garfield organiza o que os jogadores trazem para um jogo em quatro categorias. Os *recursos do jogo* referem-se aos componentes necessários do jogo, tais como um baralho de cartas, um par de dados, uma raquete de tênis, um taco de beisebol ou mesmo reflexos físicos. A *preparação ou treinamento* estratégico inclui o estudo do estilo de jogo de um adversário ou memorização dos níveis. Os *recursos periféricos do jogo* referem-se a elementos opcionais, tais como guias de jogo, bate-papos e o conhecimento dos padrões de jogo. Esses recursos são muitas vezes criados e compartilhados entre uma comunidade de jogos, por meio de canais "oficiais" ou não oficiais, tais como sites de fãs. A *reputação do jogador* é a última categoria do que os jogadores trazem para um jogo e muitas vezes não é voluntária. Você é conhecido por blefar, abrir o tabuleiro antecipadamente ou tirar proveito dos jogadores mais fracos?

De: o que um jogador tira de um jogo

Os jogadores sempre tiram algo de um jogo. É comum, por exemplo, jogar um jogo por algum tipo de *aposta*. Ganhar um jogo de apostas pode significar tirar algo quantitativo, como, por exemplo, o prêmio em dinheiro ou classificações em uma competição formal, ou a aposta pode ser algo menos tangível, como vangloriar-se ou ganhar um status social entre um grupo de jogadores. Às vezes, um jogador leva algo depois de apenas um único jogo. Outras vezes, a vitória poderia surgir de uma série de jogos: melhor de três. Os torneios de grande escala podem durar semanas ou meses. A seriedade com a qual os jogadores encaram um jo--go é afetada por quanto o jogo atual afeta outro jogo, especialmente dentro de uma estrutura de hierarquia ou outra competição organizada. Esse aspecto do metajogo pode ter uma forte influência positiva ou negativa sobre a atitude do jogador e o desempenho.

Os jogadores também obtêm coisas de um jogo não relacionadas com apostas, tais como a *experiência* do jogo em si. A experiência de um jogador pode servir para validar ou contradizer suas crenças sobre um adversário ou sobre o jogo inteiro, influenciando os jogos futuros. Criando a experiência do jogo em uma história, um jogador também pode levar para si a história do jogo: o modo como a vitória foi arrancada das garras da derrota (ou vice-versa), movimentos espetacularmente bons ou ruins, as ocorrências bizarras que aconteceram no decorrer do jogo. Mal posso acreditar que fiz um jogo tão perfeito! Como analisamos em *Jogos como interação lúdica narrativa*, alguns jogos, tais como um jogo de corridas com capacidade de repetição, torna essa *releitura do jogo* uma parte explícita do jogo. Claro, os jogadores também podem levar *recursos* para jogos futuros, seja o conhecimento sobre como o jogo funciona, seja uma carta colecionável obtida como aposta do jogo.

Entre: o que acontece entre os jogos

O espaço entre os jogos é preenchido com uma rica variedade de atividades de metajogo que podem agregar valor à experiência básica do jogo. Para muitos jogadores, as atividades que ocorrem entre os jogos podem ser tão importantes quanto o que acontece durante um jogo. Os jogadores comumente refletem sobre uma estratégia, um treino ou plano para o próximo jogo. Preciso jogar mais agressivamente na próxima vez. Planejar o que trazer para o próximo jogo, quer isso envolva montar um novo baralho de Yu-Gi-Oh, comprar uma nova raquete de tênis, ou planejar uma nova estratégia de Go, são importantes atividades intermediárias do jogo. Mas nem tudo que acontece entre os jogos é uma busca solitária; e o metajogo intermediário pode incluir jogadores se comunicando uns com os outros sobre o que aconteceu no último jogo ou jogadores espalhando histórias e construindo reputações.

Além disso, nem todo metajogo intermediário é estratégico. Decorar um skate com adesivos entre as competições do X Games ou ler relatos históricos de uma batalha prestes a ser executada em um jogo de guerra em miniatura também faz parte do metajogo. Ambas as atividades ocorrem entre os jogos e se somam ao significado da experiência de jogo, mas em geral nenhuma é feita principalmente para vencer.

Durante: o que acontece durante um jogo além do jogo em si

Essa categoria de metajogo é bastante diversificada e refere-se à influência da vida real em um jogo em ação. Há muitos fatores externos ao círculo mágico que entram na experiência de jogo, fatores que estão sempre presentes e muitas vezes são bastante poderosos. Entre as formas como o metajogo ocorre durante o jogo estão os fatores sociais, como a competição e a camaradagem, ou o ambiente físico do jogo, como uma boa iluminação e um ambiente barulhento. Falar besteiras, fazer "jogos psicológicos" e explorar as reputações do jogador também afetam o metajogo. Se você estiver jogando tênis de mesa e tentando distrair seu adversário com um fluxo constante de insultos vociferantes, estará jogando um metajogo contra ele. Esse tipo de comportamento de metajogo pode transformar-se em um comportamento antiesportivo, violando as regras implícitas do jogo. Cabe, então, à comunidade social dos jogadores endossar ou censurar o comportamento do metajogo.

As categorias Para, De, Entre e Durante de Garfield iluminam as diversas possibilidades do metajogo. Em seu ensaio, Garfield utiliza essas categorias para analisar o metajogo de Magic: The Gathering, um jogo que ele criou no início de sua carreira. O seu sucesso popular é em grande parte devido à forma inovadora como Garfield incorporou ativamente o metajogo no design do jogo em si. Até o subtítulo do jogo, "The Gathering" ("A reunião"), faz uma referência ao jogo como uma coleção de partes que entram e saem do círculo mágico. Os comentários que seguem, a respeito do jogo, foram extraídos de uma palestra que Garfield deu em 2000 na Game Developers Conference:

> **Para**. Magic foi diferente na medida em que cada jogador traz metade das cartas para o jogo. Escolher os recursos a trazer para jogo é uma grande parte do apelo para muitos jogadores e pode ocupar tanto tempo quanto a ação real do jogo. Essa é uma parte tão importante do jogo que há jogadores que se especializam nela, conhecidos não como jogadores Magic, mas como construtores e analistas de baralho.
>
> **De**. A maneira tradicional de jogar Magic é apostando; cada jogador seleciona aleatoriamente uma carta de seu baralho antes de jogar e a coloca de lado antes de o jogo começar. O vencedor ganha as duas cartas. Magic é jogado geralmente em torneios formais também, onde classificações oficiais ou prêmios em dinheiro podem acontecer.
>
> **Entre**. Entre jogos de Magic, há muita circulação de recursos e informações do jogo. Jogadores trocam cartas, compartilham estratégias e participam de ricas comunidades de jogadores.
>
> **Durante**. A reputação é importante em todos os tipos de jogo Magic. Enquanto algumas pessoas simplesmente se esforçam para ser vitoriosas sempre que possível, outras são levadas a vencer com estratégias incomuns ou a fim de provar que combinações específicas de cartas são viáveis.[25]

Projetando o metajogo

O metajogo rico de Magic surge de algumas decisões-chave no design do jogo. A estrutura essencial do jogo é que os jogadores criam suas próprias coleções de cartas e trazem-nas para um jogo. Como a preparação é uma parte necessária do jogo, os jogadores rapidamente entendem que o planejamento do metajogo de Magic anda de mãos dadas com o duelo face a face do jogo.

As regras do jogo giram em torno de uma estrutura de rodadas simples. A complexidade de Magic não vem dessas regras básicas, mas dos muitos casos especiais que as milhares de cartas diferentes tornam possíveis. Magic é o que o designer de jogos Greg Costikyan chama de "jogo de exceções", um jogo que contém muitas variantes em um conjunto simples de normas-padrão.[26] Por exemplo, Magic contém um conjunto de regras simples para determinar os ataques de criaturas, mas as cartas individuais detalham muitos tipos especiais de criaturas, tais como muralhas, que só podem se defender, ou criaturas voadoras, que podem evitar quaisquer criaturas não voadoras de defesa. Essas "exceções" levam a novas combinações de criaturas, tais como paredes voadoras, que podem interceptar criaturas voadoras, mas só podem defender-se. Esse tipo de complexidade classificatória, combinada com a variação nas "estatísticas" de criaturas (custo do lançamento, classificação do ataque, classificação da defesa, tipo de cor), além de inúmeras outras habilidades de "casos especiais", contribui para milhares de tipos diferentes de criaturas possíveis. E as criaturas são apenas um dos vários tipos de cartas de Magic!

A natureza modular e especializada das cartas de Magic garante que parte do metajogo seja explorar o leque de cartas, combinações de cartas, construções de baralhos e estratégias de jogo. Como peças do jogo, as cartas são portáveis e colecionáveis, e prestam-se naturalmente para negociação e apostas. Em diferentes níveis, Magic: The Gathering facilita e incentiva o metajogo. Essa é uma das razões por que, mais de dez anos após seu lançamento, ele ainda continua a atrair os jogadores.

Para garantir o sucesso de longo prazo de um jogo, o designer deve levar em conta o metajogo. Como o designer de jogos François Dominic Laramée escreve, "O metajogo pode aumentar drasticamente a expectativa de vida de um jogo. Eu me lembro de um jogo de aventura online onde os jogadores ficavam, meses após a resolução do mistério, servindo como 'veteranos' e dando dicas para os iniciantes".[27] Sem um metajogo, uma experiência de jogo fornecerá seu próprio prazer intrínseco de curta duração, mas não afetará o jogo significativo nos contextos fora do jogo.

Projetar a interação lúdica social significativa geralmente significa projetar um metajogo significativo. Mas como? Como já observamos nos capítulos anteriores, design de jogos é um problema de design de segunda ordem. Os designers de jogos apenas criam regras diretamente; a experiência de jogo é um resultado emergente, indireto das regras. Em um sentido similar, a interação lúdica social e o metajogo em particular estão ligados apenas indiretamente ao design formal do jogo. Na verdade, grande parte do metajogo de qualquer dado jogo está além do alcance do designer de jogos, pois surge das comunidades de jogos e de seus mundos sociais mais amplos.

Mas um design de jogos cuidadoso pode contribuir para a emergência de um metajogo rico. Em muitos jogos online, recursos de comunidades Web, como sistemas de bate-papo, transformam o jogo por meio do metajogo, permitindo que os jogadores criem e cultivem relações sociais nos jogos que ganham vida fora do jogo. Por exemplo, o grupo de jogos online *homemakers* ("donas de casa") passa horas jogando online Copas e Bridge, enquanto dedicam a maior parte de sua atenção para conversar com os amigos. Os jogadores que fazem amigos jogando Copas com *homemakers* avaliarão o jogo não só pela experiência do jogo formal que ele proporciona, mas também pela comunidade social desenvolvida como parte do metajogo. A força dessa comunidade, como a de Magic, em grande parte deriva do contexto projetado no qual ela faz sentido. Embora o metajogo só possa ser indiretamente projetado, cabe a você incentivar as experiências que deseja para seus jogadores, dentro e em torno dos jogos que você projeta. Richard Garfield pode não ter concebido um estilo de "falar besteiras" de um jogador particular de Magic, mas ele ajudou a fornecer o contexto do jogo no qual isso é colocado em uso.

Com frequência, os designers de jogos são pegos pela complexidade do design e da produção, perdendo o sentido dos contextos sociais maiores onde o jogo será jogado. O que trará os jogadores para seu jogo e o que os afastará dele? Como eles desempenharão o metajogo entre e durante as sessões do jogo? Quais estruturas você pode fornecer que incentivarão o tipo certo de metajogo? Serão os mundos narrativos que abrirão a ação do metajogo imaginativo? As estruturas formais profundas que recompensarão os jogadores por persistirem na estratégia antes de um jogo? As economias físicas que incentivam a troca social e o jogo baseado em apostas? As ferramentas que permitem que os jogadores criem suas próprias comunidades de jogos? Existem inúmeras abordagens de design de jogos.

Uma chave é: lembre-se de *observar* seus jogadores. Quando você passar pelo processo de design iterativo, preste atenção em como seus jogadores interagem antes dos jogos, após os jogos, entre os jogos. Pergunte-lhes como jogariam se você deixasse que eles levassem para casa seu jogo. *Deixe-os* levar para casa seu jogo — e veja o que acontece. É verdade que você não pode criar diretamente o metajogo. Mas, entendendo que você está sempre projetando *dentro de* e *para* contextos sociais, você pode fazer o melhor *para* cultivar um metajogo rico.

Os limites da interação lúdica social

O metajogo e a interação lúdica social trazem-nos à beira do círculo mágico e além. Em nossas explorações dos jogos baseadas em REGRAS, mantivemos a nossa compreensão dos sistemas de jogo firmemente fechada. Em INTERAÇÃO LÚDICA, as coisas mudaram. Às vezes, vimos os jogos como fechados, sistemas internamente orientados de experiência, em outros momentos como sistemas que interagem com o mundo em geral. Em nenhum lugar, essa estrutura dupla foi tão evidente como em nossa análise da interação lúdica social. Sendo comunidades de jogos limitadas e ilimitadas ou regras ideais e reais dos jogos, a interação lúdica social é ao mesmo tempo associada às estruturas formais das regras e também muito mais um produto de contextos sociais maiores.

Quais são os contextos sociais maiores? Eles são, naturalmente, as culturas dos jogos. Cada duelista de Magic, cada *homemaker* que aposta em jogas de cartas, cada beijador do jogo da garrafa não se limita a existir meramente em uma comunidade de jogos, mas é parte de vários contextos culturais, desde as esferas da nacionalidade e da etnia até as ideologias e as convicções políticas. É para esses contextos que agora nos voltamos, para as culturas nas quais os jogos são jogados. Ao fazê-lo, deixamos para trás o território algumas vezes aberto, outras vezes fechado da INTERAÇÃO LÚDICA para ocupar a paisagem maravilhosamente aberta dos jogos como CULTURA.

Leitura complementar

"Beyond the Rules of the Game: Why are Rookie Rules Nice?" de Linda A. Hughes

Um excelente estudo de caso de crianças que jogam Four Square e as diferenças entre as regras ideais e "reais". As regras "reais" se referem às regras que de fato as crianças usam, não as que elas *deveriam* usar. O estudo de Hughes revela a estreita ligação entre os jogos e os contextos sociais nos quais são jogados, e ajuda a identificar como as relações sociais entre os jogadores impactam drasticamente na representação de um sistema formal de regras.

Children's Folklore: A Source Book, Brian Sutton-Smith, Jay Mechling, Thomas W. Johnson e Felicia R. McMahon, eds.

Uma coletânea de ensaios de campos tão variados como estudos norte-americanos, folclore, antropologia, psicologia, sociologia e educação, com foco nas interações lúdicas entre crianças. Os ensaios incluem estudos de casos, pesquisas históricas e tratados metodológicos sobre jogos e crianças. Vários ensaios oferecem excelentes explorações das interações que surgem do contexto do jogo e oferecem uma visão das diferentes formas de prazer e interação lúdica social produzidas pelos jogos.

Recomendados:

"Overview: Methods in Children's Folklore", Brian Sutton-Smith
"Double Dutch and Double Cameras", Ann Richman Beresin
"Urban Schoolyard", Ann Richman Beresin
"Children's Games and Gaming," Linda A. Hughes

"Hearts, Clubs, Diamonds, Spades: Players Who Suit MUDs" de Richard Bartle <http://www.mud.co.uk/richard/hcds.htm>

Neste ensaio online, Bartle cria uma taxonomia que define quatro abordagens para jogar MUDs. Diferentes tipos de jogadores interagem uns com os outros e com o mundo do jogo de formas diferentes para finalidades radicalmente distintas, e Bartle descreve como construir e gerenciar comunidades para incentivar determinados tipos de jogador. Seu ensaio é útil ao considerar os tipos de interações sociais e estilos de jogo que os jogos incentivam, sobretudo nos jogos online multijogador.

The Moral Judgment of the Child, de Jean Piaget

O estudo de Piaget sobre as "regras do jogo" de bolinhas de gude traça um paralelo entre o desenvolvimento cognitivo que permite às crianças brincar e entender os jogos e o desenvolvimento moral por meio do qual as crianças aprendem a distinguir o certo e o errado. Piaget focaliza as qualidades das regras transmitidas de um grupo de crianças para outro, e acompanha a mudança de atitudes das crianças em relação à autoridade dessas regras.

Recomendados:

The Rules of the Game, capítulos 1-6

Notas

1. Brian Sutton-Smith, "A Syntax for Play and Games". In *Child's Play,* Brian Sutton-Smith & R. E. Herron (Nova York: John Wiley and Sons, 1971), p. 304.
2. Richard Bartle, "Hearts, Clubs, Diamonds, Spades: Players Who Suit MUDs". <http://www.mud.co.uk/richard/hcds.htm>.
3. Reiner Knizia, *Dice Games Properly Explained* (Tadworth, Surrey: Right Way Books, 1992), p. 197-8.
4. Ibid., p. 198-99.
5. Andrew Fluegelman and Shoshana Tembeck, *The New Games Book* (Nova York: Doubleday, 1976), p. 65.
6. Jean Piaget, *The Moral Judgment of the Child* (Nova York: Free Press, 1997), p. 13-14.
7. Johann Huizinga, *Homo Ludens: A Study of the Play Element in Culture* (Boston: Beacon Press, 1955), p. 12.
8. Bernard DeKoven, *The Well-Played Game* (Nova York: Doubleday, 1978).
9. Piaget, *The Moral Judgment of the Child*, p. 28.
10. Ibid., p. 65.
11. Kenneth Goldstein, "Strategies in Counting Out". In *The Study of Games,* editado por Elliott Avedon e Brian Sutton-Smith (Nova York: John Wiley & Sons, 1971), p. 172-177.
12. Frank E. Manning, *The World of Play.* Proceedings of the 7th Annual Meeting of The Association of the Anthropological Study of Play (Nova York: Leisure Press, 1983), p. 19.
13. Linda Hughes, "Children's Games and Gaming". In *Children's Folklore: A Source Book,* editado por Brian Sutton-Smith, Jay Mechling, Thomas W. Johnson e Felicia R. McMahon (Logan: Utah State University Press, 1999), p. 100.
14. Ibid., p. 100.
15. Ibid., p. 100.
16. Linda Hughes, "Beyond the Rules of the Game: Why are Rooie Rules Nice?" In *The World of Play,* editado por Frank E. Manning.
17. Ibid., p. 192.
18. Ibid., p. 192-194.
19. Brian Sutton-Smith, "The Kissing Games of Adolescents of Ohio". In *The Study of Games,* editado por Elliott Avedon e Brian Sutton-Smith (Nova York: John Wiley and Sons, 1971), p. 213.
20. Roger Caillois, *Man, Play, and Games* (Londres: Thames and Hudson, 1962), p. 8.
21. Sutton-Smith", The Kissing Games of Adolescents of Ohio", p. 213.
22. Ibid., p. 213–216.
23. Richard Garfield, "Metagames". In *Horsemen of the Apocalypse: Essays on Roleplaying* (Londres: Jolly Roger Games, 2000), p. 16.
24. Ibid., p. 17.
25. <http://www.gdconf.com/archives/proceedings/2000/>
26. Greg Costikyan, "Don't be a Vidiot: What Computer Game Designers can Learn from Non-Electronic Games". Speech given at the 1998 Game Developer's Conference. Arquivado em: <www.costik.com/vidiot.html>.
27. <http://www.gignews.com/fdl_mainstreamdesign.htm>.

Jogos como experiência social

Resumo

- Quando os jogos são enquadrados como **interação lúdica social**, as relações entre os elementos no sistema do jogo são consideradas como relações sociais.
- As **interações lúdicas sociais do jogo** podem surgir de duas maneiras diferentes:
    - As interações derivadas *internamente* surgem do funcionamento das regras do jogo.
    - As interações derivadas *externamente* vêm de fora do círculo mágico.
- Uma **comunidade de jogos** social ocorre quando um grupo de jogadores se reúne para jogar um jogo. As comunidades de jogos podem surgir em torno de:
    - um único jogo
    - um evento de jogo ou uma série de jogos
    - um contexto de jogo mais amplo
- **Papéis de jogador** referem-se aos tipos de relações sociais que existem entre os jogadores em um jogo. Os papéis não são fixos e podem mudar várias vezes no decorrer de um jogo.
- O modelo de **Sutton-Smith** para os papéis de jogador inclui um ator, um contra-ator e um "motivo" global ou formato para o jogo. Por exemplo, se o motivo é a *captura*, o papel do ator *é pegar*, enquanto o papel do contra-ator é *evitar ser pego*.
- O **modelo de Bartle** dos papéis do jogador divide os jogadores MUD online em quatro categorias:
    - *Realizadores*. Os jogadores que procuram progredir em experiência e poder.
    - *Exploradores*. Os jogadores que querem explorar os espaços remotos do mundo.
    - *Socializadores*. Os jogadores que valorizam a interação social direta.
    - *Assassinos*. Os jogadores "antissociais" buscam prejudicar e frustrar os outros.
- Os jogos são **sistemas sociais emergentes** nos quais os comportamentos simples do jogo e as interações sociais podem resultar em experiências incrivelmente complicadas de interação lúdica.
- Uma comunidade de jogo **limitada** é um sistema fechado: ela surge da interação lúdica social que ocorre estritamente no espaço de um jogo individual. Uma comunidade de jogos **não limitada** é um sistema aberto, pois existe uma troca entre o jogo e seu ambiente. Se uma comunidade de jogos é ou não limitada, muitas vezes depende de como ela é estruturada.
- A comunidade de jogos limitada de um jogo resulta em uma forma de contrato social. O contrato social:
    - surge das regras que estilizam as formas como os jogadores interagem uns com os outros no jogo
    - consiste nos significados e valores a que os jogadores dão vida por meio do jogo
    - garante que os espaços do jogo sejam espaços "seguros" onde os jogadores podem correr riscos com menos consequências do que no mundo real

- **Segurança** e **confiança** são dois elementos do contrato social do jogo. Também são qualidades psicológicas indispensáveis que os jogadores devem sentir a fim de ficar confortáveis o suficiente para entrar no espaço social do jogo.
- **Piaget** argumenta que, quando uma criança adquire uma compreensão das regras de um jogo, ela está também desenvolvendo uma compreensão do contrato social de um jogo. Quando as crianças se desenvolvem, aprendem a ver as regras como estruturas flexíveis que podem ser alteradas por meio do consenso coletivo.
- Na **interação lúdica social transformadora**, os jogadores estendem, transformam e manipulam as relações sociais existentes por meio do jogo em si.
- Os jogadores fazem uma distinção entre as regras "ideais" e "reais". As **regras ideais** referem-se aos regulamentos "oficiais" de um jogo. As **regras reais** são os códigos e as convenções mantidas por uma comunidade de jogadores. As regras reais refletem um consenso de como conviria jogar o jogo.
- Os jogadores muitas vezes quebram o poder social declarando conjuntos conflitantes de regras reais. Esse é o fenômeno de **jogar com o jogo**, quando os jogadores não se limitam apenas a jogar dentro do jogo, mas jogam com interpretações das regras e propõem suas próprias variantes do jogo.
- Os jogos permitem e geralmente incentivam o comportamento normalmente tabu, o fenômeno da **interação lúdica proibida**. A interação lúdica proibida se rebela contra as regras implícitas do jogo e contra os valores sociais mais amplos. As regras de um jogo permitem e colocam limites na interação lúdica proibida.
- **Metajogo** se refere à relação de um jogo com os elementos fora do jogo. O modelo de Garfield do metajogo inclui quatro categorias:
    - O que leva um jogador **para** um jogo
    - O que um jogador leva **de** um jogo
    - O que acontece **entre** os jogos
    - O que acontece **durante** um jogo além do jogo em si

Sneak

Um jogo para 3 ou mais jogadores

Introdução

Você conhece bem os seus amigos? Em Sneak, você descobrirá isso e também o quão criativos — e falsos — eles podem ser.

Metade dos jogadores são Sporks e o resto são Foons. [N. T.: *Sneak* significa infiltrado, dissimulado, disfarçado. *Spork* e *Foon* são jogos de palavras com os termos *spoon*, que significa colher, e *fork*, garfo.] Mas, um de vocês é o Sneak e pode passar por Spork ou Foon. Você pode descobrir quem é o Sneak ao ser desafiado?

Regras

O objetivo é ganhar mais pontos dando um palpite certo sobre quem é o Sneak e enganando os outros jogadores induzindo-os a dar um palpite errado. Você chegará às suas conclusões com base em como os jogadores reagem aos "desafios" escritos ou representados.

Materiais

- Desafios (encontrados no volume 4 deste livro, o esquema primário da CULTURA)
- Contadores (feijões, moedas, clipes etc.)
- Muitas fichas ou folhas de papel em branco
- Canetas ou lápis

Configuração

Este jogo é para quatro ou mais jogadores. Cada jogador recebe quatro contadores, algo para escrever e algumas fichas.

Atribuindo grupos

Cada jogador é um Spork, um Foon ou o Sneak. Estes não são equipes, mas indicam sua identidade no jogo, chamado de "grupo". Todo mundo está prestando atenção em si neste jogo.

As folhas de papel ou fichas são colocadas em um chapéu: uma ficha informa "Sneak" e o resto informa "Spork" ou "Foon". O nome de cada grupo aparece na metade das fichas. Se houver um número par de jogadores, um grupo terá um jogador a mais — e o grupo em que este deve estar precisa ficar claro desde o início, para que todos saibam quantos Sporks e Foons existem.

Cada jogador tira uma carta. Essa é a carta do grupo do jogador e é mantida em segredo. Se os jogadores forem instruídos por um desafio para mudar os grupos, eles atualizarão essa ficha para refletir seu novo grupo. Essa ficha só é revelada a todos os jogadores no final da partida, após todos votarem em quem eles acham que é o Sneak.

Vez de jogar

O jogo se move no sentido horário, começando com o jogador que possui o chapéu. Em sua vez, cada jogador pode: 1) selecionar um desafio para o grupo realizar, 2) comprar informações ou 3) convocar uma votação.

A **rodada** termina quando todos tiveram uma vez. A **partida** termina quando ocorre a votação. Três partidas compõem um jogo Sneak completo.

Sorteando desafios

O jogador muda para uma página aleatória no esquema **CULTURA** deste livro com um desafio impresso na margem interna da página. O desafio é escolhido antes de ler — sem espiar! Alguns desafios são privados, marcados com "Escrever", e outros, marcados com "Agir", são públicos.

O jogador lê o desafio em voz alta. Os desafios contêm instruções para os jogadores, para um grupo ou para todos. Após as instruções serem lidas, todos os jogadores executam o desafio. O Sneak (sendo dissimulado) pode seguir a instrução de um Spork ou Foon, a menos que o desafio informe-o para agir como um grupo específico.

Tipos de desafios

Os *desafios Escrever* — rabiscar, responder a uma pergunta — são escritos em fichas, um desafio por ficha, e são mantidos escondidos dos outros jogadores.

Os *desafios Agir* — tomar ou dar contadores, fazer uma charada — são aqueles que todos podem ver.

Se o desafio selecionado instruir os jogadores para **trocar de grupo**, então cada Spork e Foon riscará seu nome do grupo anterior na ficha do grupo e escreverá o nome do seu novo grupo, mantendo a ficha escondida. O Sneak continua a ser o Sneak.

Se o desafio selecionado for mostrar a outro jogador uma de suas fichas *Escrever* e não houver nenhum desafio *Escrever* ainda no jogo, o jogador atual deverá mudar para um novo desafio. Se o desafio selecionado já foi realizado nessa rodada, o jogador deverá procurar um novo desafio.

Comprando informação

Em vez de escolher um desafio no livro, um jogador pode comprar uma olhada em uma das fichas de desafio *Escrever* de qualquer jogador. O comprador nomeia a ficha por desafio, como, por exemplo, "Mostre sua ficha de astronauta/alienígena". O jogador-alvo deverá mostrar a ficha: sem recusa ao comprador.

Por **um** contador, a ficha é mostrada para todos os jogadores. Por **dois** contadores, a ficha só é mostrada para o jogador que comprou a informação. Os contadores vão para o jogador cuja informação foi comprada.

Exigindo uma votação

Qualquer jogador pode convocar uma votação durante sua vez. Há um bônus de pontuação (explicado a seguir) se o jogador exige uma votação e dá um palpite certo, e uma penalidade de pontuação se ele exige uma votação e dá um palpite errado.

O Sneak pode convocar uma votação, tal como qualquer outro jogador, mas não recebe pontos de penalidade ou bônus.

Votação à força

Se depois de três rodadas (cada um teve três vezes de jogar) ninguém exigiu uma votação, uma votação à força obrigatória ocorrerá e o jogo acaba.

Votando

A votação — exigida por um jogador ou uma votação à força — termina o jogo. Todos os jogadores votam secretamente em quem é o Sneak, escrevendo seus palpites em suas fichas do grupo. O Sneak escreve: "Eu sou o Sneak!"

Quando a votação está concluída, todos os jogadores mostram suas fichas de grupo, tornando públicos os resultados e, então, todos marcam seus pontos.

Pontuação

Sporks e *Foons*

- Jogador que deu um palpite certo sobre o Sneak: +5 pontos
- Jogador que deu um palpite errado: –1 ponto
- Jogador não era o Sneak, mas foi apontado por outro jogador: +1 para cada jogador incorretamente apontado como Sneak

O Sneak

- –1 ponto para cada jogador que deu um palpite certo
- +3 pontos para cada jogador que deu um palpite errado

Bônus e penalidade da votação

- O jogador exigiu uma votação e deu um palpite certo: +3 pontos (além dos pontos do palpite certo, com +8 no total)
- O jogador exigiu uma votação e deu um palpite errado: –2 pontos (além dos pontos do palpite errado, com –3 no total)

Se o Sneak é a pessoa que exigiu uma votação, ou se a votação à força terminou a rodada, ninguém recebe bônus ou penalidade.

Aqueles que gostam de acumular pontos, cuidado: o número de contadores restantes não afeta sua pontuação.

Próximas partidas

Os jogadores começam do zero a cada nova partida. Novas fichas do grupo são escritas e colocadas no chapéu, e os jogadores começam com mais 4 contadores. Um jogador pode ser o Sneak mais de uma vez.

Durante o jogo

Os jogadores NÃO podem fazer anotações. Observe e lembre-se…

A ficha do grupo pode ajudar a lembrar os jogadores sobre seu grupo, caso alguém fique confuso. Os jogadores podem consultar essa ficha quantas vezes precisarem durante o jogo.

Esse jogo é uma oportunidade para conhecer melhor uns aos outros — e também fazer jogos psicológicos. Os jogadores são bem-vindos para compartilhar e discutir suas respostas e estratégias durante o jogo.

O jogo continua em torno da mesa até que um jogador exija uma votação ou até que uma votação à força seja necessária.

Vencendo

Ao final de três partidas, o jogador com mais pontos ganha.

Kira Snyder

Kira Snyder realiza projetos de design para There, Inc. e tem escrito muito para o palco, tela e mídia interativa. Antes de entrar na There, ela era designer de jogos e redatora-chefe do Majestic na Electronic Arts, e, antes disso, desenvolvia a comunidade on-line da ZDTV. Ela já trabalhou no desenvolvimento de histórias, jogos e design de mundos virtuais na Microsoft, na Purple Moon e em uma grande variedade de projetos independentes, desde uma aventura em 3D de ficção científica para MUDs baseados em texto até um drama RPG para mulheres. Kira obteve bacharelado com louvor em artes dramáticas pela Stanford e fez mestrado no Programa de Telecomunicações Interativas da Universidade de Nova York.

Sneak

Ideia inicial

Jogo de simulação social. Três ou mais jogadores. Os jogadores são atribuídos cegamente a um dos dois grupos, um jogador é um agente duplo. Jogo baseado em vezes de jogar. Os jogadores jogam uma moeda e vão para uma página no livro (por exemplo, cara = par, coroa = ímpar). No cabeçalho ou no rodapé existem duas tarefas simples, que o grupo realiza de acordo com sua atribuição. O agente duplo pode fazer qualquer uma das duas. As tarefas podem ser públicas (por exemplo, os As levantam a mão direita, os Bs levantam a esquerda) ou privadas (os As anotam um número de 1-10, os Bs um número de 10-20). A mecânica do jogo permite que você compre espiadas nas informações privadas. No final de uma rodada, os jogadores adivinham a identidade do agente duplo. Pontos são dados pelos palpites corretos etc. Todos os jogadores são reatribuídos para a próxima rodada e o jogo continua. Jogador com mais pontos no final de X rodadas vence.

Notas iniciais

Capa e espada

- Equipes, capas e espadas, um agente duplo.
- No início do jogo, fichas são colocadas em um chapéu, um Agente Duplo, o resto são a capa e a espada, o que puder ser inventado (não será um problema se houver mais um de um tipo).
- Algo para usar como contadores — moedas, feijões, fichas de papel. Cada jogador recebe 3.
- Vez de jogar: jogue a moeda, vá para a página par ou ímpar no livro. Leia a tarefa, por exemplo, os da equipe Capa anotam um número de 1-10, os da equipe Espada escrevem um número de 10-20. O Agente Duplo pode fazer qualquer um dos dois.
- Algumas tarefas privadas, outras públicas. Por exemplo, levantar a mão direita, a mão esquerda. Troque de lugar. Dê feijões.
- Em vez da tarefa, você pode trocar fichas de papel com outro jogador, vendo toda a sua lista.
- "Suborne" o jogador — um feijão para espiar a última entrada.
- Depois que todos tiverem uma vez de jogar (10 tarefas?), as pessoas escreverão quem elas acham que é o agente duplo.
- Ganhe 5 pontos pelo palpite certo, o Agente Duplo perde 1 ponto para cada palpite certo. 1 ponto por feijão também.
- Em seguida, todos são reatribuídos, novo Agente Duplo, nova rodada.
- Ao final de três rodadas, a pessoa com mais pontos ganha.
- Espaço do cabeçalho ou do rodapé necessário em várias páginas.

Planejo realizar três testes ao longo de cinco semanas, dando tempo para obter um *feedback* e iterar pelas regras.

Regras traçadas e revisadas, e uma lista de missões. Algumas missões são claras, o que significa que você pode dizer, pelo que foi escrito, a qual facção elas pertencem. Outras são mais indefinidas e abertas à interpretação, permitindo que todos os jogadores sejam dissimulados (levando outros jogadores a errar e a perder pontos), não só o dissimulado. Estou achando que as ações tendem a ser mais lúdicas — esboços ou informações pessoais — do que secretas, como o nome Capa e Espadas poderia sugerir. Os jogadores podem também querer uma forma de compartilhar mais essa informação com o grupo. Também incluímos algumas missões que fazem todos mudarem a facção.

Total de 50 missões

- 6 são de trocas de facção
- 15 são públicas (5 são públicas para uma pessoa apenas)
- 35 são privadas

Capa e espada: Regras para o Teste 1

Materiais

Missões

Moeda

Contadores (feijões, moedas, clipes etc.)

Fichas e lápis

Configuração

Cada jogador recebe três contadores.

As missões numeradas são colocadas em pilhas Pares e Ímpares (imitando o layout do livro). Isso foi pensado assim para que as missões possam ser descartadas, para fins de teste.

Atribuindo facções

Fichas de papel com nomes de facção são colocadas em um chapéu. Há uma ficha com Agente Duplo, as demais são Manto ou Adaga, o mais uniformemente distribuído possível para o número de jogadores (tudo bem se as facções forem desiguais em 1). Os jogadores escrevem sua facção, ou Agente Duplo, em sua primeira ficha e colocam-na voltada para baixo na frente deles.

Vez de jogar

O jogo se move no sentido horário a partir do primeiro jogador escolhido aleatoriamente. Na vez, cada jogador pode atribuir uma missão ou comprar informações.

Atribuindo missões

O jogador lança uma moeda. Se a moeda for cara, o jogador escolhe uma missão ao acaso na pilha Par. Se a moeda for coroa, o jogador escolhe uma missão aleatoriamente da pilha Ímpar. A missão deve ser escolhida antes da leitura — sem espiar.

O jogador, então, lê a missão em voz alta. As missões contêm instruções para os jogadores, por facção ou para todos os jogadores. Depois de lerem as instruções, todos os jogadores realizam a missão, seja ela pública ou privada. As missões privadas devem ser escritas de forma que os outros jogadores não possam ver. O Agente Duplo pode executar qualquer uma das duas missões, da equipe Capa ou Espada.

Depois de cumprida, a missão é colocada em uma pilha de descarte e removida do jogo.

Comprando informação

Em vez de atribuir uma missão, o jogador pode comprar uma espiada na entrada da missão privada mais recente de qualquer jogador com um contador. Esse contador vai para o jogador cuja informação está sendo espiada. Só o jogador que comprou a informação pode vê-la.

Pontuação

No final de uma rodada (depois que cada jogador teve duas vezes de jogar), todos os jogadores votam secretamente em quem é o Agente Duplo.

- Palpite certo: +5 pontos
- Palpite errado: –1 ponto
- Agente Duplo: –1 ponto para cada palpite certo, +3 pontos para cada palpite errado
- Os jogadores também recebem +1 ponto para cada contador que ainda têm

Próximas rodadas

Os jogadores começam uma nova rodada, tirando novas fichas de papel do chapéu e começando de novo com três contadores. Um jogador pode ser o Agente Duplo mais de uma vez.

Vencendo

Ao final de três rodadas, o jogador com mais pontos vence.

Notas do Teste 1

5 jogadores. Foi bem. O jogo foi divertido. Obtive um ótimo *feedback* sobre o que não funcionou e aquilo de que as pessoas gostaram, bem como ideias para o aperfeiçoamento das regras.

- Em vez de ter uma rodada composta de X vezes de jogar, tente fazer o jogo continuar até que alguém convoque uma votação. Se você convocar uma votação e der um palpite errado, perderá pontos.
- Esboços: as informações sobre si mesmo foram divertidas. As pessoas realmente queriam mais oportunidades de tornar isso público. Para o próximo teste, acrescentei mais 5 ações públicas, em que os jogadores declaram suas respostas em voz alta ou as representam.

- Capa e Espada realmente não está funcionando como um nome. Algo mais leve e mais representativo da natureza lúdica das ações provavelmente funcionaria melhor. Para o próximo teste, ficarei com "Sneak" como o título do jogo e Spork e Foon como os nomes de grupo.
- É preciso algum mecanismo para impedir o Agente Duplo de simplesmente seguir uma facção. O Agente Duplo em uma rodada apenas se associou a um grupo. Para o próximo teste, acrescentei uma regra de que o Sneak não pode agir de acordo com um grupo por todo o jogo.
- Algumas missões não renderam bem. Revisei todas elas para me livrar das que eram chatas ou não funcionaram nos testes.
- O número de contadores e o sistema de pontuação pareceram funcionar bem.
- Não pareceu muito fácil adivinhar o Agente Duplo, especialmente na segunda rodada, quando todos pegaram o jeito das coisas.

55 ações no total

- 6 são troca de grupo
- 20 são públicas
- 5 são públicas para uma pessoa apenas
- 35 são privadas

Sneak: Regras para o Teste 2

Objetivo

Ser o jogador a ganhar mais pontos adivinhando com sucesso quem é o Sneak e levando outros jogadores a dar um palpite errado.

Materiais

Ações
Moeda
Contadores (feijões, moedas, clipes etc.)
Fichas e canetas ou lápis

Configuração

Cada jogador recebe três contadores.

As Ações numeradas são colocados em pilhas Pares e Ímpares (imitando o layout do livro). Isso foi planejado assim para ações poderem ser descartadas, para fins de teste.

Atribuindo grupos

Fichas de papel com nomes do grupo são colocados em um chapéu. Há uma ficha com o nome Sneak, as demais são de Sporks ou Foons, o mais uniformemente distribuído que puder ser para o número de jogadores (tudo bem, se os grupos forem desiguais em 1). Os jogadores escrevem seu grupo ou "Sneak" em uma ficha e a separam, virada para baixo.

Vez de jogar

O jogo se move no sentido horário a partir de um primeiro jogador escolhido aleatoriamente. Em sua vez, cada jogador pode: 1) sortear uma ação para o grupo realizar, 2) comprar informações ou 3) convocar uma votação.

Sorteando ações

O jogador lança uma moeda. Se a moeda for cara, o jogador escolherá uma ação aleatória do monte Par. Se a moeda for coroa, o jogador escolherá uma ação aleatória do monte Ímpar. A ação deve ser escolhida antes da leitura — sem espiar.

O jogador, então, lê em voz alta as ações. As ações contêm instruções para os jogadores, por grupo ou para todos os jogadores. Depois de lerem as instruções, todos os jogadores realizam a ação, seja ela pública ou privada. As ações privadas devem ser escritas de forma que os outros jogadores não possam ver. O Sneak pode executar as ações de Sporks ou Foons, a menos que seja instruído para realizar a ação de um grupo específico.

Se a ação é trocar de grupo, então a ficha de cada jogador com seu novo grupo deverá se juntar à ficha do grupo original, fora do jogo regular (isto é, essas fichas não são visíveis como entradas privadas).

Se a ação for pública exigindo a utilização de uma ação privada e não houve ainda uma, o jogador deverá descartar essa ação e tirar uma nova.

Depois de realizada, a ação será colocada em uma pilha de descarte e removida do jogo.

Comprando informação

Em vez de atribuir uma ação, o jogador pode comprar uma espiada na ação privada mais recente de qualquer jogador com um contador. Esse contador vai para o jogador cuja informação está sendo espiada. Só o jogador que comprou a informação pode vê-la.

Exigindo uma votação

Se um jogador tiver uma ideia de quem é o Sneak, ele poderá convocar uma votação.

O jogo continua em todo o grupo até uma votação ser exigida.

Pontuação

Quando uma votação é exigida, todos os jogadores votam secretamente em quem é o Sneak. Depois de votar, todos os jogadores levantam sua ficha de grupo, tornando os resultados públicos; o jogo é então pontuado.

- Palpite certo: +5 pontos
- Palpite errado: –1 ponto
- Sneak: –1 ponto para cada palpite certo, +3 pontos para cada palpite errado
- Convocado para uma votação e palpite errado: -5 pontos
- Os jogadores também recebem +1 ponto para cada contador que ainda têm.

Próximas rodadas

Os jogadores começam uma nova rodada, tirando novas fichas de papel do chapéu e começando de novo com três contadores. Um jogador pode ser o Sneak mais de uma vez.

Vencendo

Ao final de três rodadas, o jogador com mais pontos vence.

Notas do Teste 2

4 jogadores. Os aprimoramentos pareceram funcionar e o balanço de informações públicas *versus* privadas chegou mais perto do que os jogadores queriam. Chegando lá...

- A convocação de uma votação basicamente funcionou, mas as pessoas pareciam precisar de um incentivo mais forte para fazer a convocação. Acrescentarei um bônus para a convocação e por dar um palpite certo a fim de tentar equilibrar a pena da convocação e dar um palpite errado.
- Não há nenhuma necessidade real de jogar a moeda ao escolher uma ação. As regras mudarão para que os jogadores só escolham uma ação aleatória.
- Ainda é preciso impedir que o Sneak simplesmente se associe a um grupo. A solução "Porque é uma regra" simplesmente não parece forte o suficiente. Vou rever algumas ações para exigir que o Sneak se alinhe com um grupo específico.
- As pessoas ainda queriam mais ações públicas. Tentarei expandir a opção de compra de informações — para dois contadores, visão privada. Para um contador, pública, o que significa que todos os jogadores veem a entrada. Aumentarei o número de contadores para 5.
- Ficha do grupo. Só para manter as coisas organizadas — uma ficha que contenha todas as atribuições a grupos.
- Mudarei as regras para permitir a escolha da entrada privada a exibir. Com a limitação do último/primeiro, muitos acabam ficando enterrados no meio da pilha.
- Alcançamos muitas trocas de grupo. Reduziremos estas a 4.
- Será que esse número de ações não é suficiente para um jogo completo? A pilha não utilizada parecia um pouco pequena. Adicionei mais 11: 4 públicas, 7 privadas.

65 ações no total

- 4 são troca de grupo
- 8 exigem que o Sneak siga um grupo em particular
- 25 são públicas
- 6 são públicas para uma pessoa apenas
- 40 são privadas

Notas do Teste 3

6 jogadores. O novo mecanismo de compra de informações foi bem-sucedido e o equilíbrio das ações públicas e privadas finalmente pareceu correto. Os jogadores se divertiram e informaram que adivinhar o Sneak não foi difícil ou fácil demais.

- O número de contadores parecia um pouco alto desta vez. Mudarei para 4 na versão final.
- Removerei os contadores da pontuação. Embora ninguém tenha feito isso, essa decisão pareceu promover uma estratégia alternativa, além de realmente jogar o jogo: acumular contadores e adivinhar a identidade do Sneak de forma aleatória, já que você só perdia um ponto assim.
- Adicionei uma ação para um número par, pensando que seria mais útil para o layout do livro.

Contagem final

Em 66 ações no total

- 4 são trocas de grupo
- 8 exigem que o Sneak siga um grupo em particular
- 26 são públicas
- 7 são públicas para uma pessoa apenas
- 40 são privadas

Obrigado a todos os meus jogadores de teste: Michael Becker, Lisa Clark, Zack Ford, Roy Gatchalian, Margaret Foley-Mauvais, Eileen McMahon e George Rivello.

Notas dos testes de Eric e Katie

Um *feedback* útil veio do teste com um grupo diferente, organizado por Eric e Katie. Baseado em suas observações, fiz algumas alterações.

- As regras foram esclarecidas em locais/situações específicas, e adicionei uma seção "Durante o jogo" para as regras gerais.
- Agora, as ações são rotuladas como "Escrever" e "Agir" para tornar claro quais são privadas e quais são públicas.
- Um jogador que não era o Sneak, mas que recebeu o voto de outro jogador, ganha um ponto por cada pessoa que o apontou.
- Os jogadores ainda estavam hesitantes em convocar uma votação, levando a rodadas que se arrastaram um pouco. Reduzi em um ponto a pena por convocar uma votação e, então, dar um palpite errado; e acrescentei uma Votação à Força, que ocorre após três rodadas, caso ninguém exija uma votação até então. Curiosamente, esse foi o mecanismo na primeira iteração das regras, antes da opção de convocar uma votação durante uma vez de jogar. Parece que as votações voluntárias e obrigatórias são necessárias para manter o ritmo e aumentar as apostas.

Enviei as regras atualizadas para vários amigos para uma leitura (obrigado a Jennie Sharf, Allen Blue e Greg Gibson!) e posteriormente as revisei com base nesse *feedback*.

- Adicionei uma seção de Introdução para descrever brevemente o jogo.
- Renomeei "ações" para "desafios". Uma palavra mais interessante e menos confusa, agora que "Agir" é um tipo de desafio.
- Esclareci a confusão entre vez de jogar/rodada/partida e outras seções que eram um pouco vagas.
- Dei ao assunto um polimento para dar às regras mais personalidade e torná-las menos sem graça.

CONCLUSÃO

Uma vez que você sabe aonde pode ir e aonde vale a pena ir, chegar lá não é nenhum problema. Apenas interesse e paciência.

— **David Sudnow**, *Pilgrim in the Microworld*

Interesse e paciência. Eis o que foi preciso para concluir este livro.

Certamente, uma grande parte do nosso processo foi aprender a ver: ver de onde estávamos vindo, para onde estávamos indo e como avançar. Como um quebra-cabeça diabolicamente complicado, cada passo resolvia outra parte do padrão, enquanto abria novas perspectivas para a navegação. Achamos que tudo se articulava em torno de ver as articulações, e os padrões no padrão. Quando aprendemos a vê-los, percebemos que estavam ali o tempo todo, esperando pacientemente serem descobertos.

Tendo construído o sistema, jogado e saído do outro lado, encontramo-nos transformados. Passamos muitos meses (até anos) dentro do sistema, jogando com ele, resistindo a ele e, às vezes, quebrando-o. Foi fácil esquecer que também estávamos sendo jogados, sofrendo resistência e, às vezes, sendo quebrados. (Mas isso não é tão ruim quanto parece.) E, para ser honesto, a transformação nos pegou de surpresa. Embora este livro tenha se desenvolvido com base nas nossas experiências ensinando o design de jogos, projetando jogos e — especialmente — jogando-os, foi apenas quando começamos a escrever que o nosso esforço encontrou uma alma. Essa alma está repleta da alegria da interação lúdica: repleta de crianças duelando no jogo Magic em uma varanda do Brooklyn, um corredor solitário transpirando em uma trilha rural, duas avós disputando Tranca valendo dinheiro, uma festa numa rede local depois das quatro da manhã jogando Quake. A alma é colorida pela paixão dos designers de jogos que passam horas incontáveis ajustando um jogo para criar a interação lúdica por meio da alquimia das regras, pelos designers de nível que inventam fabulosos novos mundos de possibilidades para nós habitarmos, pelos programadores que constroem mecanismos de jogo tão elegantes que até o código parece agradecido. É essa alma da interação lúdica que nós mesmos descobrimos.

O que descobrimos não é nenhum segredo, pois está escrito em quase todas as páginas. Os designers de jogos criam a interação lúdica significativa. A interação lúdica verdadeiramente significativa. O tipo sobre o qual os jogadores falam anos após a partida ter terminado, o tipo que reúne fãs leais e acorda-nos no meio da noite querendo jogar novamente, o tipo de interação lúdica que nos ensina o que *significa* jogar. E, talvez, o mais profundo significado de interação lúdica seja sua capacidade de transformar. A interação lúdica transformadora é um momento de transcendência, no qual as estruturas que tomamos como certas de repente se materializam como jogadores. A gramática conta uma piada. O chão do salão se levanta para dançar. A Regra rígida fica flexível e ágil, e salta para os braços do Jogo. A interação lúdica transformadora pode metamorfosear os jogadores de um jogo, a cultura da qual o jogo é uma parte, e até o próprio jogo. Como autores deste livro, também fomos tomados pela interação lúdica transformadora, mudados pelas articulações e pelos padrões revelados. Esperamos que você também tenha sido transformado por sua experiência com essas páginas, por um corpo antigo e sublime de conhecimento, pela novidade das questões levantadas, pela bela natureza do jogo.

O que realmente nos traz de volta à atenção e os nervos? O que será preciso para mudar a face do design de jogos? Em que momento o sistema será transformado pela interação dos designers que trabalham dentro dele? Você se importa o suficiente para correr o risco? Você realmente se interessa? Este é um momento importante, pois o campo está pronto para a mudança e o resultado é incerto. Sinceramente, não sei qual tipo de mudança uma transformação pode trazer. Mas, ainda assim, somos ativistas que querem uma transformação radical no design de jogos.

Sabemos o que constitui um jogo; sabemos como funcionam, por que importam e o tipo de experiência que eles são capazes de produzir. Mas mal testamos os limites do potencial que eles têm para se transformar. Deixamos como desafio para você testar os limites, encontrar sua própria alma de designer de jogos e reunir toda a atenção e nervos que você tem para transformar e descobrir o que significa jogar.

Finalmente: somos especialmente gratos aos professores e alunos pelos quais tivemos o prazer e a honra de ser desafiados ao longo da nossa própria evolução como estudantes de jogos. E de um autor para o outro, *game over*. O jogo acabou, finalmente!

Obrigado pelo bom jogo.

Vamos jogar de novo?

Apêndice

leituras e recursos adicionais

bibliografia

lista dos jogos citados

LEITURAS E RECURSOS ADICIONAIS

Embora as leituras sugeridas acompanhem a maioria dos capítulos dos quatro volumes desta obra, aqui listamos uma série de referências mais gerais que não se encaixam perfeitamente em nenhum capítulo específico. Essas leituras e recursos adicionais variam desde sites Web acadêmicos até histórias visuais dos jogos digitais. Obviamente, há inúmeros sites e livros que tivemos de excluir dessa pequena lista, mas esperamos que essas fontes e as outras que listamos neste livro possam ser pontos de partida para suas próprias investigações de pesquisa.

Computer Game Graphics, de Liz Faber & State Design

Originalmente publicado sob o título *Re:Play* no Reino Unido, o *Computer Game Graphics* apresenta a cultura visual e a arte dos jogos de computador. O forte design visual do livro presta-se bem para o assunto, com muitos dos desenvolvimentos funcionando como ensaios em forma de imagem. A escrita tem um papel secundário para a apresentação dos gráficos e o valor principal do livro está em sua documentação do design visual dos jogos.

Digital Games Research Association (DiGRA)

No momento da publicação deste livro, esta jovem organização acadêmica ainda estava começando. Mas a DiGRA promete ser a primeira associação profissional dedicada ao estudo interdisciplinar dos jogos digitais. Seus membros variam desde os historiadores do jogo e os teóricos da mídia até os educadores do design e os desenvolvedores de jogos. O site Web da associação pode ser encontrado em: <www.digra.org>.

Electronic Plastic, de Jaro Gielens, Büro Destruct, Uwe Schütte

Electronic Plastic é uma análise visual de mais de 400 jogos de computador da "antiga escola", incluindo dispositivos portáteis e jogos de mesa arcade. O livro oferece uma excelente visão do design visual dos jogos das décadas de 1970 e 1980, incluindo retrotipografia, design de marca e embalagem do período, e caixas de plástico coloridas.

The 400 Rules Project (Projeto com 400 Regras)

Localizado em <http://www.theinspiracy.com/400_project.htm>, The 400 Rules Project é um projeto de design de jogos colaborativos liderado pelos veteranos designers de jogos de computador Noah Falstein e Hal Barwood. Inspirado por uma palestra de Barwood dada na Game Developers Conference em 2001, Falstein continuou o projeto por meio de uma coluna na *Game Developer Magazine*. A premissa do 400 Rules Project é que há um número limitado de "regras" ou diretrizes de design que se aplicam a todos os jogos, e o objetivo do projeto é descobri-las. Embora bastante formal em seu escopo, o projeto representa uma maravilhosa iniciativa de design de jogos colaborativos.

International Game Developers Association

Esta organização profissional atua no setor de desenvolvimento de jogos digitais. O site Web, localizado em <www.igda.org>, é rico em recursos para o desenvolvedor de jogos já estabelecido e para os aspirantes, incluindo desde listagens de filiais da IGDA até colunas regulares sobre vários assuntos e vastos recursos educativos.

Joystick Nation: How Video Games Ate Our Quarters, Won Our Hearts, and Rewired Our Minds, de J. C. Herz

Escrito em 1997, *Joystick Nation* foi um dos primeiros estudos abrangentes e populares sobre o fenômeno cultural dos videogames. Um registro jornalístico direto, o livro oferece uma boa visão da cultura pop dos jogos e traça alguns dos fatores que afetam o crescimento dos videogames como uma forma cultural.

Ludology.org

Esse site Web, mantido pelo teórico dos jogos Gonzalo Frasca, é um dos melhores portais para assuntos relacionados ao estudo acadêmico dos jogos. Ele inclui extensas listas de blogs de estudos dos jogos, conferências e recomendações de documentos, e apoia uma comunidade de discussão saudável.

Phoenix: The Fall and Rise of Videogames, de Leonard Herman

Phoenix oferece uma visão detalhada da história dos consoles de videogame domésticos. A ênfase é tecnológica e o foco não está nos jogos, mas no design dos consoles si. Embora a leitura possa ser densa, o livro oferece uma visão importante da história da indústria do console e é uma obra de referência inestimável.

Sirlin.net

Um site Web peculiar e carinhoso, <www.sirlin.net> é o trabalho de David Sirlin, um ex-matemático e, às vezes, designer de jogos. O site contém um grande número de pequenos artigos sobre o design de jogos, a maioria deles tendo uma abordagem formal para a compreensão de fenômenos como o design das regras, a narrativa e a competição. Embora existam muitos sites de design de jogos na Web, Sirlin.net contém uma quantidade surpreendente de comentários e análises cuidadosos.

Supercade: A Visual History of the Videogame Age 1971–1984, de Van Burnham

Supercade é uma história visual e uma linha do tempo tecnológica do desenvolvimento do videogame durante um dos períodos mais importantes da indústria. O livro oferece resumos informativos de praticamente todos os videogames produzidos entre 1971-1984, junto com uma documentação bem pesquisada sobre o design visual de jogos.

Trigger Happy: Videogames and the Entertainment Revolution, de Steven Poole

Trigger Happy postula que os jogos são uma forma cultural a ser considerada, não só por causa de seu crescente domínio econômico na indústria do entretenimento, mas por causa de seu status como uma forma de arte. Poole analisa os jogos de várias perspectivas e aplica-lhes uma análise literária, filosófica e semiótica. Ele também traça o desenvolvimento da forma dos primeiros jogos de 8 bits até os sistemas tecnológicos e culturais complexos que eles são hoje.

Recomendados:

Capítulo 3: Unreal Cities

Capítulo 8: The Player of Games

BIBLIOGRAFIA

Aarseth, Espen J. *Cybertext: Perspectives on Ergodic Literature*. Baltimore: John Hopkins University Press, 1997.

Abrams, Janet. "Other Victories". *In If/Then*, ed. Janet Abrams. Amsterdam: Netherlands Design Institute, 1999, p. 245-47.

Abt, Clark C. *Serious Games*. Nova York: Viking Press, 1970.

Alexander, Christopher. *Notes on the Synthesis of Form*. Cambridge, MA: Harvard University Press, 1964.

Ambasz, Emilio. *Emilio Ambasz: The Poetics of the Pragmatic*. Nova York: Rizzoli International Publications, 1988.

Apter, Michael J. "A Structural-Phenomenology of Play". In *Adult Play: A Reversal Theory Approach*, ed. J. H. Kerr e Michael J. Apter. Amsterdam: Swets and Zeitlinger, 1991, p. 192-201.

Atari, Inc., Super Breakout. Atari Game Program Instructions. Sunnyvale, CA: Atari, Inc., 1981 (arquivado em <www.atariage.com>).

Avedon, E. M. "The Structural Elements of Games". In *The Study of Games,* ed. E.M. Avedon e Brian Sutton-Smith. Nova York: John Wiley, 1971, p. 419-426.

Avedon, E.M. e Brian Sutton-Smith. The Study of Games. Nova York: John Wiley, 1971.

Bak, Per. *How Nature Works: The Science of Self Organized Criticality*. Nova York: Copernicus Books, 1996.

Bartle, Richard. "Hearts, Clubs, Diamonds, Spades: Players Who Suit MUDs". <http://www.mud.co.uk/richard/hcds.htm>.

Barwood, Hal and Noah Falstein. The 400 Rules Project. <http://www.theinspiracy.com/400_project.htm>.

Bates, Bob e Andre LaMothe, eds. *Game Design: The Art and Business of Creating Games*. Boston: Premier Press, 2001.

Bateson, Gregory. "A Theory of Play and Fantasy". In *Steps to an Ecology of Mind*. Chicago: The University of Chicago Press, 1972, p. 191-222.

Beach Frank A. "Current Concepts of Play in Animals". In *Child's Play,* ed. R.E. Herron e Brian Sutton-Smith. Nova York: John Wiley, 1971, p. 196-211.

Berman, Joshua e Amy Bruckman. "The Turing Game: Exploring Identity in an Online Environment". *Convergence* 7(3): 83-102, 2001.

Bodley, John H. *Cultural Anthropology: Tribes, States, and the Global System*. Nova York: McGraw-Hill Higher Education, 1994.

Bolter, Jay David e Richard Grusin. *Remediation: Understanding New Media*. Boston: MIT Press, 1999.

Bonasia, Maria. "MetaMystery", May 30, 2001, <www.cloudmakers.org>.

Boria, Eric, Paul Breidenbach e Talmadge Wright. "Player Talk and the Social Mediation of Virtual Violence". Manuscrito inédito, 2002.

Buchanan, Richard. "Wicked Problems in Design Thinking". In *The Idea of Design: A Design Issues Reader*, ed. Victor Margolin e Richard Buchanan. Cambridge, MA: MIT Press, 1995, p. 3-20.

Buchanan, Richard. "Branzi's *Dilemma: Design in Contemporary Culture*". In *Design: Pleasure or Responsibility?* ed. P. Takhokallio e S. Vihma. Helsinki: University of Art and Design Helsinki, 1995, p. 15-27.

Burnham, Van. *Supercade: A Visual History of the Videogame Age 1971-1984*. Cambridge, MA: MIT Press, 2001.

Caillois, Roger. *Man, Play, and Games*. Londres: Thames and Hudson, 1962.

Cameron, Andy. "Dissimulations: Illusions of Interactivity". MFJ No. 28: Spring, 1995. <http://infotyte.rmit.edu.au/rebecca/html/dissimulations.html>.

Campbell, Jeremy. *Grammatical Man: Information, Entropy, Language, and Life*. Nova York: Simon and Schuster, 1982.

Carroll, Lewis. *Alice's Adventures in Wonderland and Through the Looking Glass*. Nova York: Signet Classic, 2000.

Cassell, Justine e Henry Jenkins, eds. *From Barbie to Mortal Kombat: Gender and Computer Games*. Cambridge, MA: MIT Press, 1998.

Casti, John. *Complexification: Explaining a Paradoxical World Through the Science of Surprise*. Nova York: Harper Collins Publishers, 1994.

Chandler, Daniel. *Semiotics for Beginners*. <www.aber.ac.uk/~dgc/semiotic.html>.

Church, Doug. "Formal Abstract Design Tools", <www.gamasutra.com>.

Cloudmakers.org. <www.cloudmakers.org>.

Cohen, Scott. *Zap: The Rise and Fall of Atari*. Philadelphia, PA: XlibrisCorporation, 1964.

Costikyan, Greg. "Don't be a Vidiot: What Computer Game Designers Can Learn from Non-Electronic Games". 1998 Game Developer's Conference (arquivado em <www.costik.com/vidiot.hmtl>).

Costikyan, Greg. "I Have No Words and I Must Design". In *Interactive Fantasy* #2 <www.geocities.com/SiliconValley/Bay/2535/nowords.html>.

Cowen, George e David Pines. *Complexity: Metaphors, Models and Reality*.Santa Fe: Addison Wesley Longman, 1994.

Crawford, Chris. *The Art of Computer Game Design*. <www.vancouver.wsu.edu/fac/peabody/ game-book/Coverpage.html>.

Crawford, Chris. *The Art of Interactive Design: A Euphorious and Illuminating Guide to Building Successful Software*. San Francisco: No Starch Press, 2002.

Crawford, Chris. *Understanding Interactivity*. San Francisco: No Starch Press, 2002.

Csikszentmihalyi, Mihaly. Flow: *The Psychology of Optimal Experience*. Nova York: Harper Collins Publishers, 1991.

Davis, Morton D. *Game Theory: A Nontechnical Introduction*. Mineola: DoverPublications, 1970.

DeKoven, Bernard. "Creating the Play Community". In *The New Games Book*, ed. Andrew Fluegelman e Shoshana Tembeck. Nova York: Doubleday, 1976, p. 41-42.

DeKoven, Bernard. *The Well-Played Game*. Nova York: Doubleday, 1978.

Dilnot, Clive. *The Science of Uncertainty: The Potential Contribution of Design Knowledge.* Proceedings of the Ohio Conference, Doctoral Education in Design. Pittsburgh School of Design, Carnegie Mellon University, 9 de outubro de 1998.

Dunnigan, James F. *Wargames Handbook: How to Play and Design Commercial and Professional Wargames*, 3. ed. San Jose: Writers Club Press, 2000.

Edwards, Paul N. *The Closed World.* Cambridge, MA: MIT Press, 1996.

Ekeland, Ivar. *The Broken Dice: And Other Mathematical Tales of Chance.* Chicago: University of Chicago Press, 1993.

Ellington, Henry; Eric Addinall e Fred Percival. *A Handbook of Game Design.* Londres: Kogan Page Limited, 1982.

Epstein, Richard. *The Theory of Gambling and Statistical Logic.* San Diego: Academic Press, 1977.

Faber, Liz. *Computer Game Graphics.* Nova York: Watson-Guptill Publications, 1998.

Fatsis, Stefan. *Word Freak: Heartbreak, Triumph, Genius, and Obsession in the World of Competitive Scrabble Players.* Boston: Houghton Mifflin, 2001.

Feed Magazine. "Brave New Worlds: A Special Issue on Video Games". <www.feedmag.com>.

Findeli, Alain. "Moholy-Nagy's Design Pedagogy in Chicago, 1937-46". In *The Idea of Design: A Design Issues Reader*, ed. Victor Margolin e Richard Buchanan. Cambridge, MA: MIT Press, 1995, p. 29-38.

Fine, Gary Alan. *Shared Fantasy.* Chicago: University of Chicago, 1983.

Fluegelman, Andrew e Shoshana Tembeck. *The New Games Book.* Nova York: Doubleday, 1976.

Frasca, Gonzalo. Ludology.org. <www.ludology.org>.

Gamasutra.com.*The Art and Science of Making Games.* <www.gamasutra.com>.

Gamestudies.org. The International Journal of Computer Game Research, eds. Espen Aarseth, Markku Eskelinen, Marie-Laure Ryan, Susana Tosca.

Garfield, Richard. "Metagames". In *Horsemen of the Apocalypse: Essays on Roleplaying*, ed. Jim Dietz. Sigel, IL: Jolly Rogers Games, 2000, p. 16-22.

Geertz, Clifford. *The Interpretation of Cultures.* Nova York: Basic Books, 1977.

Gielens, Jaro. *Electronic Plastic.* Berlin: Die Gestalten Verlag, 2000.

Game Girl Advance. <www.gamegirladvance.com>.

Gleitman, Henry. *Psychology*, 2. ed. Nova York: W.W. Norton & Company, Inc .1986.

Goldstein, Kenneth. "Strategies in Counting Out". In *The Study of Games*, ed. Elliott Avedon e Brian Sutton-Smith. Nova York: John Wiley & Sons Inc., 1971, p. 172-77.

Gonzalez, Jesus M. "A Brief History of Open Source Software". <http://eu.conec-ta.it/paper/brief_history_open_source.html>.

Gygax, Gary. *Advanced Dungeons and Dragons Players Handbook.* Lake Geneva: TRS Hobbies, 1978.

Hale-Evans, Ron. "Game Systems Part 1". <www.thegamesjournal.com/articles/GameSystems1.shtml>.

Hall, Justin. "Brave New Worlds: A Special Issue on Video Games". *Feed Magazine*. <www.feedmag.com>.

Hallford, Neal e Jana Hallford. *Swords and Circuitry: A Designer's Guide to Computer Role Playing Games*. Boston: Premier Press, Incorporated, 2001.

Hancock, Hugh. "Better Game Design Through Cut-Scenes". Gamasutra.com. <www.gamasutra.com>.

Hans, James S. *Play of the World*. Boston: University of Massachusetts Press, 1981.

Harris, Tricia "Kazi Wren". "Mod World". In *Gamespy.com*, 22 de ago. 2002. <http://www.gamespy.com/modworld/August02/modworld12/>.

Hayles, Katherine. *How We Became Post-Human*. Chicago: University of Chicago Press, 1999.

Hebdige, Dick. *Subculture: The Meaning of Style*. Londres: Methuen & Co., Ltd., 1988.

Herman, Leonard. *Phoenix: The Fall and Rise of Videogames*. Springfield, NJ: Rolenta Press, 1994.

Herron, R. E. "A Syntax for Play and Games". In *Child's Play*, ed. Brian Sutton-Smith e R. E. Herron. Nova York: John Wiley and Sons, 1971, p. 298-307.

Heskett, John. *Industrial Design*. Nova York: Oxford University Press, 1980.

Herz, J. C. "Gaming the System: Multi-player Worlds Online", In *Game On: The History and Culture of Video Games*, ed. Lucien King. Londres: Laurence King Publishing Ltd., 2002, p. 86-97.

Herz, J. C. *Joystick Nation: How Videogames Ate Our Quarters, Won Our Hearts, and Rewired Our Minds*. Nova York: Little, Brown & Company, 1997.

Heskett, John. *Industrial Design*. Nova York: Oxford University Press, 1980.

Hickey, Dave. *Air Guitar: Essays on Art and Democracy*. San Francisco: Foundation for Advanced Critical Studies, Incorporated, 1997.

Holland, John. *Emergence*. Reading: Helix Books, 1998.

Hughes, Linda. "Beyond the Rules of the Game: Why Are Rooie Rules Nice?" In *The World of Play*, ed. Frank E. Manning. Proceedings of the 7th Annual Meeting of the Association of the Anthropological Study of Play. Nova York: Leisure Press, 1983, p. 188-199.

Hughes, Linda. "Children's Games and Gaming". In *Children's Folklore: A Source Book*. ed. Brian Sutton-Smith, Jay Mechling, Thomas W. Johnson e Felicia R. McMahon. Logan, UT: Utah State University Press, 1999, p. 93-120.

Huhtamo, Eric. "Game Patch: the Son of Scratch?" In *Cracking the Maze*. Curadora Anne-Marie Schleiner. 16 jul. 1999. <www.switch.sjsu.edu/CrackingtheMaze>.

Huizinga, Johann. *Homo Ludens: A Study of the Play Element in Culture*. Boston: Beacon Press, 1955.

Ikekeonwu e Nwokah. "Nigerian and American Children's Games". In *The Study of Play, Vol 1. Diversions and Divergences in Fields of Play*, ed. Margaret C. Duncan, Garry Chick e Alan Aycock. Nova York: Ablex/Greenwood Publishing Company, 1998, p. 61-75.

International Game Developers Association, <www.igda.org>.

Jenkins, Henry. "Complete Freedom of Movement: Video Games as Gendered Play Spaces". In *From Barbie to Mortal Kombat: Gender and Computer Games*, ed. Justine Cassell e Henry Jenkins. Cambridge, MA: MIT Press, 1998, p. 262-297.

Jenkins, Henry. "Testimony Before the U.S. Senate Commerce Committee, 4 maio 1999". <www.senate.gov/~commerce/hearings/0504jen.pdf.>

Jenkins, Henry. *Textual Poachers: Television Fans and Participatory Culture*. Nova York: Routledge, 1992.

Jenkins, Henry e Kurt Squire. "The Art of Contested Spaces". In *Game On: The History and Culture of Video Games*, ed. Lucien King. Londres: Laurence King Publishing Ltd., 2002, p. 64-75.

Johnson, Steven. *Emergence: The Connected Lives of Ants, Brains, Cities, and Software*. Nova York: Scribner, 2001.

Jonas, Wolfgang. "On the Foundations of a 'Science of the Artificial". Breman, Germany: Hochschule fur Kunst und Design Halle, 1999. <http://home.snafu.de/jonasw/JONAS4-49.html>.

Juul, Jesper. "Games Telling Stories? A Brief Note on Games and Narratives". Gamestudies.org. <www.gamestudies.org>.

Kim, Scott. "What is a Puzzle?" <www.scottkim.com/articles.html>.

Kinder, Marsha. *Playing with Power in Movies, Television, and Video Games: From Muppet Babies to Teenage Mutant Ninja Turtles*. Los Angeles: University of California Press, 1993.

King, Geogg e Tanya Krzywinska. "*Computer Games | Cinema | Interfaces*". In *Computer Games and Digital Cultures, Conference Proceedings,* ed. Frans Mäyrä. Tampere, Finlândia: Tampere University Press, 2002, p. 89-107.

King, Lucien, ed. *Game On: The History and Culture of Video Games*. Londres: Laurence King Publishing Ltd., 2002.

Klevjer, Rune. "In Defense of Cut-Scenes". In *Computer Games and Digital Cultures, Conference Proceedings*, ed. Frans Mäyrä. Tampere, Finlândia: Tampere University Press, 2002, p. 191-2002.

Knizia, Reiner. *Dice Games Properly Explained*. Tadworth, Surrey: Elliot Right Way Books, 2001.

Krippendorff, Klaus. "On the Essential Contexts of Artifacts or On the Proposition that 'Design is Making Sense (of Things)'." In *The Idea of Design: A Design Issues Reader*, ed. Victor Margolin e Richard Buchanan. Cambridge, MA: MIT Press, 1995, p.156-86.

Kuper, Simon. "The World's Game Is Not Just A Game". In *The NewYork Times* Sunday Magazine, 26 maio 2002.

Langton, Christopher. *Artificial Life: An Overview*. Cambridge, MA: MIT Press, 1995.

Laramée, François Dominic, ed. *Game Design Perspectives*. Hingham, MA: Charles River Media, 2002.

Lantz, Frank e Eric Zimmerman. "Rules, Play, and Culture: Checkmate!". *Merge Magazine*, 1999, p. 41-43.

Laurel, Brenda. *Computers as Theater*. Reading, MA: Addison-Wesley Publishing Company, 1993.

LeBlanc, Marc. "Feedback Systems and the Dramatic Structure of Competition". Game Developers Conference, 1999.

Littlejohn, Stephen. *Theories of Human Communication*, 3. ed. Belmont, CA: Wadsworth Publishing Company, 1989.

Lupton, Ellen e J. Abbott Miller. "Laws of the Letter". In *Design, Writing, Research: Writing on Graphic Design*. Nova York: Princeton Architectural Press, 1996.

Mackay, Daniel. *The Fantasy Role-Playing Game: A New Performing Art*. Londres: McFarland & Company, Inc., 2001.

Manning, Frank E., ed. *The World of Play*. Proceedings of the 7th Annual Meeting of the Association of the Anthropological Study of Play. Nova York: Leisure Press, 1983.

Marcus, Greil. *Lipstick Traces: A Secret History of the Twentieth Century*. Cambridge: Harvard University Press, 1989.

Manovich, Lev. *The Language of New Media*. Cambridge: MIT Press, 2001.

Martin, Ben. "The Schema". In *Complexity: Metaphors, Models, and Reality*, ed. George Cowan e David Pines. Santa Fe: Addison Wesley Longman, 1994, p. 263-286.

Mäyrä, Frans. ed. *Computer Games and Digital Cultures Conference Proceedings*. Tampere, Finlândia: Tampere University Press, 2002.

Miller, J. Hillis. "Narrative". In *Critical Terms for Literary Study*, ed. Frank Lentricchia e Thomas McLaughlin. Chicago: The University of Chicago Press, 1990, p. 66-79.

Morganstern, Oscar e John Von Neumann. *Theory of Games and Economic Behavior*. Princeton: Princeton University Press, 1944.

Murray, Janet. *Hamlet on the Holodeck*. Nova York: The Free Press, 1997.

Norman, Donald. *The Design of Everyday Things*. Nova York: Doubleday, 1988.

Nwokah e Ikekeonwu. "Nigerian and American Children's Games". In *The Study of Play Vol. 1. Diversions and Divergences in Fields of Play*, ed. Margaret C. Duncan, Gary Chick, e Alan Aycock. Nova York: Ablex/Greenwood Publishing Company, 1998, p.147-153.

Parlett, David. *The Oxford Dictionary of Card Games*. Oxford: Oxford University Press, 1992.

Parlett, David. *The Oxford History of Board Games*. Oxford: Oxford University Press, 1999.

Pearce, Celia. *The Interactive Book: A Guide to the Interactive Revolution*. Toronto: Macmillan Technical Publishing/New Riders, 1997.

Peirce, Charles Saunders. *Charles S. Peirce: Selected Writings*, ed. P. O. Wiener. Nova York: Dover, 1958.

Peterson, Ivars. *The Jungles of Randomness: A Mathematical Safari*. Nova York: John Wiley, 1997.

Phillips, Andrea. "Deep Water". 26 jul. 2001. Cloudmakers.org. <www.cloud-makers.org>.

Piaget, Jean. *The Moral Judgment of the Child*. Nova York: Free Press, 1997.

Poole, Steven. *Trigger Happy: Videogames and the Entertainment Revolution*. Nova York: Arcade Publishing, 2000.

Poundstone, William. *Prisoner's Dilemma*. Nova York: Doubleday, 1992.

Prensky, Marc. *Digital Game-Based Learning*. Nova York: McGraw-Hill, 2001.

Reider, Norman. "Chess, Oedipus, and the Mater Dolorosa". In *The Study of Games*, ed. E.M. Avedon e Brian Sutton-Smith. Nova York: John Wiley, 1971, p. 440-464.

Resnick, Mitchell. *Turtles, Termites, and Traffic Jams*. Cambridge: MIT Press, 1997.

Robinett, Warren. *Inventing the Adventure Game*. Manuscrito inédito.

Rollings, Andrew e Dave Morris. *Game Architecture and Design*. Scottsdale, AZ: Coriolis Group, 1999.

Rouse, Richard III. *Game Design: Theory and Practice*. Plano, TX: Wordware Publishing, 2001.

Rumelhart, David E. e Andrew Ortony. "The Representation of Knowledge in Memory". In *Schooling and the Acquisition of Knowledge*, ed. R. C. Anderson, R. J. Spiro e W. E. Montague. Hillsdale, N.J.: Erlbaum, 1977, p. 99-135.

Ryan, Marie-Laure. *Narrative as Virtual Reality: Immersion and Interactivity in Literature and Electronic Media*. Baltimore: John Hopkins University Press, 2000.

Salen, Katie. "Lock, Stock, and Barrel: Sexing the Digital Siren", In *Sex Appeal: The Art of Allure in Graphic and Advertising Design*, ed. Steven Heller. Nova York: Allworth Press, 2000, p. 148-51.

Salen, Katie. "Telefragging Monster Movies". In *Game On: The History and Culture of Video Games*, ed. Lucien King. Londres: Laurence Ling Publishing Ltd., 2002, p. 98-111.

Sankey, Daragh. "A.I. Game", 2001. Joystick101.org. <www.joystick.org>.

Saussure, Ferdinand de. *Course in General Linguistics*. Londres: Peter Owen, 1960.

Schell, Jesse e Joe Schochet. "Designing Interactive Theme Park Rides: Lessons From Disney's Battle for the Buccaneer Gold". <www.gamasutra.com/fea-tures/20010706/ schell_01.htm>.

Schleiner, Anne-Marie. "Game Plug-ins and Patches as Hacker Art". *Cracking the Maze*. 16 jul. 1999. <switch.sjsu.edu/CrackingtheMaze>.

Schmittberger, R. Wayne. *New Rules for Classic Games*. Nova York: John Wiley, 1992.

Schon, Donald. *The Reflective Practitioner: How Professionals Think in Action*. Nova York: Basic Books, 1983.

Shannon, Claude e Weaver, Warren. *Mathematical Theory of Communication*.Champaign: University of Illinois Press, 1963.

Sieberg, Daniel. "Reality Blurs, Hype Builds with Web 'A.I.' Game". Maio 2001, CNN.com.

Simon, Herbert. *The Sciences of the Artificial*. Cambridge, MA: MIT Press, 1968.

Sirlin, David. Sirlin.net. <www.sirlin.net>.

Smith, Harvey. "The Future of Game Design". <www.gamasutra.com>.

Sniderman, Stephen. "Unwritten Rules". <www.gamepuzzles.com/tlog/tlog2.htm>.

Stewart, Susan. *Nonsense. Aspects of Intertextuality in Folklore and Literature*. Baltimore: The John Hopkins University Press, 1978.

Sudnow, David. *Pilgrim in the Microworld*. Nova York: Warner Books, 1983.

Suits, Bernard. *Grasshopper: Games, Life, and Utopia*. Boston: David R. Godine, 1990.

Sutton-Smith, Brian. *The Ambiguity of Play*. Boston: Harvard University Press, 2001.

Sutton-Smith, Brian."Boundaries". In *Child's Play*, ed. Brian Sutton-Smith e R. E. Herron. Malabar, FL: Warrior Books, 1971, p. 173-92.

Sutton-Smith, Brian, Jay Mechling, Thomas W. Johnson e Felicia R. McMahon, eds. *Children's Folklore: A Source Book*. Logan, UT: Utah State University Press, 1999.

Sutton-Smith, Brian. "The Kissing Games of Adolescents of Ohio". In *The Study of Games*, ed. Elliott Avedon and Brian Sutton-Smith. Nova York: John Wiley and Sons, Inc., 1971, p. 213-16.

Sutton-Smith, Brian. *Toys as Culture*. Nova York: Gardner Press, Incorporated, 1986.

Thompson, J. Mark. "Defining the Abstract". <http://www.flash.net/~markthom/html/game_thoughts.html>.

Underwood, Mick. CCMS. <http://www.cultsock.ndirect.co.uk/MUHome/cshtml/semiomean/semio1.html>.

Von Bertalanffy, Ludwig. *General Systems Theory Foundations*. Nova York: George Braziller, 1968.

Von Neumann, John e Oscar Morganstern. *Theory of Games and Economic Behavior*. Princeton: Princeton University Press, 1944.

Vygotsky, L. S. "Play and its Role in the Mental Development of the Child". In *Play and Its Role in Evolution and Development*, ed. J. S. Bruner, A. Jolly e K. Sylva. Nova York: Penguin, 1976, p. 548-63.

Wolf, Mark J.P. "Space in the Video Game". In *The Medium of the Video Game*. Austin: University of Texas Press, 2002, p. 53-70.

Wolfe, Burton H. "The Monopolization of Monopoly: The Story of Lizzie Magie". In *The San Francisco Bay Guardian*, 1976.

LISTA DOS JOGOS CITADOS

A listagem a seguir contém todos os jogos mencionados nos quatro volumes de *Regras do Jogo*. Cada jogo é listado em ordem alfabética por título, incluindo a data de lançamento, mídia em que foi jogado, e desenvolvedor ou designer do jogo.

Uma grande parte dos jogos citados não tem um autor ou grupo de autores identificável — ou a origem exata do jogo está em disputa pelos historiadores de jogos. Nesses casos, o jogo está listado como "Tradicional" e as datas aproximadas de origem são indicadas, se conhecidas. Muitas vezes, esses jogos têm evoluções históricas ricas, como o jogo de tabuleiro Chutes and Ladders, que tem semelhanças com os jogos disputados no antigo Egito, bem como com jogos tradicionais da Índia, Nepal e Tibete. Nesses casos, optamos como data de origem a primeira ocorrência histórica de um jogo que é reconhecidamente semelhante ao jogo citado. (No caso de Chutes and Ladders, por exemplo, usamos a data de 1892: essa é a data de publicação do Snakes and Ladders de F.H. Ayre, um jogo praticamente idêntico ao Chutes and Ladders de hoje).

Em deferência ao processo normalmente colaborativo da criação de jogos, os designers individuais são listados como o criador de um jogo apenas quando um único designer ou dois designers criaram o jogo inteiro por si só ou quando um único designer é comercialmente creditado com a autoria exclusiva, como é o caso de muitos jogos de tabuleiro contemporâneos.

Muitas vezes citamos mais de uma versão de um jogo digital que foi produzido em série, tais como o Virtua Fighter e Virtual Fighter 4. Nesses casos, listamos o jogo como uma série, mas incluímos apenas a data e o criador do primeiro jogo na série. Além disso, quando as versões de um jogo importante aparecem em mais de uma mídia (como um jogo arcade que mais tarde tornou-se um jogo de console), listamos todas as formas pertinentes, com a mídia original listada primeiro.

Na organização dos jogos por mídia, optamos por categorias muito "amplas", tais como "Jogo arcade" ou "Jogo físico". Algumas das categorias se sobrepõem, mas colocamos os jogos em grupos que pareciam mais conceitualmente úteis para fins de comparação. Nossa intenção aqui não é fornecer um levantamento detalhado ou uma taxonomia desses jogos, mas dar uma indicação geral da rica variedade de jogos que mencionamos e analisamos no curso de nossas investigações. Se você quiser pesquisar mais profundamente algum desses jogos, uma lista das referências utilizadas para reunir as informações neste índice foi incluída no final.

Jogo arcade. Os jogos nesta categoria são os games digitais jogados em máquinas dedicadas que apenas executam um único jogo. Isso inclui jogos arcade típicos, como Pac-Man e Space Invaders, bem como jogos de entretenimento baseados em locações, como a atração Battle for the Buccaneer Gold da Disneyworld.

Jogo de tabuleiro. Além de jogos como xadrez e Go — jogos que são literalmente jogados em um tabuleiro — incluímos nesta categoria aqueles jogados em algum tipo de estrutura de tabuleiro, como Batalha Naval e Connect Four.

Jogo baseado em livros. A simulação de voo Ace of Aces baseada em livros não se encaixou em nenhuma outra categoria, por isso tem uma própria. Existem outros jogos baseados em livros, mas não são mencionados no livro Regras do Jogo.

Jogo de cartas. Alguns jogos nesta categoria, tais como pôquer e bridge, usam um conjunto padrão de cartas. Outros, como Magic: The Gathering, usam cartas especializadas projetadas especificamente para um jogo.

Jogo de computador. Este grupo inclui os jogos projetados para serem jogados em computadores pessoais, desde o venerável PDP-1 até as máquinas Macintosh e Windows atuais. Esses jogos são jogados principalmente em uma única máquina por um único jogador.

Jogo de console. Estes jogos são jogados nas máquinas de console de jogo que se conectam a uma televisão, variando desde o Atari 2600 até o Xbox, GameCube e Playstation 2 de hoje.

Jogo de dados. Os jogos deste grupo são jogados principal ou exclusivamente com dados. Incluem jogos de azar como Craps e jogos tradicionais como Pig e Yatzee. Além disso, incluímos o jogo de roleta nesta categoria, pois é um jogo totalmente baseado no acaso.

Jogo portátil. Esta categoria inclui os jogos disputados em um dispositivo digital portátil como um Game Boy ou Palm Pilot. Dispositivos eletrônicos portáteis que apenas jogam um jogo, tais como o P.O.X., também são agrupados aqui.

Jogo Icehouse. O Icehouse é um sistema de jogo que usa pirâmides de plástico coloridas como peças de muitos jogos diferentes. Foram tantos os jogos Icehouse que mencionamos neste livro que os incluímos em sua própria categoria.

Jogo de celular. Os jogos deste grupo são jogados principalmente usando um telefone celular, seja single-player ou multiplayer.

Jogo on-line. Este é um tipo especial de jogo digital que enfatiza a interação social baseada na Web como a principal forma de jogar. Incluídos nesta categoria estão os jogos transmídia como o Majestic que ocorrem na Internet via aparelhos de fax e telefones.

Jogo físico. Essa categoria inclui jogos como pega-pega ou jogos com bolinhas de gude em que a ação do jogo envolve principalmente o movimento físico e a interação. Esses jogos são menos regulamentados que os jogos incluídos na categoria Esporte.

Quebra-cabeças. Conforme descrito em Definindo jogos, os quebra-cabeças são jogos com uma única resposta correta ou um conjunto de respostas corretas. Os quebra-cabeças podem ter muitas formas, mas as que citamos são os jogos com um jogador que usam materiais simples como lápis e papel.

Jogo RPG. Estes jogos são experiências altamente narrativas, em que a principal forma de interação lúdica envolve os jogadores assumindo personalidades imaginárias. O clássico Dungeons & Dragons é o exemplo prototípico dessa categoria de jogo. RPGs de *live-action*, como o Vampiro: A Máscara, também são incluídos aqui.

Jogo social. Os jogos sociais são aqueles em que a ação consiste basicamente na interação social entre os participantes. Normalmente, esses jogos têm pouco ou nenhum componente material e incluem jogos de salão tão diversos como Charadas, Mafia e Gire a Garrafa.

Esporte. Os jogos nesta categoria são os jogos físicos que normalmente são jogados como um esporte organizado e regulamentado — geralmente com equipamento muito especializado em um espaço especial reservado para o jogo. Em alguns casos, os jogos listados como Esportes podem também constituir uma atividade de lazer, tal como o esqui.

Programa de televisão. Estes jogos existem como experiências televisionadas e incluem programas como Survivor, Jeopardy e Quem Quer Ser Milionário.

Jogo de blocos. Os jogos deste grupo são jogados com alguma forma de blocos modulares e incluem jogos como dominó e Mahjong.

1000 Blank White Cards
Nathan McQuillen, 1994
Jogo social

Assassin
Tradicional, 1966
RPG

20 Perguntas
Tradicional
Jogo social

Asteroids
Atari, 1979
Jogo arcade; Jogo de console

A.I.
Puppet Masters / Microsoft, 2001
Jogo on-line

Atari Football
Atari, 1978
Jogo arcade

Ace of Aces
Alfred Leonardi, 1980
Jogo baseado em livros

Bad Dudes
Data East, 1988
Jogo arcade

Advanced Dungeons & Dragons
(*ver* Dungeons & Dragons)

Gamão
Tradicional, cerca de 1600
Jogo de tabuleiro

Adventure
Will Crowther and Don Woods, 1975
Jogo de computador

Barbie Fashion Designer
Mattel, 1996
Jogo de computador

Adventure
Warren Robinett, 1980
Jogo de console

Beisebol
Abner Doubleday, cerca de 1839
Esporte

Age of Empires
Ensemble Studios, 1997
Jogo de computador

Basquete
James Naismith, 1891
Esporte

Alleyway
Nintendo, 1989
Jogo portátil

Battle for the Buccaneer Gold
Disney, 2001
Jogo arcade

Luta de braço
Tradicional
Jogo físico

BattleBots
Comedy Central, 1998
Esporte / Programa de televisão

Battleship
Milton Bradley, 1967
Jogo de tabuleiro

Breakout (série)
Atari, 1976
Jogo arcade; Jogo de console

Battlezone
Atari, 1980
Jogo arcade

Boxe
Tradicional
Esporte

Bejeweled
Popcap Games, 2001
Jogo on-line

Bridge
Tradicional, cerca de 1885
Jogo de cartas

Berzerk
Stern, 1980
Jogo arcade

Bridge-Builder
Alex Austin, 2000
Jogo de computador

Bilhar
Tradicional, cerca de 1500
Esporte

Xadrez bughouse
Tradicional, cerca de 1965
Jogo de tabuleiro

Black & White
Lionhead Studios, 2001
Jogo de computador; Jogo de console

Bust-A-Groove
Square Enix, 1998
Jogo de console; Jogo arcade

Blackjack
Tradicional, cerca de 1750
Jogo de cartas

Tranca (ou Canasta)
Tradicional, cerca de 1945
Jogo de cartas

Blob
New Games Movement, cerca de 1976
Jogo físico

Candyland
Milton Bradley, 1949
Jogo de tabuleiro

Botfighters
It's Alive, 2001
Jogo de celular

Can't Stop
Sid Sackson, 1980
Jogo de dados

Boliche
Tradicional, cerca de 1880
Esporte

Capturar a bandeira
Tradicional
Jogo físico

Car Wars (série)
Chad Irby and Steve Jackson, 1982
Jogo de tabuleiro

Escadas e escorregadores
F. H. Ayres, 1892
Jogo de tabuleiro

The Card Game
Tradicional
Jogo social

Civilization (série)
MicroProse, 1991
Jogo de computador; Jogo de console

Castle Wolfenstein
Muse, 1981
Jogo de computador

Command and Conquer
Westwood Studios, 1995
Jogo de computador

Pegar o rabo do dragão
New Games Movement, cerca de 1976
Jogo físico

Cool Boarders (série)
Sony, 1996
Jogo de console

Centipede
Atari, 1980
Jogo arcade

Polícia e ladrão
Tradicional
Jogo físico

Charadas
Tradicional
Jogo social

Cosmic Wimpout
CQ Incorporated, cerca de 1975
Jogo de dados

Chaturanga
Tradicional, cerca de 650
Jogo de tabuleiro

Counter-Strike
The Counter-Strike Team, 2000
Jogo de computador

Damas
Tradicional, cerca de 1500
Jogo de tabuleiro

Craps
Circa 1700
Jogo de dados

Xadrez
Tradicional, cerca de 850
Jogo de tabuleiro

Crash Bandicoot
Naughty Dog, 1996
Jogo de console

Damas chinesas
Ravensburger, 1892
Jogo de tabuleiro

Críquete
Tradicional, 1700
Esporte

Croquet
Tradicional, cerca de 1830
Esporte

Donkey Kong
Nintendo, 1981
Jogo arcade

Dactyl Nightmare
Virtuality, 1993
Jogo arcade

Don't Wake Daddy
Parker Brothers, 1992
Jogo de tabuleiro

Dance Dance Revolution
Konami, 1998
Jogo arcade; Jogo de console

DOOM
id Software, 1993
Jogo de computador

Defender
Williams, 1980
Jogo arcade

Dope Wars (originalmente Drug Wars)
John Dell
Jogo de computador; Jogo portátil

Deus Ex
Ion Storm, 2000
Jogo de computador; Jogo de console

Double Dragon
Taito, 1986
Jogo arcade

Diablo (série)
Blizzard Entertainment, 1996
Jogo de computador

Jogo do beijo
Tradicional, cerca de 1959
Jogo social

Dig-Dug
Namco, 1982
Jogo arcade

Driver: You are the Wheelman
Reflections, 1999
Jogo de console

Diplomacy
Allan Calhammer, 1959
Jogo de tabuleiro

Drome Racing Challenge
gameLab, 2002
Jogo on-line

Dodge Ball
Tradicional
Jogo físico

Duke Nuke Em 3D (série)
3D Realms, 1996
Jogo de computador; Jogo de console

Dominó
Tradicional, cerca de 1850
Jogo de blocos

Dungeon Siege
Gas Powered Games, 2002
Jogo de computador

Dungeons & Dragons (série)
Dave Arneson & Gary Gygax, 1973
RPG

Flashlight
Tradicional, cerca de 1959
Jogo social

Earthball
New Games Movement, cerca de 1976
Jogo físico

FLUID
gameLab, 2002
Jogo de computador

Easy Money
Milton Bradley, cerca de 1955
Jogo de tabuleiro

Flux
Andrew Looney, 1997
Jogo de cartas

Elemental
Team Elemental, unpublished
Jogo de computador

Futebol americano
Walter Camp, 1879
Esporte

Enchanted Forest
Michel Matsechoss and Alex Randolph, 1992
Jogo de tabuleiro

Foursquare
Tradicional
Esporte

Endurance Kissing
Tradicional, cerca de 1959
Jogo social

The Game of Life
John Conway, 1970
Quebra-cabeças; Jogo de computador

Euchre
Tradicional, cerca de 1860
Jogo de cartas

Gauntlet (série)
Atari, 1985
Jogo arcade; Jogo de console

EverQuest
Verant Interactive, 1999
Jogo on-line

Gearheads
R/GA Interactive, 1996
Jogo de computador

Esgrima
Tradicional, cerca de 1670
Esporte

Gin
Tradicional, cerca de 1920
Jogo de cartas

Final Fantasy (série)
Square Enix, 1990
Jogo de console

Go
Tradicional, cerca de 2000 BCE
Jogo de tabuleiro

Go Fish
Tradicional, cerca de 1585
Jogo de cartas

Esconde-esconde
Tradicional
Jogo físico

Golfe
Tradicional, cerca de 1450
Esporte

Hollywood Squares
NBC, 1965
Programa de televisão

Gnostica
John Cooper, 2001
Jogo Icehouse

House of the Dead
Sega, 1997
Jogo arcade; Jogo de console

Gran Turismo (série)
Ployphony Digital, 1998
Jogo de console

Ice Hockey
Tradicional, cerca de 1850
Esporte

Grand Theft Auto III (série)
Rockstar North, 2001
Jogo de console

Icehouse
Andrew Looney and John Cooper, 1991
Jogo Icehouse

GURPS: Generic Universal Role-Playing System
Steve Jackson, cerca de 1986
Sistema de jogo RPG

Illuminati
Steve Jackson, 1982
Jogo de tabuleiro

Ginástica
Tradicional, 1896
Esporte

Jak & Daxter
Naughty Dog, 2001
Jogo de console

Half-Life
Valve Software, 1998
Jogo de computador; Jogo de console

James Bond 007 In Agent Under Fire
Electronic Arts, 2001
Jogo de console

Copas
Tradicional, cerca de 1880
Jogo de cartas

Jeopardy
NBC, 1964
Programa de televisão

Hex
Piet Hein, 1942
Jogo de tabuleiro

Jet Grind Radio
Smilebit, 2000
Jogo de console

Joust
Williams, 1982
Jogo arcade

Mad Magazine Game
Parker Brothers, 1979
Jogo de tabuleiro

Junkbot (série)
gameLab, 2001
Jogo de computador

Mafia
Tradicional
Jogo social

Kick the Can
Tradicional
Jogo físico

Magic: The Gathering
Richard Garfield, 1993
Jogo de cartas

Killer
(*ver* **Assassin)**

Mah Jongg
Tradicional, cerca de 1880
Jogo de blocos

Kriegspiel
Lt. von Reisswitz, 1824
Jogo de tabuleiro

Majestic
Electronic Arts, 2001
Jogo on-line

The L Game
Edward DeBono, cerca de 1974
Jogo de tabuleiro

Mancala
Tradicional, cerca de 3000 BCE
Jogo de tabuleiro

The Landlord's Game
Lizzie Magie, 1904
Jogo de tabuleiro

Marathon (série)
Bungie Software, 1994
Jogo de computador

Little Max
Tradicional
Jogo de dados

Bolinhas de gude
Tradicional, cerca de 100 BCE
Jogo físico

LOOP
gameLab, 2002
Jogo de computador

Mario Bros. (série)
Nintendo, 1983
Jogo arcade; Jogo de console; Jogo portátil

Lord of the Rings, jogo de tabuleiro
Reiner Knizia, 2000
Jogo de tabuleiro

Martian Backgammon
Andrew Looney, 1997
Jogo Icehouse

Mastermind
Invicta, 1972
Jogo de tabuleiro

Mamãe, eu posso?
Tradicional
Jogo físico

Max Payne
3D Realms, 2001
Jogo de computador; Jogo de console

Mousetrap
Ideal, 1963
Jogo de tabuleiro

Mega Man (série)
Capcom, 1987
Jogo de console; Jogo portátil

Ms. Pac-Man
Namco, 1982
Jogo arcade; Jogo de console

Memória
Tradicional
Jogo de cartas

Dança das cadeiras
Tradicional
Jogo físico

Metal Gear Solid (série)
KCEJ, 1998
Jogo de console

Myst
Cyan, 1993
Jogo de computador

Metroid (série)
Nintendo, 1985
Jogo de console

Myth: The Fallen Lords
Bungie Software, 1997
Jogo de computador

Milles Bournes
Parker Brothers, 1954
Jogo de cartas

NBA Courtside (série)
Left Field Productions, 1998
Jogo de console

Missile Command
Atari, 1980
Jogo arcade; Jogo de console

NBA Live (série)
Electronic Arts, 1995
Jogo de console; Jogo de computador

Monopoly (ou Banco Imobiliário)
Charles B. Darrow, 1933
Jogo de tabuleiro

NeoPets
NeoPets Inc, 1999
Jogo on-line

Mortal Kombat (série)
Midway, 1992
Jogo arcade; Jogo de console

NetRunner
Wizards of the Coast, 1995
Jogo de cartas

Neverwinter Nights
Bioware, 2002
Jogo de computador; Jogo on-line

Pega-varetas
Tradicional
Jogo físico

Night Driver
Atari, 1976
Jogo arcade

Pictionary
Rob Angel, 1986
Jogo de tabuleiro

Oddworld (série)
Oddworld Inhabitants, 1997
Jogo de console; Jogo de computador

Pig
Tradicional
Jogo de Dados

Decatlo olímpico
Tradicional, 1896
Esporte

Pilotwings
Nintendo, 1990
Jogo de console

Once Upon a Time
Richard Lambert, Andrew Rilstone e James Wallis, 1993
Jogo de cartas

pingue-pongue
(*ver Tênis de mesa*)

Othello
Lewis Waterman, 1888
Jogo de tabuleiro

Pinochle
Tradicional, cerca de 1900
Jogo de cartas

P.O.X.
Hasbro, 2001
Jogo portátil

Planetfall
Steve Meretsky / Infocom, 1983
Jogo de computador

Pac-Man
Namco, 1980
Jogo arcade; Jogo de console

Pokémon
Nintendo, 1998
Jogo de mão; Jogo de console; Jogo de cartas

Parappa the Rapper
Interlink, 1997
Jogo de console

Pôquer
Tradicional, cerca de 1820
Jogo de cartas

Pass the Orange
Tradicional, cerca de 1959
Jogo social

Pong
Atari, 1972
Jogo arcade; Jogo de console; Jogo de computador

Populous: The Beginning
Take-Two Interactive, 1998
Jogo de computador

Scrabble
Alfred M. Butts, 1948
Jogo de tabuleiro

Powerstone (série)
Capcom, 1999
Jogo de console

Seaman
Vivarium, 2000
Jogo de console

Quake (série)
id Software, 1996
Jogo de computador; Jogo on-line; Jogo de console

Secret of Monkey Island (série)
LucasArts, 1990
Jogo de computador

Raquetebol
Joe Sobek, 1949
Esporte

Settlers of Catan
Klaus Teuber, 1995
Jogo de tabuleiro

RAMbots
Kory Heath, 2001
Jogo Icehouse

Shenmue (série)
Sega, 2000
Jogo de console

Risk
Albert Lamorisse, 1959
Jogo de tabuleiro

Silent Hill (série)
Konami, 1999
Jogo de console

Robotron 2084
Williams, 1982
Jogo arcade

Sim City (série)
Maxis, 1989
Jogo de computador

Rock-Paper-Scissors
Tradicional
Jogo físico

Sim Copter
Maxis, 1996
Jogo de computador

Roleta
Tradicional, cerca de 1900
Jogo de dados

SimLife
Maxis, 1992
Jogo de computador

Rúgbi
Tradicional, cerca de 1800
Esporte

Simon Says
Tradicional
Jogo social

The Sims (série)
Maxis, 2000
Jogo de computador; Jogo de console

Spybot: The Nightfall Incident
gameLab, 2002
Jogo de computador

SiSSYFiGHT 2000
Word.com, 2000
Jogo on-line

SSX (série)
Electronic Arts, 2000
Jogo de console

Esqui
Tradicional, cerca de 1880
Esporte

Stand Up
New Games Movement, cerca de 1976
Jogo físico

Futebol
Tradicional, cerca de 1850
Esporte

Starcraft
Blizzard Entertainment, 1998
Jogo de computador

Softbol
Tradicional, cerca de 1930
Esporte

State of Emergency
VIS Entertainment, 2002
Jogo de console

Paciência (muitas variações)
Tradicional, cerca de 1600
Jogo de cartas

Stay Alive
Milton Bradley, 1971
Jogo de tabuleiro

Space Invaders
Taito 1978
Jogos arcade

Stealth Chess
Dice Corp, 1997
Jogo de tabuleiro

Spacewar!
Steve Russell, 1962
Jogo de computador

Stratego
Milton Bradley, 1961
Jogo de tabuleiro

Jogo da garrafa
Tradicional
Jogo social

Street Fighter (série)
Capcom, 1987
Jogo arcade; Jogo de console

Spy Vs. Spy (série)
Kemko, 1986
Jogo de computador; Jogo de console

Sumô
Tradicional, cerca de 712
Esporte

Super Breakout
(*ver* Breakout)

Tempest
Atari, 1981
Jogo arcade

Super Mario (*ver* Mario Bros.)
Amusement Vision, 2001
GameCube

Tênis
Walter Wingfield, 1873
Esporte

Survivor
CBS, 2000
Programa de televisão

Tetris
Alexy Pajnitov, cerca de 1986
Jogo de computador; Jogo portátil; Jogo de console

Suspicion
Eric Zimmerman, 1995
Jogo de cartas

Thief (série)
Looking Glass Studios, 1998
Jogo de computador

System Shock (série)
Looking Glass Studios, 1994
Jogo de computador; Jogo de console

Thin Ice
Jacob Davenport, cerca de 2001
Jogo Icehouse

Tênis de mesa
J. Jaques & Son, cerca de 1890
Esporte

Thunderstorm
Tradicional
Jogo de dados

Pega-pega
Tradicional
Jogo físico

jogo da pulga
Joseph Assheton Fincher, 1888
Jogo físico

Tanktics
Chris Crawford, 1978
Jogo de computador

Time Crisis
Namco, 1996
Jogo arcade; Jogo de console

Tekken
Namco, 1995
Jogo arcade; Jogo de console

Tomb Raider (série)
Core Design, 1996
Jogo de console; Jogo de computador

Telefone
Tradicional
Jogo social

Tony Hawk Pro Skater (série)
Neversoft Entertainment, 1999
Jogo de console

Total Annihilation
Cavedog Entertainment, 1997
Jogo de computador

Vampiro
New Games Movement, cerca de 1976
Jogo físico

Toys
Eric Zimmerman, 2000
Jogo social

Vampiro: A Máscara
White Wolf, 1992
RPG

Trivial Pursuit
Chris Haney and Scott Abbot, 1981
Jogo de tabuleiro

Tênis verbal
Tradicional
Jogo social

Twister
Charles Foley and Neil Rabens, 1966
Jogo físico

Virtua Fighter (série)
Sega, 1993
Jogo arcade; Jogo de console

Ultima (série)
Richard Garriot / Origin, 1980
Jogo de computador; Jogo on-line

Volcano
Kristin Looney, 2002
Jogo Icehouse

Um Jammer Lammy
Sony, 1999
Jogo de console

Voleibol
William G. Morgan, 1895
Esporte

Universal Square
Uri Tzaig, 1996
Esporte

War
Tradicional
Jogo de cartas

Uno
Merle Robbins, 1971
Jogo de cartas

Warcraft: Orcs and Humans (série)
Blizzard Entertainment, 1994
Jogo de computador

Unreal (série)
Epic Megagames, 1998
Jogo de computador; Jogo de console

Warhammer (série)
Games Workshop, 1983
Jogo de tabuleiro

Up the River
Manfred Ludwig, 1988
Jogo de tabuleiro

Who Wants to be a Millionaire
Celador, 1998
Programa de televisão

Wipeout (série)
Psygnosis, 1996
Jogo de console

Wreckless: The Yakuzi Missions
Bunkasha Games, 2002
Jogo de console

Wolfenstein 3D
id Software, 1992
Jogo de computador

Yatzee
Milton Bradley, 1956
Jogo de dados

You Don't Know Jack (série)
Jellyvision, 1995
Jogo de computador; Jogo on-line

Zarcana
John Cooper, 2001
Jogo Icehouse

Zaxxon
Sega, 1982
Jogo arcade

Zelda (série)
Nintendo, 1987
Jogo de console; Jogo portátil

Zendo
Kory Heath, 2001
Jogo Icehouse

Zork (série)
Marc Blank & Dave Lebling / Infocom, 1980
Jogo de computador

Referências de Pesquisa

http://www.about.com.

http://www.atariage.com.

http://boardgamegeek.com.

http://chessvariants.com.

http://www.classicgaming.com .

http://www.coinop.com.

http://www.classicgaming.com.

http://encarta.msn.com.

http://www.gamecabinet.com.

http://www.gamers.com.

http://www.gamefaq.com.

http://www.gamespot.com.

Kent, Stephen L. The Ultimate History of Video Games (Roseville, CA: Prima Publishing, 2001).

http://www.looneylabs.com.

http://www.mobygames.com.

Parlett, David. The *Oxford Dictionary of Card Games* (New York: Oxford University Press, 1992).

Parlett, David. *The Oxford History of Board Games* (New York: Oxford University Press, 1999).

Scarpone, Desi. *Board Games* (Atglen, PA: Schiffer Publishing, 1995).

ÍNDICE

A

B

C

E

F

G

K

L

M

Pai: *... A questão é que o objetivo dessas conversas é descobrir as "regras". É como a vida — um jogo cujo propósito é descobrir as regras, que estão sempre mudando e são impossíveis de descobrir.*

Filha: *Mas eu não chamo isso de jogo, papai.*

— **Gregory Bateson,** *Steps to an Ecology of Mind*